Brigitte Wallstabe-Watermann, Antonie Klotz,
Dr. Gisela Baur, Hans G. Linder

Die Finanztest Strategie

Bequem Geld in ETF anlegen
mit unserem Pantoffel-Portfolio

Stiftung Warentest

Inhaltsverzeichnis

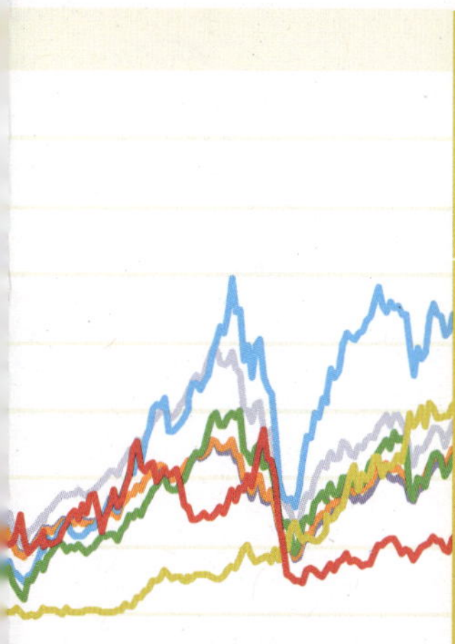

Was wollen Sie wissen?

Sie möchten Geld anlegen, aber mehr damit verdienen als nur die mageren Zinsen, die es bei den Banken derzeit gibt? Gleichzeitig soll Ihre Geldanlage aber auch einfach und gut zu handhaben sein, denn als Börsenexperten betrachten Sie sich nicht? Dann haben Sie mit diesem Buch den passenden Griff getan. Hier erfahren Sie, wie Sie mit der Finanztest-Strategie mit dem Pantoffel-Portfolio ohne große Mühe eine langfristig rentable Geldanlage aufbauen.

Wie viel Geld muss ich für die Finanztest-Strategie mitbringen?

Keine Sorge, sie ist wirklich für jeden Geldbeutel geeignet – egal, ob Sie erst am Anfang Ihres Vermögensaufbaus stehen und sich vorgenommen haben, nun endlich regelmäßig etwas Geld für später zurückzulegen. Oder ob Sie bereits über eine gewisse Summe verfügen, für das Sie aber noch eine einfach zu verstehende und gleichzeitig chancenreiche Geldanlage suchen.

Im Klartext heißt das: Bei Einmalinvestments genügt eine kleine vierstellige Summe zum Start. Wenn Sie regelmäßig nach der Finanztest-Methode sparen möchten, kann es ab zirka 50 Euro pro Monat oder im Quartal losgehen. Mehr dazu, wie Sie Sparen und Einmalanlage am besten angehen, finden Sie im Abschnitt „Einmalanlage, Sparplan oder Entnahmeplan“ ab S. 21.

Woher kommt der Name Pantoffel-Portfolio – und wie lege ich damit Geld an?

Die Pantoffel-Methode heißt so, weil sie vor allem eines ist, nämlich schnell zum Reinschlüpfen, sehr bequem und komfortabel. Und sie passt nahezu für jeden. Diese Finanztest-Strategie basiert auf einer Kombination von weitestgehend risikolosen Zinsanlagen – derzeit vor allem Tagesgeld oder Festgeld – mit weltweit anlegenden Aktien-ETF, die für die Renditechancen sorgen. Dadurch werden kurzfristige Rückschläge an den Börsen abgefedert. Gleichzeitig stehen Ihre Aussichten gut, langfristig eine ansehnliche Rendite zu erzielen, mit der Sie mehr als nur die Teuerung im Griff behalten können. Mehr dazu, wie diese Methode ausgestaltet ist, finden Sie im Kapitel „Einer für alle" ab S. 31.

Ich mag und kann nicht sehr viel Risiko eingehen. Ist das Konzept dann etwas für mich?

Auf jeden Fall, denn die Finanztest-Strategie ist flexibel. Je nachdem, wie viel Risiko Sie eingehen möchten, können Sie den Zinsanteil größer oder kleiner wählen. Vorsichtige investieren ihr Geld zu 75 Prozent in Zinsanlagen und nur zu 25 Prozent in den riskanteren Aktienanteil. Damit jeder Anleger nach seinen persönlichen Vorstellungen anlegen kann, stellen wir diese Modelle im Detail vor. Mehr dazu erfahren Sie unter „So finden Sie Ihren Pantoffel" ab S. 26. Wenn Sie das Buch gelesen haben und immer noch das Gefühl haben, dass sie nachts nicht schlafen können, wenn Sie mit dem kleineren Teil Ihres Portfolios auch nur ein wenig im Minus stehen, ist die Pantoffel-Methode nicht für Sie geeignet.

Ich habe bereits Wertpapiere. Muss ich die alle verkaufen?

Keineswegs. Das Pantoffel-Portfolio ist bestens geeignet als Basis für ein international breit gestreutes Depot. Das lässt sich auch gut überlegt ergänzen durch weitere Depot-Bestandteile oder in ein bestehendes Depot einpassen. Sie können es zudem gezielt um Aktien-ETF erweitern, die weltweit in Schwellenländer anlegen. Oder Sie stocken das Gewicht von europäischen Aktien auf oder setzen einen Akzent auf deutsche Aktien oder Gold. Wie Sie am besten vorgehen, erfahren Sie im Kapitel „Ergänzungen für erfahrene Anleger" ab S. 69.

Was passiert in einem Crash? Muss ich dann hohe Verluste verkraften?

Das kommt vor allem darauf an, wie lange Sie schon investiert sind. Sind Sie zehn Jahre und länger dabei? Dann ist die Wahrscheinlichkeit hoch, dass die ETF-Anteile in Ihrem Pantoffel-Portfolio so klar im Plus stehen, dass ein Crash die Gewinne zwar deutlich schmälert, aber nicht aufzehrt. Sind Sie dagegen erst seit Kurzem dabei, zeigen Ihre Depotauszüge vermutlich ein deutliches Minus an. Wenn Sie nun in Panik geraten und Ihre ETF-Anteile verkaufen, dann machen Sie aus Buchverlusten, die bisher nur auf dem Papier stehen, echte Verluste. Da Sie aber vorhaben, mit der Pantoffel-Methode langfristig und international breit gestreut zu sparen, sollten Sie bei solchen Kursrücksetzern die Nerven bewahren und stoisch durchhalten. Dann ist die Chance sehr hoch, langfristig mit dem Konzept eine ansehnliche Rendite zu erzielen, allen zwischenzeitlichen Kursturbulenzen zum Trotz. Mehr ab S. 11 sowie ab S. 135.

Wie viel Aufwand bedeutet so ein Pantoffel über die Jahre?

Ziemlich wenig. Das Konzept ist bequem, daher auch sein Name Pantoffel-Portfolio. Regelmäßig mindestens einmal im Jahr sollten Sie Ihre Depotzusammenstellung genau anschauen – und zwar auf zweierlei Aspekte hin. Stellen Sie sich erstens die Frage, ob die Zusammensetzung noch zu Ihrer Lebensplanung passt. Und zweitens schauen Sie darauf, ob sich die Gewichte von Aktien-ETF und Zinsanteil zu sehr verschoben haben. Ist das der Fall, sollten Sie Ihr Depot entsprechend anpassen. Das ist schnell erledigt und macht wenig Arbeit. Auch die Umstellung von Sparen auf Geldentnehmen ist unkompliziert möglich. Wie Sie Ihr Depot am besten anpassen und Geld entnehmen können, erfahren Sie im Kapitel „Gezielt anpassen – gezielt entnehmen" ab S. 131.

Umwelt- und Klimaschutz sind mir wichtig. Geht das auch mit dem Pantoffel-Portfolio?

Ja, das ist ganz einfach. Es gibt nicht viele, aber einige sehr passable Papiere, die auch hohen Anspruchskriterien beim Thema Nachhaltigkeit gerecht werden und perfekt zur Finanztest-Strategie passen. Wir haben diesem Anliegen ein eigenes Kapitel gewidmet: „Der nachhaltige Welt-Pantoffel" ab S. 49. Dort erfahren Sie, welche Papiere das sind, worauf Sie bei den unterschiedlichen Angeboten achten sollten und warum es sich lohnt, nachhaltig anzulegen. Übrigens: Mit diesem Ansatz liegen Sie voll im Trend. Immer mehr Anleger berücksichtigen in den letzten Jahren bei der Geldanlage auch ethische, ökologische und soziale Kriterien. Sie haben gute Gründe. Aber lesen Sie selbst.

Die Finanztest-Strategie

Sie möchten mehr aus Ihrem Geld machen und suchen dafür den passenden Weg? Dann ist die Finanztest-Strategie mit dem Pantoffel-Portfolio das Richtige für Sie. Sie eignet sich für Einsteiger ebenso wie für erfahrene Anleger, die ihr Geld unkompliziert und clever investieren wollen.

Wie soll ich mein Geld langfristig mehren? Das ist mehr denn je ein Problem. Mit Mini-, Null- oder gar Negativzinsen wollen Sie sich nicht abspeisen lassen, gerade wenn die Lebenshaltungskosten steigen. Und fragt man einen Bankberater oder Vermögensverwalter um Rat, ist nicht immer klar, wessen Interessen im Vordergrund stehen. Vielleicht besitzen Sie schon Wertpapiere und sind von den Ergebnissen zum Beispiel Ihres Aktienfonds enttäuscht? Oder Sie haben noch keine oder wenig Erfahrungen mit Geldanlage und Börse gesammelt und wollen es einfach richtig und systematisch angehen. Doch dafür, die Sache selbst in die Hand zu nehmen, fehlt Ihnen schlicht die Zeit. Denken Sie zumindest.

Letzteres ist falsch. Denn Tatsache ist, dass es mit wenig Aufwand möglich ist, der Zwickmühle zwischen Zinstief, Börsenrisiko und hohen Bankgebühren zu entkommen. Mit diesem Buch haben Sie den ersten Schritt getan, um auf eine effiziente, einfache und flexible Strategie für Ihre Geldanlage zu setzen: das Pantoffel-Portfolio von Finanztest. Finanzwissen oder Börsenerfahrung schaden dabei nicht, sie sind aber keine Voraussetzung. Alles, was Sie dafür wissen müssen, finden Sie in den folgenden Kapiteln.

→ Warum Pantoffel-Portfolio?

„Pantoffel-Portfolio", das klingt vielleicht erst einmal eher langweilig. Der Name fasst aber die Philosophie der Finanztest-Strategie gut zusammen. Sie ähnelt dem beliebten Hausschuh nämlich in vielen Eigenschaften: Die Strategie ist einfach, praktisch, bequem, günstig, flexibel und braucht keine große Pflege. Sie passt so gut wie jedem und ist zweckmäßig. Eine Geldanlage zum Reinschlüpfen und Wohlfühlen eben, die aber vor allem langfristig gute Renditen verspricht.

2013 stellte die Stiftung Warentest, genauer: die Experten von Finanztest, die Strategie erstmals vor. Sie ist für fast jedes längerfristige Sparziel und jedes Budget sinnvoll. Egal, ob Sie systematisch für das Alter vorsorgen wollen, einen größeren Betrag auf einmal anlegen möchten oder für Ihre Kinder oder Enkel sparen: Mit der Finanztest-Strategie ist das ohne großen Zeitaufwand und mit guten Renditechancen realisierbar. Sie brauchen dafür nur zwei Bausteine: einen Sicherheitsbaustein aus Zinsanlagen und einen Renditebaustein aus Aktienanlagen.

Die Idee, ein breit streuendes Aktieninvestment und einen Zinsanteil zu kombinieren, ist nicht neu. Bereits in den 1990er-Jahren riet der US-Journalist Scott Burns, der über Geldanlage und Finanzen schrieb, zu einem „Couch Potato Portfolio": Die Hälfte des Geldes sollte man in einen Indexfonds mit amerikanischen Aktien stecken, die andere in einen Indexfonds mit amerikanischen Anleihen, also in Zinsprodukte. Burns' Leser sollten so das Geld für Vermögensverwalter und Bankberater sparen – ähnlich wie es der legendäre US-Investor Warren Buffett den Privatanlegern seit vielen Jahren empfiehlt.

Doch das Pantoffel-Portfolio leistet mehr. Die Experten von Finanztest griffen das bewährte Modell auf und entwickelten daraus eine umfassende Strategie für deutsche Anleger. Statt ausschließlich mit amerikanischen Wertpapieren ist es mit internationalen Aktien und europäischen Zinsanlagen gefüllt. Zusätzlich führten die Finanztest-Experten Varianten mit verschiedenen Chance-Risiko-Profilen ein, sodass auch besonders sicherheitsliebende oder risikofreudige Anleger eine passende Anlagemöglichkeit finden.

Außerdem hat Finanztest ein Konzept für eine unkomplizierte Pflege des Portfolios entwickelt, das die Rendite auf Dauer erhöht. Und es liegt ein Plan parat, wie Sie aus Ihrem Depot eine zusätzliche Rente beziehen können.

Die Finanztest-Strategie ist somit ein allumfassendes Konzept, das Sie ein ganzes Leben lang begleiten kann.

Das Pantoffel-Prinzip: Bequem, flexibel, renditestark

Die einfachen Rezepte sind oft die besten und eignen sich für fast alle Lebenslagen – genau wie das Pantoffel-Portfolio, das mit nur zwei soliden Zutaten auskommt.

Ein Pantoffel-Portfolio können Sie nicht fertig kaufen – weder bei der Stiftung Warentest, noch anderswo. Die Finanztest-Strategie ist vielmehr eine leicht nachvollziehbare Anleitung, wie Sie Ihr Geld ohne großen zeitlichen und finanziellen Aufwand sinnvoll investieren, damit es sich langfristig mehrt. Um die Strategie umzusetzen, brauchen Sie lediglich zwei Konten – ein Tagesgeldkonto und ein Wertpapierdepot. Beide bestücken Sie selbst und pflegen sie in regelmäßigen Abständen. Wo und wie Sie beides am günstigsten einrichten, erfahren Sie im Kapitel „Filialbank oder Direktbank – was ist besser für mich?" ab S. 100.

Sie stellen Ihren Pantoffel so ganz nach Ihren Bedürfnissen zusammen. Die Zinsanlage – das Tagesgeld – sorgt für Sicherheit, der Aktienanteil in Form von sogenannten Aktien-ETF für Renditechancen.

Dabei können Sie Ihr Portfolio gezielt nach Ihrer Lebenssituation ausrichten oder auch eigene Schwerpunkte setzen. Das Grundprinzip ist immer das gleiche: Sie streuen Ihr Risiko, indem Sie zwei Komponenten mit unterschiedlichen Gewichtungen mischen. Sie haben es dabei selbst in der Hand, wie viel Wert Sie auf Sicherheit oder Renditechancen legen wollen – je nachdem gewichten Sie die Anteile der beiden Bausteine im Verhältnis zueinander. Ein höherer Anteil an Aktien-ETF ermöglicht langfristig höhere Renditeaussichten, birgt aber auch ein höheres Risiko für zwischenzeitliche Rückschläge: Mehr Tagesgeld bedeutet einen ruhigeren Verlauf.

Beide Bestandteile des Pantoffel-Portfolios sind dabei nach dem Geschmack von Verbraucherschützern: transparent und kostengünstig. Tagesgeld ist flexibel, ein Konto zumeist kostenlos zu führen. Aktien-ETF sind ein einfaches Produkt, das sich vor allem durch niedrige Kosten auszeichnet und für die Anleger immer nachvollziehbar ist.

Den Begriff ETF haben Sie vermutlich schon gehört und wissen, dass es sich dabei um ein faires Produkt für die langfristige Vermögensbildung handelt. Die Finanztest-Strategie hilft Ihnen, die Vorteile von ETF zu nutzen, sie richtig einzusetzen und die empfehlenswerten Produkte auszuwählen.

Gut zu wissen

Wofür steht eigentlich „ETF"? ETF ist die Abkürzung für Exchange Traded Fund, zu Deutsch Börsengehandelter Fonds. ETF sind eine spezielle Spielart von Investmentfonds. Mit einem Aktien-ETF kaufen Sie Anteile an vielen verschiedenen Unternehmen. Meist orientiert sich der ETF an einem Börsenindex wie etwa dem Welt-Aktien-Index MSCI World (mehr dazu „Ein ETF – alle Industrieländer", ab S. 35). Entsprechend entwickelt sich der Wert des ETF so wie der des Index selbst – steigt der, gewinnt Ihr ETF, fällt der Index, müssen Sie Wertabschläge hinnehmen.

Der Name deutet zudem zwei gute Eigenschaften an: Zum einen können Sie ETF laufend günstig über eine Bank an der Börse kaufen oder verkaufen, Sie haben also ein sehr liquides Investment und damit eine flexible Anlage. Zum anderen ist Ihr Geld hervorragend gegen eine Pleite des Anbieters geschützt. Wie alle Investmentfonds ist es nämlich Teil eines Sondervermögens, das streng getrennt vom Betriebsvermögen der Fondsgesellschaft verwaltet wird.

Selbst zusammenstellen

Es hat sich inzwischen herumgesprochen: An den Aktienmärkten sind die langfristigen Gewinne höher als bei so gut wie allen anderen Anlageformen, sofern die Investments breit international gestreut sind. Allerdings ruckelt es an der Börse auch mal gehörig. Mit einem Pantoffel-Portfolio federn Sie diese Ausschläge aber durch den Sicherheitsbaustein, eine Zinsanlage, ab – wie stark, bestimmen Sie selbst.

Rückschläge an den Börsen kommen unplanbar, aber immer wieder, wie alleine der Blick auf die letzten 20 Jahre zeigt: Seither gab es unter anderem den Crash nach dem Dot.Com-Boom um die Jahrtausendwende zu verkraften, die Finanzkrise und die anschließenden Einbrüche an den Aktienmärkten – und jüngst den Corona-Crash.

Auch der Wert Ihres Pantoffel-Portfolios wird bei einem Kurseinbruch an den Aktienmärkten nach unten rutschen, allerdings eben nur der des Aktien-ETF-Teils. Wenn die Kurse beispielsweise um 20 Prozent einknicken und Sie sich für das ausgewogene Portfolio entschieden haben, rutscht der Wert Ihres Portfolios eben nur um 10 Prozent ab.

Als echten Verlust müssen Sie das zudem nur dann verkraften, wenn Sie Ihre Aktien-ETF ausgerechnet dann verkaufen. Besser ist es, schwache Börsenphasen auszusitzen. Ein langfristiger Horizont ist für Ihr Pantoffel-Depot also unerlässlich. In Aktien-ETF sollten Sie daher nur Geld investieren, das Sie mindestens zehn Jahre, besser noch länger

Unser Pantoffel-Portfolio kurz erklärt

Aufbau. Das Pantoffel-Portfolio besteht aus zwei Teilen: renditestarken Aktienfonds und sicherem Tagesgeld. Der Renditebaustein wird mit börsengehandelten ETF (Exchange Traded Funds) bestückt. Diese Fonds bilden einen breit angelegten Börsenindex ab und sind kostengünstig. Für den Sicherheitsbaustein können Anleger bei längeren Laufzeiten auch Rentenfonds Euro mit sicheren Anleihen nehmen.

Varianten. Je nach Risikotyp unterscheiden wir drei Pantoffel-Arten: das defensive, das ausgewogene und das offensive Portfolio.

Defensive Variante für Vorsichtige: 25 Prozent Aktien-ETF und 75 Prozent Zinsanlagen

Ausgewogene Variante, für die meisten geeignet: je 50 Prozent Aktien-ETF und Zinsanlagen

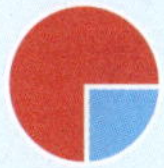

Offensive Variante für Risikobereite und junge Leute, die fürs Alter sparen: 75 Prozent Aktien-ETF und 25 Prozent Zinsanlagen

Bequem. Anleger müssen in der Regel nur einmal im Jahr die Aufteilung prüfen.

entbehren können. Denn bislang haben die Weltbörsen über größere Zeiträume noch jeden Rückschlag wieder aufgeholt und Anlegern gute Gewinne gebracht.

Wie hoch die Rendite Ihrer Finanztest-Strategie letztendlich ausfallen wird, können Sie heute nicht genau vorhersagen. Denn das hängt von den Börsenverläufen ab. Zudem kommt es darauf an, ob Sie einmal einen höheren Betrag anlegen oder nach und nach ansparen wollen. Und natürlich auch darauf, wie Sie das Chance-Risiko-Verhältnis für Ihr Portfolio steuern wollen.

Eines war aber in der Vergangenheit trotz aller Crashs und Rückschläge immer der Fall: Die Renditen des Pantoffels können sich sehen lassen (siehe Tabelle „Renditen verschiedener Anlageformen“, S. 14).

Der Bund fürs Leben

Anlage- und Börsenstrategien gibt es viele – von Value- oder Dividenden-Ansätzen bis zu charttechnischen Analysen. Alle haben aber ein paar entscheidende Nachteile: Erstens verlangen sie teilweise viele Kenntnisse, fast alle aber vor allem Zeit und Aufmerksamkeit, wenn Sie sie erfolgreich verfolgen wollen. Und zweitens sind die meisten davon nur in ganz bestimmten Börsenphasen erfolgreich. Sie müssen also ständig überprüfen, ob Ihre Strategie noch greift, und im Zweifel umsatteln.

Ein Pantoffel-Portfolio ist dagegen ein Bund fürs Leben. Nicht nur, weil es so angelegt ist, dass es langfristig über alle Börsenphasen funktioniert. Sondern vor allem, weil es so flexibel ist, dass Sie es immer wieder an Ihre Lebenssituation anpassen können. Sie können jederzeit, sofern nötig, von einer eher defensiven Strategie auf dynamischere Varianten wechseln oder umgekehrt. Sie können mit kleinen Beträgen sparen oder auf einmal eine größere Summe anlegen oder auch beides kombinieren. Sie können Ihren Sparplan ohne Kosten einfach aussetzen, wenn die Zeiten einmal schlecht werden, oder aufstocken, wenn es gut läuft. Oder das Portfolio sogar komplett auflösen: Auch wenn Sie dann je nach Börsenphase und Laufzeit Ihres Depots eventuell auf Gewinne verzichten oder gar Verluste hinnehmen müssen, Sie kommen jederzeit an Ihr Geld. Und im Alter wandeln Sie Ihr mit der Finanztest-Strategie aufgebautes Portfolio mithilfe eines Auszahlplans einfach in eine Pantoffel-Rente um (siehe „Einen Auszahlplan einrichten – Rente mit Puffer-Strategie", S. 145).

Gerade für die Altersvorsorge, aber auch für alle anderen Anlageziele wollen Finanzdienstleister Ihnen gerne fertige Pakete verkaufen, manche versprechen Ihnen vielleicht sogar, dass Sie damit ganz schnell sehr reich werden. Doch die Realität zeigt: Dahinter steckt fast immer ein Modell, das vor allem den Verkäufern nutzt und diesen ansehnliche Provisionserträge bringt. Auch die Anbieter von Versicherungen oder anderen Sparprodukten werden Ihre Einzahlungen letztendlich überwiegend an den Kapitalmärkten anlegen. Wenn Sie selbst aktiv werden, erreichen Sie schon allein deshalb bessere Renditen, weil Sie keinen Verwaltungsapparat mitfinanzieren, wie es ein großer Finanzdienstleister muss. Zudem binden Sie sich mit einem Spar- oder Versicherungsvertrag oft für lange Zeit und geben das Heft des Handelns aus der Hand.

Renditen verschiedener Anlageformen (in Prozent p. a.)

Mit den Pantoffel-Varianten war mehr Rendite drin als mit reinem Tagesgeld – egal ob bei Einmalanlage oder im Sparplan. Reine Aktienanlagen bergen höhere Risiken.

	Einmalanlage vor 30 Jahren	Sparplan über 30 Jahre
Tagesgeld	3,0	1,7
Defensiver Welt-Pantoffel [1)]	4,4	3,5
Ausgewogener Welt-Pantoffel [2)]	5,7	5,1
Offensiver Welt-Pantoffel [3)]	6,4	6,2
Aktien-ETF Welt	7,0	7,1

1) 75 Prozent Tagesgeld, 25 Prozent Aktien-ETF Welt 2) 50 Prozent Tagesgeld, 50 Prozent Aktien-ETF Welt
3) 25 Prozent Tagesgeld, 75 Prozent Aktien-ETF Welt Stand: 30. Juni 2020, Quelle: Refinitiv, eigene Simulationen

Besser als Mischfonds

Deutlich zu sehen: In den letzten 15 Jahren hat das ausgewogene Pantoffel-Portfolio mit 4,7 Prozent p.a. besser abgeschnitten als der Durchschnitt vergleichbarer Mischfonds mit 2,5 Prozent Rendite p.a.

Quelle: Refinitiv, FWW; zur Berechnung: test.de/ft-strategie Zeitraum: 30.06.2005 bis 30.06.2020

Haken aktiv gemanagter Fonds

Sie könnten zwar stattdessen in Eigenregie auf aktiv gemanagte Investmentfonds setzen. Die Sache hat allerdings einen Haken: Selbst die meisten Profis aus der Fondsindustrie schaffen es nicht dauerhaft, eine höhere Rendite für Sie zu erreichen, als Sie mit einem Pantoffel-Portfolio erzielen können: So verfolgen Mischfonds beispielsweise ein ähnliches Konzept wie das Pantoffel-Portfolio. Sie kombinieren einen Aktien- und einen Zinsanteil. Der Durchschnitt aller ausgewogenen Mischfonds erwirtschaftete in den vergangenen 15 Jahren aber gerade einmal 2,5 Prozent Rendite jährlich, mit einem ausgewogenen Pantoffel wären 4,7 Prozent möglich gewesen (siehe Chart).

Denn jeder aktiv gemanagte Fonds wird von einem oder mehreren hoch bezahlten Fondsmanagern verwaltet, die in der Regel noch einen gut dotierten Stab von Analysten nutzen, um die besten Titel zu finden. Deren Gehalt, Büros und andere Kosten müssen Sie über Gebühren finanzieren. Sowohl bei globalen Aktienfonds als auch bei ausgewogenen Mischfonds werden durchschnittlich 1,7 Prozent des angelegten Geldes für Management und Verwaltung abgezweigt. Hinzu kommen die Kosten für Werbung und Vertrieb, die bei einem aktiven Fonds einmalig meist 3 bis 5 Prozent betragen. Satte Gebühren dafür, dass sich die Profis nicht immer als treffsicher erweisen. Beides zusammen führt dazu, dass langfristig nur ein kleiner Teil der aktiv gemanagten Fonds bessere Erträge erzielt als ein ETF auf einen vergleichbaren Index.

Aktien-ETF können hier ihre Vorteile ausspielen. Sie bilden die Wertentwicklung aller Titel im Index ab (mehr zu Indizes ab S. 35), weshalb die Anbieter keine Fondsmanager bezahlen müssen. Das macht sie zum einen für Anleger sehr transparent, weil sie immer leicht überprüfen können, welche Aktien der ETF hält, zum anderen kommen die Gewinne vom Aktienmarkt eben ohne Abzug von hohen Gebühren bei den Anlegern an. Die Gebühren bleiben bei einem ETF überschaubar.

Anlegerfehler mit ETF vermeiden

Wenn Sie sich bei einem Börseninvestment nicht für Einzelaktien, sondern für Aktien-ETF entscheiden, machen Sie es mit hoher Wahrscheinlichkeit besser als die meisten anderen deutschen Aktionäre. Denn noch mehr als bei den meisten Fondsmanagern ist der Erfolg von Privatanlegern mit Einzelaktien äußerst überschaubar. Die Wirtschaftsprofessoren Andreas Hackethal und Steffen Meyer untersuchten die Wertpapierdepots von Direktbankkunden. Sie werteten aus, welchen Depot-Mix, welche Kontenbewegungen und vor allem welche Rendite Anleger von Anfang 2005 bis Ende 2015 erzielten. Mit ernüchterndem Ergebnis: Nach der durchschnittlichen Bestückung der Depots mit 80 Prozent Aktien und 20 Prozent Rentenpapieren wäre mit einem ETF-Portfolio eine Rendite von 8,7 Prozent pro Jahr realistisch gewesen. Erreicht haben die Do-it-yourself-Anleger aber im Schnitt nur 3,1 Prozent.

Mit einem solide bestückten, langfristigen Pantoffel-Portfolio tappen Sie in keine der folgenden Fallen, denn Sie entscheiden nicht selbst, zu welchem Zeitpunkt was ge- oder verkauft wird. Damit kommen Sie gar nicht in Versuchung, die typischen Anlegerfehler zu machen.

→ Mehrere Fehler, große Wirkung

Nach Erkenntnis der zwei Experten sind es nur wenige falsche Handlungsmuster und häufig die Kombination von mehreren daraus, die den Anlageerfolg nachhaltig schmälern:

Zu wenig streuen: Die Depotbesitzer hielten im Durchschnitt nur zwölf Aktien, dabei legten sie auffallend oft einen großen Schwerpunkt auf deutsche Aktien.

Spekulieren statt investieren: Die Anleger setzten nicht nur auf zu wenige, sondern häufig auch auf zu kleine Unternehmen, deren Kurse besonders stark schwanken.

Zu häufig umschichten: Die Depots wurden oft bewegt, aber jeder Kauf und Verkauf von Wertpapieren kostet Gebühren, die die Rendite mindern.

Den vermeintlich richtigen Zeitpunkt suchen. Ein Grund für die auffallend häufigen Depotbewegungen ist wohl auch der Versuch, den richtigen Zeitpunkt für den Ein- und Ausstieg zu finden. Das „Timing" gelingt auf Dauer selten, kostet aber immer Gebühren.

Einfach clever investieren

Mit dem Pantoffel-Portfolio nutzen Sie wichtige wissenschaftliche Erkenntnisse über Geldanlagen – ohne großen Aufwand.

Die Finanztest-Strategie mit dem Pantoffel-Portfolio kann jeder nutzen – auch ohne Vorkenntnis über Börse, Zinsen und Geldanlage. Denn die beiden Bestandteile sind einfach, und die „Bedienungsanleitung" ist unkompliziert. Es ist aber immer gut, die Hintergründe zu verstehen. Denn so einfach ein Pantoffel-Portfolio aufgebaut ist – die Strategie dahinter basiert auf einer ganzen Menge grundlegender Erkenntnisse über Geldanlage und Börse, die Sie gewinnbringend umsetzen können.

Langfristige Ertragskraft der Börsen nutzen

Die Börse ist ein gefährlicher Ort – denken laut Umfragen immer noch die meisten Deutschen. Und das stimmt auch, wenn Sie an einem Tag kaufen und am nächsten wieder verkaufen. Doch wer langfristig und international breit gestreut investiert, hat an den Börsen bislang gute Renditen erwirtschaftet – und genau diese Erkenntnis nutzt die Finanztest-Strategie.

Mit einem kurzfristigen Anlagehorizont hätten Sie in den vergangenen 50 Jahren ganz unterschiedliche Ergebnisse mit Aktien eingefahren. Wer weltweit investiert und seine Anteile nach 12 Monaten wieder verkauft hat, hätte in diesem Zeitraum eine Rendite zwischen sagenhaften plus 66,1 Prozent von Mitte 1996 bis Mitte 1997 und minus 39,1 Prozent von Frühjahr 2002 bis Frühjahr 2003 erreicht. Je länger die Haltedauer aber war, desto ähnlicher fuhren alle Anleger – nämlich ähnlich gut. Nach 13 Jahren waren alle im Plus – egal, in welcher Börsenphase sie eingestiegen sind –, nach 30 Jahren lagen die jährlichen Renditen in einer Bandbreite zwischen 6,8 und 8,8 Prozent (siehe Chart „Historische Renditen des MSCI World Index", S. 18).

Vom Zinseszins profitieren, Kosten minimieren

Den Zinseszinseffekt kennen Sie: Die Zinsen werden wieder angelegt und so mitverzinst. Wie mächtig dieser Effekt ist, führen sich die wenigsten Kapitalanleger vor Augen. Angenommen, Sie legen einmalig 10000 Euro zu 4 Prozent an – eine Rendite, die mit einem Pantoffel-Portfolio durchaus realistisch ist. Dann wird sich Ihr Kapital innerhalb von gut 18 Jahren verdoppeln, wenn Sie die Erträge weiter für sich arbeiten lassen. Stecken Sie das Geld jedoch in eine Zinsanlage zu 0,25 Prozent, bräuchten Sie mehr als 278 Jahre, um dasselbe zu erreichen.

Historische Renditen des MSCI World Index

Je länger Anleger ihr Geld investiert hatten, desto geringer war ihr Risiko, am Ende mit einem Minus dazustehen. Nach 13 Jahren waren alle Anleger im Plus.

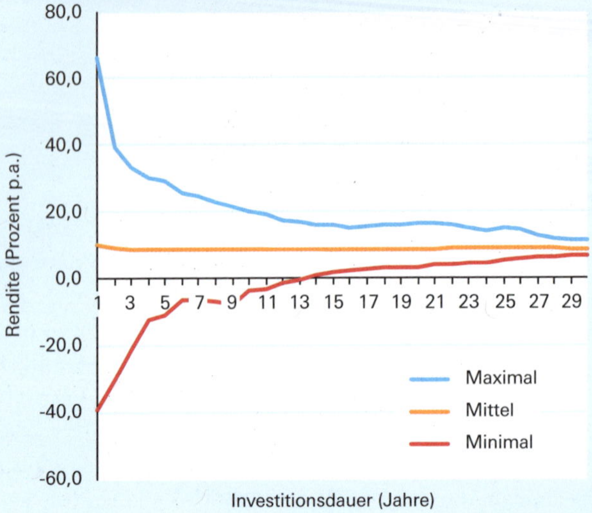

Quellen: Refinitiv, eigene Berechnungen — Stand: 30. Juni 2020

Die Rendite und der Zinseszinseffekt sind also entscheidend für jeden langfristigen Anlageerfolg. Es gibt aber einen wichtigen Gegenspieler, den es in Schach zu halten gilt: die Teuerung (siehe „Gut zu wissen", S. 19). Dafür ist es nicht nur wichtig, ein renditestarkes Investment in die Geldanlage zu integrieren – im Pantoffel sind das Aktien-ETF. Es ist auch wichtig, alle Kosten im Griff zu behalten, die Ihre Erträge schmälern. Die Finanztest-Strategie schafft das nicht nur, weil sie auf die kostengünstigen Produkte Tagesgeld und Aktien-ETF setzt. Auch die Anpassungskosten für Ihr Depot bleiben niedrig. Weil Sie selten umschichten müssen, fallen nur wenige Gebühren für den Kauf und Verkauf von Anteilen an.

Hilfreich ist, wenn Sie Ihren Pantoffel bei einem günstigen Onlineanbieter führen, wo Sie mit wesentlich geringeren Depot- und Handelskosten rechnen müssen als bei der Filialbank (siehe „Filialbank oder Direktbank – was ist besser für mich?" ab S. 100).

Das Risiko breit streuen

Das Pantoffel-Portfolio mindert das Rückschlagrisiko, das jedes Börsenengagement mit sich bringt, erheblich. Dabei helfen nicht nur der Sicherheitsbaustein und der lange Anlagehorizont. Auch der Renditeanteil des Portfolios trägt dazu bei. Denn dieser wird nur mit sehr breit streuenden ETF bestückt. Und Streuung oder Diversifizierung, wie Fachleute sagen, ist ein probates Mittel, das Risiko eines Aktieninvestments zu verringern.

Schon in den 1950er-Jahren fanden Finanzwissenschaftler heraus: Streuen, also viele verschiedene Aktien zu kaufen, ist der bessere Weg. Formuliert und durchgerechnet hat das Harry Max Markowitz 1952 in der „Modernen Portfoliotheorie". 1990 erhielt er den Wirtschaftsnobelpreis dafür. Er fand eine Messlatte, mit der er nachweisen konnte, wie viel Risiko jemand für eine bestimmte Rendite eingehen muss, und zeigte: Das „Chance-Risiko-Verhältnis" ist bei einem breit diversifizierten Depot wesentlich besser als bei Einzelaktien.

Um zu verstehen, wieso die breite Streuung eine gute Idee ist, gehen wir zurück ins Jahr 1602. Das Zeitalter der Seefahrer, die Rohstoffe, exotische Gewürze und andere Waren aus fernen Ländern nach Europa brachten. Ein sicher ethisch fragwürdiges, aber sehr einträgliches Geschäft, das zwei große Haken hatte. Zum einen brauchten Investoren ein richtig großes Vermögen, um ein Schiff zu bauen, eine Mannschaft anzuheuern und das Kapital für die Verpflegung und die Waren aufzubringen. Zum anderen konnte so ein Vorhaben im Fiasko enden: Stürme, Piraten, Meuterei – immer mal wieder kam ein Schiff von der Reise nicht zurück, und das ganze Kapital war verloren.

Einige Geschäftsleute hatten daher die Idee, sich zusammenzuschließen. Und zwar nicht nur, um ein Schiff zu kaufen, sondern gleich eine ganze Flotte. Die Ostindische Handelskompanie war geboren und mit ihr ein gutes halbes Jahrhundert später die Aktie – ein Wertpapier, mit dem ein Anteil an der Kompanie und ihrer Flotte verbrieft wurde und das man weiterverkaufen konnte. Die Vorteile lagen klar auf der Hand: Ohne sich für immer zu binden, konnte ein Investor mit vergleichsweise wenig Kapital im Kolonialwarengeschäft dabei sein. Und gleichzeitig war das Risiko, alles durch eine einzelne Havarie zu verlieren, abgewendet.

Dieses Prinzip übertragen ETF heute auf Aktiengesellschaften. Statt auf ein einzelnes Unternehmen zu setzen und zu hoffen, dass

Gut zu wissen

Warum hilft ein Pantoffel gegen die Realzinsfalle? Mit Zinsen haben Sie mit der Zeit mehr Geld auf dem Konto liegen, aber mehr leisten können Sie sich davon nicht, wenn alles teurer geworden ist. Das ist immer dann der Fall, wenn der Realzins, also der um die Inflationsrate bereinigte Ertrag, negativ ist, Sie also an Kaufkraft verlieren. Fachleute sprechen dann von einer sogenannten Realzinsfalle.

Auch wenn die Inflation aktuell (Stand: August 2020) bei null Prozent liegt – schon ein moderater Anstieg kann künftig die Realzinsen negativ werden lassen. Das Pantoffel-Portfolio dagegen wies in der Vergangenheit in allen Varianten immer eine mehr oder weniger hohe positive Realrendite und daher auch einen positiven Zinseszinseffekt auf.

DIE SECHS STÄRKEN DER STRATEGIE

1 Einfach: Sie müssen weder Vorkenntnisse noch viel Zeit mitbringen. Es handelt sich um leicht verständliche Produkte.

2 Kostengünstig: Sie müssen keine Gebühren für Vermögensverwalter tragen. Aktien-ETF sind besonders kostengünstig, ebenso Tagesgeld.

3 Transparent: Die Regeln sind klar. Wie sich der Aktien-ETF entwickelt, können Sie jederzeit in Ihrem Depot oder auf der Website vom ETF-Anbieter nachvollziehen.

4 Flexibel: Sie können Ihre Geldanlage immer Ihrem Leben anpassen, den Pantoffel aufstocken, aussetzen, anders ausrichten oder in einen Auszahlplan verwandeln.

5 Risikominimierend: Zinsanlagen und die breit streuenden Aktien-ETF sorgen für ein gutes Rendite- und Sicherheitsverhältnis.

6 Variabel: Die Strategie kann auch als Ergänzung zu bestehenden Depots eingesetzt werden.

es keinen Schiffbruch erleidet, kaufen Sie mit einem ETF auf einen Schlag Anteile an sehr vielen Unternehmen. Natürlich gibt es Zeiten, wie zuletzt zu Beginn der Corona-Krise, in denen viele Firmen weltweit gleichzeitig Probleme bekommen. Und die Kurse so gut wie aller Aktien rauschen dann gleichzeitig in den Keller. Dass alle untergehen, ist aber so gut wie ausgeschlossen.

Bisher hat sich die Menschheit nach jeder Krise wieder aufgerappelt, und die Weltwirtschaft und mit ihr die globalen Aktienmärkte haben die Verluste über die Zeit mehr als aufgeholt. Auch wenn es meist erst einen harten Absturz gab und obwohl sogar einige einzelne Länderindizes wie der japanische Nikkei einen Verlust nicht wieder eingeholt haben: Mit einem global ausgerichteten ETF zählt die Bilanz aller Länder, und die ist klar positiv.

Antizyklisch investieren

Das leuchtet jedem ein: Wer etwas kauft, wenn es billig ist, und verkauft, wenn der Preis hoch steht, wird gewinnen. „Kaufen, wenn die Kanonen donnern", so beschrieb der Altmeister der Börsen, André Kostolany, das „antizyklische Handeln". Heerscharen von Wissenschaftlern, Charttechnikern und Anlageprofis sind auf der Suche nach der Zauberformel, mit der man Hochs und Tiefs an den Börsen vorab erkennen kann. Mit mäßigem Erfolg, denn die Börse ist einfach nicht vorherzusagen. Die ständige Jagd auf gute Kauf- oder Verkauf-Kurse bringt Anlegern meist vor allem eines: hohe Kosten, die die Rendite schmälern.

Mit der Finanztest-Strategie verhalten Sie sich dagegen automatisch antizyklisch, ohne dass Sie selbst eine Meinung zur Entwicklung der Börsen haben müssen. Grundsätzlich mindestens einmal im Jahr prüfen Sie Ihr Depot und passen bei Bedarf die Anteile im Portfolio an. Sind die Börsen vorher längere Zeit gut gelaufen, wird Ihr Aktien-ETF-Bestand vielleicht zu hoch gewichtet sein und Sie verkaufen Anteile – zu guten Kursen. Umgekehrt werden Sie Zinsanlagen in Aktien-ETF umschichten, wenn an der Börse Flaute herrscht und Sie daher günstige Einstiegspreise bekommen (siehe „Regelmäßige Pflege zahlt sich aus“, S. 137).

Sollten Sie sich für einen Sparplan entscheiden, mit dem Sie regelmäßig einen festen Betrag in Ihr Pantoffel-Portfolio stecken, wirkt dieser antizyklische Mechanismus schon beim Kauf: In Boom-Zeiten bekommen Sie weniger Aktien-ETF für Ihr Geld, bei niedrigen Kursen kaufen Sie mehr davon.

Einmalanlage, Sparplan oder Entnahmeplan

Sie möchten regelmäßig Geld ansparen oder eine größere Summe investieren? Die Pantoffel-Methode eignet sich für beides. Und im Alter können Sie damit eine Zusatzrente beziehen.

→ **Die Finanztest-Strategie** mit dem Pantoffel-Portfolio passt immer, egal, ob Sie einen Betrag zwischen 25 Euro monatlich oder einmalig ein paar Tausend oder gar mehrere Millionen Euro anzulegen haben. Denn Sie können sie mit einer größeren Einmalanlage umsetzen oder mit monatlichen Sparraten oder auch mit einer Kombination aus beidem. Und in späteren Jahren können Sie sich dann aus dem Pantoffel-Portfolio eine regelmäßige Auszahlung leisten.

In jedem Fall brauchen Sie ein Wertpapierdepot. Eine Einmalanlage lohnt je nach Bank und deren Gebühren ab wenigen Hundert Euro, wenn Sie sich für einen günstigen Onlineanbieter entscheiden – was ohnehin die bessere Wahl ist. Wenn Sie Ihr Vermögen mit monatlichen Sparraten aufbauen wollen, suchen Sie eine Bank, die Sparpläne auf ETF anbietet (siehe „In fünf Minuten zum ETF-Sparplan", S. 120).

Im nächsten Schritt entscheiden Sie sich für eine Pantoffel-Variante, in die Sie investieren möchten. Es gibt drei Varianten: defensiv (Anteil an Aktien-ETF beträgt 25 Prozent), ausgewogen (Anteil an Aktien-ETF beläuft sich auf 50 Prozent) und offensiv (75 Prozent Anteil für Aktien-ETF). Alle wichtigen Infos zur Entscheidungsfindung dazu gleich unter „So finden Sie Ihren Pantoffel" ab S. 26.

Einen größeren Betrag auf einen Schlag anlegen

Sie haben geerbt oder eine größere Zahlung kassiert? Und Sie sind in der glücklichen Lage, das Geld auf längere Sicht von zehn, besser 15 Jahren nicht anrühren zu müssen? Dann können Sie es nach der Pantoffel-Methode investieren und für sich arbeiten lassen. Wer einen größeren Betrag auf einmal in seinen Pantoffel steckt, scheint im Vorteil: Denn er profitiert von Anfang an von einem größeren Zinseszinseffekt.

Falls Sie kurz vor dem Ruhestand stehen, haben Sie auch die Möglichkeit, eine größere Summe in eine regelmäßige Rente umzuwandeln, indem Sie einen Entnahmeplan starten. Das kann interessant sein, wenn Sie etwa zu Beginn Ihres Ruhestandes eine Auszahlung aus Ihrer Lebensversicherung erhalten oder eine Abfindung auf Dauer für den Lebensunterhalt nutzen wollen. (Mehr dazu siehe „Einen Auszahlplan einrichten", S. 145.)

Doch vielleicht denken Sie darüber nach, ob es wirklich so klug ist, den ganzen Betrag auf einmal anzulegen. Denn Sie haben die Sorge, dass Sie einen Teil Ihres Geldes ausgerechnet kurz vor einem Crash investieren.

→ Besser nicht alles auf einmal?

Wer sich vor einem baldigen Crash fürchtet, kann sein Vermögen in mehreren Tranchen anlegen. In steigenden Märkten ist das aber ein Nachteil, denn letztlich haben Sie für Ihren ETF-Baustein dann insgesamt mehr bezahlt, als wenn Sie alles am ersten Tag gekauft hätten. Und eine Garantie, dass Sie mit der Aufteilung auf mehrere Raten besser fahren, gibt es nicht. Der Crash kann auch kommen, gleich nachdem Sie die letzte Tranche abgewickelt haben.

Tatsächlich ist es fast unmöglich, den perfekten Einstiegs- oder Ausstiegszeitpunkt an der Börse zu finden, auch Profis gelingt das nicht. Daher ist es ratsam, einfach loszulegen und Geduld mitzubringen. Ein guter Einstiegszeitpunkt beeinflusst die Rendite zwar positiv. Aber auf lange Anlagedauer fallen Timing-Gesichtspunkte weniger ins Gewicht. Je länger Anleger ihr Geld investieren, desto geringer ist ihr Risiko, am Ende mit einem Minus dazustehen (siehe Grafik „Historische Renditen", S. 18).

Mit Sparplan zu Ihrem Vermögensziel

Wie viel Euro muss man monatlich sparen, um 10 000 Euro zu erzielen – abhängig von Rendite und Spardauer? Wer 30 Jahre zu 4 Prozent spart, muss nur 15 Euro aufwenden.

Zeitraum (Jahre)	Renditen (% p.a.)						
	1	2	3	4	5	6	7
3	274	269	265	261	257	254	250
5	162	158	154	151	147	143	140
10	79	75	72	68	65	61	58
15	51	48	44	41	38	35	32
20	38	34	31	27	25	22	20
25	29	26	22	20	17	15	13
30	24	20	17	15	12	10	9

Wie alle langfristigen Berechnungen zeigen, haben sich die Finanzmärkte über die vergangenen 120 Jahre immer wieder erholt. Das zeigen die Langfristanalysen der Professoren Dimson, Marsh und Staunton von der London Business School. Sie berechnen seit vielen Jahren die realen, also inflationsbereinigten Erträge verschiedener Anlageformen für 21 Länder zurück bis ins Jahr 1900. Über die vergangenen knapp 120 Jahre kamen Aktien dabei auf eine durchschnittliche reale (also inflationsbereinigte) Rendite von 5,2 Prozent pro Jahr. Und das allen zwischenzeitlichen Krisen und zwei Weltkriegen zum Trotz.

Regelmäßig sparen und Vermögen aufbauen

Sie haben keine große Summe auf einmal anzulegen, können aber Monat für Monat Geld zur Seite legen, um Vermögen aufzubauen? Sparer, die monatlich feste Beträge nach der Pantoffel-Methode investieren, können die Börsenverläufe kalt lassen, solange sich diese – wie stets in der Vergangenheit – unter Schwankungen dauerhaft nach oben bewegen: Kommt ein Rücksetzer, bekommen Sie dann für Ihren festen Monatsbeitrag mehr ETF-Anteile. Setzen Sie die Einzahlung gerade während eines Crashs daher auf keinen Fall aus.

Bevor Sie loslegen, sollten Sie sich aber sicher sein, dass Sie Ihr Vermögen oder Ihre Sparrate in den nächsten mindestens zehn Jahren tatsächlich nicht für etwas anders brauchen. Weil Sie doch diese schöne Immobilie in Spanien erwerben wollen etwa oder Ihrem Kind bei der Unternehmensgründung helfen möchten. Keinen Sinn ergibt ein Pantoffel-Sparplan auch in der Regel für diejenigen, die Schulden haben. Nutzen Sie Ihr Geld dann erst einmal, um diese abzuzahlen.

So legen Sie Ihre kontinuierliche Sparrate fest

Wie viel sollten Sie monatlich in einen Pantoffel-Sparplan stecken? 25, 100 oder 300

Euro? Das hängt nicht nur davon ab, was Sie erreichen wollen, sondern vor allem davon, wie Ihre übrigen Finanzen aufgestellt sind. In ein Pantoffel-Portfolio gehört nur die Summe, die tatsächlich langfristig verfügbar ist. Sie sollten also dafür Sorge tragen, dass genug Mittel vorhanden sind, um vor Abzug Ihrer Sparrate

- **die monatlichen Lebenshaltungskosten** zu decken,
- **unerwartete Ausgaben,** wie etwa eine kaputte Waschmaschine, zu schultern. Dafür empfiehlt es sich, zwei bis vier Nettomonatsgehälter auf ein jederzeit verfügbares Tagesgeldkonto zu legen, das Sie als Notfallreserve strikt getrennt von Ihrem Pantoffel-Tagesgeldkonto führen sollten,
- **Ihre mittelfristigen Träume** wie einen Urlaub oder ein neues Auto finanzieren zu können. Hierfür könnten Sie auf einem Festgeldkonto sparen.

Gehen Sie dabei von Ihrer aktuellen Situation aus. Ändert sich etwas, können Sie die Sparrate jederzeit anpassen.

> **Wenn Sie 10 000 Euro erzielen wollen, müssten Sie bei 4 Prozent Rendite über 20 Jahre nur 27 Euro monatlich in einen Sparplan stecken**

Und denken Sie daran: Schon kleine monatliche Beträge können Sie Ihrem Sparziel näherbringen. Wenn Sie zum Beispiel 10 000 Euro zusammensparen wollen, müssten Sie bei 4 Prozent Rendite über 20 Jahre gerade einmal rund 27 Euro monatlich in einen Sparplan stecken (siehe Tabelle „Mit Sparplan zu Ihrem Vermögensziel" auf S. 23). Mit einem ausgewogenen Pantoffel-Portfolio war diese Rendite bisher realistisch. Mit einem Sparbetrag von etwa 270 Euro können Sie entsprechend 100 000 Euro nach 20 Jahren erwarten. Mithilfe der Tabelle können Sie leicht ermitteln, wie hoch Ihre Sparrate für ein bestimmtes Sparziel ausfallen sollte – je nachdem, wie lange Sie Zeit haben und mit welcher Rendite Sie kalkulieren.

Die nebenstehende Grafik zur Sparplanauswahl zeigt Ihnen, wie sich das Sparen mit der Pantoffel-Strategie ins reine Zinssparen und reine ETF-Sparen einfügt. Je nach Sparziel und Zeithorizont finden Sie darin das für Ihre Zwecke am besten geeignete Modell aufgeführt.

Für den langfristig angelegten Vermögensaufbau ist das Pantoffel-Sparen besonders gut geeignet. Pantoffel-Sparpläne funktionieren nach demselben Prinzip wie die Einmalanlage. Zu Beginn entscheiden Sie sich für eine der drei Risikovarianten. Wie das geht, erfahren Sie im Folgekapitel im Detail.

Zinssparen

Mit Zinsprodukten gehen Sparer kein Risiko ein, haben dafür aber nur bescheidene Ertragsaussichten. Banksparpläne eignen sich für alle, die zu einem festen Zeitpunkt einen bestimmten Betrag haben wollen.

	Flexibilität	Renditechance	Sicherheit	Einfachheit	Zeithorizont	Für wen
Tagesgeld	Sehr hoch	Sehr gering	Sehr hoch	Sehr hoch	Kurz- bis mittelfristig	Sehr konservative Sparer und Einsteiger
Banksparplan	Mittel	Gering	Sehr hoch	Sehr hoch	Mittel- bis langfristig	Sehr konservative Sparer
Festgeld	Gering	Gering	Sehr hoch	Sehr hoch	Kurz- bis langfristig	Sehr konservative Sparer

Pantoffel-Sparen

Durch die Kombination eines Aktien-ETF mit einem Sicherheitsbaustein (Tagesgeld oder Anleihen-ETF) können Sparer ihr gewünschtes Risiko selbst wählen. Pantoffel-Sparpläne eignen sich gut für den langfristigen Vermögensaufbau.

	Flexibilität	Renditechance	Sicherheit	Einfachheit	Zeithorizont	Für wen
Defensiv 75 % Zinsprodukt 25 % Aktien-ETF	Sehr hoch	Mittel	Hoch	Mittel 1)	Mittel- bis langfristig	Konservative Sparer
Ausgewogen 50 % Zinsprodukt 50 % Aktien-ETF	Sehr hoch	Hoch	Mittel	Mittel 1)	Langfristig	Die meisten Sparer mit langfristigem Zeithorizont
Offensiv 25 % Zinsprodukt 75 % Aktien-ETF	Sehr hoch	Sehr hoch	Gering	Mittel 1)	Langfristig	Risikofreudige Sparer oder Sparer mit viel Zeit

ETF-Sparen

Mit Aktien-ETF setzen Anleger auf die Börsenentwicklung und haben gute Renditechancen, aber auch ein erhebliches Risiko. Für den langfristigen Vermögensaufbau sind ETF dennoch gut geeignet.

	Flexibilität	Renditechance	Sicherheit	Einfachheit	Zeithorizont	Für wen
Aktien-ETF-Sparplan	Sehr hoch	Sehr hoch	Sehr gering	Hoch	Langfristig	Risikofreudige Sparer oder Sparer mit viel Zeit 2)
Renten-ETF-Sparplan	Sehr hoch	Gering	Hoch	Hoch	Mittel- bis langfristig	Konservative Sparer 2)

1) Es müssen zwei Produkte abgeschlossen werden. Zudem sollte das Pantoffel-Portfolio einmal pro Jahr überprüft und nach einer einfachen Regel ggf. angepasst werden.
2) Wechsel auf Pantoffel-Sparen durch Aufteilen des Sparplans jederzeit möglich.

Die Einteilung berücksichtigt die Spannbreite der hier dargestellten Produktkategorien.

Sehr hoch | Hoch | Mittel | Gering | Sehr gering

So finden Sie Ihren Pantoffel

Sie haben die Wahl: Die Finanztest-Strategie gibt es in verschiedenen Varianten, von defensiv bis dynamisch und mit eigenen Akzenten. So finden Sie den Pantoffel, der zu Ihnen passt.

Denken Sie daran: Die Finanztest-Strategie funktioniert nur langfristig, wenn Sie schlechte Phasen aussitzen und die Nerven behalten, auch wenn Ihre Depotauszüge zwischenzeitlich mal unschön aussehen. Daher sollten Sie einen Pantoffel wählen, der zu Ihrer Lebenssituation und Ihrer Risikoneigung passt. Grundsätzlich müssen Sie dabei zwei Entscheidungen treffen:

- **Zum einen die anteilige Mischung** von Aktien-ETF und Tagesgeld festlegen.
- **Zum anderen die Papiere,** mit denen Sie Ihr ETF-Depot bestücken, auswählen. Hier können Sie entscheiden, ob Sie zusätzlich zu einem weltweit streuenden Aktien-ETF, der immer die Basis bildet, weitere Akzente setzen möchten.

Die richtige Mischung

Wie bestimmen Sie aber nun, wie viel Risiko Sie eingehen können, wie hoch also der Anteil an Aktien-ETF in Ihrem Pantoffel-Portfolio sein sollte? Drei Faktoren sind dafür ausschlaggebend:

1. **Die Dauer des Vermögensaufbaus:** Hier gilt, je länger, desto mehr Aktien-ETF. Haben Sie 30 Jahre Zeit, vertragen Sie mehr Risiko als jemand, der bereits in 15 Jahren an sein Geld möchte. Beachten Sie bei der Kalkulation Ihres Zeithorizontes allerdings, dass der nicht mit der Ansparphase enden muss. Auch die Zeit, die Sie eine Rente aus einem Pantoffel-Portfolio beziehen möchten, zählt dazu.
2. **Ihre finanzielle Gesamtsituation:** Als Beamter mit gesichertem Einkommen und Pensionsanspruch können Sie höhere Risiken eingehen als jeder Selbstständige, der von heute auf morgen vor finanziellen Problemen stehen kann. Sprich, je sicherer Ihre Lage, desto höher kann der Anteil von Aktien-ETF an Ihrem Pantoffel sein. Pantoffel auf Pump ist hingegen eine ganz schlechte Idee, vor allem wenn die Gefahr besteht, dass Sie die Zahlungen für Ihr Depot mit teuren Krediten wie dem Dispositionskredit auf dem Girokonto bedienen werden. Auch wenn Sie andere Kredite wie eine Hypothek abzahlen müssen, ist es sinnvoll zu prüfen, ob Sie verfügbares Geld besser für Sondertilgungen verwenden sollten.
3. **Ihre Nerven:** Wie viele Verluste auf dem Papier können Sie aushalten?

So wählen Sie die richtige Mischung

Das wäre aus 100 000 Euro geworden: Wer bereit war, mehr Risiko einzugehen und Durststrecken auszuhalten, durfte langfristig mehr Rendite erwarten.

Wie viel Risiko halten Sie aus?					
Schlimmste Jahresrendite (%)	0	−11	−21	−30	−39
Maximaler Verlust (%)	0	−19	−32	−44	−56
Längste Verlustphase (Jahre)	0	13,4	12,6	13	13,4
Welche Rendite streben Sie an?					
Durchschnittsrendite (% p.a.)	0,0	2,0	3,9	5,7	7,0
Endvermögen (Euro)	100 000	182 539	317 269	532 807	756 308
Dann ist das die richtige Mischung					
	Tagesgeld	Defensiv	Ausgewogen	Offensiv	Aktien-ETF

Die Statistiken beruhen auf Simulationen bei einer Anlagesumme von 100 000 Euro über einen 30-Jahres-Zeitraum.
Die Zinsen fürs Tagesgeld sind entsprechend der aktuellen Situation auf null gesetzt. Quelle: Refinitiv, eigene Simulationen

Laufen Sie Gefahr, in einem Crash doch die Reißleine zu ziehen und in Panik alles zu verkaufen? Dann funktioniert die Strategie für Sie schlicht nicht. Prüfen Sie, ob Sie in der Lage sind, zumindest einen kleinen Aktien-ETF-Anteil zu halten und im Zweifel konsequent durchzuhalten.

Schätzen Sie sich selbst ein und seien Sie dabei realistisch. Betrachten Sie dabei immer Ihr gesamtes Portfolio, also nicht nur die Entwicklung des Aktien-Anteils, sondern die Entwicklung, die der von Ihnen gewählte Pantoffel insgesamt nehmen kann. Dabei hilft eine Überschlagsrechnung: Angenommen, ab morgen bricht der Markt um 60 Prozent ein – das entspricht in etwa den bisherigen schlimmsten Crashs am Weltaktienmarkt. Mit wie viel – aller Wahrscheinlichkeit nach vorübergehendem – Minus in Ihrem Pantoffel-Portfolio würden Sie klarkommen? Könnten Sie mit einem Minus von 45 Prozent leben? Das würde bei einem offensiven Pantoffel-Portfolio passieren, bei dem Sie 75 Prozent Aktienquote haben. Im ausgewogenen Portfolio wäre ein Einbruch von etwa 30 Prozent zu verkraften, im defensiven immerhin noch von 15 Prozent. Die Zeile „Maximaler Verlust" in der Tabelle oben zeigt, dass die vorübergehenden Verluste in den einzelnen Pantoffelvariantem in etwa unserer Überschlagsrechnung entsprechen. Falls Sie mit gar keinem Minus klar kommen, ist die Finanztest-Strategie nicht die richtige für Sie.

Der passende Pantoffel

Sie haben durchgerechnet, dass Ihre finanzielle Situation solide genug ist und Sie Reserven für unvorhergesehene Ausgaben gebildet haben? Und Sie haben auch das passende Nervenkostüm? Dann kann's losgehen. Auf der folgenden Seite finden Sie eine

So wählen Sie Ihren passenden Pantoffel

Fortgeschrittene können auch die Pantoffel mit Beimischungen in Betracht ziehen

<table>
<tr><th rowspan="2">Pantoffel-Art</th><th rowspan="2">Risiko-Typ</th><th colspan="3">Sparform</th></tr>
<tr><th>Einmalanlage</th><th>Sparplan</th><th>Entnahmeplan</th></tr>
<tr><td rowspan="3">Welt-Pantoffel auch als nachhaltiger Welt-Pantoffel oder Großer Europa-Pantoffel</td><td>Defensiv</td><td colspan="3">für sehr vorsichtige Anleger</td></tr>
<tr><td>Ausgewogen</td><td colspan="3">empfehlenswert für die meisten Anleger</td></tr>
<tr><td>Offensiv</td><td colspan="3">für risikofreudige Anleger</td></tr>
<tr><td rowspan="3">Pantoffel mit Beimischungen beispielsweise Aktien Deutschland oder Schwellenländer</td><td>Defensiv</td><td colspan="3">–</td></tr>
<tr><td>Ausgewogen</td><td colspan="2" rowspan="2">für fortgeschrittene Anleger mit größerer Anlagesumme, höherer Pflegeaufwand</td><td rowspan="2">–</td></tr>
<tr><td>Offensiv</td></tr>
</table>

Übersicht, welche Variante des Pantoffels für Ihre Vermögensbildung passen könnte.

Für die allermeisten Anleger dürfte der ausgewogene Welt-Pantoffel (siehe Kapitel „Einer für alle“, S. 31) die beste Wahl sein. Er ist am einfachsten und bequemsten. Aber vielleicht liegen Ihnen Nachhaltigkeit und Umwelt besonders am Herzen? Dann sollten Sie sich die Öko-Pantoffel in Kapitel „Der nachhaltige Welt-Pantoffel“ (ab S. 49) näher ansehen. Oder wollen Sie eigene Akzente setzen und die Emerging Markets mit einbeziehen; oder weniger in den USA und mehr in Deutschland oder Europa investieren oder in Gold? Dann finden Sie vermutlich bei den Pantoffel-Portfolios mit Beimischungen im Kapitel „Ergänzungen für erfahrene Anleger“ ab S. 69 das Passende.

“ Wer Anteile inmitten eines Crashs verkauft, verliert meist.

Noch ein wichtiger Hinweis: Wenn Sie sich für einen Pantoffel entschieden haben, erliegen Sie nicht der Versuchung, schlauer sein zu wollen als der Markt, sondern bleiben Sie stur bei Ihrer Strategie. Das heißt, dass Sie nur regelmäßig prüfen, ob Sie Ihren Pantoffel nachjustieren sollten. Und verlieren Sie keinesfalls die Nerven, wenn es an den Finanzmärkten rappelt. Wer Anteile inmitten eines Crashs verkauft, verliert meist. Sind die Bausteine bei der routinemäßigen Überprüfung in Ihrem Portfolio aus dem Gleichgewicht geraten, sollten

Checkliste

In fünf Schritten zum Pantoffel

- ☐ **Risikoeinstellung festlegen und Pantoffelvariante wählen.** Sie sollten sich gut überlegen, welches Risiko Sie eingehen möchten, denn danach bemisst sich die Mischung aus Aktien-ETF und Tagesgeld.
- ☐ **Depot eröffnen.** Falls noch nicht vorhanden, brauchen Sie eine Depotbank. Gut, wenn sie gute Konditionen beim Einzelkauf von ETF bietet oder sogar eine Reihe von ETF ohne Provision offeriert. Mehr dazu finden Sie unter „Filial- oder Direktbank" auf S. 100.
- ☐ **Tagesgeldkonto eröffnen.** Sie können, müssen aber nicht Ihr Tagesgeldkonto für den risikolosen Teil Ihres Pantoffel-Portfolios bei derselben Bank führen wie Ihr ETF-Depot. Achten Sie dabei auf das Niveau der Einlagensicherung sowie auf dauerhaft gute Zinsen (siehe „Tagesgeld", S. 40.
- ☐ **Aktien-ETF auswählen.** Besonders empfehlenswert sind ETF auf weltweit breit streuende Indizes. Mehr zu den geeigneten Indizes finden Sie unter „Ein ETF – alle Industrieländer" ab S. 35.
- ☐ **Mindestens einmal im Jahr prüfen** Sie, ob die tatsächliche Mischung in Ihrem Portfolio noch zur gewünschten Mischung passt. Mehr zum Thema Depotanpassung finden Sie im Kapitel „Geschickt anpassen" auf S. 131.

Sie umschichten und Ihre ursprüngliche Gewichtung wiederherstellen, ansonsten tun Sie ganz einfach: gar nichts.

Wenn die Aktienkurse gerade niedrig stehen, werden Sie vermutlich ETF nachkaufen müssen, laufen die Börsen gut, müssen Sie eventuell Anteile verkaufen. Das kann schwerfallen, wenn Sie das Gefühl haben, dadurch weitere Kurssteigerungen zu verpassen, genau wie es vielleicht Überwindung kostet, in einem schwachen Börsenumfeld, in der die Welt in der Krise steckt, Aktien-ETF zu kaufen. Doch die Disziplin, die Aufteilung Ihres Portfolios beizubehalten, ist wichtig, das belegen die Analysen der Stiftung Warentest. Die antizyklische Umschichtung trägt wesentlich zum Erfolg des Pantoffel-Portfolios bei.

Einer für alle

Der Welt-Pantoffel ist für die meisten Anleger genau passend. Denn er benötigt am wenigsten Pflege und bietet gleichzeitig eine sehr breite Streuung.

→ **Der Welt-Pantoffel** ist der Allrounder für jede langfristige Geldanlage und passt immer – egal, ob Sie einmalig eine größere Summe anlegen, einen Sparplan aufsetzen wollen oder mit einem Entnahmeplan langfristig ein Zusatzeinkommen erzielen möchten. Und das ganz unabhängig von Ihren Vorkenntnissen beim Thema Aktien und Finanzmärkte.

Wie der Name schon sagt, streut der Welt-Pantoffel den Aktienanteil breit rund um den Globus. Damit nutzen Sie die Vorteile der Finanztest-Strategie besonders bequem. Denn Ihren Renditebaustein füllen Sie mit genau einem ETF. Und das hat viele Vorteile:

- **Sehr breite Streuung.** Mit einem Weltindex-ETF kaufen Sie Anteile von Hunderten Unternehmen aus verschiedensten Ländern. Damit reduzieren Sie das Anlagerisiko erheblich.
- **Sehr geringe Kosten.** ETF sind ohnehin kostengünstiger als aktiv gemanagte Fonds. Die laufenden Kosten für Management und Verwaltung sind bei ETF sehr gering – und auch der Kauf und Verkauf kostet nur einen Bruchteil dessen, was bei aktiven Fonds in Rechnung gestellt wird.
- **Besonders bequem.** Sie prüfen mindestens einmal im Jahr, ob das Verhältnis von Rendite- und Sicherheitsbaustein

Die Welt-Pantoffel

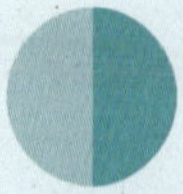

Ausgewogener Welt-Pantoffel
Stabilitätsbaustein: 50 Prozent Tagesgeld
Renditebaustein: 50 Prozent Aktien-ETF Welt

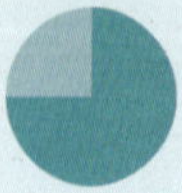

Defensiver Welt-Pantoffel
Stabilitätsbaustein: 75 Prozent Tagesgeld
Renditebaustein: 25 Prozent Aktien-ETF Welt

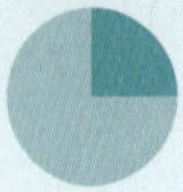

Offensiver Welt-Pantoffel
Stabilitätsbaustein: 25 Prozent Tagesgeld
Renditebaustein: 75 Prozent Aktien-ETF Welt

noch zueinander passt, und korrigieren es gegebenenfalls. Im Gegensatz zu anderen Pantoffel-Varianten, bei denen Sie auch auf das Verhältnis verschiedener ETF-Anteile in Ihrem Rendite-baustein achten sollten, ist diese Kontrolle relativ einfach. Sie haben ja nur einen Aktien-ETF im Portfolio.

- **Absolut transparent.** Wie sich Ihr Pantoffel entwickelt, können Sie jederzeit nachverfolgen. ETF sind an der Börse notiert, es werden fortlaufend Kurse gestellt. Und den Wert Ihres Sicherheitsbausteins kennen Sie.

Wählen Sie Ihre Variante

Je nachdem, wie viel Risiko Sie eingehen wollen und können, wird Ihr zu investierendes Kapital – beim Sparplan Ihre Sparrate – für den Welt-Pantoffel in zwei Teile aufgeteilt. Entweder 25, 50 oder 75 Prozent stecken Sie in einen ETF auf dem MSCI World oder einen vergleichbaren Index (mehr dazu „Ein ETF – alle Industrieländer ab S. 35). Das ist der Renditebaustein des Portfolios. Entsprechend wandern je nach Risikograd 75, 50 oder 25 Prozent in den Sicherheitsbaustein – also in Zinsanlagen. Das sind vor allem Tagesgeld, eventuell kombiniert mit Festgeld, oder ein Renten-ETF auf sichere Euro-Anleihen (mehr dazu siehe „Tagesgeld und Renten-ETF" ab S. 40).

Die Renditen des Welt-Pantoffels waren in der Vergangenheit ansehnlich. Die Zeit spielt für die Aktienbesitzer: Obwohl der Dot.Com-Crash zur Jahrtausendwende und die Finanzkrise 2008 den Wert des MSCI World Index zeitweise halbierten und der Corona-Crash 2020 ihn kurzzeitig um mehr als ein Drittel in den Keller schickte, schneiden alle Pantoffel-Varianten immer noch wesentlich besser als einfache Zinsanlagen ab. Einzige Ausnahme: Hätten Sie vor einem Jahr einen Sparplan begonnen, lägen Sie noch leicht im Minus. Wenn Sie Ihr Geld in einen Welt-Pantoffel gesteckt hätten, hätten Sie zwar je nach Risikovariante etwas weniger Rendite als mit einem reinen Aktieninvestment erzielt. Dafür wären die Rückschläge aber deutlich geringer ausgefallen.

Unbestritten ist eine Zinsanlage über die Zeit nervenschonender und besser kalku-

Der Welt-Pantoffel als Einmalanlage

Trotz Krisen: Alle Varianten des Welt-Pantoffel haben über die letzten 30 Jahre besser abgeschnitten als Tagesgeld. Aus 100 000 Euro Einzahlung wurden beim ausgewogenen Pantoffel 521 734 Euro.

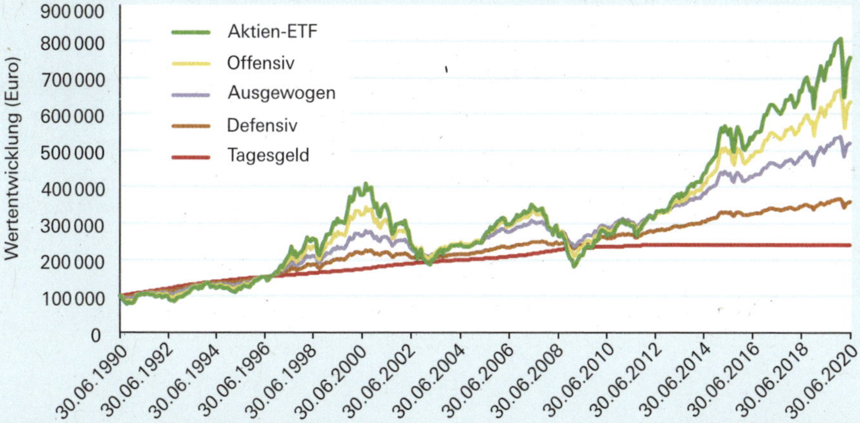

Quellen: Refinitiv, eigene Simulationen — Stand: 30. Juni 2020

lierbar. Das Ergebnis fällt allerdings mager aus, und Sie drohen damit in die Realzinsfalle abzurutschen, also nach Abzug der Inflationsrate negative Renditen zu erzielen. Obwohl Sie fleißig sparen, haben Sie nach der Kaufkraftbereinigung am Ende weniger Vermögen statt mehr.

Alle drei Weltpantoffel-Varianten sind heute deutlich im Plus, wenn sie vor 30 Jahren angelegt worden wären. Und das gilt unabhängig davon, ob Sie Ihren Pantoffel ursprünglich mit einer Einmalanlage oder mit einem Sparplan gefüllt haben: Hätten Sie 100 000 Euro in ein ausgewogenes Welt-Pantoffel-Portfolio gesteckt, wären daraus rund 522 000 Euro geworden (Stand: 30. Juni 2020). Bei einer monatlichen Einzahlung von 200 Euro hätten Sie mit einem ausgewogenen Welt-Pantoffel-Sparplan ein Vermögen von etwa 168 000 Euro aufgebaut.

Wenn Sie sich für einen Welt-Pantoffel entscheiden, müssen Sie nur einmal die Ausrichtung festlegen, also den Anteil des Rendite- und des Sicherheitsbausteins. Falls Sie unsicher sind, wie hoch Ihr Aktienanteil sein sollte, können Sie unter „So finden Sie Ihren Pantoffel" ab S. 26 noch einmal nachlesen. Auch ein Blick in die Tabellen zum Welt-Pantoffel auf S. 34 hilft bei der Entscheidung. Anschließend bleiben Sie beharrlich dabei. Nur wenn sich Ihre Lebensumstände grundsätzlich ändern – vielleicht weil Sie eine Familie gründen oder den Sprung in die Selbstständigkeit wagen –, sollten Sie noch einmal prüfen, ob Ihr Depot weiterhin zu Ihnen passt. Vielleicht sollten Sie es dann etwas defensiver einstellen? Das hieße, dass Sie die Anteile der Aktien-ETF zugunsten der Zinsanteile etwas reduzieren, indem Sie Bestände umschichten. Oder bei einem Sparplan künftige Zahlungen eine Weile in den Zinsteil lenken. Der umgekehrte Fall ist auch denkbar, wenn Sie mehr finanzielle Sicherheit gewinnen, etwa weil Sie eine Wohnung erben oder einen Gehaltssprung machen.

Ansonsten gilt: Bauen Sie sich jetzt Ihren Pantoffel auf, und anschließend lehnen Sie sich entspannt zurück und lassen Ihren

Der Welt-Pantoffel als Einmalanlage

Ansehnliche Renditen hat das Welt-Pantoffel-Portfolio über verschiedene Anlagezeiträume erbracht. Anleger brauchten weniger Nerven als mit reiner Aktienanlage.

Pantoffel-Portfolio	Durchschnittliche Rendite (% p.a.)									Schlechteste Jahresrendite (%) 1)	Längste Verlustdauer, Monate
	1990-1999	2000-2009	2010-2019	über die vergangenen ... Jahre							
				30	20	10	5	3	1		
Tagesgeld	5,9	3,2	0,3	3	1,7	0,3	0	0	0	0	0
Welt-Pantoffel											
Defensiv	7,9	1,9	3,7	4,4	2,6	3,4	1,9	1,9	1,0	–7,6	58
Ausgewogen	10,2	0,2	6,7	5,7	3,2	6,0	3,6	3,7	2,0	–19,3	64
Offensiv	12,0	–1,5	9,7	6,4	3,7	8,7	5,2	5,5	3,0	–28,9	149
Aktien-ETF	13,0	–3,8	12,2	7,0	3,5	10,9	6,7	7,2	4,0	–39,4	161

1) Bezieht sich auf 30-Jahres-Zeitraum.

Quelle: Refinitiv, eigene Simulationen, Stand: 30. Juni 2020

Der Welt-Pantoffel als Sparplan

Wer regelmäßig Vermögensaufbau mithilfe des Welt-Pantoffels betreibt, ist auf lange Sicht gut gefahren; daran änderten auch zwischenzeitliche Crashs nichts.

Pantoffel-Portfolio	Durchschnittliche Rendite (% p.a.)									Schlechteste Jahresrendite (%) 1)
	1990-1999	2000-2009	2010-2019	über die vergangenen ... Jahre						
				30	20	10	5	3	1	
Tagesgeld	4,6	3,0	0,1	1,7	0,9	0,1	0	0	0	0
Welt-Pantoffel										
Defensiv	9,4	2,0	3,4	3,5	3,0	3,0	1,9	1,5	–0,1	–8,1
Ausgewogen	13,1	1,0	6,4	5,1	5,0	5,3	3,6	2,9	–0,3	–18,0
Offensiv	16,7	–0,3	9,6	6,2	6,3	7,8	5,3	4,3	–0,4	–28,3
Aktien-ETF	19,5	–1,5	11,9	7,1	7,4	9,8	7,0	5,7	–0,6	–39,3

1) Bezieht sich auf 30-Jahres-Zeitraum.

Quelle: Refinitiv, eigene Simulationen, Stand: 30. Juni 2020

Der Welt-Pantoffel als Sparplan

Jeden Monat 200 Euro in einen Pantoffel-Sparplan zu stecken hat sich gelohnt. In den letzten 30 Jahren wären in der ausgewogenen Variante aus 72 000 Euro an Einzahlungen 167 764 Euro geworden.

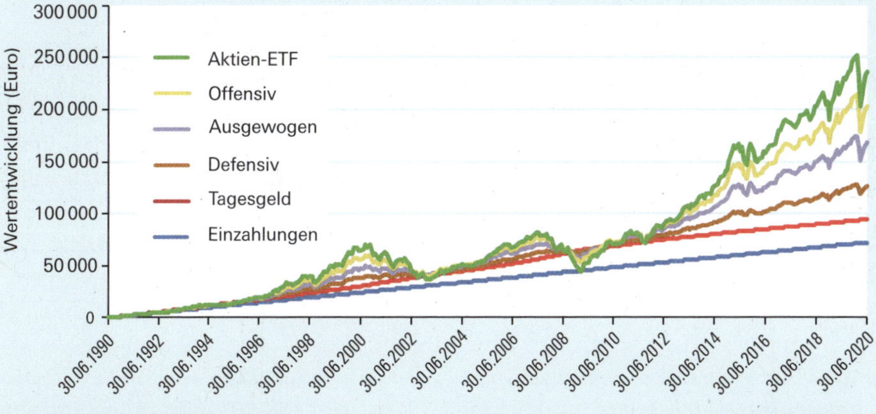

Quellen: Refinitiv, eigene Simulationen Stand: 30. Juni 2020

Sparplan laufen oder Ihr Vermögen für sich arbeiten. Mindestens einmal im Jahr schauen Sie genauer hin und passen, wenn nötig, die Gewichtung an. Außer der Reihe wäre das nur nötig, wenn es an der Börse gehörig rappelt oder gewaltig nach oben geht und die Gewichtung deshalb stark aus dem Lot rutscht. Das ist einfach und rasch erledigt. Wie das in der Praxis geht, finden Sie im Kapitel „Geschickt anpassen" ab S. 145.

Ein ETF – alle Industrieländer

Ihr Renditebaustein im Welt-Pantoffel ist mit nur einem ETF auf den MSCI World ausreichend bestückt. Damit kaufen Sie sich eine breite Streuung und eine ansehnliche Rendite.

→ **Dax, Dow Jones oder Nikkei** – von denen haben Sie schon gehört und wissen auch, dass sie zu den bekanntesten Aktienindizes der Welt zählen. Alle diese Indizes werden als Indexfonds nachgebaut, an denen Sie über einen ETF Anteile erwerben können. Nicht ganz so bekannt sind dagegen MSCI World oder FTSE Developed World. Sie sind allerdings die besten Indizes für den Welt-Pantoffel. Und einer dieser Indizes wird in Ihrem Welt-Pantoffel-Portfolio künftig eine tragende Rolle spielen. Wir stellen Ihnen die Renditebasis für Ihr Depot daher hier näher vor.

Wie funktioniert ein Index?

Nicht jeder Aktienindex ist eine geeignete Basis für einen ETF in Ihrem Pantoffel-Portfolio. Es gibt Hunderte von Indizes, und viele davon sind darauf ausgerichtet, ein ganz spezielles Segment der Börse abzubilden, indem sie zum Beispiel die wichtigsten Unternehmen aus einem Land oder einer Branche zusammenfassen. Ein Index auf den indischen Aktienmarkt oder auf Biotechunternehmen sind aber eben nicht breit streuend und verteilen das Risiko nur ungenügend. Selbst der Dow Jones und der deutsche Dax sind nicht optimal: Sie beinhalten jeweils nur Werte aus einem Land und dazu noch zu wenige (in beiden Indizes sind es gerade einmal 30), als dass sie ein hinreichend gut diversifiziertes Investment darstellen.

Doch was genau ist ein Index? Wir schauen ins Jahr 1884. Da hatten die Börsenreporter Charles Dow und Edward Jones eine Idee. Sie wollten ihren Lesern täglich einen schnellen Überblick über die Lage an der Börse in New York geben. Die beiden berechneten daher für die wichtigsten Aktien – damals waren das rund ein Dutzend Unternehmen, vor allem Eisenbahngesellschaften – eine Art gemeinsamen Kurs. Dafür zählten sie die Kurse der enthaltenen Aktien zusammen und teilten das Ergebnis anschließend durch die Zahl der Unternehmen. Der Dow Jones Industrial Average (Average: englisch für Durchschnitt) war geboren und mit ihm der erste Börsenindex.

Im Laufe der Jahre erhöhte sich zum einen die Anzahl der Unternehmen im Dow Jones – heute sind die größten 30 US-Unternehmen vertreten –, zum anderen wurden auch die Berechnungsmethoden verfeinert. Moderne Börsenindizes verwenden heute Gewichtungsformeln, in die verschiedene Faktoren einfließen, die die Bedeutung der Unternehmen widerspiegeln.

Mit der Zeit entstanden immer mehr Indizes: für alle Länder, in denen es börsennotierte Unternehmen gibt, aber auch für

Gut zu wissen

Der Index lebt. ETF investieren vereinfacht gesagt in die Aktien, die in einem Index vertreten sind, und zwar zu den Gewichten, die die Unternehmen darin innehaben. Die Zusammensetzung von Aktienindizes ist aber nicht in Stein gemeißelt. Regelmäßig wird überprüft, ob die Unternehmen nach verschiedenen Kriterien tatsächlich noch die wichtigsten für den jeweiligen Aktienmarkt sind. Das hat für Indexinvestoren einen großen Vorteil: Wenn ein aufstrebendes Unternehmen in den Index kommt, wird es auch Teil Ihres ETF-Vermögens, umgekehrt werden Absteiger herausgenommen.

bestimmte Regionen wie zum Beispiel die Eurozone oder die Emerging Markets oder für einzelne Branchen und bestimmte Gruppen von Unternehmen. Hier sind zum Beispiel Indizes für Technologieunternehmen zu nennen, wie der Nasdaq-Index aus den USA und der TecDax in Deutschland, aber auch die für kleine Firmen; sie sind hierzulande zum Beispiel im SDax zusammengefasst.

Mehr ist besser

Wenn Sie über einen ETF in einen Weltaktienindex investieren, haben Sie den Vorteil, dass Sie breit gestreut über viele Branchen und Länder anlegen. Die Unternehmen im Index sind darin nach ihrer Bedeutung – gemessen am Börsenwert – gewichtet. Die breite Diversifikation (so lautet der Fachbegriff für Streuung) senkt die Anlagerisiken. Denn wer auf wenige oder gar einzelne Unternehmen setzt, braucht immer auch Glück, dass gerade diese Firmen reüssieren. Wenn Sie sich dagegen an Hunderten beteiligen, profitieren Sie, sobald die Wirtschaft insgesamt wächst. Denn dann gibt es unter dem Strich mehr Gewinner als Verlierer.

Zwar beträgt der Ertrag des Portfolios zwangsläufig „nur" den Durchschnittswert eines Landes oder einer Region. Einige einzelne Aktien schneiden immer besser ab. Doch auf Dauer ununterbrochen nur die Gewinner zu finden ist für Anleger unmöglich. Eine Einzelauswahl birgt zudem hohe Risiken bis hin zum Totalverlust des Kapitals. Eine breite Streuung mindert diese Risiken erheblich. Und genau diese breite Diversifikation erhalten Sie mit dem MSCI World Index oder vergleichbaren Indizes.

Finanztest beurteilt laufend das Angebot aller in Deutschland erhältlichen Fonds. Jeder der von Finanztest als „1. Wahl" bezeichnete ETF aus der Kategorie „Welt" ist ein geeigneter Baustein für Ihren Welt-Pantoffel.

Der wichtigste Industrieländerindex ist der MSCI World. Auf ihn gibt es auch die meisten Welt-ETF. Daher stellen wir Ihnen diesen Index im Folgenden näher vor.

→ Währung absichern?

Wer die ganze Welt kauft, kauft viele Aktien in fremder Währung. Damit können deutsche Anleger Erträge verlieren, auch wenn ihre vielen ausländischen Unternehmen ganz gut an den jeweiligen Börsen laufen. Immer dann nämlich, wenn Dollar, Pfund & Co. gegenüber dem Euro abwerten. Daher bieten einige Anbieter währungsgesicherte ETF an. Dafür berechnen sie meist etwas höhere Gebühren, und für die Absicherung der Wechselkurse können zusätzliche Kosten anfallen, die sich Anleger nach Ansicht von Finanztest aber sparen können. Denn das Währungsrisiko ist auch eine Währungschance, weil Devisenkurse auch aufwerten können. Über die Zeit gleicht sich das in der Regel aus.
Mehr dazu ab S. 113

Branchenaufteilung im MSCI World

Die größten Branchen im MSCI World Index sind Informationstechnologie und Gesundheit.

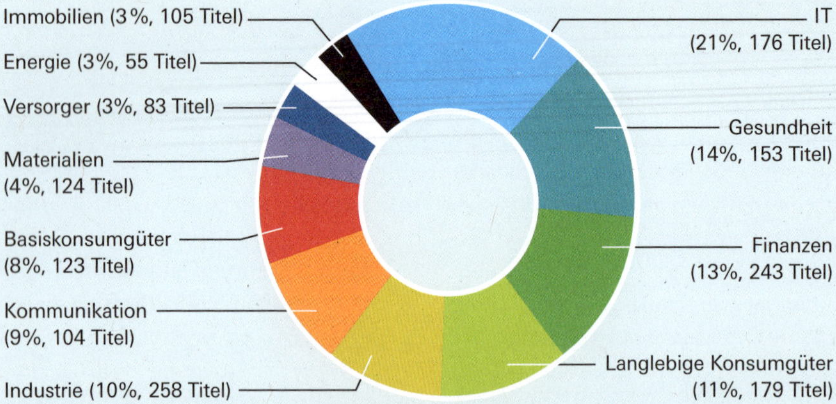

Quelle: Rimes

Stand: 30. Juni 2020

Die Schwergewichte im Index

Die Bedeutung der Börsen in den Vereinigten Staaten spiegelt sich auch in der Rangliste der am höchsten gewichteten Aktien im MSCI World wider: Neun der zehn größten Unternehmen kommen aus den USA – lediglich die Schweizer Firma Nestlé ist auf Platz 8 vertreten. Technologiewerte spielen dabei eine dominierende Rolle, wie auch die folgende Beschreibung der wichtigsten Indexmitglieder zeigt. Erst auf Platz sieben taucht mit Johnson & Johnson ein Pharma- und Konsumgüter-Konzern auf. Die Top-Fünf sind:

1. **Apple** mit 3,8 Prozent Anteil am Index. Der Technologiekonzern entwickelt, produziert und verkauft End-to-End-Elektronikprodukte wie Mobilgeräte, Computer und tragbare Musikplayer. Neben iPad, iPhone & Co vertreibt Apple die dazugehörige Software, Peripheriegeräte, Netzwerkprodukte sowie digitale Inhalte, Musik und Apps.
2. **Microsoft** mit 3,5 Prozent Anteil. Das Softwareunternehmen produziert die Office-Produkte wie MS Word oder Excel und entwickelt und vertreibt Betriebssysteme, Netzwerkapplikationen,

---

Die Rendite eines ETF besteht nicht nur aus Kursgewinnen der darin enthaltenen Aktien. Auch der Anteil an den ausgeschütteten Unternehmensgewinnen, die Dividende, erhöht den Ertrag. Dividenden werden entweder regelmäßig auf das Konto der Anleger überwiesen oder dem Wert des Fonds hinzugerechnet. Anleger profitieren also in jedem Fall von den Ausschüttungen der Unternehmen.

Länderaufteilung im MSCI World

Die USA dominieren im MSCI World. Viele europäische Länder verbergen sich in der Grafik nur unter „Sonstige", so etwa Schweden mit 1 Prozent, Spanien mit 0,8, Dänemark und Italien mit 0,7.

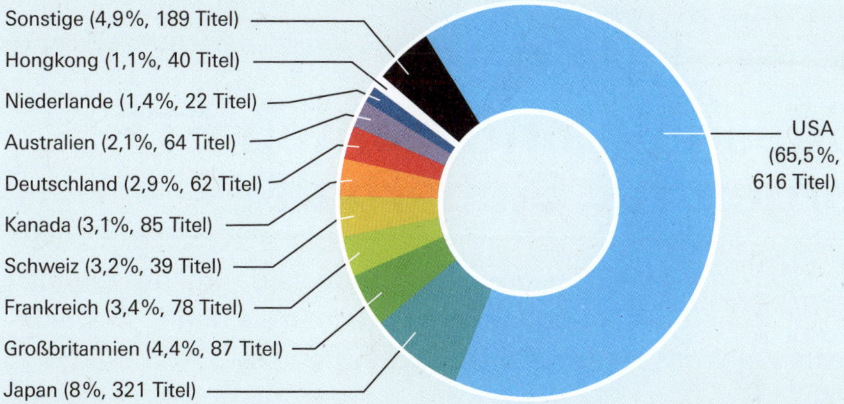

Quelle: Rimes **Stand: 30. Juni 2020**

Sprach- und Videotelefonie und vieles mehr. Zu Microsoft gehören mehrere Unternehmen wie das Karriere-Netzwerk LinkedIn oder der Videospielkonsolenhersteller Xbox.

3 **Amazon** mit 2,8 Prozent Anteil. Der international führende Online-Händler Amazon vertreibt selbst Waren und dient als Marktplatz für andere Händler. Wichtige Standbeine sind zudem das Cloud-Plattform-Geschäft sowie der Streamingdienst Amazon Prime.

4 **Facebook** mit 1,3 Prozent Anteil. Facebook betreibt das derzeit größte soziale Netzwerk weltweit und finanziert sich vor allem durch Werbeeinnahmen. Zu Facebook gehört seit 2016 auch die WhatsApp Inc.

5 **Alphabet C** mit 1,0 Prozent Anteil am Index und **Alphabet A** mit 1,0 Prozent. Das ist der ehemalige Google-Konzern. Er hat sich neu strukturiert und verschiedene Aktienklassen herausgegeben: die C-Aktien, die Unternehmensanteile und Anrechte auf Dividenden verbriefen; die A-Aktien, die zusätzlich Stimmrechte beinhalten. Die Gründer wollten damit ihren Einfluss auf die Geschäftspolitik sicherstellen. Google bietet neben der weltweit führenden Suchmaschine verschiedene Dienste wie das E-Mail-Programm Google Mail, den Kartendienst Google Maps oder den Webbrowser Google Chrome an. Zum Konzern gehören auch kleinere Firmen wie das Biotech-Unternehmen Calico oder das Technologieunternehmen NestLabs. Ferner arbeitet Alphabet an diversen Zukunftsthemen wie selbstfahrenden Autos.

▶ **ETF auf den MSCI World** gibt es von unterschiedlichen Anbietern. In der Tabelle „Diese ETF sind 1. Wahl" ab S. 168 finden Sie die ETF auf den MSCI World, die Finanztest als 1. Wahl bewertet hat. Worauf es beim Kauf ankommt, erfahren Sie im Kapitel „Praxis – jetzt geht es los" ab S. 99.

Tagesgeld und Renten-ETF sorgen für Sicherheit

Trotz Mini- und Minuszinsen: Zinsanlagen sind für jedes Depot unverzichtbar. Beim Pantoffel-Portfolio bilden sie den Sicherheitsbaustein, der das Investmentrisiko reduziert.

Warum soll ich überhaupt noch in Zinsprodukten anlegen? Schließlich gibt es für Tagesgeld und andere Geldeinlagen bei Banken praktisch keine Zinsen mehr, und europäische Staatsanleihen weisen zu einem erheblichen Teil sogar negative Renditen auf. Diese Frage stellen sich viele Sparer. Aber in der Geldanlage generell und damit natürlich auch beim Pantoffel-Portfolio haben Zinsprodukte eine andere Aufgabe, als für möglichst hohe Erträge zu sorgen. Dafür ist nämlich der Aktienanteil zuständig, er ist der Renditebaustein.

Jedes Depot braucht allerdings ein solides Fundament, das ihm Standfestigkeit verleiht. Dafür sorgen Bankeinlagen und Anleihen, genauer gesagt Tagesgeld oder alternativ Anleihen-ETF. Eine anderer Name für Anleihen-ETF lautet Renten-ETF, denn Anleihen werden auch als Rentenwerte bezeichnet. Sie bilden den Sicherheitsbaustein der Finanztest-Strategie, sie reduzieren das Risiko. Das ändert sich auch in Zeiten von Nullzinsen nicht. Denn die Risiken von Aktien – in Form starker Kursausschläge – werden ja nicht geringer.

Zurzeit hält Finanztest beim Pantoffel-Portfolio Tagesgeld für die beste Lösung. Eine mögliche Alternative sind Renten-ETF – börsengehandelte Fonds, die einen breiten Anleiheindex nachbilden. Allerdings weisen Renten-ETF Kursrisiken auf, sind also weniger sicher als Tagesgeld, das zudem jederzeit kostenfrei gekündigt werden kann und damit ein Höchstmaß an Flexibilität bietet. Trotzdem können auch Renten-ETF als Sicherheitsbaustein in der Ansparphase ihren Reiz haben. Das gilt vor allem, wenn die Zinsen noch lange so niedrig wie 2020 bleiben oder noch weiter sinken. Aber der Reihe nach: Welche Vor- und Nachteile hat Tagesgeld, und wann sind Renten-ETF attraktiv?

Tagesgeld – sicher und flexibel

Geld auf einem Tagesgeldkonto ist besonders sicher, weil es kein Kursrisiko gibt. Zurückgezahlt wird von den Banken immer der eingezahlte Betrag plus eventueller Zinserträge. Die Flexibilität ist ähnlich hoch wie bei einem Girokonto, weil Anleger an keine Laufzeiten oder Kündigungsfristen gebunden sind. Sie können von heute auf morgen die Geldanlage auflösen und zu einer Bank mit besseren Konditionen oder in andere Anlageformen wechseln, die für sie gerade aussichtsreicher sind. Die Flexibilität rührt auch daher, dass bei Tagesgeldkonten in der Regel keine Gebühren oder sonstigen Kosten anfallen. Das ist in Zeiten, in denen die Zinsen und Renditen nahe null oder sogar darunter liegen, schon eine Menge wert.

Die Anbieter mit guten Konditionen können aber mit der Zeit wechseln, da die Banken ihre Zinssätze jederzeit ändern können. Finanztest listet die Angebote, die sich über eine längere Frist an der Spitze halten konnten, in seinem Tagesgeldvergleich (siehe S. 42) unter „Dauerhaft gut". Wer Tagesgeld als Sicherheitsbaustein nutzt, wählt am besten eines dieser Angebote. Die aufwendigere Alternative besteht darin, die Anlagen umzuschichten, wenn andere Anbieter günstigere Zinsen offerieren, also „Tagesgeld-Hopping" zu betreiben, um die Rendite des Sicherheitsbausteins aufzubessern.

Im Gegensatz zu Anleihen und anderen Rentenwerten ist bei Tagesgeld der Werterhalt bis zu mindestens 100 000 Euro pro Person gewährleistet. Dafür sorgt die gesetzliche Einlagensicherung, der alle Banken in der EU unterliegen. Allerdings ist es wichtig, darauf zu achten, dass das Land, in dem die Bank ihren Sitz hat, im Ernstfall in der Lage wäre, die Sparer zu entschädigen. Freiwillige Sicherungssysteme ermöglichen je nach Institut hierzulande noch zusätzlichen Schutz (siehe „Gut zu wissen").

Gut zu wissen

Alle Sparer in Deutschland haben einen Rechtsanspruch auf Entschädigung ihrer Einlagen bis 100 000 Euro pro Kunde und Bank, sollte die Bank pleitegehen; für Ehepaare mit Gemeinschaftskonto sind es 200 000 Euro. Dazu zählen insbesondere Guthaben auf Giro-, Spar-, Tages- und Festgeldkonten unabhängig von der Kontowährung. Selbst Zinsen, die zwar aufgelaufen, aber noch nicht gutgeschrieben wurden, fallen unter den Schutz.

Zusätzlich gibt es über die gesetzliche Einlagensicherung hinaus je nach Bankengruppe freiwillige Schutzmechanismen. Bei den Sparkassen und Genossenschaftsbanken sind Kundengelder zu 100 Prozent in unbegrenzter Höhe abgesichert. Bei den privaten Banken gibt es einen zusätzlichen Einlagensicherungsfonds. Die Schutzgrenze der eigenen Bank lässt sich auf der Website des Bankenverbands bdb.de abrufen.

Wer die Obergrenze überschreitet, sollte sein Vermögen vorsorglich auf mehrere Banken verteilen. Dadurch lässt sich die Obergrenze mit jedem Konto ausschöpfen.

→ Gute Angebote finden

Unter test.de/zinsen (Inhalte kosten eine geringe Gebühr, sind dafür stets aktuell) vergleicht die Stiftung Warentest die Tagesgeld-Konditionen von mehr als 80 Banken für fünf verschiedene Anlagebeträge. In der Bestenliste tauchen nur seriöse Zinsangebote auf, bei denen keinerlei Gebühren oder zusätzliche Kosten anfallen. Und die Angebote stammen alle von Banken aus Ländern, in denen die Einlagensicherung vertrauenswürdig ist.

Aufgrund des hohen Maßes an Sicherheit und Flexibilität ist Tagesgeld seit vielen Jahren die beliebteste Geldanlageform der deutschen Sparer. Allerdings verlangen immer mehr Geldinstitute inzwischen auch für Tagesgeld Negativzinsen – jedoch in der Regel erst ab hohen Anlagesummen. Anleger sollten deshalb die Konditionen im Blick behalten und notfalls den Anbieter wechseln. Minuszinsen lassen sich einfach über einen Tagesgeldvergleich umgehen.

Dramatischer Zinsabstieg

Lange Zeit galten Negativzinsen in Deutschland als undenkbar. Doch seit der Finanzkrise 2008 haben sich die Zinsen für Tagesgeld Stück für Stück nach unten bewegt – im Einklang mit den sinkenden Leitzinsen der Europäischen Zentralbank (EZB). 2008 lagen die durchschnittlichen Tagesgeldzinsen nach Berechnungen der Deutschen Bundesbank noch bei über 2 Prozent, 2009 rutschten sie erstmals unter 1 Prozent, und seit Februar 2020 betragen sie 0 Prozent (siehe Grafik „Zinssätze im Euroraum“).

Noch kräftiger gefallen als die Tagesgeldzinsen sind die Durchschnittsrenditen von festverzinslichen Wertpapieren. Bundesanleihen mit neun bis zehn Jahren Restlaufzeit brachten nach der Bundesbank-Statistik 2008 noch gut 4 Prozent. 2014 stürzten die Renditen erstmals unter die Ein-Prozent-Marke, seit dem Frühjahr 2019 bewegen sie sich beständig im negativen Bereich. Sowohl die Durchschnittszinsen für kurz- als auch für langfristige Anlagen lagen damit in der Nähe der Nulllinie (Stand: Mitte 2020).

Festgeld als Ergänzung

Um die Rendite des Sicherheitsbausteins zu verbessern, können Sie einen Teil des Geldes statt in Tagesgeld in Festgeld anlegen. Allerdings sollte der Schwerpunkt bei Tagesgeld bleiben, weil nur so ein Höchstmaß an Flexibilität gewährleistet ist. Die benötigen Sie, um das Portfolio bei Bedarf anpassen zu können. Zudem erlaubt sie Ihnen in unsicheren Zinszeiten zu wechseln, wenn die Zinsen sich ändern. Im August 2020 brachten die besten Festgeldangebote etwas über 1 Prozent Zinsen. Auch diese finden Sie über test.de/zinsen.

Für längere Laufzeiten gibt es geringfügig mehr Ertrag. Aber Sie können das Geld während der Laufzeit nicht in andere Anlagen umschichten, es liegt fest, wie es

Zinssätze im Euroraum

Seit der Finanzkrise 2008 sind die Zinssätze im Euroraum kräftig gefallen. Noch stärker als die Zinsen bei Tagesgeld sind die Endfälligkeitsrenditen von festverzinslichen Wertpapieren wie Bundesanleihen eingebrochen. Seit Anfang 2019 waren sie beständig im negativen Bereich – früher undenkbar.

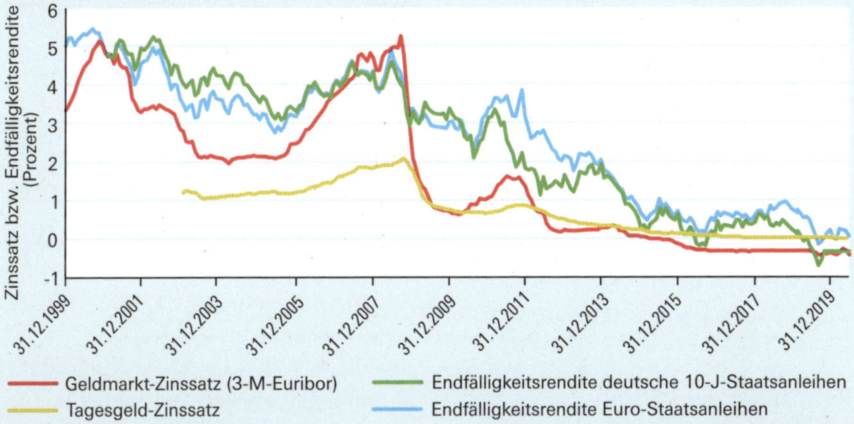

Quellen: Refinitiv, Bundesbank **Stand: 30. Juni 2020**

der Name sagt. Ein Nachteil, wenn die Zinsen wieder steigen sollten.

Mehr Flexibilität bewahren Sie sich, wenn Sie Festgelder verschiedener Laufzeiten abschließen, die dann etwa nach einem, zwei, drei und vier Jahren fällig werden. Dann können Sie neu entscheiden, was damit passieren soll. Auch sollten Sie die Laufzeit nicht zu lang wählen, denn für langlaufendes Festgeld gibt es derzeit kaum mehr Zinsen als für mittellang laufendes. Der Unterschied zwischen Festgeld von vier und von zehn Jahren beträgt bei den besten Angeboten gerade mal 0,1 Prozentpunkte.

Tagesgeld, eventuell ergänzt um Festgeld, ist bei der Finanztest-Strategie momentan die bevorzugte Anlage. Das gilt uneingeschränkt für den Entnahmeplan (siehe „Einen Auszahlplan einrichten" ab S. 145). Denn wer regelmäßig einen Teil der Ersparnisse entnimmt, benötigt einen Sicherheitsbaustein ohne Kursschwankungen.

Renten-ETF als Alternative

In der Ansparphase gibt es eine Alternative: Renten-ETF. In „normalen" Börsenzeiten sind Renten-ETF sogar die bevorzugte Wahl für den Sicherheitsbaustein des Pantoffel-Portfolios, weil sie in der Regel höhere Renditen bringen als Tages- und Festgeld. Zudem entfällt bei ihnen das „Tages- oder Festgeld-Hopping", sie sind damit unkomplizierter und weniger arbeitsaufwendig.

Seit der Nullzinspolitik der Europäischen Zentralbank (EZB) und anderer Notenbanken weltweit aber ist der Zinsvorteil von Rentenwerten weitgehend verschwunden, zum Teil sogar zu einem Zinsnachteil geworden. Denn zusätzlich zu den Senkungen der Notenbankzinsen haben massive Anleihekäufe der EZB das Renditeniveau der Rentenwerte stark gedrückt. Aber auch die Renditen von Unternehmensanleihen und Pfandbriefen sind im Sog der Staatsanleihen stark zurückgegangen.

Die Welt-Pantoffel mit Tagesgeld oder Renten-ETF

Renten-ETF brachten mehr Rendite als Tagesgeld. Das kann sich aber ändern.

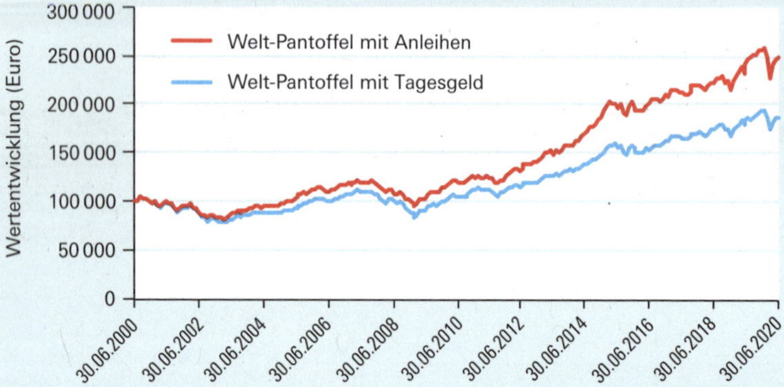

Quellen: Refinitiv, eigene Simulationen Stand: 30. Juni 2020

ETF mit Staatsanleihen

Staatsanleihen gelten als solideste festverzinsliche Wertpapiere. Das liegt daran, dass Regierungen anders als Unternehmen ihre Einnahmen per Gesetz – vor allem über Steueranhebungen – erhöhen und damit Zins- und Rückzahlungen der Anleihen sicherstellen können. Aber Staat ist nicht gleich Staat. Deren Bonität hängt davon ab, wie hoch die Staatsverschuldung ist, wie sie sich entwickelt und wie gut es der Wirtschaft geht, da hiervon ein Großteil der Steuereinnahmen abhängt.

Über den Grad der Bonität geben die „Noten" Auskunft, die Ratingagenturen für Schuldner und ihre Anleihen erstellen. Die größte Agentur ist Standard & Poor's (S&P). Die Bestnote bei S&P ist AAA, gefolgt von AA+, die schlechteste ist D. Als „Investment Grade" und damit als relativ sicher gelten die zehn Noten bis einschließlich BBB–. Ab BB+ beginnen die riskanten Schuldner.

Innerhalb der Eurozone ist die Bonität der Staaten unterschiedlich – Deutschland weist die besten Noten auf, Italien und Griechenland die schlechtesten, da diese beiden Länder mit einer hohen Staatsverschuldung zu kämpfen haben und Griechenland während der Eurokrise bereits einmal einen Teil seiner Anleihen und Kredite nicht zurückgezahlt hat. Diese beiden Staaten müssen deshalb für ihre Anleihen deutlich höhere Zinsen zahlen als Deutschland und andere solider wirtschaftende Länder. Mitte Juli 2020 betrug die Rendite deutscher Staatsanleihen mit zehn Jahren Restlaufzeit minus 0,5 Prozent und französischer minus 0,2 Prozent, italienische und griechische rentierten mit jeweils rund plus 1,2 Prozent deutlich höher.

Die unterschiedlichen Renditen machen sich Renten-ETF zunutze, die Anleiheindizes von Staatsanleihen verschiedener Euroländer nachbilden. Da sie eine Mischung aus hohen und tiefen Renditen beinhalten, liegt ihre Durchschnittsverzinsung deutlich über der von deutschen Bundesanleihen. Ein bei ETF-Anbietern und Anlegern beliebter Index für Euro-Staatsanleihen ist der BB Barclays Euro Treasury (BB Barclays steht für den Indexanbieter Bloomberg Barclays). Er vereint über 400 Staatsanleihen aus 17 Ländern des Euroraums.

Die Welt-Pantoffel im Vergleich

Die Tabelle zeigt, welche durchschnittlichen Renditen pro Jahr Welt-Pantoffel mit Tagesgeld und mit Anleihen-ETF in der Vergangenheit erzielt haben.

Pantoffel-Portfolio	Durchschnittliche Rendite (% p.a.)									Schlechteste Jahresrendite (%) [1]	Längste Verlustdauer, Monate
	1990-1999	2000-2009	2010-2019	über die vergangenen … Jahre							
				30	20	10	5	3	1		
Welt-Pantoffel mit Tagesgeld											
Tagesgeld	5,9	3,2	0,3	3	1,7	0,3	0	0	0	0	0
Defensiv	7,9	1,9	3,7	4,4	2,6	3,4	1,9	1,9	1	−8,6	43
Ausgewogen	10,2	0,2	6,7	5,7	3,2	6	3,6	3,7	2	−18,2	73
Offensiv	12,0	−1,5	9,7	6,4	3,7	8,7	5,2	5,5	3	−28,9	142
Welt-Pantoffel mit Euro-Staatsanleihen-ETF											
Anleihen-ETF	—	5,2	4,0	—	4,6	4,0	3,0	3,3	2,3	−4,0	33
Defensiv	—	3,3	6,4	—	4,6	6,0	4,0	4,3	2,7	−6,7	21
Ausgewogen	—	1,5	8,5	—	4,7	7,7	4,9	5,3	3,2	−15,9	57
Offensiv	—	−1,0	10,5	—	4,3	9,6	5,8	6,3	3,6	−26,9	80

1) Bezieht sich auf 20-Jahres-Zeitraum. Stand: 30. Juni 2020, Quelle: Refinitiv, eigene Simulationen

→ Renten-ETF nur auf Euro

Indizes auf Staatsanleihen gibt es selbstverständlich nicht nur von Euro-Ländern, sondern auch von Staaten weltweit und in vielen Währungen. Aber ausschließlich die Staatsanleihen der Euroländer eignen sich als Sicherheitsbaustein für das Pantoffel-Portfolio, weil die darin enthaltenen Papiere alle auf Euro lauten. Anders als bei Aktien-ETF ist das wichtig, weil so für Anleger aus dem Euroraum bei Zins- und bei Rückzahlung kein Wechselkursrisiko entsteht.

ETF mit einer Anleihen-Mischung

Eine zweite Möglichkeit besteht darin, auf ETF zu setzen, die eine Mischung aus Staats- und Unternehmensanleihen sowie Pfandbriefen und anderen Anleiheformen enthalten, die in Euro aufgelegt worden sind. Unternehmensanleihen gelten zwar als weniger sicher als europäische Staatsanleihen, aber durch eine breite Mischung wie bei einem ETF wird das Risiko reduziert.

Die Renten-ETF, die aus dieser Kategorie bei Finanztest mit „1. Wahl" ausgezeichnet sind, bilden den BB Barclays Euro Aggregate nach. Mehr als die Hälfte des Indexwertes machen bei ihm Euro-Staatsanleihen aus.

Gut zu wissen

Warum steigen die Kurse früher aufgelegter Anleihen, wenn die Marktzinsen fallen? Weil sie mehr Zinsen bringen als Neuemissionen, würden Anleger bei gleichem Kurs die neuen Anleihen meiden. Wer kauft schon eine Anleihe mit minus 0,5 Prozent Zins, wenn eine früher aufgelegte bei gleichem Kurs plus ein oder zwei Prozent Zinsen pro Jahr bringt? Die Endfälligkeitsrenditen von „alten" Anleihen gleichen sich über den Kurs an die der „neuen" an. Je stärker die Marktzinsen fallen, desto stärker klettern die Notierungen der „alten", mit höheren Zinsen ausgestatteten Anleihen – so lange, bis sich die Renditen von „alt" und „neu" angepasst haben.

ETF mit Unternehmensanleihen

Anlegern, die Spaß an Geldanlage haben, den Mehraufwand nicht scheuen und eine größere Summe investieren möchten, bietet sich eine dritte Möglichkeit: Sie können selbst mixen und einem ETF auf Staatsanleihen einen auf Unternehmensanleihen beimischen. Dafür kann man ETF auf Rentenindizes ins Depot nehmen, die solide Euro-Unternehmensanleihen mit Investment Grade enthalten. Sie können ähnlich gute Bonitätsnoten wie Staatsanleihen aufweisen, bieten aber höhere Renditen. Einige Renten-ETF, die von Finanztest mit 1. Wahl ausgezeichnet sind, bilden den BB Barclays Euro Corp. Bond Index nach (Corp. steht für Corporate, also Firma). Er setzt sich aus Unternehmensanleihen zusammen, die mit Investment Grade bewertet sind und in Euro von europäischen, aber auch von außereuropäischen (vor allem US-amerikanischen) Firmen aufgelegt worden sind. Also besteht auch hier kein Währungsrisiko, ebenso wenig wie beim Markit iBoxx Euro Liquid Corporates Index, der 40 hochliquide Unternehmensanleihen beinhaltet und auf den es ebenfalls Renten-ETF gibt.

Hohe Erträge mit Renten ETF

Trotz der niedrigen Anleihezinsen haben ETF auf Rentenindizes in den letzten Jahren sehr gut abgeschnitten, viel besser als es die geringen Zinsen vermuten lassen. Der Grund liegt, und das mag überraschen, ausgerechnet darin, dass die Renditen von festverzinslichen Wertpapieren, wie beschrieben, immer tiefer gefallen und entsprechend die Kurse der früher aufgelegten Wertpapiere gestiegen sind (siehe „Gut zu wissen"). Und damit hat auch der Wert der Renten-ETF zugelegt, die diese Indizes nachbilden.

In dem Chart „Welt-Pantoffel mit Tagesgeld oder Renten-ETF" auf S. 44 wird deutlich, dass die Wertentwicklung des Sicherheitsbausteins mit Staatsanleihen und damit auch mit Renten-ETF, die Staatsanleihen

Was passiert, wenn die Zinsen wieder steigen

Um die Zinswende zu simulieren, hat Finanztest die Vergangenheitsrenditen zehnjähriger Bundesanleihen gespiegelt und so getan, als würden sie so steigen, wie sie zuvor gefallen sind (oberer Chart). Die blauen Linien zeigen, was passieren könnte.

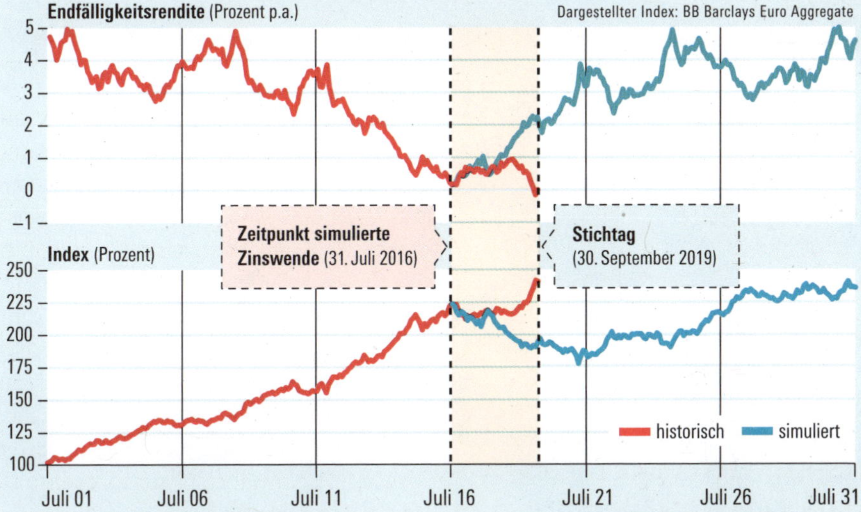

Quellen: Refinitiv, eigene Simulationen — Stand: 30. September 2019

enthalten, deutlich besser ausgefallen ist als mit Tagesgeld. Sobald die Anleihezinsen allerdings steigen, verläuft die Angleichung natürlich umgekehrt. Dann fallen die Kurse der älteren Anleihen, weil sie bei unverändertem Kurs geringere Renditen abwerfen würden als Neuemissionen.

Dieses Wechselspiel zwischen Renditen und Kursen von Anleihen hat dazu geführt, dass ein häufig für Renten-ETF verwendeter Anleiheindex wie der BB Euro Treasury Bond 2019 einen Gesamtertrag aus Zinsen und Kursgewinnen von 6,77 Prozent erwirtschaftet hat. Kursgewinne haben dabei den Großteil ausgemacht. Dieses Bild zeigt sich im Großen und Ganzen seit der Finanzkrise 2008. Seither sind die Zinsen immer weiter gefallen und haben Anleihen und damit den Renten-ETF beachtliche Kursgewinne beschert.

Kursverluste statt Kursgewinne drohen jedoch, sobald die extreme Niedrigzinsphase endet und die Zinsen am Rentenmarkt wieder klettern. Dann werden früher aufgelegte Anleihen weniger wert, weil sie niedrigere Zinsen bringen als neue. Der Ausgleich erfolgt über fallende Anleihekurse. Das Ausmaß möglicher Kursverluste von Anleihen hängt davon ab, wann, wie schnell und wie stark die Zinsen steigen. Finanztest hat im Herbst 2019 ausgerechnet, was passieren kann, wenn die Anleiherenditen nach einer Zinswende genauso stark und schnell klettern, wie sie zuvor gefallen waren. Das Ergebnis sehen Sie im Chart oben.

▶ **In der Tabelle „Diese ETF sind 1. Wahl" ab S. 168 finden Sie empfehlenswerte ETF mit Staatsanleihen und gemischte Renten-ETF.**

Der nachhaltige Welt-Pantoffel

Die Finanztest-Strategie eignet sich auch für Anleger, die ihr Geld nach ethischen, ökologischen und sozialen Kriterien investieren wollen. Nachhaltigkeit hat sich auch bei der Rendite ausgezahlt.

Plötzlich erschien alles viel heller und natürlicher als zuvor, die Luft sauberer, das Wasser klarer, und an vielen Orten, an denen all die Jahre Verkehrslärm dominierte, zwitscherten die Vögel. Der coronabedingte Shutdown der Wirtschaft im Frühjahr 2020 hat den Menschen gezeigt, wie schnell sich die Natur erholen kann.

Überraschend für viele Anleger war, dass sich ausgerechnet in der Krise saubere Fonds besser entwickelt haben als jene, die keinen nachhaltigen Ansatz verfolgen. Normalerweise sind das Zeiten, in denen es am Kapitalmarkt ums Überleben einer Firma geht und ökologische, ethische und soziale Aspekte leicht ins Abseits geraten.

Viele nachhaltige ETF waren nicht nur während des Corona-Crashs weniger stark eingebrochen als vergleichbare ETF ohne Nachhaltigkeitsansatz, sie hatten auch schon geraume Zeit vorher bessere Ergebnisse erwirtschaftet. So schnitten alle Varianten des nachhaltigen Pantoffel-Portfolios besser ab als die klassischen Welt-Pantoffel-Portfolios. Die ausgewogene Nachhaltigkeits-Pantoffel-Strategie brachte zum Beispiel in den letzten sieben Jahren (Stand 30. Juni 2020) 5,9 Prozent jährliche Rendite – das sind 0,2 Prozentpunkte mehr als der klassische Welt-Pantoffel, den wir auf den vorangegangenen Seiten vorgestellt haben. Und es gibt eine Reihe von Gründen, warum sich nachhaltige Anlagen auch in Zukunft lohnen können.

Trotz guter Ergebnisse führen nachhaltige Fonds bislang ein Nischendasein. „Rund 4 Prozent der in Publikumsfonds investierten Gelder entfallen auf Publikumsfonds mit Nachhaltigkeitsmerkmalen", so der deutsche Fondsverband BVI (Stand 30.6.2020). Viele Anleger würden gerne ethisch-ökologisch anlegen, tun es aber (noch) nicht. Ein Grund liegt vermutlich darin, dass Berater in den Banken das Thema meist nicht ansprechen; ein anderer, dass Anleger oft nicht genau wissen, welche Papiere sie wählen sollen. In diesem Kapitel stellen wir geeignete Nachhaltigkeits-ETF vor, zeigen die Unterschiede auf und erklären, wie Sie ein nachhaltiges Pantoffel-Portfolio – mit nur zwei Positionen – selbst anlegen.

Was bedeutet „nachhaltige Geldanlage"?

Nachhaltige Geldanlagen basieren auf ökologischen, sozialen und ethischen Kriterien. Welche nachhaltigen ETF erfüllen die Ansprüche der Anleger? Und wie sind ihre Ergebnisse?

Nachhaltige Geldanlagen sind zwar nach wie vor ein Nischenmarkt, aber das Geschäft boomt. Immer mehr Menschen, insbesondere jüngere, wollen ihr Geld mit gutem Gewissen anlegen. „Nachhaltige Fonds knacken Marke von 100 Milliarden Euro" – die Nachricht zu den Absatzzahlen Ende Juni 2020 ist dem BVI eine Pressemeldung wert.

Besonders viel Geld sammelten nachhaltige Publikumsfonds ein, die sowohl von privaten wie professionellen Investoren gekauft werden. Das verwaltete Vermögen dieser Fonds steigt seit Langem, allein in den zwei Jahren von Mitte 2018 bis Mitte 2020 hat es sich verdoppelt. Die Nachfrage dürfte weiter hoch bleiben. Gründe dafür gibt es viele. Hören und lesen wir doch immer wie-

Die nachhaltigen Welt-Pantoffel

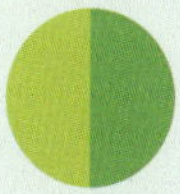

Ausgewogener nachhaltiger Welt-Pantoffel
Stabilitätsbaustein: 50 Prozent Tagesgeld
Renditebaustein: 50 Prozent nachhaltige Aktien-ETF Welt

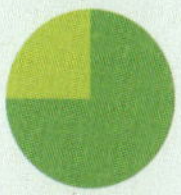

Defensiver nachhaltiger Welt-Pantoffel
Stabilitätsbaustein: 75 Prozent Tagesgeld
Renditebaustein: 25 Prozent nachhaltige Aktien-ETF Welt

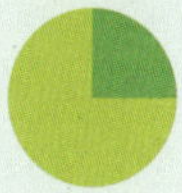

Offensiver nachhaltiger Welt-Pantoffel
Stabilitätsbaustein: 25 Prozent Tagesgeld
Renditebaustein: 75 Prozent nachhaltige Aktien-ETF Welt

der, wie fatal die Folgen des Klimawandels langfristig sein werden, sehen abschreckende Bilder von Plastikmüll im Meer oder diskutieren über Artensterben und Hungersnöte.

Wer im täglichen Leben auf seine Umwelt achtet und Produkte meidet, die unter menschenunwürdigen Bedingungen gefertigt wurden, will seinen Grundsätzen gerne auch treu bleiben, wenn er seine Ersparnisse anlegt. Diese Anleger stecken daher ihr Geld lieber nur in Unternehmen, die verantwortungsvoll mit der Umwelt umgehen und ihre Mitarbeiter fair behandeln. Natürlich sollen Firmen Gewinne erzielen, aber auf eine Art und Weise, die der Umwelt und Gesellschaft möglichst wenig schadet.

Die Politik, allen voran die Europäische Union mit der Agenda 2050 und dem „Green Deal", unterstützt den Trend hin zu nachhaltigen Investments. Brüssel will unter anderem, dass Bankberater Kunden zu ihrer Nachhaltigkeitspräferenz befragen und Fonds Informationen zur Nachhaltigkeit veröffentlichen. Dazu lesen Sie gleich mehr.

UN-Initiative „Wer sich kümmert, gewinnt"

Vorangetrieben hat den Nachhaltigkeitsgedanken der ehemalige UN-Generalsekretär Kofi Annan, der das Thema an den Kapitalmärkten fest verankern wollte. Auf dem Weltwirtschaftsforum in Davos warb er 1999 um die Gunst der Firmenchefs, mit der UN einen globalen Vertrag über Werte und Prinzipien zu erstellen, der die Welt humaner machen sollte.

Der Global Compact ist nicht unumstritten, da die Regeln weich formuliert sind, die Einhaltung von der UN nicht überprüft wird und Sanktionen bei Verstößen fehlen. Dennoch ist die Verpflichtung der Unternehmen zu einem jährlichen Bericht ein Anlass für diese, soziale und ökologische Aspekte zu diskutieren. Ratingagenturen oder Indexanbieter überprüfen Aktiengesellschaften unter anderem auf die Kriterien, die im Global Compact festgeschrieben sind. Heute ist der Global Compact weltweit die größte Initiative in diesem Bereich: Mehr als 11 000 Firmen aus 157 Ländern haben ihn akzeptiert.

HÄTTEN SIE'S GEWUSST?

Schon im **18. Jahrhundert** vermied die religiöse Glaubensgemeinschaft der Quäker Geldanlagen, die von der Sklaverei profitierten.

Die ersten ethischen Investmentfonds entstanden, weil Quäker und Methodisten in den USA und Großbritannien ihr Geld nur in Geschäfte investieren wollten, die nicht mit Alkohol, Tabak und Glücksspiel in Verbindung standen. Börsennotierte Alkohol- und Tabakhersteller werden auch „sin" stocks, auf Deutsch Sündenaktien, genannt – ein Tabu für religiöse Einrichtungen.

Nicht nur in der westlichen Welt, **auch im Islam** sind sie verboten. Und wer shariakonform anlegt, schließt weitere Branchen aus, wie zum Beispiel Finanzinstitute, die ihr Geld vorwiegend durch Zinseinkünfte oder mit Spekulation verdienen.

Die zehn Kernpunkte des Global Compact

Der UN Global Compact ist eine Vereinbarung zwischen Institutionen und den Vereinten Nationen (United Nations Organization, kurz UN) mit dem Ziel, die Wirtschaft sozialer und ökologischer zu machen. Institutionen, die ihn unterzeichnet haben, sollen:

1. den Schutz der internationalen Menschenrechte unterstützen und achten.
2. sicherstellen, dass sie sich nicht an Menschenrechtsverletzungen mitschuldig machen.
3. die Vereinigungsfreiheit und die wirksame Anerkennung des Rechts auf Kollektivverhandlungen wahren.
4. für die Beseitigung aller Formen von Zwangsarbeit eintreten.
5. für die Abschaffung von Kinderarbeit eintreten.
6. für die Beseitigung von Diskriminierung bei Anstellung und Erwerbstätigkeit eintreten.
7. im Umgang mit Umweltproblemen dem Vorsorgeprinzip folgen.
8. Initiativen zur Förderung einer größeren Umweltverantwortung ergreifen.
9. die Entwicklung und Verbreitung umweltfreundlicher Technologien beschleunigen.
10. gegen alle Arten der Korruption eintreten, einschließlich Erpressung und Bestechung.

Der ESG-Ansatz deckt mehr als nur ökologische Kriterien ab

Annan ließ nicht locker, er wollte mehr bewegen. 2004 schrieb er persönlich an mehr als 50 Chefs wichtiger Finanzinstitutionen und lud sie ein, Mitglied einer neuen Initiative unter Führung der Vereinten Nationen zu werden. Das Ziel: den weltweiten wirtschaftlichen Fortschritt im Einklang mit sozialer Gerechtigkeit und den ökologischen Grenzen der Erde zu gestalten. 20 Institute aus neun Ländern folgten dem Aufruf, ein Jahr später legten die Teilnehmer die Studie „Who Cares Wins", auf Deutsch „Wer sich kümmert, gewinnt" vor. Darin wurde die Industrie aufgefordert, sogenannte ESG-Faktoren zu integrieren. ESG ist heute ein fester Begriff im Bereich nachhaltiger Investments, sie werden anhand dieser Kriterien identifiziert und beurteilt:

- **Environmental (Umwelt):** zum Beispiel Klimaschutz, Schadstoffausstoß, Luftqualität, Energiemanagement, Wasser- und Abwassermanagement
- **Social (Soziales):** zum Beispiel Menschenrechte, gute Arbeitsbedingungen, Chancengleichheit, Sicherheit und Gesundheit der Mitarbeiter, Personalentwicklung, Datensicherheit, Produktqualität und -sicherheit
- **Governance (Unternehmensführung):** zum Beispiel Unternehmensethik, Wettbewerbsverhalten, Risikomanagement, Vermeidung von Bestechung und Korruption, Einhaltung der Steuerregeln.

Agenda 2030 und 17 Ziele für nachhaltige Entwicklung

Die 2015 von den internationalen Staats- und Regierungschefs beschlossene Agenda 2030 der Vereinten Nationen setzt die EU konsequent um. Ein wichtiger Teil der Agenda 2030 ist die Umsetzung der 17 Sustainable Development Goals (SDGs) der Vereinten Nationen. Zu den Zielen für eine nachhaltige Entwicklung zählen unter anderem: die Bekämpfung von Armut und Hunger, die Gesundheit und das Wohlergehen der Menschen, eine hochwertige Bildung oder bezahlbare und saubere Energie.

Ende 2019 stellte EU-Kommission den „Green Deal" vor, die derzeit wichtigste globale Initiative im Nachhaltigkeitsbereich. Europa soll zu einer ressourceneffizienten und wettbewerbsfähigen Wirtschaft werden, in der im Jahr 2050 keine Netto-Treibhausgasemissionen mehr freigesetzt werden.

Anleger werden häufiger mit dem Thema Nachhaltigkeit konfrontiert

Brüssel hat in diesem Zusammenhang eine Reihe wichtiger Initiativen auf den Weg gebracht, die auch Privatanleger betreffen. Bereits beschlossen ist zum Beispiel ein einheitliches Klassifikationssystem für nachhaltige Investitionen, die EU-Taxonomie-Verordnung (siehe „Gut zu wissen", S. 54). Zum Teil wird an den Verordnungen aber noch gefeilt.

Die EU will, dass die Angebote für Investoren transparenter und leichter vergleich-

Gut zu wissen

Die Taxonomie der EU ist ein einheitliches Klassifikationssystem für nachhaltige Investitionen. Begriffe werden vereinheitlicht, denn Investoren sollen erkennen, wie „grün" ein Investment tatsächlich ist. Es definiert, was als ökologisch nachhaltig eingestuft werden darf. Dazu hat die EU sechs Umweltziele definiert:

1. Klimaschutz,
2. Anpassung an den Klimawandel,
3. Nachhaltige Nutzung und Schutz der Wasser- und Meeresressourcen,
4. Übergang zu einer Kreislaufwirtschaft,
5. Vermeidung und Verminderung der Umweltverschmutzung,
6. Schutz und Wiederherstellung der biologischen Vielfalt und der Ökosysteme.

Unternehmen, die als nachhaltig gelten wollen, müssen drei Kriterien erfüllen:

1. Sie leisten einen wesentlichen Beitrag zu mindestens einem der oben genannten Umweltziele.
2. Sie verursachen im Hinblick auf die anderen Umweltziele „keinen erheblichen Schaden".
3. Sie halten soziale und unternehmerische Mindeststandards ein.

bar werden, Begriffe vereinheitlicht und Anleger besser informiert werden. Vorgesehen ist zum Beispiel, dass die Anbieter von Finanzprodukten standardisierte Informationen über die Nachhaltigkeit veröffentlichen oder die Berater verpflichtet sind, die Kunden im Gespräch zu fragen, ob bei einer Anlage nachhaltige Kriterien berücksichtigt werden sollen.

Ein Finanz-Ökolabel soll „grüne" Finanzprodukte kennzeichnen, und der Green Bond Standard regelt die Rahmenbedingungen für die Emission „grüner" Anleihen. Diese sollen der Finanzierung nachhaltiger Projekte dienen.

Das Thema Nachhaltigkeit soll auch stärker in den Firmen verankert werden. Die EU-Kommission will eine bessere klimabezogene Berichterstattung von den Unternehmen erreichen. Diese ist jedoch nicht verpflichtend.

EU will Schönfärberei beenden

Mit den Regeln will die EU auch dem „Green-Washing", dem Anpreisen von nur vermeintlich ökologischen Investments, ein Ende setzen. Viele Geldanlagen, die ökologisch erscheinen und mit gut gefeilten Werbesprüchen an Anleger verkauft werden, sind nämlich oft weit weniger nachhaltig, als die Käufer sich erhoffen. Für Anleger ist es jedoch meist schwer, die Nachhaltigkeit eines Investments im Detail zu beurteilen. Darum haben sie diese Anlagen zum Teil gänzlich gemieden.

So haben sich MSCI World und MSCI World SRI entwickelt

Seit Beginn der Berechnung 2007, also langfristig betrachtet, schnitt der nachhaltige MSCI World SRI-Index um mehr als 30 Prozentpunkte besser ab als der marktbreite MSCI World.

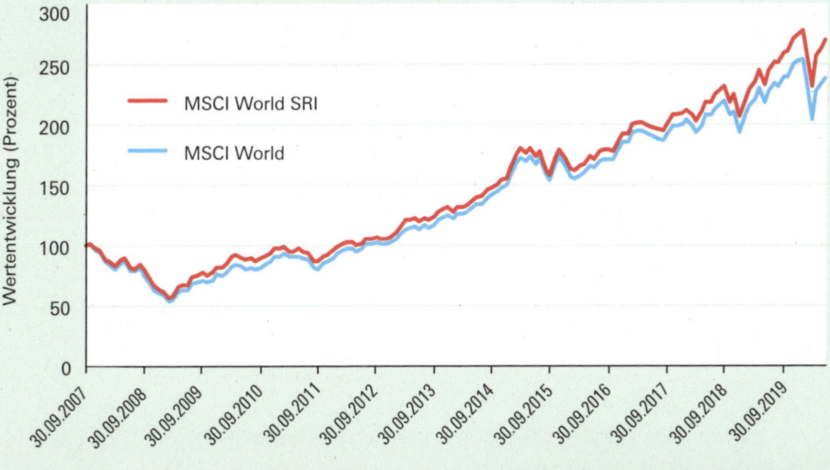

Quelle: Refinitv — Zeitraum 30.09.2007 bis 30.06.2020

Die Hoffnung der EU: Wenn die Anleger ihre Investitionen stärker auf nachhaltige Technologien und Unternehmen ausrichten, wird mehr Geld in nachhaltige wirtschaftliche Tätigkeiten und Projekte umgelenkt und private wie öffentliche Investitionen angekurbelt. So soll der Übergang zu einer klimaneutralen Wirtschaft gelingen.

Doch genug der Politik, zurück zur Praxis. Denn Sie kennen jetzt die Hintergründe und wissen, dass der Bankberater nicht plötzlich zum Öko-Freak wurde, wenn er Sie demnächst fragt, ob Sie Ihr Geld gerne nachhaltig anlegen wollen. Er folgt nur den Vorschriften und setzt um, was in Brüssel beschlossen wurde.

Nach eigenen Präferenzen anlegen

Neben populären Bezeichnungen wie Green Bonds für nachhaltige Anleihen oder ESG für Umwelt, Soziales und Unternehmensführung taucht oft ein weiterer Begriff oder ein Akronym in Zusammenhang mit nachhaltigen ETF auf: Socially Responsible Investment, kurz SRI oder zu Deutsch: sozial verantwortliches Investment.

Eine Reihe von ETF auf nachhaltige Indizes tragen den Zusatz SRI im Namen. Zum Teil werden die Bezeichnungen ESG und SRI synonym verwendet. Lassen Sie sich von den Namen nicht verrückt machen, wichtig ist für Sie als Anleger zu prüfen, ob die Kriterien eines ETF zu den persönlichen Vorstellungen passen, sprich ob zum Beispiel im Index Atomkraft oder Waffen ausgeschlossen sind, wenn Ihnen das besonders wichtig ist.

Zeitraubende Vergleiche können Sie sich ersparen, Finanztest hat nachhaltige ETF im Detail analysiert und sowohl die Qualität des ETF als auch die Nachhaltigkeitskriterien des Index bewertet (mehr dazu lesen Sie ab S. 58). Doch zunächst ein Blick auf die Performance. Wie sieht es mit den Ergebnissen aus, lohnen sich nachhaltige Investments?

Nachhaltige Indizes liefern gute Ergebnisse

Die Grafik zeigt die jährliche Performance des MSCI World im Vergleich zu nachhaltigen Indizes. Dabei wird sichtbar, dass man mit nachhaltigen Investments meist nicht auf Rendite verzichten musste.

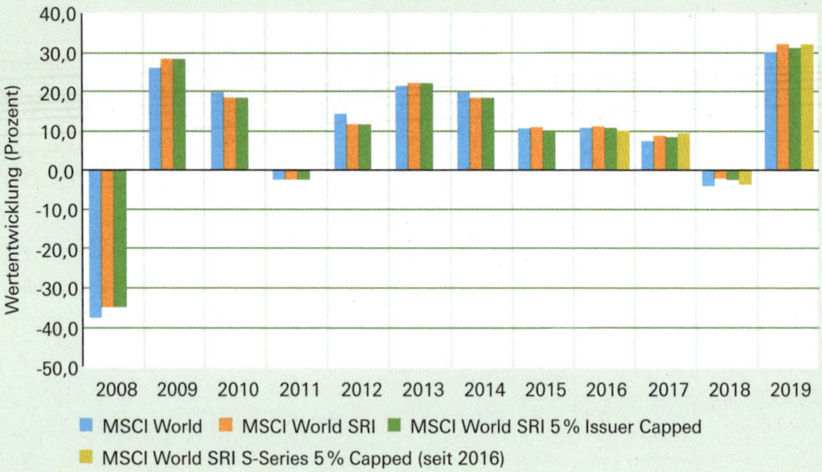

Quellen: MSCI, Refinitiv, eigene Berechnungen | Stand: 30. Juni 2020

Gute Rendite mit gutem Gewissen

Wer sein Geld nach ökologischen, sozialen und ethischen Kriterien anlegt, investiert nicht nur mit gutem Gewissen und tut Gutes, er muss dabei nicht auf Rendite verzichten. Lange Zeit war das umstritten. Doch die Ergebnisse der vergangenen Jahre lassen keinen Zweifel: Nachhaltige Fonds und ETF schneiden ähnlich gut oder sogar besser ab als vergleichbare Papiere, die nach herkömmlichen Modellen funktionieren und Nachhaltigkeitskriterien bei der Auswahl von Wertpapieren außen vor lassen.

So legte zum Beispiel einer der ältesten und bekanntesten Nachhaltigkeitsindizes, der MSCI World SRI, seit Beginn der Berechnung Ende September 2007 bis zum 30. Juni 2020 jährlich im Schnitt um 8,1 Prozent zu, während der herkömmliche MSCI World „nur" 7,1 Prozent jährlichen Zuwachs verbuchen konnte, wenn man die Indizes in Euro und inklusive Dividenden betrachtet. Aber nicht alle Jahre laufen gleich gut, wie die Grafik „So haben sich MSCI World und MSCI World SRI entwickelt" auf S. 55 zeigt.

Noch strikteren Kriterien als der MSCI SRI Index folgt der MSCI SRI Select Reduced Fossil Fuels. Er hat in der Beurteilung der Nachhaltigkeitskriterien von Stiftung Warentest beim Vergleich der ETF auf global ausgerichtete Indizes am besten abgeschnitten. Da dieser Index deutlich jünger ist, liegen hier nur begrenzt Vergleichsdaten vor. Im 5-Jahres-Vergleich war das Ergebnis etwas schwächer als beim MSCI SRI.

Das gute Abschneiden der nachhaltigen ETF spiegelt sich auch im Pantoffel-Portfolio wider. Die nachhaltige Variante des Welt-Pantoffels brachte in der defensiven, ausgewogenen sowie in der offensiven Variante stets bessere Ergebnisse (siehe „Nachhaltiger versus klassischer Welt-Pantoffel").

Nachhaltiger versus klassischer Welt-Pantoffel

Performance-Vergleich: Der nachhaltige Welt-Pantoffel schnitt in den vergangenen Jahren besser ab als der klassische Welt-Pantoffel.

Pantoffel-Portfolio	Durchschnittliche Rendite (% p.a.)									Schlechteste Jahresrendite (%) [1]
	1990-1999	2000-2009	2010-2019	über die vergangenen ... Jahre						
				30	20	7	5	3	1	
Tagesgeld	5,9	3,2	0,3	3	1,7	0	0	0	0	0
Welt-Pantoffel										
Defensiv	7,9	1,9	3,7	4,4	2,6	3,0	1,9	1,9	1,0	–3
Ausgewogen	10,2	0,2	6,7	5,7	3,2	5,7	3,6	3,7	2,0	–4,6
Offensiv	12,0	–1,5	9,7	6,4	3,7	8,5	5,2	5,5	3,0	–7,3
Aktien-ETF	13,0	–3,8	12,2	7,0	3,5	10,7	6,7	7,2	4,0	–8,9
Nachhaltiger Welt-Pantoffel [2]										
Defensiv	–	–	–	–	–	3,1	2,2	2,4	1,7	–2,9
Ausgewogen	–	–	–	–	–	5,9	4,2	4,8	3,3	–5,2
Offensiv	–	–	–	–	–	8,7	6,0	7,0	5,0	–7,1
Aktien-ETF	–	–	–	–	–	11,0	7,7	9,1	6,7	–8.8

1) Bezieht sich auf 7-Jahres-Zeitraum. Quelle: Refinitiv, eigene Simulationen (seit 2016), Stand: 30. Juni 2020
2) Renditebaustein besteht aus dem UBSI MSCI World Socially Responsible ETF (Isin LU 062 945 974 3), der am 22.8.2011 aufgelegt wurde. Bis zum 1.9.2016 bildete der ETF den MSCI World SRI Index ab, danach den MSCI World SRI 5% Issuer Capped Index.

Trotz der hervorragenden Performance nachhaltiger ETF und damit des nachhaltigen Pantoffels können sich Anleger aber nicht in Sicherheit wiegen. Historische Ergebnisse sind keine Garantie für künftige Entwicklungen – auch nachhaltige Aktienindizes können mal schlechter laufen als klassische Indizes und sogar sehr stark einbrechen.

Allerdings dürften die ansehnlichen Ergebnisse in der Vergangenheit auch Investoren locken, die das Thema Nachhaltigkeit bislang ignoriert oder ihm wenig Beachtung geschenkt haben. Aus diesem Grund stehen die Chancen gut, dass Aktien von Unternehmen, die Wert auf soziale und ökologische Kriterien legen, auch weiterhin eine überzeugende Performance liefern.

Nachhaltige Fonds im Test

Finanztest hat in Ausgabe 7/2020 nachhaltige aktiv gemanagte Aktienfonds Welt und weltweit anlegende ETF untersucht und bewertet. Kernergebnis: Nachhaltige Fonds schneiden im Schnitt im ökonomischen Chance-Risiko-Profil besser ab als klassische Fonds – man muss also nicht unbedingt auf Rendite verzichten, wenn man ökologisch Geld anlegt. Die aktiv gemanagten Fonds, die in puncto Nachhaltigkeit am strengsten sind, haben jedoch in Bezug auf die Rendite nur mittelmäßig abgeschnitten. Nachhaltige ETF – sie eignen sich für die Umsetzung der Pantoffel-Strategie am besten – haben dagegen teils eine bessere ökonomische Bewertung, folgen aber weniger strengen Nachhaltigkeitskriterien.

▶ **Wichtige Ergebnisse** finden Sie in der Tabelle „Die strengsten globalen Nachhaltigkeits-Indizes im Vergleich" auf S. 62. Die geeigneten ETF haben wir in der Tabelle „Die besten nachhaltigen ETF" auf S. 171 zusammengefasst.

Welche ETF sind nachhaltig und bringen Rendite?

Nachhaltige ETF gibt es eine ganze Reihe, doch nicht alle taugen für das Pantoffel-Portfolio. Hier finden Sie konkrete Tipps, wie Sie die Strategie möglichst einfach umsetzen.

Lässt sich der Nachhaltigkeitsansatz wirklich so leicht mit ETF darstellen? ETF folgen Indizes (siehe „Ein ETF – alle Industrieländer", S. 35), wie soll das funktionieren? Wenn Sie einzelne Aktien oder Anleihen mit gutem Gewissen kaufen möchten, müssten Sie die Unternehmensberichte im Detail studieren und genau prüfen, was hinter jedem Unternehmen steckt. Welch ein Aufwand, wenn man die Risiken breit streuen und weltweit anlegen will. Denn gerade bei großen Konzernen kann es passieren, dass eine kleine Einheit im Unternehmen in Geschäfte verwickelt ist, die nicht zu hundert Prozent alle ethischen oder ökologischen Kriterien aller Investoren erfüllen.

Um diese Risiken zu erkennen, prüfen Analyseteams der Indexanbieter oder Spezialisten von Nachhaltigkeits-Ratingagenturen nach festen Kriterien Unternehmen auf ihre Nachhaltigkeitsansätze und schließen Firmen aus, wenn sie den Anforderungen nicht gerecht werden. Dabei kommen die verschiedenen Bewerter durchaus zu unterschiedlichen Ergebnissen. Jeder Indexanbieter entscheidet nämlich bei der Auswahl der einzelnen Titel im Index nach seinen fest definierten Regeln.

Manche Indexanbieter schließen Waffen, Kinderarbeit und fossile Energien konsequent aus, andere wiederum investieren nur in die unter nachhaltigen Aspekten am besten bewerteten Unternehmen. Anleger sollten vor dem Kauf daher genau prüfen, ob die Anlagekriterien auch ihren Vorstellungen entsprechen. Ein nachhaltiger ETF sollte genau wie ein Kleidungsstück, in dem man sich wohlfühlen will, zu Ihnen passen.

Kritisiert werden die Anbieter von ETF häufig, dass Sie keinen Einfluss auf die Firmenleitung nehmen und so auf eine stärkere Einhaltung von Regeln pochen würden. Doch auch die ETF-Anbieter, insbesondere wenn sie große Vermögen verwalten und viele Aktien besitzen, erheben auf den Hauptversammlungen häufig die Stimme und prangern Missstände an. Zum Teil finden die Gespräche hinter verschlossenen Türen statt, weshalb die Öffentlichkeit davon wenig mitbekommt. Verkaufen können die ETF-Anbieter die Aktie aber nicht, wenn die Unternehmen auf die Kritik nicht reagieren, denn beim ETF müssen sie den Index abbilden.

Für einen schnellen Überblick haben wir ab S. 62 die strengsten Nachhaltigkeits-Indizes auf Aktien porträtiert, und ab S. 66 lesen Sie, wie Sie den nachhaltigen Sicherheitsbaustein in die Praxis umsetzen.

So setzen sich die Nachhaltigkeitsindizes zusammen

In den jeweiligen Indexregularien ist definiert, was als nachhaltig gilt und was nicht. Die Indexzusammensetzung kann nach unterschiedlichen Regeln erfolgen. Diese Prinzipien, die auch miteinander kombiniert werden können, sind üblich:

- **Ausschlussprinzip.** Nomen est omen. Wer nicht ins Konzept passt, fliegt raus. Der Indexanbieter definiert zunächst das Anlageuniversum und sortiert dann alle Titel aus, die nicht den Vorgaben entsprechen, zum Beispiel Alkohol- und Tabakkonzerne oder Betreiber von Kohlekraftwerken. Durch den Ausschluss verbleiben in den nachhaltigen Indizes automatisch weniger Titel als im originären Index. Oft kommen zu diesem Verfahren noch weitere hinzu.
- **Best-in-Class-Verfahren.** Das Prinzip ist leicht verständlich und macht Schule: Nur die besten einer Gruppe schaffen es. So werden die Indizes im Regelfall in Branchen und Regionen eingeteilt und nur die nach Nachhaltigkeitsgesichtspunkten leistungsstärksten der jeweiligen Gruppe für den Nachhaltigkeitsindex ausgewählt. In der Praxis ist eine Mischung aus Ausschlussprinzip und Best-in-Class-Verfahren sehr weit verbreitet.
- **Best-of-all-Classes-Strategie.** Wie beim Best-in-Class-Verfahren werden die Unternehmen relativ zueinander

bewertet. Beim Best-of-all-Classes wählen die Indexanbieter dann aber die besten Aktien über alle Branchen hinweg aus. Auch hier kann es Ausschlusskriterien geben.

- **Absolute Selektion.** Hier haben nur Unternehmen eine Chance, wenn sie bestimmte nachhaltige Mindeststandards erfüllen, die in der Regel nach festen Kriterien anhand von Punkten oder Ratings ermittelt werden.
- **Themenbasiert.** Die Auswahl erfolgt nach einem Leitthema. So werden zum Beispiel für einen ETF, der auf Umwelttechnologien setzt, nur Titel der Solar- und Windenergiebranche ausgewählt, bei einem Green-Bond-ETF stehen Öko-Anleihen im Mittelpunkt.

Checkliste

So finden Sie nachhaltige ETF

Das Angebot an nachhaltigen ETF wächst. Bei genauer Prüfung zeigt sich, dass so mancher ETF doch nicht so grün ist, wie es auf den ersten Blick erscheint. Falls Sie keinen der hier vorgestellten ETF wählen, sollten Sie auf folgendes achten:

- ☐ **Prüfen Sie die Auswahlkriterien** des Indexanbieters und entscheiden Sie, ob diese zu Ihrem Nachhaltigkeitsanspruch passen.
- ☐ **Gehen Sie keine Kompromisse** in puncto Risikostreuung ein. Der Aktienindex sollte die Risiken breit streuen, für das Pantoffel-Portfolio sollte er weltweit anlegen. Ein Anleihenindex hingegen sollte nur Euro-Anleihen mit hoher Bonität umfassen.
- ☐ **Ein ETF auf einen nachhaltigen** Index muss immer die jeweiligen Aktien erwerben. Nur wenn in der Beschreibung des ETF „physische Replikation“ oder „optimiert“ steht, können Sie sicher sein, dass nur die nachhaltigen Aktien für den ETF erworben werden, die auch im Index enthalten sind (mehr dazu siehe „Wie wichtig ist die Konstruktion des ETF?“, S. 110). Alle in diesem Kapitel vorgestellten ETF erfüllen dieses Kriterium.

Die besten nachhaltigen ETF

Wir bleiben beim Thema Nachhaltigkeit dem – in Kapitel 2 vorgestellten – MSCI World treu, wählen aber die nachhaltigen Varianten. Davon gibt es eine Vielzahl, die ganz unterschiedlich bestückt sind. Basis ist zwar immer der MSCI World. Für die Auswahl wird das Universum des „Mutterindex" aber regelmäßig nach diversen Kriterien gefiltert. Dadurch bleiben am Ende von den rund 1600 Aktien des Mutterindex um die 380 Titel in den verschiedenen SRI-Indizes von MSCI übrig.

Finanztest hat die Nachhaltigkeits-Indizes, auf die in Deutschland ETF angeboten werden, genau unter die Lupe genommen und zum einen die ETF selbst und zum anderen die unterschiedlichen Ansätze verglichen (Heft 7/2020) – die wichtigsten Ergebnisse des Tests finden Sie in der Tabelle „Die strengsten globalen Nachhaltigkeits-Indizes im Vergleich" auf S. 62.

Zwei verschiedene Bewertungen

ETF erhielten in der Analyse zwei Bewertungen: eine für die ökonomische Qualität des ETF und eine für den Nachhaltigkeitsansatz. In der erstgenannten, der „Finanztest-Bewertung", können die Papiere bis zu fünf Punkte erhalten. Das zweite Urteil, das Nachhaltigkeitsrating, hingegen lässt den ökonomischen Aspekt komplett außen vor und stellt ökologische, ethische und soziale Kriterien auf den Prüfstand. Bewertet wurden sowohl die Ausschlusskriterien als auch die Auswahlstrategien. Wichtig war dabei, ob Unternehmen ausgeschlossen werden, wenn sie in umstrittenen Branchen wie zum Beispiel Fossile Energien, Atomkraft, Umweltzerstörung oder Rüstung aktiv sind. Ebenfalls berücksichtigt ist das Engagement der Anbieter wie etwa die Wahrnehmung von Aktionärsrechten und die Transparenz für Anleger.

ETF erhielten im Test zwei Bewertungen: eine für die ökonomische Qualität des ETF und eine für den Nachhaltigkeitsansatz.

Der am besten bewertete ETF in Bezug auf die Nachhaltigkeitskriterien bezieht sich auf den Index MSCI World SRI Select Reduced Fossil Fuels. Er erhielt als einziger ETF drei von fünf möglichen Punkten. Dahinter rangieren ETF auf zwei weitere MSCI World SRI Indizes, auf den MSCI World SRI-S-Series 5 % Capped und den MSCI World SRI 5 % Issuer Capped. Bei diesen müssen die Anleger etwas größere Zugeständnisse in Bezug auf nachhaltige Kriterien machen – Finanztest vergab zwei von fünf Punkten (siehe Tabelle S. 62). Die Qualität der ETF selbst überzeugt bei allen in der Tabelle genannten Papieren. Sie eignen sich daher gut als Basis für den Renditebaustein des nachhaltigen Pantoffel-Portfolios.

Die strengsten globalen Nachhaltigkeits-Indizes im Vergl

	MSCI World SRI Select Reduced Fossil Fuels	MSCI World SRI-S-Series 5 % Capped Index
Beschreibung	Basisindex ist der MSCI World. Große und mittlere Aktiengesellschaften aus 23 entwickelten Ländern. Fokus auf ESG-Kriterien. MSCI hat ein eigenes ESG-Research-Team.	
Anzahl der Aktien	373	375
Nachhaltigkeitsansatz	Ausschluss-, Best-in-Class-Verfahren, absolute Selektion. Auswahlverfahren ist streng reguliert. Aktien mit dem höchsten ESG-Rating.	
Ausschluss von …		
Fossile Energie	◨	◨ 1)
Atomkraft	◨	□
Umweltzerstörung	◨	◨
Kontroverse Waffen	■	■
Konventionelle Waffen	◨	◨
Korruption	■	■
Verletzung Arbeits-/Menschenrechte	◨	◨
Strenge der Auswahl	hoch	hoch
Größte Firmen 2) (Anteil im Index in Prozent)	Microsoft (4,6), Procter & Gamble (3,1), Home Depot (2,9), Roche Holding Gen. (2,6), Nvidia (2,4), Walt Disney (2,1), Pepsico (1,9), Tesla (1,7), Salesforce (1,7), ASML Hold. (1,6)	Microsoft (5,1), Procter & Gamble (3,1), Home Depot (2,9), Nvidia (2,5), Walt Disney (2,1), Pepsico (2,0), Tesla (1,7), Salesforce (1,7), ASML Hold. (1,7), SAP (1,6)
Wertentwicklung 3 Jahre	9,78 %	9,41 %
– 5 Jahre	9,19 %	k. A.
– 10 Jahre	k. A.	k. A.
Finanztest-Nachhaltigkeitsbewertung	●●●○○	●●○○○
ETF auf diese Indizes	IE 00B YX2 JD6 9 (iShares)	LU 161 509 221 7 (BNP Easy)

1) Bis 2025 sind Aktien aus den Branchen Kohleförderung und -Stromerzeugung, unkonventionelle Gas- und Ölförderung oder Tabakproduzenten mit Einschränkungen erlaubt, ab 2025 sind sie ganz ausgeschlossen. Sukzessive müssen die Unternehmen die Anteile am Umsatz von derzeit 5 Prozent (fossile Sektoren 10 Prozent) auf null zurückfahren. 2) Die Gewichtung ist bei allen drei Indizes zwar auf 5 Prozent begrenzt, kann aber phasenweise höher sein, wenn die Aktie stark gestiegen ist.

MSCI World SRI 5 % Issuer Capped
387
□
◨
◨
■
◨
■
◨
hoch
Microsoft (5,2), Procter & Gamble (2,9), Home Depot (2,7), Roche Holding Gen. (2,4), Nvidia (2,3), Walt Disney (2,0), Pepsico (1,8), Tesla (1,6), Salesforce (1,6), ASML Hold. (1,5)
8,74 %
8,05 %
10,01 %
●●○○○
LU 062 945 974 3 (UBS), LU 186 113 438 2 (Amundi)

■ = Ja. ◨ = Eingeschränkt. □ = Nein.

Quellen: MSCI, Finanztest 7/2020
Stand 30. Juni 2020

Die Zusammensetzung im Detail

Oberstes Ziel der MSCI World SRI Indizes ist es, Firmen mit negativem Einfluss auf Umwelt und Soziales auszuschließen. Für die drei Testsieger gilt: Kontroverse Waffen wie zum Beispiel Streumunition, Landminen, Waffen mit abgereichertem Uran, biologische und chemische Waffen oder Blendlaser-Waffen sind gänzlich ausgeschlossen. Unternehmen anderer umstrittener Branchen können dagegen mit einem kleinen Anteil im Index enthalten sein. So können Firmen, die im Bereich konventionelle Waffen, Alkohol, Glücksspiel, Pornografie, Atomkraft und Genveränderung aktiv sind, in den Index kommen, wenn die Umsätze in dem genannten Bereich gering sind. Hier gelten meist festgelegte Hürden.

Ein Beispiel: Entfallen bei einem Alkohol- oder konventionellen Waffenhersteller maximal 5 Prozent der Umsätze auf die Herstellung von Alkohol oder konventionelle Waffen und höchstens 15 Prozent der Umsätze auf Herstellung und Vertrieb von Alkohol oder alle mit Waffen verbunden Geschäfte, kann die Aktie in den Index aufgenommen werden.

Anders geregelt ist dies bei Kraftwerkskohlebetreibern und -Produzenten. Der Reduced Fossil Fuels Index ist derzeit der strengste bei fossilen Ausschlüssen, der MSCI SRI in diesem Punkt am wenigsten streng. Der S-Series liegt in der Mitte, wird aber sukzessive strenger. Sein Nachteil: Er ist weniger streng beim Thema Atomkraft.

Branchengewichte: Nachhaltige Indizes versus MSCI World

In den nachhaltigen Indizes sind IT-Unternehmen und Kommunikationsdienstleister weniger stark vertreten als im Mutterindex MSCI World.

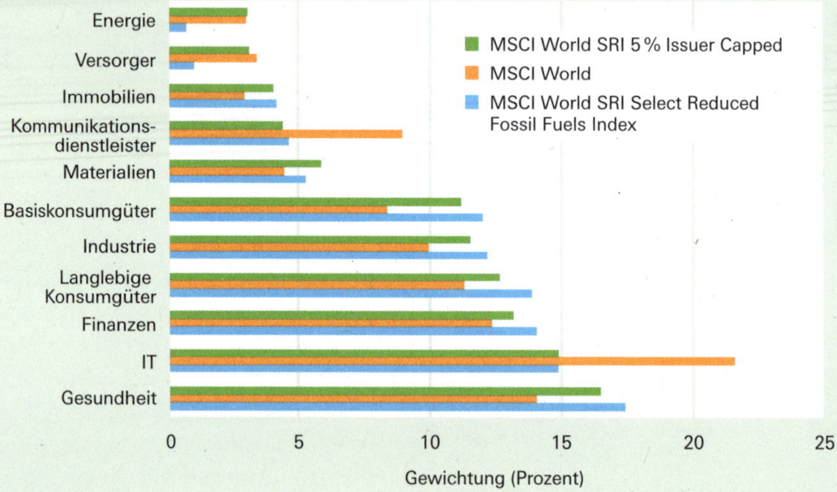

Quelle: MSCI **Stand: 30. Juni 2020**

MSCI überprüft die Zusammensetzung und Gewichtung der Aktien in den SRI Indizes viermal jährlich. Dabei versucht der Indexanbieter in den nachhaltigen Indizes die Gewichtung der Länder und Sektoren des MSCI World grob beizubehalten. Wie das in der Praxis aussieht, zeigen die Grafiken „Branchengewichte: Nachhaltige Indizes versus MSCI World" und „Länderaufteilung MSCI World versus MSCI SRI Indizes".

Zu den größten Werten in den nachhaltigen SRI Indizes von MSCI zählen daher vor allem US-Titel wie die Technologieunternehmen Microsoft, Nvidia und Salesforce, der Konsumgüterhersteller Procter & Gamble, der Heimwerkermarkt Home Depot, der Unterhaltungskonzern Walt Disney, der Getränkehersteller Pepsico und der Autohersteller Tesla. Mit dem niederländischem Litografenhersteller ASML, dem schweizerischen Pharmakonzern Roche und dem deutschen Softwarehaus SAP haben es auch einige europäische Aktien unter die Top 10 geschafft, wobei SAP – anstelle von Roche – nur im MSCI World SRI S-Series Index vertreten ist.

Firmen wie Microsoft oder Walt Disney zählen zu den Klassikern der ESG-Investoren. Microsoft-Gründer Bill Gates hat den Nachhaltigkeitsansatz tief im Unternehmen verwurzelt. So operiert der Softwarekonzern zum Beispiel kohlenstoffneutral, landet aber auch in den Listen bester Arbeitgeber auf den vorderen Plätzen.

Ein anderes Beispiel beim Klima ist Walt Disney, in den Themenparks wurden Solarpanels installiert, es wird Müll reduziert oder Wasser eingespart. Solar ist auch ein großes Thema bei Tesla. Der Konzern gilt nicht nur als Hersteller von Elektroautos als typischer Nachhaltigkeitswert, sondern vor allem auch aufgrund der Solardächer, die

Länderaufteilung MSCI World versus MSCI SRI-Indizes

Typisch für alle MSCI Indizes ist das hohe Gewicht der US-Aktien. Im MSCI World ist es jedoch höher als in den beiden nachhaltigen Indexvarianten.

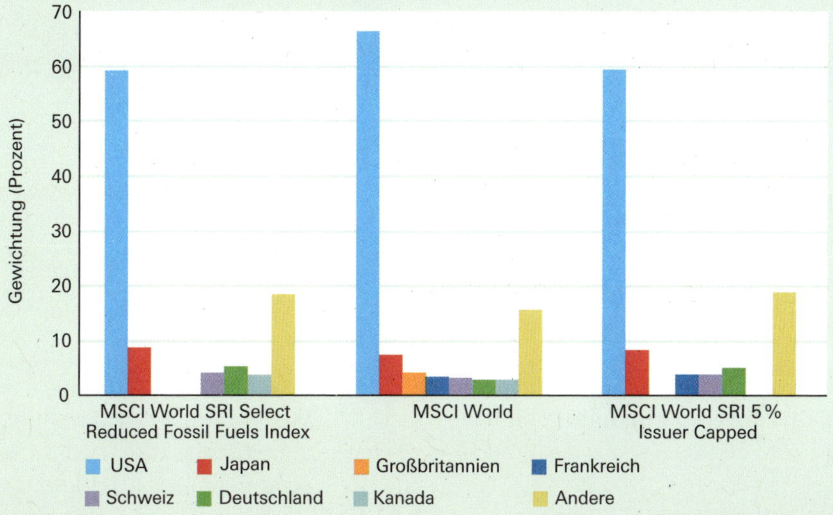

Quelle: MSCI Stand: 30. Juni 2020

das Unternehmen auf Häusern installiert. Doch nicht alle Firmen überzeugen in allen Nachhaltigkeitskriterien. Tesla oder Walt Disney werden häufiger öffentlich kritisiert, es mit der Gesundheit und Sicherheit am Arbeitsplatz nicht immer ganz so genau zu nehmen.

Keine Empfehlung mehr

Investoren, die bereits vor Längerem nachhaltige ETF erworben und möglicherweise den ETF von iShares auf den Dow Jones Sustainability Index im Portfolio haben – es zählte früher zu den Empfehlungen von Finanztest –, sollten bei Neuengagements besser einen ETF auf die in der Tabelle auf Seite 62 genannten Indizes wählen. Denn diese haben in der Nachhaltigkeitsbewertung von Finanztest besser abgeschnitten.

Der Dow Jones Sustainability Index hat in der Nachhaltigkeitsbewertung nur noch einen von fünf Punkten erhalten und überzeugt nicht mehr. Übrigens: Die Bewertungsnoten sind im Hilfeteil in der Tabelle auf S. 171 angegeben.

Für Anleger, die auf das Kleine Tiger-Pantoffel-Portfolio (siehe „Kleiner Tiger-Pantoffel“, S. 81) setzen und dabei nachhaltige Kriterien einfließen lassen wollen, ist der ETF auf den Dow Jones Sustainability Index eine Alternative zu den dort genannten Indizes. Denn er bildet neben den Industrieländern auch Schwellenländer ab. Das hat jedoch seinen Preis. Die Gebühren – sie haben zwar keinen Einfluss auf die Nachhaltigkeitswertung, jedoch auf das Anlageergebnis – sind mit 0,6 Prozent pro Jahr vergleichsweise hoch. Bei den MSCI World SRI Indizes liegen sie im Schnitt bei rund einem viertel Prozent und sind damit ähnlich niedrig wie beim klassischen MSCI World Index, der keine Nachhaltigkeitskriterien berücksichtigt.

Kleine Auswahl für sichere Anlagen

Das Angebot an nachhaltigen Zinsanlagen ist relativ überschaubar. Wir präferieren einfache und praktische Lösungen.

Kein Pantoffel-Portfolio kommt ohne Zinskomponente aus, sie ist die solide Basis. Für diesen Teil des Pantoffel-Portfolios, den Sie sicher anlegen wollen, steht der Kapitalerhalt an erster Stelle. In Zeiten niedriger Zinsen, teilweise sogar Negativzinsen, ist das aber gar nicht so einfach. Im Regelfall wird der sichere Teil des Pantoffel-Portfolios mit Tagesgeld bestückt – und das gibt es auch bei nachhaltigen Banken.

Falls Sie das vorangegangene Kapitel übersprungen haben und gleich beim nachhaltigen Pantoffel-Portfolio gestartet sind, blättern Sie kurz zurück auf S. 40 zu „Tagesgeld und Renten-ETF". Dort wird detailliert erläutert, warum Zinsanlagen auch in Zeiten von Mini- oder Minuszinsen sinnvoll sind, welche Risiken mit Anleihen-ETF verbunden sind und warum Finanztest derzeit vor allem Tagesgeld für den Sicherheitsbaustein des Pantoffel-Portfolios präferiert.

Tagesgeld bei einer Ökobank

Infrage kommen für nachhaltige Anleger besondere Banken wie beispielsweise die GLS Bank, die Umweltbank, die niederländische Triodos Bank oder Kirchenbanken. Nachhaltigkeitsbanken beachten ethische, ökologische und soziale Kriterien im Rahmen ihrer gesamten Geschäftstätigkeit, also von der Geldanlage bis zur Kreditvergabe. Durch die Einlagen der Kunden können die Banken wiederum nachhaltige Projekte finanzieren.

Neben Tagesgeld kann auch ein Teil als Festgeldanlage bei diesen Banken als Teil des Pantoffel-Portfolios geparkt werden.

→ Nicht nur Festgeld

Legen Sie nicht die komplette Summe für den Sicherheitsbaustein in Festgeld an, sondern kombinieren Sie Festgeld und Tagesgeld. Halten Sie dabei den Großteil in Tagesgeld, um möglichst flexibel zu bleiben. Selbst wenn eines Tages Festgeld wieder deutlich höhere Renditen als Tagesgeld verspricht, sollten mindestens 10 Prozent des Gesamtvermögens auf einem Tagesgeldkonto bleiben. So können Sie jederzeit flexibel umschichten, falls das Pantoffel-Depot aus dem Gleichgewicht gerät.

Da sich die Konditionen von Tages- und Festgeldkonten jedoch laufend ändern, sollten Sie die aktuellen Angebote von Zeit zu Zeit überprüfen und darauf achten, dass keine zusätzlichen Gebühren wie zum Beispiel für die Kontoführung anfallen oder gar Negativzinsen berechnet werden.

Wer besonders viel Geld anzulegen hat, sollte im Hinterkopf behalten, dass pro Anleger und Institut 100 000 Euro durch die gesetzliche Einlagensicherung zu 100 Prozent abgedeckt sind; je nach Institut können weitere Einlagensicherungssysteme greifen, wie etwa im Fall der GLS Bank, die als genossenschaftliches Institut der Sicherungseinrichtung des Bundesverbands der Volksbanken und Raiffeisenbanken angeschlossen ist. Höhere Summen teilt man daher sicherheitshalber auf mehrere Institute auf.

Alternative: Anleihen-ETF

Wer statt Tages- oder Festgeld Anleihen-ETF mit Nachhaltigkeitsansatz bevorzugt, findet nur eine magere Auswahl. Viele nachhaltige Anleihen-ETF, die derzeit angeboten werden, umfassen Unternehmensanleihen, sogenannte Corporate Bonds. Teils handelt es sich dabei um Anleihen in Fremdwährung. Zudem sind viele nachhaltige Anleihen-ETF erst wenige Jahre am Markt und/oder weisen nur ein geringes verwaltetes Vermögen auf. Das erhöht das Risiko, dass der ETF vom Markt verschwindet. Um den Sicherheitsbaustein möglichst stabil zu halten, sind für Anleger, die auf ETF setzen wollen, sichere Euro-Anleihen erste Wahl. Denn mit ihnen ist das Risiko von Wechselkursschwankungen ausgeschaltet und das Ausfallrisiko der Schuldner gering. Mit dem wachsenden Interesse an nachhaltigen Anlagen sollte das Angebot in den kommenden Jahren auch in diesem Bereich wachsen.

Eine Kompromisslösung für nachhaltig orientierte Anleger wäre noch ein gewöhnlicher Renten-ETF auf deutsche oder europäische Staatsanleihen. Eine Übersicht über diese ETF finden Sie in der Tabelle „Diese ETF sind 1. Wahl“ ab S. 168. Die festverzinslichen Papiere der europäischen Staaten sind zwar keine Öko-Anleihen, doch die meisten Länder haben klare Klimaschutzziele definiert und machen Fortschritte. Zudem achten die großen europäischen Staaten die Menschenrechte und sind den wichtigsten Konventionen zum Verbot geächteter Waffen beigetreten.

→ Nachhaltig ist einfach

Ein nachhaltiges Pantoffel-Portfolio lässt sich genauso einfach abbilden wie ein gewöhnliches. Zwei Komponenten genügen. Auch die Kombination „Zinsteil herkömmlich, Aktienteil nachhaltig“ ist möglich.

▶ **Die aktuellen Konditionen** und Informationen über die ökologischen und ethischen Grundsätze des Anbieters gibt es für eine geringe Gebühr unter test.de/oekozinsen.

Ergänzungen für erfahrene Anleger

Vielleicht wollen Sie das klassische Pantoffel-Portfolio gern erweitern? Wir zeigen Ihnen die Möglichkeiten – und bewerten, ob sie sich lohnen.

Für die meisten Anleger reicht das Welt-Pantoffel-Portfolio mit einem ETF auf den MSCI World-Index als Renditebaustein und wahlweise Tagesgeld oder einem Renten-ETF als Sicherheitsbaustein völlig aus. Aber es gibt Ergänzungen, die so manchem plausibel erscheinen. Zudem kommen sie dem Wunsch vieler Anleger entgegen, denen ein Portfolio aus zwei Bausteinen fast ein bisschen zu langweilig ist.

Die Änderungen betreffen nicht den Sicherheitsbaustein, sondern ausschließlich den Renditebaustein, sprich den Aktienteil. Ausgangspunkt aller Überlegungen ist die Zusammensetzung des MSCI World. So manchem Anleger erscheint der Anteil der US-Aktien in diesem Welt-Index von mehr als 60 Prozent zu hoch. Sie können diese Quote im Pantoffel-Portfolio reduzieren, indem sie ETF auf andere Indizes ergänzen oder den MSCI World durch andere Börsenbarometer ersetzen.

Zudem möchten Strategiesucher, denen es Spaß macht, sich mit Geldanlage zu be-

Rendite und Risiko aller ausgewogenen Pantoffel

Die Performance der einzelnen Pantoffel-Varianten unterscheidet sich in den kurzfristigen Ergebnissen stärker als im langfristigen Vergleich.

Pantoffel-Portfolio	Durchschnittliche Rendite (% p.a.)								
	1990-1999	2000-2009	2010-2019	über die vergangenen … Jahre					
				30	20	10	5	3	1
Welt-Pantoffel	10,2	0,2	6,7	5,7	3,2	6,0	3,6	3,7	2,0
Nachhaltiger Weltpantoffel	— 1)	— 1)	— 1)	— 1)	— 1)	— 1)	4,2	4,8	3,3
Kleiner Europa-Pantoffel (Welt plus Europa)	10,5	0,4	6,2	5,6	3,1	5,5	3,0	3,1	1,0
Großer Europa-Pantoffel (Nur Europa)	11,1	1,5	4,4	5,1	2,4	3,7	0,7	0,3	−2,9
Kleiner Tiger-Pantoffel (Welt inkl. Schwellenländer)	10,0	0,9	6,3	5,4	3,2	5,5	3,3	3,4	1,6
Großer Tiger-Pantoffel (Welt plus Schwellenländer)	10,5	1,5	6,0	5,8	3,5	5,2	3,1	3,2	1,3
Deutschland-Pantoffel (Welt plus Deutschland)	10,3	0,9	6,2	5,6	3,3	5,6	3,1	3,0	1,5
Rohstoff-Pantoffel (Welt plus Rohstoffe)	9,9	0,9	5,1	5,1	2,4	4,2	1,8	2,2	−1,8
Gold-Pantoffel (Welt plus Gold)	8,7	1,7	6,0	5,5	3,7	5,4	3,8	4,4	4,3

1) Die vorhandene Wertentwicklungshistorie reicht nur für eine Simulation über maximal sieben Jahre.
Stand: 30. Juni 2020 Quelle: Refinitiv, eigene Simulationen

schäftigen, häufig gezielt weitere Akzente setzen. So möchte der eine den Schwellenländeranteil erhöhen, weil er dort langfristige Wachstumschancen sieht, während andere Anleger lieber Deutschland als ihren Heimatmarkt stärker gewichten oder zusätzlich einen Gold-Anteil integrieren wollen. Kein Problem, das Pantoffel-Konzept kann um einen Baustein erweitert werden. Allerdings wird dadurch die Konstruktion des Pantoffel-Portfolios ein wenig komplexer und pflegeintensiver.

Pantoffel-Varianten im Vergleich

Finanztest hat eine Reihe von Varianten analysiert und berechnet, wie sie sich in der Vergangenheit entwickelt hätten, auch im Vergleich zum klassischen Welt-Pantoffel und zum nachhaltigen Pantoffel, die aus nur zwei Komponenten bestehen und in

Wertentwicklung der ausgewogenen Portfolios in 30 Jahren

Ganz langfristig betrachtet bewegen sich die einzelnen Pantoffel-Varianten relativ ähnlich. Einzelne Strategien wie Gold konnten die schwächeren Phasen um die Jahrtausendwende und vor der Finanzkrise 2008/2009 zuletzt wieder gut aufholen. Das Anfangskapital betrug 100 000 Euro.

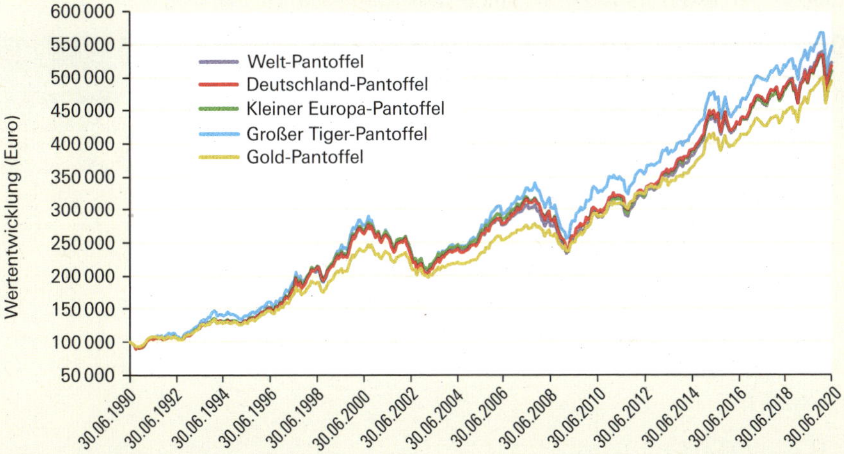

Quellen: Refinitiv, eigene Simulationen **Stand: 30. Juni 2020**

den beiden vorangegangenen Kapiteln detailliert beschrieben sind. Die Ergebnisse der Kombinationen für ausgewogene Pantoffel-Portfolios – also jeweils 50 Prozent Rendite- und Sicherheitsbaustein – sind in der Tabelle links „Rendite und Risiko aller ausgewogenen Pantoffel" dargestellt.

Die durchschnittlichen jährlichen Renditen der untersuchten Varianten unterscheiden sich vor allem bei kürzeren Laufzeiten stark, was auch in den Tabellen zu den jeweiligen Pantoffel-Varianten auf den nachfolgenden Seiten deutlich wird. Bei längerer Anlagedauer haben sich die Renditen der meisten Pantoffel-Modelle dagegen weitgehend angeglichen.

In einem Zeitraum von 30 Jahren hat das Große Tiger-Pantoffel-Portfolio mit 5,8 Prozent jährlicher Rendite zwar die Nase vorn, aber die anderen Pantoffel-Kombinationen waren mit 5,1 bis 5,7 Prozent Rendite nicht weit davon entfernt. Im 20-Jahres-Zeitraum war die Rendite beim Gold-Pantoffel am höchsten (plus 3,7 Prozent), während in der 10-Jahres-Periode der klassische Welt-Pantoffel (plus 6,0 Prozent) vorn lag. Betrachtet man die vergangenen drei Jahre bis Mitte 2020, lag der nachhaltige Welt-Pantoffel mit plus 4,8 Prozent deutlich vor dem Gold-Pantoffel (plus 4,4 Prozent) und dem klassischen Welt-Pantoffel (plus 3,7 Prozent).

Finanztest hat über längere Zeiträume diverse Erweiterungsmöglichkeiten des klassischen Welt-Pantoffel analysiert. Von allen Erweiterungen sehen wir den Rohstoff-Pantoffel kritisch. Die anderen sechs Varianten halten wir für aussichtsreicher und stellen sie in diesem Kapitel näher vor:

- **Großer Tiger-Pantoffel,** der die wichtigsten Schwellenländer-Aktien mit einem ETF auf den MSCI Emerging Markets (EM) einbezieht,

Das wurde aus 100 000 Euro in 30 Jahren

Die Ergebnisse einer Einmalanlage von 100 000 Euro nach 30 Jahren sind in den offensiven Varianten am höchsten. Das gilt auch für die schlechteste Jahresrendite.

Pantoffel-Portfolio	Durchschnittliche Rendite (% p.a.)	Endvermögen (Euro)	Schlechteste Jahresrendite (%)	Umschichtungen
Tagesgeld	3,0	241 541	0,0	0
Welt-Pantoffel				
Defensiv	4,4	360 284	−7,6	4
Ausgewogen	5,7	521 734	−19,3	9
Offensiv	6,4	634 981	−28,9	3
Großer Europa-Pantoffel (nur Europa)				
Defensiv	4,0	322 461	−9,5	2
Ausgewogen	5,1	449 700	−20,6	6
Offensiv	6,1	587 163	−32,0	5
Kleiner Europa-Pantoffel (Welt plus Europa)				
Defensiv	4,4	362 778	−6,9	5
Ausgewogen	5,6	508 904	−19,5	8
Offensiv	6,3	623 112	−30,9	3
Großer Tiger-Pantoffel (Welt plus Schwellenländer)				
Defensiv	4,4	368 026	−7,3	7
Ausgewogen	5,8	545 011	−19,1	11
Offensiv	6,7	699 924	−30,4	8
Kleiner Tiger-Pantoffel (Welt inkl. Schwellenländer)				
Defensiv	4,3	357 984	−7,2	4
Ausgewogen	5,4	487 825	−19,0	6
Offensiv	6,3	619 228	−30,1	3
Deutschland-Pantoffel (Welt plus Deutschland)				
Defensiv	4,3	350 379	−8,4	5
Ausgewogen	5,6	516 155	−21,6	9
Offensiv	6,2	612 888	−31,7	3
Gold-Pantoffel (Welt plus Gold)				
Defensiv	4,2	345 931	−6,5	6
Ausgewogen	5,5	493 147	−16,4	8
Offensiv	6,4	643 096	−24,7	7

Stand: 30. Juni 2020, Quelle: Refinitiv, eigene Simulationen

Wertentwicklung der Rendite-Bausteine über 30 Jahre

Die Übersicht zeigt, wie extrem unterschiedlich sich phasenweise ETF auf die verschiedenen Aktienmärkte beziehungsweise Rohstoff-ETF und Gold-ETC in den vergangenen Jahrzehnten entwickelt haben. Rohstoff-ETF bildeten dabei klar das Schlusslicht.

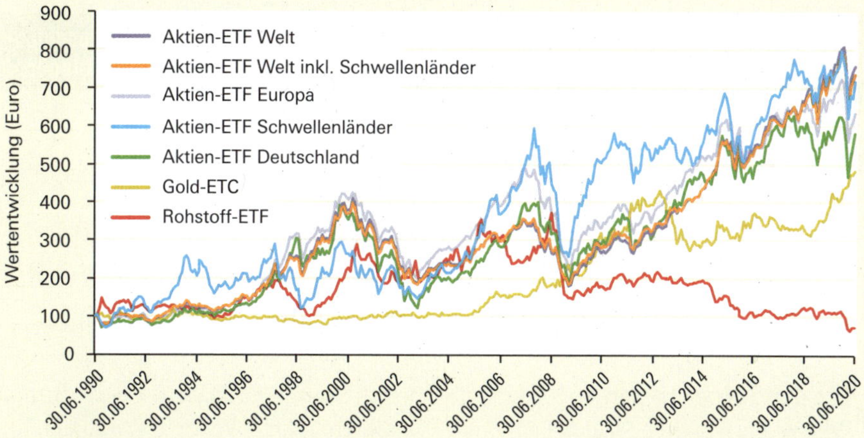

Quellen: Refinitv **Zeitraum 30.06.1990 bis 30.06.2020**

- **Kleiner Tiger-Pantoffel,** der einem Index folgt, der sowohl Industrie- als auch Schwellenländeraktien listet,
- **Kleiner Europa-Pantoffel,** der das Gewicht europäischer Aktien im Vergleich zu US-amerikanischen Aktien erhöht,
- **Großer Europa-Pantoffel,** bei dem nur noch europäische und keine internationalen Aktien ins Depot kommen,
- **Deutschland-Pantoffel,** der den Anteil deutscher Aktien erhöht,
- **Gold-Pantoffel,** bei dem das Edelmetall ins Portfolio aufgenommen wird.

Aus der Tabelle „Das wurde aus 100 000 Euro in 30 Jahren" ersehen Sie, was die unterschiedlichen Pantoffel-Varianten bei ausgewogener, defensiver und offensiver Ausrichtung an Rendite in Prozent sowie in Euro erwirtschaftet haben. Die Ergebnisse zeigen deutlich, dass sich die Renditen und Endvermögen der untersuchten Pantoffel-Modelle langfristig relativ wenig voneinander unterscheiden. Und dass die Endvermögen mit dem Risikograd gewachsen sind – eine Bestätigung der wissenschaftlichen Erkenntnis, dass eine höhere langfristige Rendite in der Regel mit einem größeren Risiko erkauft werden muss.

Das bestätigt im Großen und Ganzen auch der Chart auf S. 71, der die Wertentwicklung aller von Finanztest analysierten ausgewogenen Pantoffel-Portfolios in den 30 Jahren bis Ende Juni 2020 abbildet, und zwar nicht pro Jahr, sondern kumuliert. Die Grafik „Wertentwicklung der Renditebausteine" oben zeigt, wie sich ETF auf Aktien sowie Rohstoffe und Gold-ETC entwickelt haben. Der Goldpreis lief jahrzehntelang seitwärts, bevor er ordentlich zulegte. Rohstoffe gemischt enttäuschten hingegen über die vergangenen zehn Jahre.

Großer Tiger-Pantoffel – Schwellenländer ins Depot

Der MSCI World Index enthält nicht die ganze Börsenwelt, bedeutende Schwellenländer wie China fehlen. Mit einem ETF auf einen Emerging-Markets-Index lässt sich die Lücke schließen.

In den 1980er-Jahren verzeichneten die vier asiatischen Staaten Südkorea, Taiwan, Hongkong und Singapur ein überaus starkes Wirtschaftswachstum. Konjunkturforscher sahen sie deshalb „auf dem Sprung", mit ihrer Wirtschaftskraft rasch zu den Industrienationen aufzuschließen. Große Sprünge – das verbanden Experten mit den weiten Sätzen von Tigern –, und der Begriff Tigerstaaten für die vier Länder war geboren. Nach und nach starteten weitere Schwellenländer – englisch Emerging Markets – eine wirtschaftliche Aufholjagd. Zunächst zählten dazu vor allem asiatische, später dann auch lateinamerikanische, afrikanische und osteuropäische Länder. Auch auf sie wurde der Begriff „Tiger" übertragen, sodass er zu einem Synonym für Schwellenländer generell wurde, also für Länder, die an der Schwelle zum Industriestaat stehen und diese Grenze mit großen Sprüngen zu überwinden versuchen.

Deswegen hat Finanztest Pantoffel-Portfolios konstruiert, die auch ETF von Schwellenländer-Aktien enthalten, und sie Tiger-Pantoffel genannt. Unterteilt werden sie in den Großen Tiger-Pantoffel, den wir Ihnen in diesem Kapitel vorstellen, und den Kleinen Tiger-Pantoffel, über den wir Sie im nächsten Kapitel informieren.

Beim Großen Tiger-Pantoffel wird der Aktienanteil auf zwei ETF statt nur auf einen verteilt: 80 Prozent werden in einen ETF auf den MSCI World investiert, also in die wichtigsten Aktien der Industriestaaten, und 20 Prozent in einen ETF auf den breit gestreuten Schwellenländer-Index MSCI Emerging Markets.

Die Wertentwicklung von Welt-Pantoffel und Großem Tiger-Pantoffel ist relativ ähnlich verlaufen (siehe Tabellen „Welt-Pantoffel", S. 45, sowie „Kleiner und Großer Tiger-Pantoffel im Vergleich"). In der langfristigen Betrachtung seit Juni 1990 hat der MSCI Emerging Markets Index pro Jahr im Durchschnitt 6,8 Prozent Rendite erzielt, der MSCI World Index 6,9 Prozent (per Ende Juni 2020). Von Mitte 2000 bis Mitte 2010 lief der MSCI Emerging Markets Index mit 6,7 Prozent Rendite pro Jahr besser als der MSCI World mit –3,4 Prozent. Im Jahrzehnt davor und insbesondere im Jahrzehnt da-

Kleiner und Großer Tiger-Pantoffel im Vergleich

Die Performance ist, je nach Betrachtungszeitraum, mal beim Kleinen, mal beim Großen Tiger besser. Zuletzt verbuchte der Kleine Tiger-Pantoffel bessere Ergebnisse.

Pantoffel-Portfolio	Durchschnittliche Rendite (% p.a.)									Schlechteste Jahresrendite (%)[1]	Längste Verlustdauer, Monate
	1990-1999	2000-2009	2010-2019	über die vergangenen … Jahre							
				30	20	10	5	3	1		
Kleiner Tiger-Pantoffel (Welt inklusive Emerging Markets)											
Defensiv	7,9	2,0	3,5	4,3	2,6	3,2	1,7	1,7	0,8	−7,2	57
Ausgewogen	10,0	0,9	6,3	5,4	3,2	5,5	3,3	3,4	1,6	−19,0	73
Offensiv	11,8	−1,0	9,1	6,3	3,7	8,0	4,8	5,0	2,5	−30,1	80
Aktien-ETF[2]	12,7	−3,2	11,5	6,9	3,5	10,1	6,3	6,6	3,3	−39,3	157
Großer Tiger-Pantoffel (Welt plus Emerging Markets)											
Defensiv	8,2	2,4	3,4	4,4	2,7	3,0	1,6	1,6	0,7	−7,3	56
Ausgewogen	10,5	1,5	6,0	5,8	3,5	5,2	3,1	3,2	1,3	−19,1	62
Offensiv	11,7	0,1	8,7	6,7	4,0	7,6	4,5	4,7	2,0	−30,4	76
Aktien-ETF[3]	13,7	−1,7	11,2	7,3	4,0	9,8	5,9	6,2	2,7	−40,9	80

1) Bezieht sich auf 30-Jahres-Zeitraum. 2) 100 % MSCI ACWI. 3) 80 % Aktien Welt, 20 % Aktien Schwellenländer
Stand: 30. Juni 2020, Quelle: Refinitiv, eigene Simulationen

nach schnitt der Schwellenländerindex jedoch schlechter ab als der Weltaktienindex.

Das lag zum Teil daran, dass die Rohstoffpreise in den Jahren nach der Finanzkrise im Durchschnitt stark gefallen sind, vor allem für Öl und Industriemetalle. Die Schwellenländer haben zwar ihre Abhängigkeit von den Rohstoffmärkten abgebaut – aber für viele Unternehmen spielen sie immer noch eine wichtige Rolle.

Die Länder im MSCI Emerging Markets

Der MSCI Emerging Markets Index bildet die Entwicklung der wichtigsten Aktien der Schwellenländer nach. Er enthält fast 1400 Aktien großer und mittelgroßer Unternehmen aus 26 Staaten (Ende Juni 2020). Gestartet hatte der Finanzdienstleister Morgan Stanley Capital International den Index 1988 mit zehn Ländern, 1994 kam Indien hinzu, das Land mit der zweitgrößten Bevölkerung, 1996 der volkreichste Staat China. Beide Länder zusammen wiesen 2019 mit zusammen 2,8 Milliarden mehr als 36 Prozent der gesamten Weltbevölkerung von 7,7 Milliarden auf.

Ebenso wie für den Industriestaaten-Index MSCI World müssen sich Staaten für die Aufnahme in den MSCI Emerging Markets qualifizieren. Dafür müssen sie mehrere genau festgelegte Kriterien in puncto

Die Großen Tiger-Pantoffel

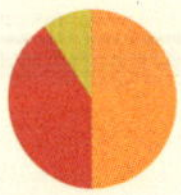

Ausgewogener Großer Tiger-Pantoffel
Stabilitätsbaustein: 50 Prozent Tagesgeld
Renditebaustein: 40 Prozent Aktien-ETF Welt
10 Prozent Aktien-ETF Schwellenländer

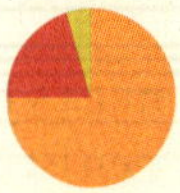

Defensiver Großer Tiger-Pantoffel
Stabilitätsbaustein: 75 Prozent Tagesgeld
Renditebaustein: 20 Prozent Aktien-ETF Welt
5 Prozent Aktien-ETF Schwellenländer

Offensiver Großer Tiger-Pantoffel
Stabilitätsbaustein: 25 Prozent Tagesgeld
Renditebaustein 60 Prozent Aktien-ETF Welt
15 Prozent Aktien-ETF Schwellenländer

Die Kleinen Tiger-Pantoffel

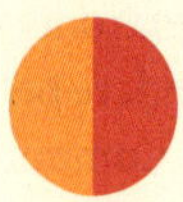

Ausgewogener Kleiner Tiger-Pantoffel
Stabilitätsbaustein: 50 Prozent Tagesgeld
Renditebaustein: 50 Prozent Aktien-ETF Welt mit Schwellenländern

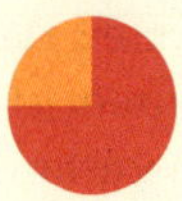

Defensiver Kleiner Tiger-Pantoffel
Stabilitätsbaustein: 75 Prozent Tagesgeld
Renditebaustein: 25 Prozent Aktien-ETF Welt mit Schwellenländern

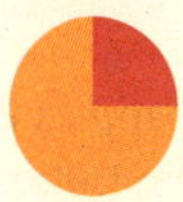

Offensiver Kleiner Tiger-Pantoffel
Stabilitätsbaustein: 25 Prozent Tagesgeld
Renditebaustein: 75 Prozent Aktien-ETF Welt mit Schwellenländern

wirtschaftlicher Entwicklung, Größe und Liquidität des Aktienmarkts und Zugangsmöglichkeiten für internationale Anleger erfüllen.

Zuwachs an Staaten bekommt der MSCI Emerging Markets Index regelmäßig vor allem aus dem MSCI Frontier-Markets Index, in dem Staaten wie Kroatien, Vietnam und Nigeria enthalten sind, die in der Wirtschafts- und Kapitalmarktentwicklung hinter den Schwellenländern liegen und erst nach und nach die Aufnahmekriterien erfüllen.

→ China dominiert

Das größte Gewicht im MSCI Emerging Markets hat mit weitem Abstand China. Ende Juni 2020 betrug der Indexanteil des Riesenreichs fast 41 Prozent. Dahinter rangieren Taiwan und Südkorea mit jeweils rund 12 Prozent und Indien mit 8 Prozent. Das bedeutendste Index-Mitgliedsland, das nicht aus Asien kommt, ist Brasilien mit rund 5 Prozent Anteil. Dass der

Schwerpunkt des MSCI Emerging Markets eindeutig in Asien liegt, ist der Größe der dortigen Aktienmärkte und ihrer dynamischen Entwicklung der letzten Jahrzehnte zuzuschreiben. Trotz der stark gestiegenen Bedeutung der Schwellenländer für die Weltwirtschaft beträgt allerdings der Börsenwert des MSCI Emerging Markets mit 5,8 Billionen Dollar (Ende Juni 2020) lediglich knapp 14 Prozent des Börsenwerts des MSCI World.

Die Schwergewichte im Index

Die Bedeutung Asiens spiegelt sich auch in der Rangliste der Aktien wider, die im MSCI Emerging Markets das höchste Indexgewicht aufweisen und seine Entwicklung damit maßgeblich mitbestimmen.

1. **Alibaba-Group** mit 7,0 Prozent Anteil. Das Unternehmen mit dem Namen aus Tausendundeiner Nacht ist der mit Abstand größte Online-Händler Chinas und wird deshalb auch als „Amazon Asiens" bezeichnet. Neben der Handelsplattform alibaba.com hat der Konzern zahlreiche weitere Aktivitäten aufgebaut.
2. **Tencent** mit 6,4 Prozent Anteil. Das chinesische Unternehmen gilt als größtes Soziales Netzwerk und Internetportal Asiens und ist auch in vielen anderen Bereichen tätig, insbesondere im Online-Spielesektor.
3. **Taiwan Semiconductors** mit 4,5 Prozent Anteil. Das Unternehmen ist der drittgrößte Halbleiterproduzent der Welt und Marktführer bei der Auftragsfertigung von Chips für andere Firmen wie beispielsweise Apple.
4. **Samsung Electronics** mit 3,6 Prozent Anteil. Das südkoreanische Unternehmen hat sich als einer der weltgrößten Hersteller in mehreren Elektronik-Bereichen etabliert, insbesondere bei Smartphones, TV-Geräten, Computern und Halbleitern.
5. **Naspers** mit 1,4 Prozent Anteil. Der südafrikanische Medienkonzern ist das größte nicht-asiatische Unternehmen im Index. Er ist vor allem im Print- und TV-Bereich weltweit tätig.
6. **Meituan Dianping** mit knapp 1,4 Prozent Anteil. Der chinesische Lieferdienst für Lebensmittel und andere Güter und Dienstleistungen, dessen Aktien erst seit 2018 an der Hongkonger Börse gehandelt werden, gilt als Weltmarktführer. Das Unternehmen arbeitet mit Hunderttausenden lokaler Anbieter zusammen und setzt für die Logistik sehr stark Künstliche Intelligenz ein.

Die vier Aktien mit dem größten Index-Anteil machen also über ein Fünftel des gesamten MSCI Emerging Markets-Börsenwerts aus. Und alle vier sind Anteilsscheine von Hightech-Unternehmen, die zu den

Die Länder im MSCI Emerging Markets (EM)

Im MSCI Emerging Markets sind 26 Länder enthalten. Der Schwerpunkt liegt mit über 75 Prozent eindeutig in Asien, während etwa Südamerika und Afrika nur ein sehr geringes Gewicht haben.

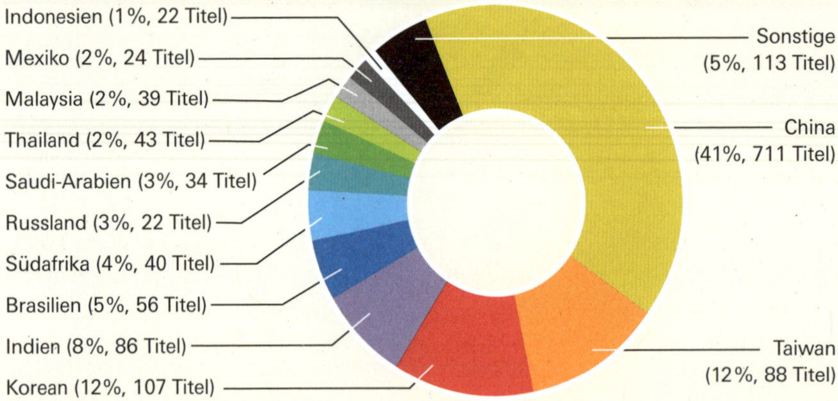

Quelle: Rimes — Stand: 30. Juni 2020

führenden Weltkonzernen in ihrem Bereich zählen. In der Branchenaufteilung nehmen IT und Kommunikation den dritten und vierten Rang ein, an der Spitze liegt der Finanzsektor (siehe Grafik „Die Branchen im MSCI Emerging Markets").

Die starke Abhängigkeit von den Rohstoffmärkten, die lange Zeit die Entwicklung der Schwellenländer geprägt hatte, ist einer deutlich breiteren und zukunftsträchtigeren Branchenstruktur gewichen, mit dem stärksten Wachstum im Hightech-Bereich und bei Dienstleistungen. Das sind zunächst gute Voraussetzungen dafür, dass die Volkswirtschaften der Schwellenländer auch künftig ein hohes Wachstumstempo aufweisen werden – und damit hoffentlich auch die Aktienmärkte.

Ein weiterer Grund, den MSCI Emerging Markets beizumischen liegt daran, dass dieser sich nicht im Gleichklang mit dem MSCI World, dem Aktienindex entwickelter Märkte bewegt. Warum ist das wichtig? Weil die Beimischung einer Aktiengruppe, die nicht stark mit dem MSCI World korreliert, das Risiko des Gesamtportfolios verringert. Und das ist bei Schwellenländer-Aktien der Fall. Allerdings weist der MSCI Emerging Markets für sich allein betrachtet eine höhere Schwankungsbreite (Volatilität) auf als der MSCI World, ist also risikobehafteter.

Abhängig von der Weltkonjunktur

Der Rückgang der Rohstoffpreise in den vergangenen zehn Jahren hängt eng mit der Entwicklung der Weltwirtschaft zusammen. Das Wachstumstempo war deutlich niedriger als vor der Finanzkrise. Schwellenländer sind jedoch als Zulieferer, Anbieter von Roh- und Grundstoffen sowie von preiswerten Konsumgütern stärker von der Weltkonjunktur abhängig als die Industrienationen. Das gilt im Abschwung ebenso wie im Aufschwung.

Eine Wiederbelebung der Weltwirtschaft würde nach den Erfahrungen der Vergangenheit demnach die Emerging Markets überdurchschnittlich begünstigen. Das zeig-

Die Branchen im MSCI Emerging Markets (EM)

Im MSCI Emerging Markets Index sind die Finanzen, langlebige Konsumgüter und Kommunikation stärker vertreten als im MSCI World, Gesundheit und IT etwas weniger.

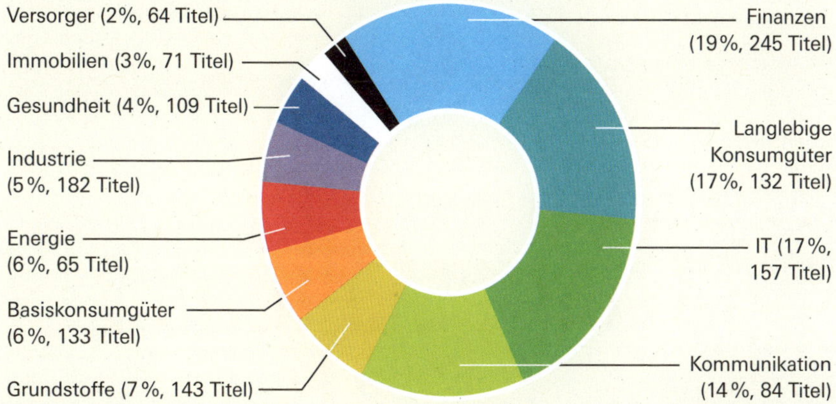

Quelle: Rimes

Stand: 30. Juni 2020

te sich besonders eindrucksvoll 2009, als die Weltbörsen nach der Finanzkrise 2008/2009 ihre Kurserholung starteten. Der MSCI Emerging Markets legte damals um rund 78 Prozent zu und damit über 2,5-mal so stark wie der MSCI World, der immerhin fast 30 Prozent Gewinn verbuchte (siehe Grafik „Starke Unterschiede", S. 80).

Politische Risiken wiegen schwer

Schwellenländer-Aktien sind nicht nur wegen ihrer Konjunkturabhängigkeit, sondern auch aufgrund politischer Einflüsse riskanter als Aktien aus den Industriestaaten. Politische Entscheidungen beeinflussen in manchen Ländern die Entwicklung der Unternehmen besonders stark. Zudem sind Schwellenländer wie China oder Russland häufig in Handelskonflikte verwickelt. Zollerhöhungen und Sanktionen können Staaten und Unternehmen treffen – und auch wieder aufgehoben werden.

Derartige politische Entscheidungen können die wirtschaftlichen Aussichten schlagartig verändern, negativ wie positiv. Die breite Streuung über 26 verschiedene Länder hinweg reduziert zwar das Risiko im Vergleich zu den Aktienmärkten der einzelnen Länder, dennoch ist die politische Unsicherheit ein Faktor, den insbesondere vorsichtige Anleger nicht aus den Augen verlieren sollten. Allerdings gilt, dass an den Aktienmärkten ein kurzfristig höheres Risiko langfristig belohnt wird – in Form höherer Renditen.

Die Grafik „Starke Unterschiede" zeigt, dass die Jahresperformance, also Kursgewinne plus wiederangelegte Dividenden, zum einen beim MSCI Emerging Markets stärker schwankt als beim MSCI World und zum anderen in den Jahren ab 2011 überwiegend niedriger ausgefallen ist als beim Index der Industriestaaten.

Alternative FTSE Emerging Index

Es muss nicht unbedingt der MSCI Emerging Markets Index sein, um an der Wertentwicklung der wichtigsten Schwellen-

Starke Unterschiede zwischen Schwellen- und Industrieländern

Erhebliche Unterschiede prägen die Renditeentwicklung von MSCI World und MSCI Emerging Markets. Der MSCI World hatte in der Mehrzahl der Jahre die Nase vorn; aber die ganz großen Jahresgewinne verbuchte der MSCI Emerging Markets – vor allem in den Jahren 1993 mit über 87 Prozent gegenüber 32 Prozent, 1999 mit 95 Prozent gegenüber 47 Prozent und 2009 mit 74 Prozent gegenüber 27 Prozent.

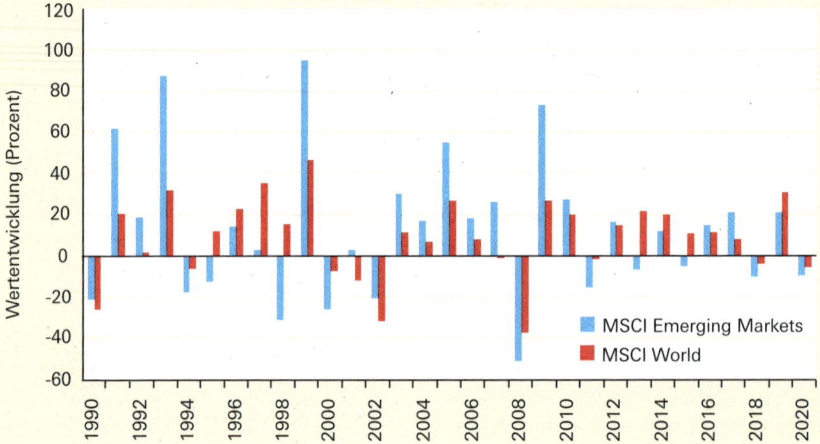

Quelle: Refinitiv, eigene Berechnungen

Stand: 30. Juni 2020

länder-Aktien teilzuhaben. Eine Alternative ist der FTSE Emerging Index. Vor allem Vanguard, einer der weltgrößten Indexfonds-Anbieter, verwendet ihn. FTSE ist ein britischer Indexanbieter im Besitz der Londoner Börse. Mit über 1750 Aktien beinhaltet der FTSE Emerging Index noch mehr Schwellenländer Aktien als sein MSCI-Pendant.

Der größte Unterschied liegt darin, dass der FTSE Emerging Index einen höheren China-Anteil aufweist, weil er auch sogenannte A-Aktien berücksichtigt, die lange Zeit nur von Chinesen gekauft werden durften. Dadurch liegt das China-Gewicht mit fast 45 Prozent (Ende Juni 2020) um rund vier Prozentpunkte höher als beim MSCI Emerging Markets.

Außerdem zählt der Indexanbieter Südkorea und Polen nicht mehr zu den Schwellenländern, sondern zu den Industrienationen. Deren Aktien tauchen deshalb im FTSE Emerging nicht auf, es fehlen damit Titel wie Samsung Electronics und Hyundai Motors. Die Wertentwicklung verlief in den vergangenen Jahren dennoch ähnlich derjenigen des MSCI Emerging Market.

▶ **Für den Großen Tiger-Pantoffel** kommen die ETF infrage, die von Finanztest mit 1. Wahl bewertet werden. Beim MSCI World sind es die gleichen wie beim klassischen Welt-Pantoffel-Portfolio, die Sie in der Tabelle „Diese ETF sind erste Wahl" ab S. 168 finden. Beim MSCI Emerging Markets und beim FTSE Emerging haben ebenfalls mehrere ETF das Prädikat 1. Wahl. Diese finden Sie in der Tabelle direkt im Anschluss an die oben genannten ETF.

Kleiner Tiger-Pantoffel – die ganze Welt in einem ETF

Die wichtigsten Aktien der Industriestaaten und der Schwellenländer in einem ETF? Das lässt sich machen: mit einem Index, der mehr als 3000 Aktien aus rund 50 Ländern umfasst.

Die einfachste Möglichkeit, Aktien von Schwellenländern in das Pantoffel-Portfolio zu integrieren, ist der Kleine Tiger-Pantoffel. Er besteht, anders als der Große Tiger-Pantoffel, nur aus einem Aktien-ETF, etwa auf den MSCI All Country World Index (MSCI ACWI). Er ersetzt den MSCI World Index. Beim Stabilitätsanker bleibt alles wie gehabt, er besteht aus einem Tagesgeldkonto (eventuell ergänzt um ein Festgeldkonto) oder einem Renten-ETF.

Was aber unterscheidet den MSCI ACWI von einer Kombination aus MSCI World und MSCI Emerging Markets, den Kleinen also vom Großen Tiger-Pantoffel? Der Anteil der Schwellenländer-Aktien am Renditebaustein ist mit rund 12 Prozent lediglich gut halb so hoch.

Der „wahre" Weltindex

Für vorsichtige Anleger kann das ein guter Kompromiss sein, weil das höhere Risiko, das von Emerging Markets ausgeht und sich in heftigeren Kursausschlägen (einer höheren Volatilität) zeigt, nicht so stark zur Geltung kommt. Damit können aber langfristig auch die Ertragschancen geringer ausfallen als beim Großen Tiger-Pantoffel.

Insgesamt ist der MSCI ACWI breiter aufgestellt als der MSCI World, enthält er doch fast 3000 Aktien aus 49 Ländern (Stand: Ende Juni 2020) und ist, weil alle wichtigen Aktienmärkte und Aktien der Welt vertreten sind, ein wirklich globaler Index. Manche nennen ihn deshalb auch den wahren Weltindex.

US-Aktien weniger stark gewichtet

Der zwölfprozentige Anteil der Schwellenländer-Aktien geht größtenteils zu Lasten der USA, deren Gewicht mit 57,5 Prozent im Vergleich zum MSCI World um rund acht Prozentpunkte niedriger liegen. Platz zwei hält Japan mit 7,0 Prozent, gefolgt von China mit 5,0 Prozent und Großbritannien mit 3,9 Prozent. Der Deutschland-Anteil beträgt rund 2,5 Prozent und liegt damit noch hinter Frankreich, Kanada und der Schweiz.

Von den zehn Aktien mit dem höchsten Indexgewicht entsprechen acht denen des MSCI World. Die einzigen Ausnahmen in den Top-Ten, die nicht aus den USA kommen,

Länderaufteilung MSCI ACWI

Die USA sind im MSCI ACWI nicht ganz so stark vertreten wie im MSCI World. Die meisten Schwellenländer verbergen sich unter „Sonstige". Ihr Anteil beträgt insgesamt 12 Prozent.

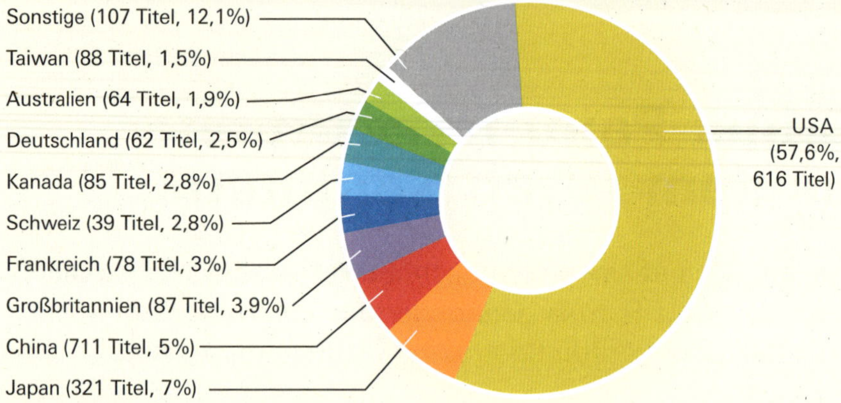

Quelle: Rimes   Stand: 30. Juni 2020

sind die chinesischen Internet-Konzerne Alibaba und Tencent. Bei den Branchen steht die Informationstechnologie mit rund 21 Prozent an erster Stelle, gefolgt von Finanzinstituten und dem Gesundheitswesen mit jeweils rund 13 Prozent.

Wie sieht es mit der Rendite aus?

Bei den Rendite- und Risiko-Kennziffern schneidet der MSCI ACWI in den meisten Perioden etwas schlechter ab als der MSCI World. Was die Rendite betrifft, ist das mit der schwächeren Entwicklung der Schwellenländer-Aktien im vorigen Jahrzehnt zu erklären. Im Zehnjahresvergleich zum 30. Juni 2020 brachte der MSCI ACWI im Durchschnitt 10,7 Prozent Ertrag pro Jahr, der MSCI World 11,5 Prozent.

In den vergangenen fünf Jahren war der Abstand geringer: Der MSCI ACWI erzielte 6,9 Prozent pro Jahr, der MSCI World 7,3 Prozent. Die Kursschwankungen waren bei beiden Indizes die meiste Zeit ähnlich. Zahlen zur Wertentwicklung des Kleinen Tiger-Pantoffel-Portfolios finden Sie auch in der Übersichtstabelle auf S. 72 sowie in der Tabelle „Kleiner und Großer Tiger-Pantoffel im Vergleich" auf S. 75.

Alternative FTSE All World Index

Auch für den MSCI ACWI gibt es eine Alternative, den FTSE All World. Er umfasst knapp 4 000 Aktien. Der Anteil der USA beträgt 56 Prozent, der Deutschlands 2,6 Prozent. Beide Indizes, MSCI ACWI und FTSE All World, laufen sehr ähnlich zu einander.

▶ **Für den Kleinen Tiger-Pantoffel kommen alle ETF auf den MSCI All Country World Index und den FTSE All World Index infrage, die von Finanztest als 1. Wahl bewertet werden. Sie finden sie in der Tabelle „Diese ETF sind 1. Wahl" ab S. 168.**

Europa-Pantoffel: Aktien aus dem Alten Kontinent

Mit einem ETF auf einen breit gestreuten europäischen Aktienindex können Sie Europa gegenüber den USA mehr Gewicht verschaffen oder ganz auf den „Alten Kontinent“ setzen.

Europa stellt zwar mit 15 Staaten die meisten der 23 Länder des MSCI World Index – aber das Börsengewicht seiner Aktien beträgt in besagtem globalen Börsenbarometer gerade einmal rund 20 Prozent. Anlegern, denen das im Vergleich zu Nordamerika (USA plus Kanada) mit mehr als 70 Prozent Indexgewicht zu niedrig vorkommt, können den Anteil ihres Heimatkontinents am Pantoffel-Portfolio erhöhen und statt eines Welt- ein Europa-Pantoffel-Portfolio konstruieren. Dafür gibt es zwei Möglichkeiten:

In der ersten Variante, dem Kleinen Europa-Pantoffel, wird der Anteil des MSCI World-ETF am gesamten Pantoffel-Portfolio um ein Fünftel reduziert. An dessen Stelle wird zusätzlich ein ETF auf einen breiten gesamteuropäischen Aktienindex aufgenommen. Die ETF bilden alternativ den MSCI Europe Index oder den Stoxx Europe 600 Index nach.

In der zweiten Variante, dem Großen Europa-Pantoffel, wird der MSCI World Index komplett durch einen Europa-Index ersetzt.

Die Portfolio-Aufteilung im Kleinen Europa-Pantoffel sehen Sie in der Grafik „Die Kleinen Europa-Pantoffel“ auf S. 84. Beim Kleinen Europa-Pantoffel sollten Sie, wie übrigens bei allen Pantoffeln mit drei Bausteinen, aus Kostengründen mit einer höheren Anlagesumme planen als bei Varianten mit zwei Bausteinen. Für den ausgewogenen Pantoffel brauchen Sie für die Einmalanlage mindestens 20 000 Euro. Sonst steigt die Kostenbelastung zu stark, da das Umschichten kleiner Beträge wegen der Mindestgebühren bei Orders teuer kommt.

Lösungen für defensive Pantoffel

Der defensive Kleine Europa-Pantoffel ist nach unserer Einschätzung bei Vermögen ab 40 000 Euro kostengünstig umsetzbar. Ein 5-Prozent-Anteil für ETF ist bei kleineren Anlagebeträgen in der Regel zu gering, um akzeptable Ordergrößen zu erreichen.

Auch Sparplaninvestoren bräuchten eine hohe monatliche Gesamtrate von mindestens 500 Euro, um einen defensiven Kleinen Europa-Pantoffel umzusetzen, denn die Mindestraten betragen bei guten Online-

Die Kleinen Europa-Pantoffel

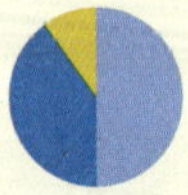

Ausgewogener Europa-Pantoffel
Stabilitätsbaustein: 50 Prozent Tagesgeld
Renditebaustein: 40 Prozent Aktien-ETF Welt
10 Prozent Aktien-ETF Europa

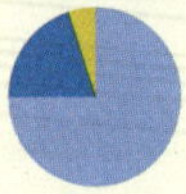

Defensiver Europa-Pantoffel
Stabilitätsbaustein: 75 Prozent Tagesgeld
Renditebaustein: 20 Prozent Aktien-ETF Welt
5 Prozent Aktien-ETF Europa

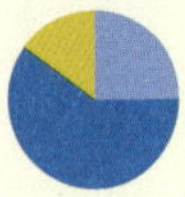

Offensiver Europa-Pantoffel
Stabilitätsbaustein: 25 Prozent Tagesgeld
Renditebaustein: 60 Prozent Aktien-ETF Welt
15 Prozent Aktien-ETF Europa

Die Großen Europa-Pantoffel

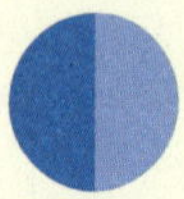

Ausgewogener Europa-Pantoffel
Stabilitätsbaustein: 50 Prozent Tagesgeld
Renditebaustein: 50 Prozent Aktien-ETF Europa

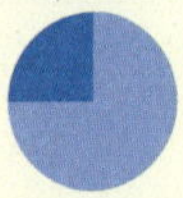

Defensiver Europa-Pantoffel
Stabilitätsbaustein: 75 Prozent Tagesgeld
Renditebaustein: 25 Prozent Aktien-ETF Europa

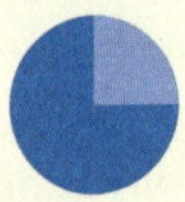

Offensiver Europa-Pantoffel
Stabilitätsbaustein: 25 Prozent Tagesgeld
Renditebaustein: 75 Prozent Aktien-ETF Europa

Anbietern meist 25 Euro pro Monat. Mit einem Trick lässt sich das Ganze jedoch auch mit kleineren Beträgen bewerkstelligen: Indem man nur alle paar Monate eine Rate in den kleinsten Baustein lenkt.

Indexvariante 1: Der MSCI Europe

Der MSCI Europe enthält rund 440 Aktien der 15 Industrieländer, die auch im MSCI World vertreten sind. Osteuropäische Schwellenländer wie Polen und Tschechien sind damit also ebenso wenig vertreten wie Rumänien, Kroatien oder Slowenien. Das größte Gewicht im MSCI Europe weisen britische Unternehmen auf, gefolgt von Frankreich, der Schweiz und Deutschland (siehe Grafik „Die Länder im MSCI Europe“, S. 87). Die Aktien dieser vier Länder machen mehr als 70 Prozent des Börsenwerts des MSCI Europe von gut acht Billionen Euro aus.

Bei der Branchengewichtung haben Gesundheit, Finanzen und Basiskonsumgüter die Nase vorn (siehe Grafik „Die Branchen in den MSCI-Indizes“, S. 88). Hightech-Unter-

Kleiner und Großer Europa-Pantoffel im Vergleich

In den vergangenen Jahren schnitt das Kleine Europa-Pantoffel-Portfolio besser ab als das Große. In den Dekaden ab 1990 und ab 2000 war das umgekehrt.

Pantoffel-Portfolio	Durchschnittliche Rendite (% p.a.)									Schlechteste Jahresrendite (%) 1)	Längste Verlustdauer, Monate
	1990-1999	2000-2009	2010-2019	über die vergangenen ... Jahre							
				30	20	10	5	3	1		
Kleiner Europa-Pantoffel											
Defensiv	8,1	2,0	3,5	4,4	2,6	3,2	1,6	1,5	0,5	−6,9	56
Ausgewogen	10,5	0,4	6,2	5,6	3,1	5,5	3,0	3,1	1,0	−19,5	62
Offensiv	12,0	−1,2	9,0	6,3	3,5	8,1	4,4	4,5	1,6	−30,9	79
Aktien-ETF 2)	13,5	−3,3	11,5	6,9	3,3	10,2	5,7	5,9	2,1	−39,7	157
Großer Europa-Pantoffel											
Defensiv	8,7	3,2	2,5	4,0	2,6	2,1	0,3	0,1	−1,4	−9,5	57
Ausgewogen	11,1	1,5	4,4	5,1	2,4	3,7	0,7	0,3	−2,9	−20,6	62
Offensiv	13,5	−0,2	6,3	6,1	2,4	5,4	1,0	0,4	−4,3	−32,0	71
Aktien-ETF 3)	15,5	−1,7	7,9	6,3	2,2	6,6	1,3	0,5	−5,7	−43,7	80

1) Bezieht sich auf 30-Jahres-Zeitraum. 2) 80 % Aktien Welt, 20 % Aktien Europa. 3) 100 % Aktien Europa.
Stand: 30. Juni 2020, Quelle: Refinitiv, eigene Simulationen

nehmen, also Firmen der Informations- und Kommunikationstechnologie, sind relativ schwach vertreten, mit zusammen nur gut 11 Prozent.

Schwergewichte im MSCI Europe

Die drei „gewichtigsten" Aktien im MSCI Europe Index sind Weltkonzerne aus der Schweiz, auf den nächsten Plätzen folgen je ein britisches, deutsches und niederländisches Unternehmen. Immerhin zwei von ihnen zählen zu den Technologiewerten. Das sind die Top-Six (Stand 30. Juni 2020):

1. **Nestlé** mit 4,0 Prozent Anteil. Der weltgrößte Nahrungsmittelkonzern verfügt neben der Stamm-Marke Nestlé über zahlreiche andere international bekannte Marken wie Nescafé, Maggi, Vittel, Schöller oder After Eight. Zudem ist der Konzern mit Sitz am Genfer See am französischen Kosmetikhersteller L'Oréal beteiligt.
2. **Roche Holding Genussscheine** mit 3,0 Prozent Anteil. Mit den Genussscheinen von Roche Holding sind Anleger an der Hoffmann-La-Roche AG beteiligt, der größten Pharmafirma der Welt. Schwerpunkte sind Onkologie, Virologie, Rheumatologie und Transplantationsmedizin. Zu Roche gehört überdies die führende US-Biotech-Firma Genentech.

Die Entwicklung von MSCI World und europäischen Aktienindizes

Die europäischen Aktienindizes liefen in den vergangenen zehn Jahren schlechter als der Weltaktienindex MSCI World. Das kann sich in Zukunft aber wieder ändern.

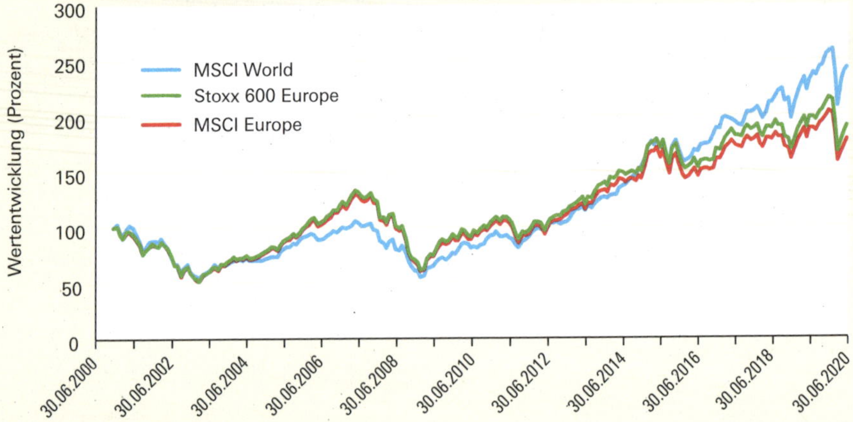

Quelle: Refinitiv, eigene Berechnungen — Stand: 30. Juni 2020

3. **Novartis** mit 2,3 Prozent Anteil. Der drittgrößte Pharmakonzern ist ebenso wie Roche in Basel beheimatet und aus der Fusion von Ciba-Geigy mit Sandoz entstanden. Das Unternehmen ist weltweit tätig und nimmt insbesondere bei Generika und in der biomedizinischen Forschung Spitzenpositionen ein.
4. **ASML-Holding** mit 1,9 Prozent Anteil. Das niederländische Unternehmen zählt zu den weltweit größten Anbietern von High-Tech-Systemen für die Halbleiterindustrie. Vor allem bei der Herstellung komplexer integrierter Schaltkreise für die Chip-Industrie gilt ASML als Weltmarktführer und beliefert die größten Halbleiter-Hersteller.
5. **SAP** mit 1,8 Prozent Anteil. Das Softwareunternehmen mit Sitz im baden-württembergischen Walldorf ist im Bereich Unternehmenssoftware Weltmarktführer und in den letzten Jahren vor allem mit Cloud-Dienstleistungen stark gewachsen. Der Name SAP steht für Systeme, Anwendungen, Produkte in der Datenverarbeitung.
6. **AstraZeneca** mit 1,7 Prozent Anteil. Der Arzneimittelhersteller ist aus einer Fusion zwischen der schwedischen Astra und der britischen Zeneca entstanden. Firmensitz ist Cambridge. Zu den Therapiebereichen gehören Herz-Kreislauf- und Atemwegserkrankungen, Krebsforschung sowie Infektionen und Impfstoffe.

Indexvariante 2: Stoxx 600 Europe

Der Stoxx 600 Europe weist mit 600 Aktien, wie es der Name schon andeutet, deutlich mehr Titel als der MSCI Europe auf. Das ist aber nicht der gravierendste Unterschied. Der besteht darin, dass er auch Aktien kleiner Unternehmen enthält. Der Index ist nämlich so konstruiert, dass er jeweils 200 große, mittlere und kleine Aktien aus europäischen Industrieländern umfasst. Die

Die Länder im MSCI Europe

Im Ländermix des MSCI Europe haben Großbritannien, Frankreich und die Schweiz das größte Gewicht. Deutschland kommt mit 14,8 Prozent erst auf Platz 4.

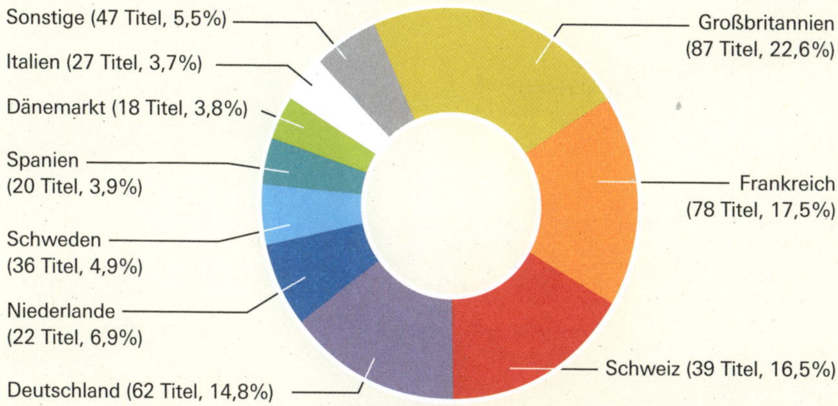

Sonstige: Finnland, Belgien, Irland, Norwegen, Österreich, Portugal | Quelle: Rimes, Stand: 30. Juni 2020

Anzahl der Staaten ist mit 17 etwas größer als beim MSCI Europe.

Die Länderaufteilung ist ähnlich derjenigen des MSCI Europe. Die Aktien mit der höchsten Gewichtung im Index sind dieselben wie beim MSCI Europe: Das ist nicht so verwunderlich, weil beide Indizes die Anteile auf die gleiche Weise, nämlich nach dem Börsenwert (Marktkapitalisierung) berechnen.

Indizes: Großer Europa-Pantoffel

Eine zweite Variante, Europas Anteil am Pantoffel-Portfolio zu erhöhen, besteht darin, den MSCI World komplett durch einen der beiden vorgestellten breiten europäischen Indizes zu ersetzen. Mit diesem Großen Europa-Pantoffel haben wir wieder ein einfaches Portfolio, das aus jeweils einem Rendite- und einem Sicherheitsbaustein besteht. Wie die Portfolios aussehen, sehen Sie in der Grafik „Die Großen Europa-Pantoffel“ auf S. 84.

„Die Streuung der Geldanlage fällt beim Großen Europa-Pantoffel geringer aus als beim Kleinen Europa-Pantoffel.

Der Nachteil dieser Lösung: Die Streuung der Geldanlage fällt geringer aus als beim Kleinen Europa-Pantoffel, der auch einen ETF auf den Weltaktienmarkt als Renditebaustein enthält. Es fehlen sowohl die US-Aktien der Welt-Leitbörse New York als auch kanadische Aktien sowie diejenigen der asiatischen und australischen Industriestaaten.

Nicht zuletzt verzichten Anleger bei dieser einfachen Lösung auf zahlreiche Aktien der führenden Unternehmen aus den wachstums- und innovationsstarken Hightech-Bereichen, die zu einem großen Teil ihren Sitz außerhalb Europas haben. Aus

Die Branchen in den MSCI-Indizes

Im MSCI Europe ist vor allem die Informationstechnologie viel schwächer vertreten als in den anderen MSCI-Indizes, die stärksten Branchen sind Gesundheit, Finanzen und Basiskonsumgüter.

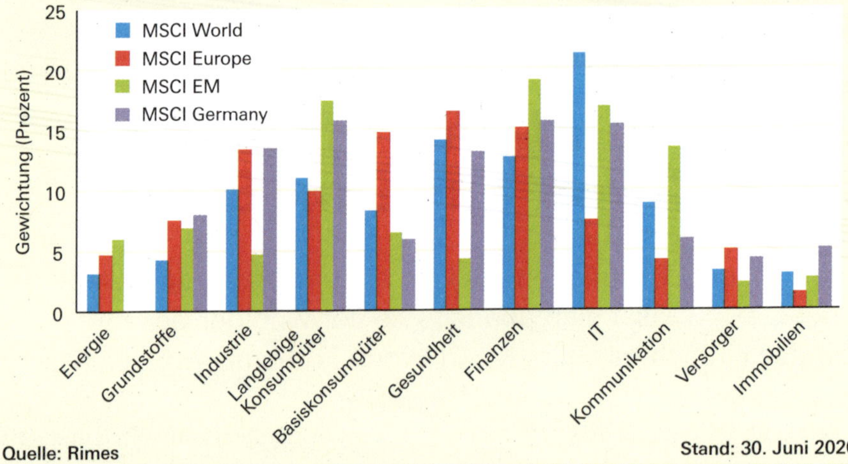

Quelle: Rimes

Stand: 30. Juni 2020

diesem Grund hat Finanztest Bedenken gegen diese rein europäische Lösung und hält sie für die allermeisten Anleger für wenig geeignet.

Die Wertentwicklung dieses Großen Europa-Pantoffels ist, wie in den Tabellen zum Welt- und zu den Europa-Pantoffeln zu sehen ist, in der Vergangenheit die meiste Zeit über schlechter ausgefallen als die des klassischen Welt-Pantoffels (siehe Tabellen „Welt-Pantoffel", S. 45 sowie „Europa-Pantoffel", S. 85).

Im 30-Jahres-Zeitraum ist der Abstand zwar relativ gering, allerdings war er in den letzten zehn Jahren und kürzer recht deutlich. In den fünf Jahren bis Mitte 2020 beispielsweise lag die Rendite des ausgewogenen Welt-Pantoffels bei 3,6 Prozent, die des Großen Europa-Pantoffels lediglich bei 0,7 Prozent.

Im vergangenen Jahrzehnt haben die Aktien einiger Länder aus dem Euroraum wesentlich schlechter abgeschnitten als US-amerikanische oder auch deutsche. Das gilt als eine der Folgen der Euro-Krise ab 2010, in der das Wachstumstempo in weiten Teilen des Euroraums zeitweise deutlich hinter dem anderer Regionen her hinkte. Das kann allerdings in Zukunft wieder anders verlaufen. Auch wenn die Wirtschaft in den vergangenen zehn Jahren nach der Eurokrise in Europa insgesamt weniger florierte als in den Vereinigten Staaten, muss das nicht so bleiben.

▶ **Für die Europa-Pantoffel** kommen die ETF auf den MSCI Europe sowie auf den Stoxx 600 Europe infrage, die bei Finanztest als 1. Wahl bewertet werden. Sie finden sie zusammengefasst in der Tabelle „Diese ETF sind 1. Wahl" ab S. 168.

Deutschland-Pantoffel – mehr Aktien aus Dax & Co.

Bei deutschen ETF-Anlegern ist kein anderer Index so beliebt wie der Dax. Er lässt sich ebenso wie der weniger bekannte FAZ-Index einfach mit dem MSCI World kombinieren.

Tatsache ist: Der niedrige Deutschland-Anteil in den vorgestellten breiten Welt- und Europa-Indizes entspricht bei weitem nicht der wirtschaftlichen Bedeutung des bevölkerungsreichsten EU-Mitglieds. Doch woran liegt das? An der besonderen Wirtschaftsstruktur. Hierzulande gibt es viele mittelständische Familienunternehmen, die nicht an der Börse notiert werden, aber erheblich zur Wirtschaftsleistung beitragen. Und auch Stiftungen spielen eine große Rolle. Ihnen gehören beispielsweise weitgehend auch sehr große Unternehmen wie Bosch und Bertelsmann. Beide Weltkonzerne sind nicht börsennotiert.

Bei Unternehmen, die sich ganz oder teilweise in Staatsbesitz befinden wie die Deutsche Post AG oder die Deutsche Telekom AG, ist der frei an der Börse handelbare Anteil der Aktien (Freefloat) wegen des Staatsanteils deutlich geringer als der Gesamtwert der Unternehmen. Da die Gewichtung eines Landes bei den Indizes von MSCI, Stoxx oder FTSE jedoch vom Börsenwert des Freefloats aller Aktien berechnet wird, liegt Deutschland auch deshalb hinter Staaten wie Großbritannien, Frankreich und Kanada, obwohl deren wirtschaftliche Leistung (gemessen am Bruttoinlandsprodukt, kurz BIP) deutlich geringer ist.

Den deutschen Mittelstand können Sie mit einem Deutschland-ETF nicht in Ihr Pantoffel-Portfolio holen.

Im Deutschland-Pantoffel-Portfolio, das zusätzlich zum MSCI World den Dax oder den FAZ-Index enthält, sind Aktien bedeutender Unternehmen wie Allianz, Deutsche Telekom, Siemens, SAP oder Volkswagen deutlich stärker gewichtet als in den Welt- und Europa-Pantoffel-Portfolios. Den deutschen Mittelstand können Sie mit einem Deutschland-ETF hingegen nicht in Ihr Pantoffel-Portfolio holen, da die Firmen gar nicht an der Börse notiert sind.

Wie die Portfolios aussehen, sehen Sie in der Grafik „Die Deutschland-Pantoffel“ auf der folgenden Seite.

Die Deutschland-Pantoffel

Ausgewogener Deutschland-Pantoffel
Stabilitätsbaustein: 50 Prozent Tagesgeld
Renditebaustein: 40 Prozent Aktien-ETF Welt
10 Prozent Aktien-ETF Deutschland

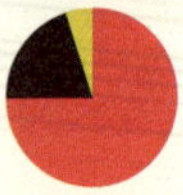

Defensiver Deutschland-Pantoffel
Stabilitätsbaustein: 75 Prozent Tagesgeld
Renditebaustein: 20 Prozent Aktien-ETF Welt
5 Prozent Aktien-ETF Deutschland

Offensiver Deutschland-Pantoffel
Stabilitätsbaustein: 25 Prozent Tagesgeld
Renditebaustein: 60 Prozent Aktien-ETF Welt
15 Prozent Aktien-ETF Deutschland

Dax versus FAZ-Index

Infrage kommen alle ETF auf deutsche Aktien, die bei Finanztest 1. Wahl sind. Die große Mehrzahl bildet den Dax nach, einer den FAZ-Index. Auf den MSCI Germany hingegen gibt es keine ETF. Wir schauen uns daher die Charakteristika von Dax und FAZ-Index genauer an. Dann können Sie entscheiden, ob der Deutschland-Pantoffel für Sie die richtige Lösung ist und welchen Index Sie dem ETF zugrunde legen möchten.

Wichtig zu wissen: Hinsichtlich der Wertentwicklung gab es zwischen Dax und FAZ-Index in den letzten 20 Jahren bis Mitte 2020 keine nennenswerten Unterschiede.

Variante 1: Der Dax

Der Dax als deutscher Leitindex vereinigt die 30 wichtigsten Aktien. Wie aber wird deren Bedeutung festgestellt? Die Deutsche Börse AG als Indexanbieter verwendet dazu zwei Kriterien: das zentrale Kriterium ist der Börsenwert, die Marktkapitalisierung, das zweite sind die Börsenumsätze, damit nur hochliquide Aktien, also solche, die viel gehandelt werden, im Börsenbarometer vertreten sind. Das ist auch deshalb wichtig, weil der Dax sekündlich neu berechnet wird, Aktien mit relativ geringen Umsätzen könnten daher das Bild zu stark verzerren.

Das Ausgangsniveau für die Berechnung des deutschen Leitindex wurde per Ende 1987 mit 1000 Punkten festgelegt. Der aktuelle Stand zeigt damit immer an, um wie viel höher der Dax steht: Bei einem Dax-Niveau von 12 000 Zählern bedeutet das also einen Anstieg auf das Zwölffache.

Die „alte“ Industrie überwiegt

Wie sind die 30 Werte nach Branchen aufgeteilt? Sechs Sektoren sind mit Anteilen von mehr als 10 Prozent vertreten und bestimmen damit in erheblichem Umfang die Dax-Entwicklung: Finanzdienstleister, Konsumgüterhersteller, Unternehmen der Grundstoffindustrie, Industriekonzerne, Technologiefirmen und Gesundheitswesen. Diese Zusammensetzung zeigt das größte Manko des Deutschen Aktienindex auf: Die Mehrzahl der Branchen und Unternehmen sind in Bereichen zu Hause, die als „Old Economy“ bezeichnet werden.

Der Deutschland-Pantoffel

Die großen Gewinne verbuchte der heimische Aktienmarkt in der Zeit von 1990 bis 1999, die letzten Jahre waren die Kurszuwächse eher mager.

Pantoffel-Portfolio	Durchschnittliche Rendite (% p.a.)									Schlechteste Jahresrendite (%) 1)	Längste Verlustdauer, Monate
	1990-1999	2000-2009	2010-2019	über die vergangenen ... Jahre							
				30	20	10	5	3	1		
Welt plus Deutschland											
Defensiv	8,1	2,2	3,5	4,3	2,6	3,2	1,6	1,5	0,7	–8,4	56
Ausgewogen	10,3	0,9	6,2	5,6	3,3	5,6	3,1	3,0	1,5	–21,6	63
Offensiv	12,2	–1,2	9,1	6,2	3,5	8,1	4,5	4,4	2,2	–31,7	80
Aktien-ETF 2)	13,2	–3,4	11,5	6,8	3,3	10,3	5,8	5,8	3,0	–42,3	157

1) Bezieht sich auf 30-Jahres-Zeitraum. 2) 80 % Aktien Welt, 20 % Aktien Deutschland; Stand: 30. Juni 2020, Quelle: Refinitiv, eigene Simulationen und Erhebungen

Die „New Economy", die vorwiegend wachstumsstarke Technologieunternehmen umfasst, ist im Dax dagegen viel weniger vertreten. Lediglich SAP, Deutsche Telekom und Infineon zählten im September 2020 dazu. Der Zahlungsdienstleister Wirecard wurde hingegen aus dem Dax entfernt (siehe Kasten „Das Wirecard-Desaster", S. 93). Ein weiterer Sektor, der im Dax fehlt, ist die Ölindustrie.

Der hohe Anteil traditioneller Industrien hat noch einen anderen Nachteil: Da diese Branchen in der Regel besonders zyklisch sind, also stark konjunkturabhängig, schwanken ihre Gewinne heftiger als im Wirtschaftsdurchschnitt. Im Konjunkturaufschwung klettern sie oft überdurchschnittlich, in Phasen eines Abschwungs oder einer Rezession fallen sie dagegen meist besonders stark. Und das spiegelt sich in einer hohen Volatilität, sprich Schwankungsbreite, ihrer Aktienkurse wider.

Aber es gibt auch Vorteile dieser Branchenmischung. Ein besonders wichtiges Plus liegt darin, dass Dax-Aktien häufig eine überdurchschnittlich hohe Dividendenrendite aufweisen – in Zeiten von Mini- und Negativzinsen für manche Anleger ein Plus.

Die Schwergewichte im Index

Die Gewichtung der einzelnen Aktien im Dax richtet sich nach dem Börsenwert, wobei eine Aktie maximal 10 Prozent Anteil am Index haben darf. Welche Aktien haben aber das höchste Gewicht? Ende Juni 2020 sah die Rangliste so aus:

1. **SAP** mit 10 Prozent Anteil. Eigentlich würde das Softwareunternehmen sogar mehr als 10 Prozent Indexgewicht auf die Waage bringen – aber wegen der Beschränkung werden bei der Indexberechnung nur 10 Prozent berücksichtigt. Da SAP auch zu den größten Werten im MSCI Europe zählt, finden Sie die Charakteristik des weltweit führenden Anbieters von Unternehmenssoftware bei den „Schwergewichten im MSCI Europe" auf S. 86.

Deutschland- und Welt-Pantoffel im Vergleich

Leicht zu sehen: Welt- und Deutschland-Pantoffel haben sich sehr ähnlich entwickelt. Zwischen 2000 und 2010 hat der Deutschland-Pantoffel besser abgeschnitten, seit 2010 der Welt-Pantoffel.

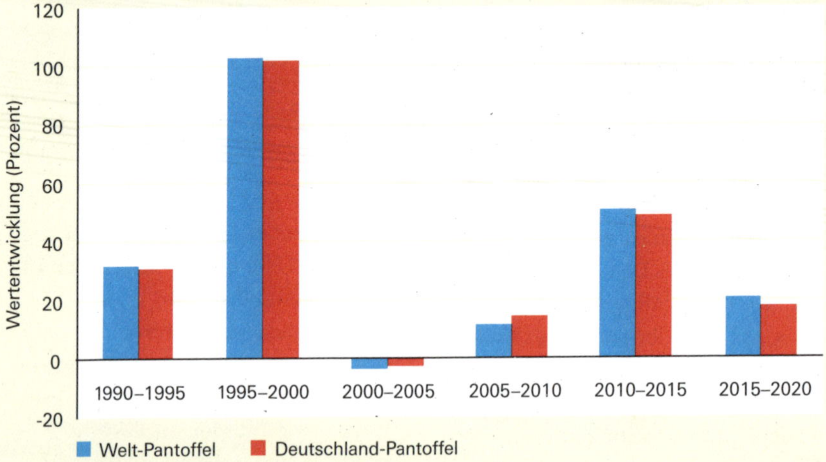

Quellen: Refinitiv, eigene Simulationen **Stand: 30. Juni 2020**

❷ **Linde** mit 10 Prozent Anteil. Der Konzern ist Weltmarktführer bei den Industriegasen sowie bei Gasen, die in der Medizin eingesetzt werden. Außerdem produziert er Anlagen zur Gasgewinnung. Die deutsche Linde AG wurde 2018 mit der US-amerikanischen Praxair zur Linde Group verschmolzen.

❸ **Siemens** mit 8,3 Prozent Anteil. Das Unternehmen ist in diversen Technologie- und Elektrobereichen tätig und zählt zu den größten Mischkonzernen der Welt. Siemens hat sich in den vergangenen Jahrzehnten von mehreren Unternehmensteilen getrennt oder seinen Anteil daran verringert, so bei Infineon, Osram oder Siemens Healthineers, um sich stärker auf Kerngeschäfte wie Automatisierung und Mobilität konzentrieren zu können.

❹ **Allianz** mit 6,9 Prozent Anteil. Der Münchner Versicherungskonzern ist mit zahlreichen Tochtergesellschaften im In- und Ausland vertreten und zählt zu den weltgrößten Assekuranzunternehmen. Außerdem gehört zur Allianz-Gruppe Pimco, einer der größten international tätigen Vermögensverwalter und Fondsanbieter.

❺ **Bayer** mit 5,9 Prozent Anteil. Das Unternehmen ist vorwiegend in den Bereichen Pharmazie, Agrarchemie, verschreibungsfreie Medikamente (Consumer Health) und Tiergesundheit tätig. Zudem stellt der Leverkusener Konzern Medizingeräte her.

❻ **Deutsche Telekom** mit 5,3 Prozent Anteil. Der Konzern ist Europas führender Telekommunikationskonzern und in über 20 Ländern des Kontinents tätig. Zudem besitzt die Deutsche Telekom eine Mehrheitsbeteiligung an T-Mobile USA, einem der größten Mobilfunkanbieter der USA.

Variante 2: Der FAZ-Index

Der FAZ-Index ist der älteste noch berechnete deutsche Aktienindex. Seine Ausgangsbasis mit 100 Punkten ist der 31. Dezember 1961. Vor dem Start des Dax 1988 war der Index der Frankfurter Allgemeinen Zeitung (FAZ) das wichtigste deutsche Börsenbarometer. Sein Vorteil: Er weist mit 100 Aktien eine breitere Streuung auf als der Dax und enthält nicht nur Großkonzerne, sondern auch Aktien von Unternehmen mittlerer Größe.

Im Prinzip fasst der FAZ-Index den Dax und den mit Aktien mittelgroßer Unternehmen bestückten MDax zusammen. Eine weitere Unterscheidung liegt in der Berechnungsmethode. Anders als der Performanceindex Dax ist der FAZ-Index ein Preisindex, der Ausschüttungen wie Dividenden nicht in den Indexstand einbezieht, sondern lediglich die reinen Kursveränderungen. ETF auf den FAZ-Index bekommen die Dividenden der einzelnen Unternehmen im Index natürlich trotzdem ausbezahlt. Im historischen Vergleich hat der ETF auf den FAZ-Index (inklusive der Dividendenausschüttungen) ähnlich abgeschnitten wie ETF auf den Dax.

▶ **Für den Deutschland-Pantoffel** kommen ETF auf den Dax und den FAZ-Index infrage, die bei Finanztest als 1. Wahl bewertet werden. Sie finden sie zusammengefasst in der Tabelle „Diese ETF sind 1. Wahl" ab S. 168.

Gut zu wissen

Das Wirecard-Desaster. 2018 stieg der erst 1999 gegründete Zahlungsdienstleister Wirecard in den Dax auf. Da das Unternehmen ein enormes Wachstumstempo – insbesondere bei den Gewinnen – in seinen Jahresabschlüssen auswies, war der Kurs so steil nach oben geklettert, dass der Börsenwert von Wirecard die Aufnahmekriterien erfüllte. Damit begann das unrühmlichste Kapitel in der Dax-Geschichte.

Im Juni 2020 musste Wirecard Insolvenz anmelden, als klar wurde, dass im Konzernabschluss ausgewiesene Bankguthaben in Höhe von 1,9 Milliarden Euro nicht existiert haben. Monatelang vorher gab es heftige Turbulenzen, nachdem die Financial Times mehrfach Vorwürfe erhoben hatte, die von Wirecard jedoch stets dementiert wurden. Der Aktienkurs, der zeitweise über 190 Euro betragen hatte, brach auf Kurse unter 1 Euro ein, Manager wurden verhaftet und die Suche nach der politischen Verantwortung begann. Im August 2020 ersetzte der Berliner Essenslieferdienst Delivery Hero das Skandalunternehmen im Dax.

Gold-Pantoffel – mit Edelmetall verziert

Nicht nur bei Schmuckliebhabern, auch bei Anlegern hat Gold viele Anhänger. Wer das edle Metall als Investment schätzt, kann den Welt-Pantoffel mit einem Gold-Anteil ergänzen.

Keine Wertanlage und kein Zahlungsmittel hat sich schon so lange bewährt wie Gold. Seit Jahrtausenden vertrauen viele Menschen dem gelben Metall. Anleger schätzen Gold als weltweit akzeptierten Sachwert und als Versicherung gegen Finanzkrisen und Inflation. Inflation ist zwar seit Langem kein Thema mehr, vielmehr unternehmen die Notenbanken der Industriestaaten seit Jahren alles, damit sich der Preisanstieg von historisch niedrigem Niveau aus etwas beschleunigt. Dagegen gibt es an Krisen keinen Mangel. Und jede der drei großen Turbulenzen an den Finanzmärkten seit dem Jahrtausendwechsel hat dem Goldpreis einen Aufwärtsschub beschert. Das war nach dem Absturz der Technologieaktien ab dem Frühjahr 2000 ebenso der Fall wie in der Finanzkrise 2008/2009 sowie nun im Gefolge der Corona-Krise.

Von knapp 300 Dollar je Feinunze (31,1 Gramm) zur Jahrtausendwende schnellte der Preis bis 2006 auf rund 750 Dollar hoch. Von 2008 bis 2011 kletterte er weiter auf über 1900 Dollar. Anschließend folgte eine lange Durststrecke mit einem Preisverfall auf rund 1050 Dollar, ehe es ab 2018 zunächst allmählich und dann 2020 steil auf ein neues Allzeithoch hinaufging.

Gold ist also, anders als es so mancher Gold-Anhänger glaubt, beileibe keine „sichere“ Anlage, weil die Preisschwankungen und die zwischenzeitlichen Verluste sehr stark ausfallen können. Aber es kann eine sinnvolle Ergänzung des Vermögens darstellen. Zumal sich der Goldpreis häufig gegenläufig zu den Aktienmärkten entwickelt und somit die Vermögensentwicklung insgesamt stabilisieren hilft.

Der beschleunigte Preisanstieg seit 2018 ist nicht allein der Krisenangst zuzuschreiben. Ein wesentlicher zusätzlicher Faktor für den neuerlichen Glanz des Goldes sind die tief gefallenen Zinsen. Dadurch ist ein gravierender Nachteil von Gold als Anlageinstrument quasi entfallen: Das Edelmetall wirft keine Zinsen oder andere regelmäßige Erträge ab. Bei Nullzinsen oder gar Negativzinsen fällt dieses Manko nicht ins Gewicht. Vor allem Großanleger, aber auch private Sparer haben ihre Goldnachfrage erheblich vergrößert, seitdem es kaum noch Zinsen

Goldpreis und Aktienmärkte entwickeln sich oft gegenläufig

Wenn es an den Aktienmärkten boomt, ist Gold für Anleger weniger interessant als in Krisenzeiten. Deshalb entwickeln sich Aktien und Gold oft gegenläufig. Gold hat in den Krisen der letzten 20 Jahre teilweise deutlich zugelegt, aber es gab auch starke Einbrüche. Über 30 Jahre liegen Aktien vorn.

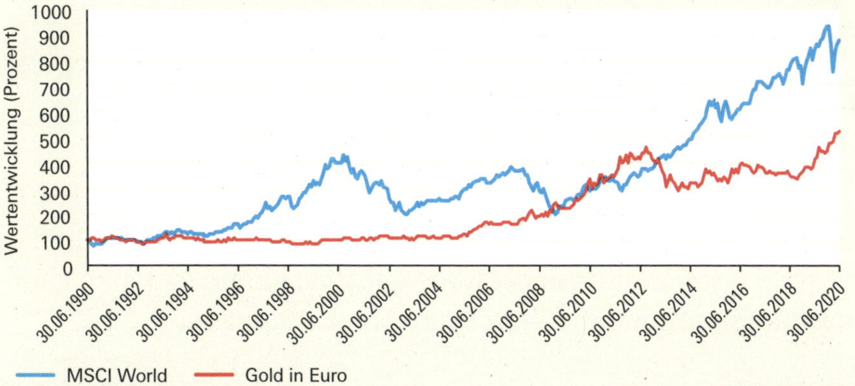

Quellen: Refinitiv, eigene Simulationen **Stand: 30. Juni 2020**

für sichere Anlagen gibt. Überdies steigt seit der Corona-Krise die Goldnachfrage auch deshalb, weil viele Anleger Angst vor den Spätfolgen der kräftig erhöhten Staatsverschuldung und der massiv ausgeweiteten Geldversorgung durch die Notenbanken haben. Gold gilt als „sicherer Hafen", wegen der starken Preisschwankungen ist es allerdings kein Ersatz für sichere Zinsanlagen – das Edelmetall ist deshalb beim Gold-Pantoffel Teil des Renditebausteins und nicht des Stabilitätsbausteins. Die Grafik „Die Gold-Pantoffel", S. 96 zeigt, wie sich die Gold-Pantoffel zusammensetzen.

Die Tabellen „Der Welt-Pantoffel als Einmalanlage" und „Der Gold-Pantoffel" (S. 34 und 97) zeigen, dass die Wertentwicklung des Gold-Pantoffels langfristig nur gering von der des Welt-Pantoffels abweicht. Das gilt für den 30-Jahres-, den 20-Jahres- und den 10-Jahres-Zeitraum. Im kurzfristigen Vergleich von einem und drei Jahren hat der Gold-Pantoffel besser abgeschnitten.

Zu Investmentzwecken erwerben können Anleger Gold entweder physisch – als Barren und Münzen – oder als Wertpapiere in Form von ETC. Das ist die Abkürzung für Exchange Traded Commodities, also börsengehandelte Rohstoffe. Gold-ETF sind in Deutschland nicht zum öffentlichen Vertrieb zugelassen, da sie nur eine Anlage enthalten, nämlich Gold. Vorgeschrieben ist laut Gesetz, dass ein ETF höchstens 30 Prozent in eine Anlage investieren darf. Die Namensnähe von ETC zu ETF deutet aber an, dass sie ähnlich wie börsengehandelte Indexfonds funktionieren.

Allerdings gibt es einen gravierenden Unterschied: ETC sind keine Sondervermögen wie Fonds und ETF, sondern Inhaberschuldverschreibungen. Deren Kurse bilden die Wertentwicklung von Gold nach und sind mit physischen Edelmetallbeständen besichert. ETC-Käufer sind damit nicht Miteigentümer wie bei ETF, sondern Gläubiger der Emittenten. Im Pleitefall kann das Pro-

Die Gold-Pantoffel

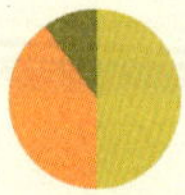

Ausgewogener Gold-Pantoffel
Stabilitätsbaustein: 50 Prozent Tagesgeld
Renditebaustein: 40 Prozent Aktien-ETF Welt
10 Prozent Gold-ETC (oder physisches Gold)

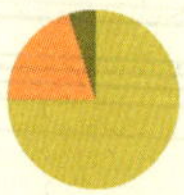

Defensiver Gold-Pantoffel
Stabilitätsbaustein: 75 Prozent Tagesgeld
Renditebaustein: 20 Prozent Aktien-ETF Welt
5 Prozent Gold-ETC (oder physisches Gold)

Offensiver Gold-Pantoffel
Stabilitätsbaustein: 25 Prozent Tagesgeld
Renditebaustein: 60 Prozent Aktien-ETF Welt
15 Prozent Gold-ETC (oder physisches Gold)

bleme geben. Finanztest hält dieses Risiko aber für gering, weil die Herausgeber von Gold-ETC die Anlagegelder meist komplett in Goldbarren investieren. Bei einigen ETC wie zum Beispiel Xetra-Gold können sich Anleger ihren Goldanteil sogar als Barren ausliefern lassen. Allerdings können für die Auslieferung zusätzliche Kosten entstehen.

Gold-ETC – die bequeme Lösung

Beim Gold-Pantoffel hält Finanztest die Wertpapier-Lösung für besser geeignet als Barren und Münzen. Sie werden laufend an den Börsen gehandelt und sind damit liquide. Die Kosten sind insbesondere bei kleineren Anlagebeträgen in der Regel geringer als bei Barren und Münzen. Der Aufpreis beim Kauf eines Kilo-Barrens Gold beträgt im Durchschnitt gut 1 Prozent des Metallwerts, beim Gramm-Barren dagegen oft mehr als 20 Prozent.

Mit ETC können Anleger den Goldanteil in ihrem Portfolio einfacher und kostengünstiger herstellen und konstant halten als mit physischem Gold. Das gilt auch für Sparpläne, die von einer Reihe von Banken und Online-Brokern für Gold-ETC angeboten werden. Allerdings sind die jährlichen Kosten bei kleinen Sparraten von 25 oder 50 Euro zum Teil beträchtlich, wie eine Untersuchung von Finanztest (Details unter test.de/gold, kostenpflichtig) zeigt. Vor Vertragsabschluss sollten sich Anleger deshalb gründlich informieren, um beim Sparplan nicht in die Kostenfalle zu tappen.

→ Goldgewinne oft steuerfrei

Aus steuerlicher Sicht weist Gold einige Besonderheiten auf. Zum einen ist der Goldkauf von der Mehrwertsteuer befreit. Zum anderen bleiben Gewinne steuerfrei, wenn zwischen Kauf und Verkauf mehr als ein Jahr vergangen ist. Nach einem Urteil des Bundesfinanzhofs (BFH) gilt das nicht nur für physisches Gold, sondern auch für Xetra-Gold (Az. VIII R 4/15 und VIII R 35/14), das einen Auslieferungsanspruch verbrieft. Dabei spielt es keine Rolle, ob man sich das Gold ausliefern lässt oder Anteile mit Ge-

Der Gold-Pantoffel

Gold hat in den letzten Jahren ansehnliche Renditen eingebracht. Doch es gibt auch flaue Zeiten, wie von 2000 bis 2009, als der Gold-Pantoffel weniger gut lief.

Pantoffel-Portfolio	Durchschnittliche Rendite (% p.a.)									Schlechteste Jahresrendite (%) 1)	Längste Verlustdauer, Monate
	1990-1999	2000-2009	2010-2019	über die vergangenen … Jahre							
				30	20	10	5	3	1		
Welt plus Gold											
Defensiv	7,3	3,1	3,5	4,2	3,0	3,1	1,9	2,2	2,2	–6,5	56
Ausgewogen	8,7	1,7	6,0	5,5	3,7	5,4	3,8	4,4	4,3	–16,4	62
Offensiv	9,7	0,6	8,7	6,4	4,4	7,8	5,5	6,4	6,5	–24,7	76
Aktien-ETF und Gold-ETC 2)	10,6	–0,7	11,1	7,2	5,2	10,1	7,0	8,4	8,7	–34,5	123

1) Bezieht sich auf 30-Jahres-Zeitraum. 2) 80–20-Mischung. Stand: 30. Juni 2020, Quelle: Refinitiv, eigene Simulationen

winn verkauft. Das Urteil bezieht sich auf Xetra-Gold, gilt aber nach Einschätzung der Börse Stuttgart auch für Euwax Gold II.

Die Bundesregierung spielte 2020 mit dem Gedanken, ab 2021 auf Konstruktionen wie Xetra-Gold, bei denen eine Auszahlung in Gold gewährt wird oder werden kann, die 25-prozentige Abgeltungsteuer einzuführen. Sie hat die Pläne aber wieder verworfen. Da sich die Steuergesetzgebung aber auch ändern kann, sollten Anleger, die in diese Papiere investieren, die Entwicklung genau verfolgen.

Uneingeschränkt bieten einen Auslieferungsanspruch auf Gold nur Xetra-Gold von der Deutsche Börse Commodities GmbH und Euwax-Gold von der Börse Stuttgart Securities GmbH. Die Isin dieser Gold-ETC finden Sie in der Tabelle „Geeignete Gold-ETC“ auf S. 171. Daneben existieren noch eine Reihe weiterer Gold-ETC, auf die Banken und Onlinebroker Sparpläne anbieten.

Der offizielle und in den Medien meistens genannte Goldpreis an den internationalen Handelsplätzen wird in Dollar notiert. Deshalb weicht sein Wert in Euro wegen der Wechselkursschwankungen davon ab. Er kann sich besser, aber auch schlechter entwickeln als in Dollar. Ende Juli 2020 kostete die Feinunze Gold rund 1975 Dollar oder 1677 Euro.

Anleger können sich mit Gold-ETC mit Währungsabsicherung weitgehend vor den Risiken eines schwachen Dollar auf den Euro-Goldpreis schützen – aber sie verzichten dann auch auf mögliche Dollar-Gewinne, wenn der Dollar, wie von 2011 bis 2017, kräftig an Wert zulegt. Mehr zum Thema Währungssicherung lesen Sie auf S. 113 „Frage 5: Habe ich ein Wechselkursrisiko und kann ich es reduzieren?“.

Praxis – jetzt geht es los

In diesem Kapitel erfahren Sie, wie Sie Ihre Strategie in die Tat umsetzen können. Dazu zählen die Suche nach der passenden Bank und wichtige Regeln, die Sie beim Kauf und Verkauf, bei Sparplänen oder bei der Versteuerung Ihrer Erträge beachten sollten.

Sie möchten Ihr Vorhaben, langfristig Vermögen mithilfe der Finanztest-Strategie aufzubauen, in die Tat umsetzen? Doch Sie haben noch gar kein eigenes Wertpapierdepot? Oder Sie haben zwar eines, aber sind sich nicht sicher, ob Sie Ihr Depot noch bei der passenden Bank führen? Auf den folgenden Seiten erfahren Sie als Erstes, worauf Sie bei der Auswahl der passenden Bank achten sollten. Denn der Weg zur Börse führt für Privatanleger über einen Depotanbieter.

Doch auch beim Kauf oder Verkauf von Wertpapieren kann man ein paar Dinge falsch machen, die Sie von Anfang an finanziell belasten. Damit Sie solche Fehler vermeiden, werfen wir einen Blick darauf, wie Sie den ETF auswählen, der am besten zu Ihnen passt. Auf den MSCI World gibt es zum Beispiel mehrere Angebote von verschiedenen ETF-Häusern. Sie unterscheiden sich in einigen Details, die Sie kennen sollten. Eines zum Beispiel sind Dividendenzahlungen: Sie können regelmäßig ausgezahlt oder automatisch wieder im ETF angelegt werden. Das führt zu deutlich unterschiedlichen Ergebnissen. Hier geht es darum, den ETF nach Ihren persönlichen Bedürfnissen auszuwählen. Und dann haben wir ein paar Tipps parat, wie Sie ETF geschickt kaufen.

Die Chancen stehen sehr gut, dass Sie bei einem langfristigen Anlagehorizont dereinst Ihre Papiere mit Gewinn verkaufen. Aber dann möchte auch das Finanzamt einen Teil davon abknapsen. Schon während der Haltedauer unterliegen die laufenden Erträge aus Zinsen & Co. der Besteuerung. Im Abschnitt „Ihr Pantoffel-Portfolio richtig versteuern" ab S. 123 erläutern wir daher die wichtigsten Grundregeln.

Filialbank oder Direktbank – was ist besser für mich?

Für Ihr Pantoffel-Portfolio benötigen Sie ein Wertpapierdepot, um Zugang zur Börse zu bekommen. So finden Sie die richtige Adresse für Ihr Depot und gehen beim Investieren vor.

Ein Wertpapierdepot ist der Dreh- und Angelpunkt für all Ihre Wertpapiergeschäfte. Aber wo finden Sie für sich das Passende? Wollen Sie einfach bei Ihrer Filialbank um die Ecke bleiben? Dann sollten Sie auf jeden Fall sicherstellen, dass es dort möglich ist, ein verzinstes Tagesgeldkonto zu führen, das Sie ja ebenfalls für das Pantoffel-Modell benötigen. Nicht jede Filialbank hat Tagesgeldkonten im Angebot.

Zweite Alternative wäre, lieber zu einer Direktbank zu gehen, wo man sowohl ein Depot als auch ein Tagesgeldkonto führen kann. Sie möchten nicht mehrere Bankverbindungen, denn Sie fürchten, dadurch weniger Überblick über Ihre Finanzen zu haben? Dann sehen Sie sich nach einem Online-Anbieter um, der nicht nur ein gutes Depotangebot hat. Schauen Sie auch, was er sonst noch im Programm anbietet. Tages- und Festgelder beispielsweise dienen als Stabilitätsanker fürs Pantoffel-Portfolio – daher ist es wichtig, auch auf die Konditionen für diese Anlageformen zu achten.

Und vielleicht gefällt es Ihnen sogar noch besser, wenn der Depotanbieter außerdem ein leistungsstarkes Girokonto offeriert. Dann lassen sich gleich Ihre gesamten Geldgeschäfte bei einer einzigen Bank bündeln und abwickeln.

Aber es kann auch sein, dass Ihnen kein Anbieter in allen Punkten zusagt, dann ist eine Aufteilung auf mehrere Geldhäuser durchaus sinnvoll. Eine Übersicht über die günstigsten Depotanbieter sowie die Kosten für ETF-Sparpläne finden Sie im Hilfe-Teil ab S. 165. Bei der Auswahl hilft Ihnen außerdem unser Depotvergleich unter test.de/depotkosten (kostenpflichtig)

Tipp: Bei manchen Anbietern ist es sogar möglich, das Tagesgeldkonto direkt als Wertpapierverrechnungskonto zu nutzen. Wenn die Zinsen auf Tagesgeld mal wieder steigen sollten, ist das ein Bequemlichkeitsvorteil. Denn dann braucht man gar kein separates Tagesgeldkonto mehr.

Für das erforderliche Wertpapierdepot kommen auch ein auf diese Dienstleistungen spezialisierter Onlinebroker oder eine Fondsbank in Betracht. Ihren laufenden Zahlungsverkehr und das für das Pantoffel-Portfolio erforderliche Tagesgeldkonto müssen Sie dann aber woanders führen.

Persönlicher Gesprächspartner – das Für und Wider

Anleger, die selbst wissen, welche Wertpapiere sie kaufen möchten, sind mit einem Depot bei einer filiallosen Direktbank oder einem Onlinebroker gut beraten. Onlinebanken sind nahezu rund um die Uhr via Internet erreichbar – egal, ob vom heimischen Rechner, vom Tablet oder vom Smartphone von unterwegs aus; seit Neuestem sind sogar rein App-basierte Broker in Deutschland am Markt. Der Vorteil der filiallosen Institute: Ihre Kostenvorteile geben sie in Form von deutlich günstigeren Konditionen an ihre Kunden weiter.

Dafür muss man bei den allermeisten auf Anlageberatung verzichten. Aber um die steht es bei den filialbasierten Geldhäusern auch nicht gerade zum Besten, wie Untersuchungen etwa von Verbraucherzentralen und von Finanztest immer wieder zeigen. Denn oftmals beeinflusst das Interesse, für empfohlene Wertpapiere Provisionen zu kassieren, das Ergebnis der Anlageberatung. Der Verzicht auf Beratung muss für gut informierte Anleger daher kein Nachteil sein. Gerade dann nicht, wenn Sie, wie in diesem Buch geschildert, Ihren Vermögensaufbau mithilfe von breit streuenden ETF bewerkstelligen wollen, zu denen es bei den allermeisten Filialbanken ohnehin gar keine Beratung gibt. Wenn Sie dieses Buch gelesen haben, sind Sie gut im Bilde, wie Sie selbst das Passende auswählen können.

Sofern Sie aber auf einen persönlichen Ansprechpartner bei Gelddingen nicht verzichten möchten, sollten Sie trotzdem erst einmal bei Ihrer Hausbank nach dem Depotangebot fragen. Kostenlose Depots bei Filialbanken sind jedoch selten und in der Regel daran gebunden, dass sie online geführt werden; auch die Gebühren für Käufe und Verkäufe sind meist kein Schnäppchen. Als Filialbankkunde lässt sich sparen, indem Sie Aufträge, für die Sie keine Beratung benötigen, künftig selbst per Internet aufgeben. Wer jedoch den simplen Depotwechsel nicht scheut, kann übrigens mitunter mehrere hHundert Euro pro Jahr sparen, so es hat Finanztest ermittelt. Möglichst geringe Kosten für Wertpapierverwahrung und -kauf wirken sich positiv auf Ihre langfristige Vermögensbildung aus.

Depotwechsel – einfacher, als viele denken

Um den Depotübertrag kümmert sich am einfachsten Ihr neuer Depotanbieter. Dafür müssen Sie dort nur einen Antrag auf Depotübertrag ausfüllen. Er zieht dann die Wertpapiere und auch ein etwaiges Guthaben auf dem Depotverrechnungskonto von der alten depotführenden Stelle ab. In der Wechselphase, die üblicherweise mehrere Tage dauert, kommen Sie an die zu übertragenden Wertpapiere nicht heran. Sofern Sie Fonds- oder ETF-Anteile im Depot haben, müssen Sie wissen, dass nur ganze Fondsanteile und keine Bruchteile übertragen werden, die Bruchteile werden vor dem Übertrag veräußert.

Keine Sorge, auch die für die künftige Versteuerung Ihrer Erträge relevanten Daten werden in aller Regel an die neue Bank weitergeleitet.

Manchmal bieten Depotbanken spezielle Wechselprämien an, wenn Kunden mit ihrem Depot zu ihnen umziehen. Die Prämie kann aus einer Bargutschrift bestehen, oft aber auch aus einem Kontingent an kostenlosen Orderaufträgen. Wichtig: Wählen Sie den Anbieter nicht nach der Attraktivität der Prämie aus, sondern nur danach, ob er auch ohne Prämie mit leistungsstarken Konditionen punktet.

→ Fondsbanken können eine Alternative sein

Vielleicht haben Sie schon ein Depot mit aktiv gemanagten Fonds über einen Internet-Fondsvermittler aufgebaut? Dann kann es für Sie attraktiv sein, dort auch Ihre ETF-Anteile für das Pantoffel-Portfolio zu lagern. Anleger, die von vornherein nur auf ETF setzen möchten, sind bei einer günstigen Direktbank oder einem Onlinebroker besser aufgehoben.

Finanztest empfiehlt Fondsvermittler vor allem als günstige Einkaufsquelle für aktiv gemanagte Fonds, denn bei ihnen gibt es Tausende Fonds ohne Ausgabeaufschlag. Für die Verwahrung von Wertpapieren müssen Anleger allerdings in der Regel etwas zahlen. Da Fondsvermittler selbst keine Banken sind, arbeiten sie mit sogenannten Fondsbanken wie Augsburger Aktienbank oder Ebase zusammen, die die Anteile der Anleger verwahren. Wer bereits ein Depot bei einer Fondsbank führt, zahlt die Depotkosten ohnehin und kann das Depot für das Pantoffel-Portfolio mitnutzen, egal ob beim Einmalkauf oder für Sparpläne. Unter test.de/fondsvermittler finden Sie laufend aktualisierte Informationen sowie Adressen.

Checkliste

In drei Schritten zum Online-Depot

- ☐ **Depot eröffnen:** Leistungsstarke Anbieter finden Sie in der Tabelle „Depotanbieter", S. 165, und unter test.de/depotkosten (kostenpflichtig, wird regelmäßig aktualisiert). Zunächst durchlaufen Neukunden die Kontoeröffnungsstrecke auf der Website von Bank oder Broker und geben die erforderlichen Daten ein. Dann muss man sich legitimieren.
- ☐ **Postident oder Video-Ident:** Beim „Postident-Verfahren" gehen Sie mit Personalausweis oder Reisepass zu einer Postfiliale. Dort bestätigt ein Postmitarbeiter Ihre Identität gegenüber der Bank. Bei immer mehr Anbietern geht es inzwischen noch bequemer, ohne dass man das eigene Haus verlassen muss: Beim „Video-Ident-Verfahren" kann man das Konto in wenigen Minuten vollständig digital per Video-Gespräch mit der Bank eröffnen. Ihren Ausweis müssen Sie auch hier vorzeigen.
- ☐ **Anmelden und einloggen:** Wenig später kommen per Post die Depotunterlagen mitsamt Kontonummern für Depot und Verrechnungskonto. Sobald Sie sich mit Kontonummer und per Post mitgeteiltem Passwort einloggen, ist das Depot aktiviert. Ihr Passwort müssen Sie in der Regel nach dem ersten Log-in abändern. Nachdem Sie von Ihrem Girokonto Geld aufs Depotverrechnungskonto überwiesen haben, ist das Depot einsatzbereit für den ersten Wertpapierkauf.

So weit zur Grundsatzfrage „Filialbank versus Direktbank oder Onlinebroker". Doch noch weitere Aspekte sind zu berücksichtigen, wenn Sie das passende Depot finden möchten. Im Folgenden konzentrieren wir uns darauf, was für Sie wichtig ist, wenn Sie ein Finanztest-Pantoffel-Portfolio aufbauen möchten.

ETF-Einmalkauf – günstige Konditionen sind wichtig

Sie haben eine etwas größere Summe auf einmal anzulegen, möchten Ihr Depot mit ETF für das Pantoffel-Portfolio bestücken und die Papiere langfristig halten? Dann sind Sie gut beraten, zum einen auf niedrige Depotgebühren zu achten. Besser natürlich, wenn zum anderen auch die Kaufkosten für ETF günstig sind.

In aller Regel fallen für ETF dieselben Ordergebühren wie beim Aktienkauf an. Bei Filialbanken sind das häufig immerhin 1 Prozent der Anlagesumme: Wer zum Beispiel 20 000 Euro in ETF investieren möchte, zahlt dann mal eben 200 Euro für solch eine Order. Sparen können Kunden von Filialbanken, wenn sie Wertpapieraufträge online aufgeben. Bei Online-Anbietern ist derselbe Auftrag jedoch meist erheblich günstiger zu bekommen. Auch diese Informationen haben wir daher in den Tabellen „Die günstigsten Depotanbieter“, S. 165, sowie „Die Kosten für ETF-Sparpläne“, S. 166 berücksichtigt.

→ Kostenlos-Depots sind rar

Kostenlose Depots ohne Nebenbedingungen bieten (Stand: September 2020) BBBank, Consorsbank, Degussa Bank, Deutsche Bank Maxblue, DKB, ING, NIBC Direct, Onvista Bank, Postbank, Santander Consumer Bank, Targobank (Direkt-Depot), des weiteren die noch neuen Anbieter Gratisbroker, Justtrade, Trade Republic, Scalable und Smartbroker. Andere Häuser knüpfen ein Kostenlos-Depot an Bedingungen, die aber oft leicht erfüllbar sind. Das kann die Einrichtung eines Wertpapier-Sparplans oder eines zusätzlichen Girokontos sein.

Die Anbieter unterscheiden sich aber deutlich mit Blick auf ihre Preismodelle:

- **Flat Fee.** Es gibt Broker, die mit einer Flat Fee arbeiten. Die Gebühr, die die Bank verlangt, ist unabhängig von der Ordergröße, egal ob ETF für 2 000 oder für 20 000 Euro gekauft werden; lediglich die fremden Spesen für die Börsenabwicklung können noch variieren.
- **Mindestgebühr plus prozentuale Gebühr.** Außerdem gibt es viele Direktbanken, die eine fixe Mindestgebühr pro Auftrag plus eine niedrige prozentuale Gebühr berechnen, die vom Ordervolumen abhängt. Meistens gibt es dort auch eine Maximalgebühr bei sehr großvolumigen Aufträgen.

Nach Untersuchungen von Finanztest können Anleger ETF derzeit günstig online über den Smartbroker erwerben. Für jeden Kauf und Verkauf über die Börse verlangt der Smartbroker pauschal 4 Euro. Gerade bei hohen Transaktionssummen lohnt sich das besonders. Hinzu kommen an einigen Börsenplätzen Fremdspesen. Smartbroker ermöglicht an bestimmten Handelsplätzen auch Kostenlos-Orders.

Neue Billigbroker meist mit beschränktem Angebot

Seit 2019 sind neue Brokerage-Anbieter wie Trade Republic, Gratisbroker oder Justtrade an den Markt gegangen, die den Wertpapier- und auch den ETF-Handel ganz oder fast kostenlos nur gegen eine minimale Fremdkostenpauschale anbieten. Die Zahl handelbarer ETF ist bei einigen aber noch nicht so breit wie bei herkömmlichen Brokern. Und Anleger, die die Billigkonditionen nutzen wollen, können ihren Börsenplatz oft nicht frei wählen und müssen eventuell größere Spannen zwischen An- und Verkaufskursen in Kauf nehmen (siehe „Richtig handeln", S. 115). Bei Gratisbroker und Justtrade ist die Mindestordergröße von 500 Euro zu beachten, bei Trade Republic können Anleger bereits ab einem Wertpapier handeln.

Den Übertrag eines bestehenden Depots ermöglichen bisher nur die rein App-basierte Trade Republic, aber nur für Wertpapiere, die dort auch gehandelt werden können, sowie Smartbroker. Bei den anderen Brokern wäre es nur möglich, ein neues Depot zu eröffnen und es sich hier neu zusammenzustellen. Die beiden genannten haben auch ETF-Sparpläne im Programm. Anleger, die mit einem Depot bei den günstigen Brokern liebäugeln, sollten um die Einschränkungen wissen, damit sie keine unangenehmen Überraschungen erleben. Es empfiehlt sich, das Leistungsangebot von Zeit zu Zeit zu prüfen, gut möglich, dass es weiter ausgebaut wird.

Sparplananleger achten auf Angebot und Konditionen

Für Anleger, die keine größere Summe auf einmal aufbringen können oder wollen, sondern über die Zeit Vermögensaufbau mit einem Pantoffel-Sparplan betreiben möchten, geht es darum, den passenden ETF-Sparplan möglichst günstig abzuschließen.

Bei Filialbanken sind ETF-Sparpläne noch immer Mangelware. Mit aktiv gemanagten Fonds, die prozentuale Ausgabeaufschläge und Bestandsprovisionen für den Bankenvertrieb abwerfen, lässt sich für die Banken schlichtweg mehr verdienen. Bankberater preisen ETF daher in den allerseltensten Fällen von sich aus an, da diese kostengünstigen Produkte kaum Erträge für den Vertrieb bringen. Genau darin liegt aus Kundensicht jedoch der Charme. ETF-Anteile im Sparplan sind speziell bei Direktbanken und Onlinebrokern günstig zu bekommen. Wer dort regelmäßig einen ETF-Sparplan füttert, zahlt in aller Regel keine Depotgebühren.

Wichtig bei der Auswahl eines geeigneten Sparplan-ETF sind insbesondere die Orderkosten: Die Depotanbieter haben in den letzten Jahren nicht nur die Zahl der ETF-Sparpläne insgesamt verbreitert. Bei einigen Banken werden auch mehr und mehr ETF im Sparplan kostenlos angeboten. Das liegt daran, dass ETF-Anbieter mit den Direktbanken spezielle Marketingvereinbarungen geschlossen haben, um ETF auch bei Privatanlegern populärer zu machen.

Das sollten Sie unbedingt nutzen, denn im Einkauf liegt bekanntlich der Gewinn. Werden also mehrere ETF auf den von Ihnen ausgewählten Welt-Index im Sparplan angeboten, wählen Sie einfach den ETF, den es im Sparplan kostenlos gibt. Einen Überblick

Gut zu wissen

Viele Arbeitnehmer haben Anspruch auf Vermögenswirksame Leistungen (VL) ihres Arbeitgebers. Sofern der Chef die VL bezuschusst oder sogar komplett übernimmt, erhält man ein Extra zusätzlich zum Gehalt. Daher sollte man VL – je nach Branche gibt es zwischen 6,65 Euro und 40 Euro pro Monat – unbedingt für den Vermögensaufbau nutzen. Erkundigen Sie sich dazu bei Ihrer Personalabteilung. VL lohnen sich für jeden in jeder Lebenslage. Geringverdiener haben zusätzlich Anspruch auf staatliche Förderung.

Noch wenig bekannt: Auch ETF auf Aktien-Indizes, wie den MSCI World, lassen sich fürs VL-Sparen nutzen. VL-Sparen mit Aktien-ETF gibt es vor allem bei Online-Anbietern. Günstige ETF-Sparpläne offerieren zum Beispiel Comdirect und Finvesto. Sie vermitteln ein Depot bei der Fondsbank Ebase – ebenso wie etliche Internet-Fondsvermittler. Von den Filialbanken bietet die Commerzbank VL-Sparpläne mit ETF an. Das Direktdepot ist kostenlos, aber die Kaufkosten für die VL-ETF sind dort relativ teuer.

über leistungsstarke Depotanbieter für Sparpläne finden Sie in der Tabelle „Die Kosten für ETF-Sparpläne" auf S. 166, die aktuellen Tests gegen eine Gebühr unter test.de/etf-sparplan. Doch aufgepasst: Die Angebote sind teilweise befristet, oder die begünstigten ETF können wechseln. Sparer sollten daher regelmäßig überprüfen, ob die Konditionen noch aktuell sind.

Tipp: Manchmal finden Sie auch bei derselben Depotbank einen gleichwertigen Ersatz-ETF eines anderen Anbieters. Sie können dann problemlos den alten Sparplan beenden, einen Sparplan auf den gleichwertigen Ersatz-ETF abschließen und besparen dann diesen weiter. Es ist übrigens nicht nötig, die ETF-Anteile des beendeten Sparplans in den neuen umzuschichten. Das würde nur unnötige Kosten verursachen. Außerdem wird auf etwaige Verkaufsgewinne womöglich Abgeltungsteuer fällig. Besser ist es, die Anteile einfach stehen zu lassen. Wenn Sie Ihr Depot überprüfen, dann müssen Sie den Wert gleichwertiger ETF einfach nur zusammenzählen.

Bei einigen Online-Instituten ist das ETF-Sparen bereits ab 25 Euro pro Monat möglich, ausnahmsweise schon ab 10 Euro (bei Finvesto, hier ist aber das Depot nicht kostenlos). Manche Anbieter setzen eine Mindestsparrate von 50 Euro je ETF-Sparplan voraus. Beträgt die Mindestordergröße bei Ihrer Depotbank 50 Euro, müssen Sie also in der Lage sein, bei der ausgewogenen Variante des Welt-Pantoffels inklusive des Zinsanteils mindestens 100 Euro regelmäßig zu sparen, damit das Konzept aufgeht. Wenn Sie erwägen, den Renditebaustein Ihres Pantoffel-Portfolios mit mehr als einer Komponente zu bestücken, müssen Sie das mit einkalkulieren. Wer die geforderte Mindestrate nicht monatlich aufbringen kann oder möchte, hat bei vielen Brokern auch die Möglichkeit, vierteljährlich zu sparen.

Und noch etwas sollten Anleger beachten, falls der Sparplan nicht kostenlos ist: Je geringer die gewünschte Sparplanrate, desto stärker machen sich Mindestordergebühren bemerkbar. Bei Monatsraten von 50 Euro und mehr sind zumeist niedrige prozentuale Ordergebühren die bessere Wahl als Angebote mit einer festen Ordergebühr.

Übrigens: Auch Ihre Vermögenswirksamen Leistungen (VL) können Sie mithilfe von ETF-Sparplänen investieren. Mehr dazu siehe „Gut zu wissen“ links.

Vor der Order kommt die Angemessenheitsprüfung

Die Depotanbieter sind verpflichtet, eine sogenannte Angemessenheitsprüfung durchzuführen, bevor sie eine Wertpapierorder ausführen. Das gilt auch für den Abschluss von ETF-Sparplänen. Kunden von Direktbanken erhalten einen Warnhinweis, wenn sie mit der Risikoklasse des Wunsch-ETF laut ihren Angaben bei Depoteröffnung noch keine Erfahrung gesammelt haben.

Wer als Filialbankkunde noch keine Erfahrungen mit risikobehafteten Anlagen hat – dazu zählen auch Aktien-ETF –, soll von seinem Bankberater darauf hingewiesen werden. Vorsicht: Filialbank-Berater nehmen das dann vorgeschriebene Beratungsgespräch gern zum Anlass, vermeintlich bessere Anlagealternativen zu unterbreiten – etwa aktiv gemanagte Fonds, die dem Bankvertrieb höhere Provisionen einbringen. Es kommt auch vor, dass bei solchen Gelegenheiten Anlegern Mischfonds als Alternative zum Pantoffel-Sparen empfohlen werden – mit dem Argument, das Pantoffel-Sparen sei aufwendiger, da es üblicherweise aus zwei Komponenten besteht. Mit einem Mischfonds, so die Berater, könnte man mit einem einzigen Produkt im Depot dasselbe Ziel erreichen.

Von derartiger Verkaufsrhetorik sollte man sich nicht verunsichern lassen. Fakt ist, dass Mischfonds scheinbar weniger Arbeit machen. Allerdings handelt es sich um Produkte mit höherer Kostenbelastung sowohl beim Kauf als auch während der Laufzeit. Das zehrt an der Rendite (siehe die Grafik „Besser als Mischfonds“ auf S. 15).

Außerdem müssen sich Anleger die Arbeit machen, die Qualität des erworbenen Mischfonds regelmäßig zu überprüfen – denn sonst laufen sie Gefahr, auf ein Produkt gesetzt zu haben, das in puncto Performance zu wünschen übrig lässt. Das kann einem mit einem ETF bekanntlich nicht passieren, der schneidet immer so gut oder schlecht ab wie sein zugrunde liegender Index.

So wählen Sie die besten Papiere aus

ETF gibt es eine Menge, auch auf denselben Index. Hier erfahren Sie, nach welchen Kriterien Sie sie Schritt für Schritt selektieren. So finden Sie schnell, welche für Sie am besten passen.

Sie haben ein Depot eröffnet, nun geht es daran, es zu bestücken. In den vorangegangenen Kapiteln haben wir uns bereits mit den Märkten und dazugehörenden Indizes beschäftigt. Daher wissen Sie nun vermutlich schon, in welchen Index Sie investieren möchten. Wer den klassischen Welt-Pantoffel haben will, entscheidet sich in der Regel für einen ETF auf den MSCI World Index. Oder wer den Kleinen Tiger-Pantoffel umsetzen will, nimmt einen ETF auf den MSCI All Country World Index (MSCI ACWI). Doch vielleicht sind Sie noch unsicher, welchen konkreten ETF Sie sich denn nun kaufen möchten? Da eine Reihe von ETF-Anbietern für die populären Indizes einen oder auch mehrere ETF anbieten, haben Anleger die Qual der Wahl. Welcher ist der Beste?

Im Grunde könnten Sie ganz einfach einen beliebigen ETF aus der Tabelle „Diese ETF sind 1. Wahl" im Hilfeteil ab S. 168 wählen, da diese von Finanztest als 1.-Wahl-ETF (siehe: „Gut zu wissen", rechts) ausgezeichnet wurden und die Indexentwicklung grundsätzlich gut nachvollziehen. Doch ETF unterscheiden sich zum Teil in ein paar kleinen Details, die für Sie von großer Bedeutung sein können. Wenn Sie die nachfolgenden Fragen durchgehen, grenzen Sie die Auswahl weiter ein und stellen sicher, dass Sie einen ETF kaufen, der gut zu Ihren Vorstellungen passt. Schon am ersten Beispiel, den Ertragsausschüttungen, wird deutlich, warum es sich lohnt, die auf den ersten Blick oft weniger wichtig erscheinenden Aspekte doch frühzeitig zu bedenken.

Frage 1: Regelmäßige Erträge oder Wiederanlage?

Ob die Erträge regelmäßig ausgeschüttet oder wieder angelegt werden sollten, ist eine Frage, die jeder nach persönlichen Präferenzen klären sollte. Klar ist: Sie erhalten als Käufer eines ETF auch Dividenden oder Zinszahlungen. Und die können Sie entweder ansammeln oder sich regelmäßig auszahlen lassen. Wir sprechen hier über kleine Beträge, aber über die Jahre hinweg kommt ganz schön was zusammen. Wenn Sie nun langfristig Vermögen aufbauen wollen und die Zins- und Dividendenzahlungen nicht für den Lebensunterhalt benötigen oder damit lieber die jährliche Urlaubsreise oder Ähnliches finanzieren, ist es ratsam, Zinserträge und Dividendenzahlungen nicht auszahlen zu lassen, sondern sie gleich wieder anzulegen. Dann ist ein thesaurierender ETF für Sie die richtige Wahl. In den Tabellen „Diese ETF sind 1. Wahl" ab S. 168 erkennen Sie diese ETF an dem Symbol Ⓣ, das für thesaurierend steht.

Die Wiederanlage der Erträge erfolgt automatisch, der ETF investiert dann die Erträge wieder. In diesem Fall arbeiten neben dem eingesetzten Kapital auch die Ausschüttungen für Sie. Das ist der sogenannte Zinseszinseffekt. Je länger man die Ausschüttungen ansammelt, desto besser. Ein jährlicher Ertrag von 2,3 Prozent – das entspricht der langfristigen durchschnittlichen Netto-Dividendenrendite des MSCI World Index – sorgt nach 30 Jahren in etwa für eine Verdopplung des eingesetzten Kapitals und nach knapp 50 Jahren gar für eine Verdreifachung. Daher sollte man nicht unterschätzen, was das wieder angelegte Geld „erarbeitet". Zudem erspart die Thesaurierung Zeit und Kosten für den Neuerwerb von ETF-Anteilen. Und da gerade für kleinere Anlagebeträge die Gebührenbelastung beim Wertpapierkauf überproportional zu Buche schlägt, lohnt es sich, in diesem Fall die thesaurierende Variante zu wählen.

Wenn Sie dagegen die Erträge bevorzugt selbst anlegen oder die regelmäßigen Ausschüttungen benötigen, wählen Sie einen ausschüttenden ETF (in den Tabellen erkennen Sie diese am Symbol Ⓐ). Sie erhalten die Erträge dann automatisch auf Ihr Verrechnungskonto überwiesen.

Da in der Regel sowohl ausschüttende als auch thesaurierende ETF zur Wahl stehen, grenzen Sie die Auswahl ein und vergleichen im nächsten Schritt nur noch jene ETF, bei denen die Ertragsverwendung Ihren Bedürfnissen entspricht.

Gut zu wissen

Die Auszeichnung 1. Wahl von Finanztest erhalten nur markttypische ETF, die den jeweiligen Markt in seiner ganzen Breite abbilden. So ist ein Aktien-ETF Welt markttypisch, wenn er zum Beispiel den Weltaktienindex MSCI World abbildet. Achtung: Nicht alle 1.-Wahl-ETF kommen für die Pantoffel-Strategie infrage. Für ein klassisches Welt-Pantoffel-Portfolio eignen sich nur 1.-Wahl-ETF der Fondsgruppe Aktien Welt, nicht aber die ETF einer einzelnen Länder-Fondsgruppe wie zum Beispiel „Aktien Brasilien". Nach welchen Kriterien wir die ETF filtern und beurteilen, können Sie auch detailliert im Internet nachlesen unter test.de/fonds, „Das Fondsrating von Finanztest".

Frage 2: Wie wichtig ist die Konstruktion des ETF?

Es gibt drei gängige Methoden, um einen Index nachzubilden. Die sollten Sie kennen, damit Sie zum einen verstehen, was mit Ihrem Geld hinter den Kulissen passiert, und zum anderen nicht eines Tages überrascht sind, wenn Sie erfahren, dass der ETF-Anbieter möglicherweise andere Aktien oder Anleihen erworben hat, als im Index enthalten sind. Sie lesen richtig: Für einen ETF, sagen wir zum Beispiel auf den Dax, kann ein Anbieter auch italienische oder asiatische Aktien erwerben – allerdings nur, wenn dies in den Bedingungen festgeschrieben und klar kommuniziert ist. Die Rede ist von swapbasierten ETF, für die ein Tauschgeschäft (englisch: Swap) sicherstellt, dass sich der ETF genau wie der jeweilige Index entwickelt. Zu den Details gleich mehr.

Hier nun die drei Konstruktions-Verfahren im Überblick:

1. **Voll replizierend,** auch „full replication“ oder manchmal „physisch“ genannt, ist eine gängige und von vielen Anlegern gesuchte Methodik bei ETF. Dafür werden einfach alle Aktien – oder bei Anleihenindizes die jeweiligen Anleihen – entsprechend ihrer Gewichtung im Index gekauft. Das funktioniert bei Indizes wie dem Dax (30 Aktien) oder Euro Stoxx 50 sehr gut, da diese eine überschaubare Anzahl von Aktien umfassen, die rege gehandelt werden.
2. **Optimiert,** teilweise auch „Sampling“ genannt, wird häufig angewandt, wenn eine vollständige physische Nachbildung, also der Kauf aller Indexwerte, in der Praxis nicht sinnvoll erscheint. Sampling bedeutet übersetzt Stichprobe oder Auswahl und ist in diesem Fall die Lösung. Der ETF-Anbieter kauft nur einen Teil, nämlich jene Aktien oder Anleihen, die die Indexentwicklung gut widerspiegeln. Dazu beachtet er zum Beispiel, dass alle Länder und Regionen genauso gut vertreten sind wie im Index. Der Übergang zu einem voll replizierenden ETF ist fließend.
3. **Synthetische Nachbildung** erfolgt über ein Tauschgeschäft, auf Englisch: Swap, weshalb diese ETF auch als swapbasiert oder Swap-ETF bezeichnet werden. Dabei wird mit dem Geld der Anleger ein Paket Aktien gekauft, das nicht zwingend den Aktien des Index oder des jeweiligen Landes entsprechen muss. Diese Titel werden im Sondervermögen des Fonds verwahrt. Mit einem anderen Marktteilnehmer vereinbart der ETF-Anbieter ein Tauschgeschäft, das die Indexperformance sicherstellt (siehe Grafik „Wertpapier-Leihe und Swap-ETF“ rechts unten). Entwickelt sich der Index besser als die Aktien, die der ETF-Anbieter gekauft hat, gleicht der Swap-Partner die Differenz aus. Laufen dagegen die Wertpapiere im ETF besser, bezahlt der ETF-

Wertpapier-Leihe und Swap-ETF

Die obere Grafik zeigt, was hinter den Kulissen passiert, wenn Fonds Wertpapiere verleihen. Im unteren Teil sehen Sie die synthetische Nachbildung von ETF, sogenannte Swap-ETF.

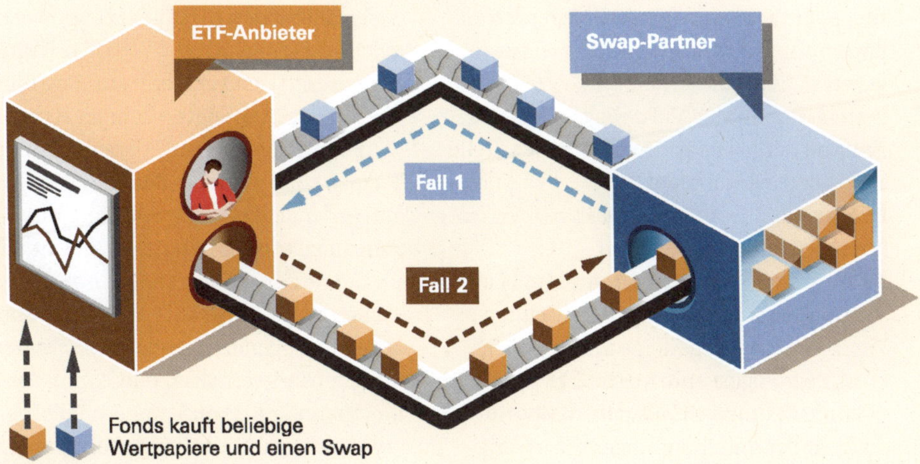

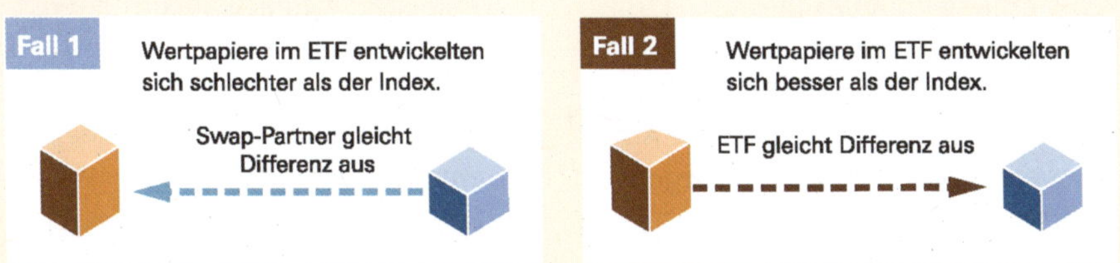

Anbieter dem Swap-Partner die Differenz. Swapbasierte ETF werden sowohl auf exotische Aktienmärkte als auch gängige Indizes wie Dax, Euro Stoxx oder S&P angeboten.

Da Swap-ETF ebenso strengen Regeln unterliegen wie physisch nachbildende ETF, die alle Aktien des jeweiligen Index kaufen, empfehlen wir auch diese Methode. Zum Teil existieren nur optimierte ETF, teils werden aber auch – wie zum Beispiel bei ETF auf Dax, Euro Stoxx & Co – sowohl voll replizierende als auch Swap-ETF angeboten. Dann können Sie ganz nach Ihren persönlichen Vorlieben wählen und so die Auswahl weiter einschränken.

Folgen Sie jedoch nachhaltigen Anlagegrundsätzen, müssen Sie an dieser Stelle aufpassen. Denn swapbasierte ETF bilden zwar den Index ab, im Basisportfolio des ETF-Anbieters können aber Titel landen, die nicht den strengen Anlagegrundsätzen nachhaltiger Investoren gerecht werden.

Frage 3: Sollte man den ETF mit den niedrigsten Gebühren wählen?
Nicht unbedingt. Gleich vorweg: Wir sprechen hier über einen Aspekt, der bei der ETF-Auswahl nicht oberste Priorität hat. Wenn Ihnen also das kleinteilige Überprüfen und Vergleichen verschiedener ETF lästig ist, wählen Sie einfach ein Papier aus, ohne auf den Gebührenaspekt zu achten. Im Vergleich zu den Kosten aktiv gemanagter Fonds sind die Gebühren bei ETF ohnehin mickerig. Viel wichtiger ist, dass Sie überhaupt investieren und nicht an kleinen Details verzweifeln, die man kennen kann, die aber bei ETF eher nachrangig sind. Wenn Sie also beim Vergleich feststellen, dass ein ETF, der in Bezug auf die Dividendenausschüttungen Ihren Vorstellungen entspricht, etwas höhere Gebühren als andere ETF aufweist, dann sollten Sie auf jeden Fall dem Dividendenaspekt den Vorrang geben.

Doch wer es ganz gründlich angehen will, muss ins Internet, um anhand der aktuellen Entwicklung Performance und Gebühren zu vergleichen. Dabei gilt es aber einiges zu bedenken. Bekanntlich gilt, je höher die Gebühren, desto weniger bleibt am Ende übrig. Daher wäre es nur logisch, den ETF zu kaufen, der die niedrigsten Kosten ausweist. Aber ganz so einfach ist die Sache nicht. Denn in der Praxis können Anbieter mit höheren ausgewiesenen Kosten im Vergleich genauso gut abschneiden wie Häuser mit niedrigeren Kosten.

Dies ist beispielsweise möglich, indem sie effizient wirtschaften oder Wertpapierleihe betreiben. Dabei werden aus dem Fondsvermögen für kurze Zeit Aktien an andere Marktteilnehmer verliehen – gegen eine Leihgebühr, die nach Abzug der Verleihkosten dem Fonds zugutekommt (siehe auch Grafik S. 111 oben). Am Rande angemerkt: Wertpapierleihe ist keine Besonderheit von ETF, sie wird auch bei aktiv gemanagten Fonds praktiziert. Manche ETF-

Häuser verzichten aber ganz auf die Wertpapierleihe. Generell bringt sie geringe Erträge, ist jedoch für ETF-Anbieter eine Möglichkeit, die Performance zu verbessern und im Konkurrenzkampf zu punkten.

Professionelle Investoren achten nicht wirklich auf die auf dem Papier ausgewiesenen Kosten, sondern auf das Ergebnis. Dafür haben sie natürlich wieder ein schönes Fachwort, das man als Otto-Normalanleger vielleicht mal gehört hat, aber nicht wirklich kennen muss: Tracking-Differenz. Sie zeigt, wie stark die Rendite des ETF vom jeweiligen Index abweicht.

Frage 4: Ist ein ETF mit der Fondswährung Euro oder Dollar besser?

Kurz gesagt: Die Fondswährung spielt keine Rolle. Wenn Sie nach ETF auf den MSCI World im Internet suchen, fällt Ihnen vermutlich auf, dass als Fondswährung bei einigen ETF US-Dollar, bei anderen Euro angegeben ist. Diese Information können Sie ignorieren, denn die Fondswährung wird, falls es sich um eine Fremdwährung handelt, für Sie als Anleger beim Kauf oder Verkauf auf Euro umgerechnet. Ein Wechselkursrisiko haben Sie dadurch nicht. Sie kommen immer zum gleichen Ergebnis, ganz unabhängig, ob die Fondswährung auf Euro oder Dollar lautet (siehe Grafik „Fondswährung versus Währungsrisiko“, S. 114 oben). Für ein Wechselkursrisiko ist ausschlaggebend, welche Papiere im ETF liegen – darum geht es in der nächsten Frage.

Gut zu wissen

Kürzel verstehen. Die Namen vieler ETF wirken auf den ersten Blick wie ein Buch mit sieben Siegeln. Die Macher von ETF haben vermutlich keine Gedanken daran verschwendet, ob die Namen ihrer Papiere verständlich sind. Ursprünglich wurden ETF ja bekanntlich für professionelle Investoren produziert – und die wissen, was hinter den kryptischen Kürzeln steckt.

Zum Glück sind die Namen systematisch aufgebaut. Zuerst steht der Anbieter, dann folgt der Name des Index, den der ETF abbildet, der Begriff UCITS zeigt an, dass der ETF EU-Recht gehorcht, und am Ende folgen Details, die Hinweise auf die Ertragsverwendung und die Fondswährung etc. geben.

Frage 5: Habe ich ein Wechselkursrisiko und kann ich es reduzieren?

Weltweit anlegende ETF kaufen Aktien aus unterschiedlichen Ländern. Damit gehen Sie als Anleger neben dem Aktienkurs- auch ein Währungsrisiko ein, ganz egal, ob der Fonds in Euro oder Dollar notiert (siehe Grafik „Fondswährung versus Währungsrisiko“, S. 114 unten). Rund 90 Prozent der Aktien im MSCI World werden nicht in Euro gehandelt,

Fondswährung versus Währungsrisiko

Die obere Grafik verdeutlicht, warum die Fondswährung keine Rolle spielt. Dagegen haben Anleger ein Währungsrisiko (siehe Beispielrechnung unten), wenn sie – direkt oder indirekt über einen ETF – in internationale Aktien investieren.

Fonds A Fondswährung: EUR | **Fonds B** Fondswährung: USD

Hält eine Euroland-Aktie im Wert von 10 Euro.

Tag 1: Wechselkurs liegt bei 1 US-Dollar = 0,9 Euro.

Fonds A	Fonds B
Fonds notiert in Euro.	Fonds notiert in US-Dollar und rechnet fondsintern die 10 Euro in US-Dollar um.
Anteilspreis 10 Euro	**Anteilspreis** 10/0,9 = 11,1 US-Dollar
	Bank des Anlegers weist Dollar-Positionen in Euro aus.
Wert des Fonds 10 Euro	**Wert des Fonds** 11,1 × 0,9 = 10 Euro

Fonds A Fondswährung: EUR | **Fonds B** Fondswährung: USD

Hält eine Euroland-Aktie im Wert von 10 Euro.

Tag 2: Wechselkurs liegt bei 1 US-Dollar = 1,1 Euro. Der Euro hat gegenüber dem Dollar abgewertet.

Fonds A	Fonds B
Fonds notiert in Euro.	Fonds notiert in US-Dollar und rechnet fondsintern die 10 Euro in US-Dollar um.
Anteilspreis 10 Euro	**Anteilspreis** 10/1,1 = 9,09 US-Dollar
	Bank des Anlegers weist Dollar-Positionen in Euro aus.
Wert des Fonds 10 Euro	**Wert des Fonds** 9,09 × 1,1 = 10 Euro

Fazit Im Depot des Anlegers entspricht der Wert von **Fonds A** immer dem Wert von **Fonds B**, obwohl sie unterschiedliche Fondswährungen haben. Da beide Fonds in eine Euroland-Aktie investieren, besteht bei beiden kein Währungsrisiko.

Fonds A Fondswährung: EUR | **Fonds B** Fondswährung: USD

Hält eine amerikanische Aktie im Wert von 10 USD.

Tag 1: Wechselkurs liegt bei 1 US-Dollar = 0,9 Euro.

Fonds A	Fonds B
Fonds notiert in Euro und rechnet fondsintern die 10 US-Dollar in Euro um.	Fonds notiert in US-Dollar.
Anteilspreis 10 × 0,9 = 9 Euro	**Anteilspreis** 10 US-Dollar
	Bank des Anlegers weist Dollar-Positionen in Euro aus.
Wert des Fonds 9 Euro	**Wert des Fonds** 10 × 0,9 = 9 Euro

Fonds A Fondswährung: EUR | **Fonds B** Fondswährung: USD

Hält eine amerikanische Aktie im Wert von 10 USD.

Tag 2: Wechselkurs liegt bei 1 US-Dollar = 1,1 Euro. Der Euro hat gegenüber dem Dollar abgewertet.

Fonds A	Fonds B
Fonds notiert in Euro und rechnet fondsintern die 10 US-Dollar in Euro um.	Fonds notiert in US-Dollar.
Anteilspreis 10 × 1,1 = 11 Euro	**Anteilspreis** 10 US-Dollar
	Bank des Anlegers weist Dollar-Positionen in Euro aus.
Wert des Fonds 11 Euro	**Wert des Fonds** 10 × 1,1 = 11 Euro

Fazit Im Depot des Anlegers entspricht der Wert von **Fonds A** immer dem Wert von **Fonds B.** Da beide Fonds in eine US-Aktie investieren, besteht bei beiden ein Währungsrisiko. Anleger profitieren bei beiden Fonds gleichermaßen von der Abwertung des Euro, ihr Fondsanteil ist jetzt 11 statt 9 Euro wert.

sondern vornehmlich in US-Dollar, da der Anteil der US-Aktien im Index sehr hoch ist.

In dem Moment, in dem Sie den Fonds kaufen, werden die Aktien entsprechend ihrer Gewichtung im Index in den jeweiligen Ländern erworben, sprich die amerikanischen Aktien werden in US-Dollar bezahlt, die britischen in Pfund, die schweizerischen in Franken. Davon bekommen Sie als Anleger nichts mit, denn der Kauf des ETF wird in Euro abgerechnet und das Geld von Ihrem Konto abgebucht.

Doch Wechselkursveränderungen wirken sich auf den Wert Ihres Vermögens aus. Angenommen, der Index bleibt unverändert und der Dollar fällt, nachdem Sie den ETF gekauft haben. Dann fällt auch der Wert Ihres ETF. Umgekehrt können Sie auch von einem Wechselkursanstieg profitieren.

Am Markt existieren auch ETF mit Währungssicherung, sie tragen den Zusatz „hedged“ und eliminieren das Wechselkursrisiko. Dafür sind sie aber teurer in der Verwaltung, und die Absicherungskosten können die Rendite zusätzlich schmälern. Finanztest rät nicht zu währungsgesicherten ETF, da sich Wechselkursschwankungen im Laufe der Zeit ausgleichen. Das Risiko sollten Sie daher nicht überbewerten und bedenken, dass im Pantoffel-Portfolio ja auch ein Teil des Vermögens in Euroanlagen steckt, und die sind vor Wechselkursschwankungen gefeit.

Richtig handeln beim ETF-Kauf

Wenn Sie ein Papier ausgewählt haben, bedarf es nur ein paar Mausklicks, und der ETF landet in Ihrem Depot. Einen Börsenauftrag zu erteilen ist nicht kompliziert.

→ **Fast geschafft,** jetzt fehlt nur noch der Auftrag für den Kauf. Der ETF soll nun endlich im Depot landen, damit sich das Geld mehren kann. Bei einer Filialbank können Sie den Kauf vor Ort erledigen, ansonsten können Sie telefonisch oder elektronisch ordern. Ersteres, die Abwicklung über die Bankfiliale, ist mit höheren Kosten verbunden. Sie können in die Filiale gehen oder Ihren Berater anrufen und ihm mitteilen, welche ETF Sie kaufen wollen. An dieser Stelle versuchen viele Berater gerne, Sie von

Ihrem Konzept abzubringen, und wollen Ihnen andere Papiere empfehlen, die für die Bank einträglicher sind. Lassen Sie sich nicht irritieren und bestehen Sie darauf, dass Sie genau das von Ihnen ausgewählte Papier erwerben möchten. Die Bank wird in den Unterlagen vermerken, dass Sie das Papier auf eigenen Wunsch ohne Beratung kaufen. Das ist vollkommen in Ordnung.

Haben Sie hingegen ein Depot bei einem Onlinebroker, können Sie das unkompliziert und bequem zu Hause am Computer erledigen. Haben Sie sich online angemeldet, gibt es in der Regel mehrere Möglichkeiten, einen Wertpapierauftrag zu erteilen: Sie können zuerst den ETF eingeben, um mehr Informationen, wie zum Beispiel die Kursentwicklung, zu sehen. Klicken Sie an der Stelle auf „kaufen“, erscheint die Ordermaske wie ein Formular, das Sie ausfüllen müssen. Sie können aber auch direkt „Wertpapierauftrag“ (je nachdem bei welcher Onlinebank, kann dies auch „Kaufauftrag“ oder „Börsenorder“, etc. heißen) anklicken und dann den ETF-Namen oder die Isin eintippen.

Nun sehen Sie einige Felder, wie zum Beispiel die Stückzahl, die Sie auf jeden Fall ausfüllen müssen. Andere sind zum Teil optional oder schon ausgefüllt, können aber verändert werden. Wir besprechen hier alle für Sie relevanten Felder, damit Sie im Anschluss problemlos einen Auftrag erteilen können.

Anlagesumme errechnen

Zuerst zur Stückzahl. Sie möchten zum Beispiel 14000 Euro in einen ETF auf den MSCI World investieren. Für den Kauf der Anteile wird aber nicht der Betrag eingegeben, sondern die Stückzahl. Also müssen Sie kurz rechnen. Bei einem Kurs von 56 Euro für den MSCI-World-ETF wären es 250 Anteile (14000 : 56), also Anlagesumme dividiert durch den Kurs.

250 ETF-Anteile sind eine Näherung, denn zum einen kommen hier noch die Gebühren der Banken und Börsen hinzu und zum anderen kennen Sie den exakten Abrechnungskurs vorher nicht unbedingt. Dazu gleich mehr. Sie sollten aber wissen, dass

---

Die Isin (International Securities Identification Number) ist eine zwölfstellige Kombination von Buchstaben und Zahlen, um Wertpapiere genau zu kennzeichnen. Jedes Wertpapier, also auch jeder ETF, hat eine eigene Isin. Teilweise sehen Sie noch eine sechsstellige Wertpapier-Kennnummer (WKN), sie war früher Standard in Deutschland und verliert zunehmend an Bedeutung.

Sie für den Abrechnungspreis eine Obergrenze (Limit) festlegen und/oder ein paar Anteile weniger ordern können oder etwas mehr als 14 000 Euro aufbringen müssen, falls noch Gebühren hinzukommen.

Wie hoch diese sind, hängt von Ihrer Bank und dem gewählten Handelsplatz ab. Denn genauso wie jede Bank ihr eigenes Gebührenmodell hat, ist dies auch bei den Handelsplätzen der Fall. Teilweise fallen Pauschalgebühren an, teils gar keine Kosten, zum Teil werden die Gebühren prozentual nach Umsatz berechnet oder die Modelle gemischt. Betreiben Sie an der Stelle nicht zu viel Aufwand, denn Sie können auch den Abrechnungskurs nicht 100-prozentig vorhersagen, da sich dieser laufend ändert.

→ Bei kleineren Beträgen

Wenn Sie 1 000 Euro oder weniger zur Verfügung haben und häufiger ein wenig Geld beiseitelegen wollen, sollten Sie einen Sparplan in Erwägung ziehen. Die Gebühren für den Kauf sind dann geringer als für gewöhnliche Aufträge, und Sie müssen auch nicht jeden Monat investieren.

Limit wählen

Viel wichtiger als die Gebühren ist beim Einmalkauf der Abrechnungskurs. Diesen kennt man in der Regel bei einem Börsenauftrag vorher nicht, kann aber die letzten gehandelten Preise sehen oder ein Limit vorgeben. Das ist der maximale Preis, den man bereit ist, pro ETF-Anteil zu bezahlen. Dieses Feld sollte in der Ordermaske niemals leer bleiben, denn es gibt immer eine Marke, die Sie finanziell nicht überschreiten wollen. Läuft es blöd und ein anderer Marktteilnehmer hat einen Verkauf mit einem hohen Limit abgegeben, kann sonst der unlimitierte Kaufauftrag zu diesem hohen Kurs abgerechnet werden. Das würde bedeuten, dass möglicherweise statt der in unserem Beispiel angedachten 14 000 Euro deutlich mehr vom Konto abgebucht würde. Daher gilt: Kein Auftrag ohne Limit!

Doch welches Limit sollte man wählen? Dazu orientiert man sich am besten an den zuletzt genannten Kursen oder den aktuellen Kursindikationen, die Ihnen von den Börsen angezeigt werden.

Tagsüber sehen Sie häufig zwei Kurse, den An- und den Verkaufskurs. Das kann zum Beispiel so aussehen: 55,64 – 55,76 Euro und bedeutet, Sie können den ETF zu 55,64 Euro verkaufen, für einen Kauf müssen Sie aber 55,76 Euro pro Anteil bezahlen. Die An- und Verkaufsspanne von 12 Cent (55,76–55,64) nennen die Profis Spread, das sind quasi Kosten, die zu Lasten des Anlegers gehen. Für ganz langfristig orientierte Anleger fallen die paar Cent kaum ins Gewicht, weshalb sie eher zu vernachlässigen sind.

Sollten Sie jedoch am Abend oder frühen Morgen die Kurse beobachten und erwägen, einen Auftrag zu erteilen, werden Sie feststellen, dass die Spanne breiter ist als tagsüber. Daher sollten Sie es besser vermeiden, am frühen Morgen oder späten Abend zu handeln.

Viele Onlinebroker bieten zwar an, dass sie von 8 bis 22 oder gar 23 Uhr Aufträge ausführen. Doch das Gros der Marktteilnehmer ist nur zwischen 9 und 17.30 Uhr aktiv. In dieser Zeit sind die Spreads, die Spannen zwischen den An- und Verkaufskursen, enger als vorher und nachher, da während der Haupthandelszeit viel mehr Gebote vorliegen. Und das bedeutet bessere Konditionen für Sie als Anleger!

iNAV verstehen

Schnelle, starke Kurseinbrüche gibt es an den Aktienmärkten immer wieder. Sie gehören genauso zur Börse wie steigende Kurse. Während der Korrektur kann es bei ETF phasenweise sogar zu überproportionalen Ausschlägen kommen. Davon bekommen die meisten Anleger nichts mit, da diese meist nur wenige Minuten dauern (siehe auch „Verstärken ETF einen Crash?“, S. 162). Daher sollten Sie in besonders hektischen Marktphasen nicht panisch verkaufen.

Denn Panik ist – ebenso wie Gier – kein guter Ratgeber. Damit Sie in turbulenten Börsenphasen aber wissen, wie hoch der Wert Ihres ETF tatsächlich ist, sollten Sie den Nettoinventarwert kennen, kurz NAV (Net Asset Value). Das ist der echte Wert eines ETF-Anteils. Um ihn zu ermitteln, wird das gesamte Vermögen des ETF durch die Anzahl der bestehenden Anteile dividiert. Dieser offizielle Wert wird aber nur einmal täglich ermittelt und veröffentlicht.

Einmal pro Tag reicht natürlich vielen Investoren nicht, verändert sich der Kurs der einzelnen Wertpapiere doch ständig. Da die Zusammensetzung eines Index kein Geheimnis ist und die ETF-Anbieter, aber auch andere Marktteilnehmer, diese kennen, können sie den Wert eines ETF kontinuierlich berechnen. Die Profis nennen diesen Wert iNAV, zu Deutsch: indikativer Nettoinventarwert.

Insbesondere wenn Sie größere Summen investieren, sollten Sie auf den iNAV achten. Weicht der Kurs eines ETF signifikant vom iNAV ab, ist das ein Zeichen, dass etwas nicht stimmt. Das kann ein technisches Problem sein, häufig stellt sich aber heraus, dass Abweichungen auf Kursturbulenzen zurückzuführen sind.

Schwanken die Aktienkurse nämlich zu stark, wie zuletzt im Corona-Crash, kann an der Börse der Handel einzelner Aktien unterbrochen werden. Für die Berechnung des iNAV steht dann aber kein aktueller Wert zur Verfügung. In diesen Phasen, die selten und von kurzer Dauer sind, sollten Sie als strategischer Langfristanleger besser nicht handeln, sondern in Ruhe abwarten, bis sich der Sturm gelegt hat.

▶ **Die Deutsche Börse** ermittelt für die auf Xetra gehandelten ETF den iNAV fortlaufend, den aktuellen Wert finden Sie auf der Internetseite boerse-frankfurt.de.

Handelsplätze kennen

Die Onlinebanken bieten die Möglichkeit des Direkthandels an, was den Vorteil hat, dass Sie Ihren Abrechnungskurs sehen und sofort zu diesem kaufen können. So lässt sich der Kapitaleinsatz klar kalkulieren. Der Nachteil: Sie bezahlen meist einen etwas höheren Spread, insbesondere wenn Sie nach Feierabend noch einen Auftrag erteilen, wenn die professionellen Investoren nicht aktiv sind. Anstatt den Auftrag an eine traditionelle Börse weiterzuleiten, wird hier ein fester Kurs angeboten, zu dem Sie die ETF-Anteile erwerben können. Akzeptieren Sie das Angebot, wird sofort abgerechnet. In der Ordermaske der Onlinebanken finden Sie häufig diese Variante oder eine bestimmte Regionalbörse voreingestellt. Der angegebene Handelsplatz ist nicht zwingend der beste, und Sie können ihn für jeden Auftrag ändern.

Was Sie bei der Auswahl des Börsenplatzes aber vermeiden sollten, ist die von manchen Banken angebotene Möglichkeit „Emittent". Dann würde der Auftrag an den ETF-Anbieter weitergeleitet werden, was den ETF-Erwerb verzögert und zusätzliche Kosten verursachen kann. ETF werden über die Börse gehandelt, damit das Geschäft schnell und effizient abgewickelt werden kann. Die Fondsgesellschaft selbst legt den ETF zwar auf, hat aber mit der Abrechnung von einzelnen Aufträgen von Privatanlegern nichts zu tun. Um einen liquiden Handel an der Börse, sprich, dass Sie den ETF jederzeit kaufen und verkaufen können, kümmern sich sogenannte Marketmaker. Sie sorgen auch dafür, dass an der Börse der Preis des ETF möglichst dem Wert des zugrunde liegenden Index entspricht. Daher gehören ETF-Aufträge an die Börse.

Des Weiteren können Sie für Ihren Auftrag festlegen, wie lange dieser gültig sein soll. Mehrere Tage oder Wochen sind ratsam, wenn Sie zum Beispiel bei einem Kaufauftrag ein Limit gewählt haben, das unterhalb des aktuellen Kurses liegt, und daher die Order möglicherweise nicht taggleich abgerechnet werden dürfte.

→ Interessante Auktionen

Versierte Privatanleger und professionelle Investoren wählen bei ihren Aufträgen gerne als Börsenplatz Xetra und bei den Orderzusätzen „Auction only". Xetra ist der größte Handelsplatz für ETF, dort werden die meisten und größten Geschäfte getätigt. Für Privatanleger ist es ratsam, ein Limit und den Zusatz „nur Auktion", teils „Auction only" genannt, anzugeben. Für die Auktionen, die mehrmals täglich stattfinden, werden Kauf- und Verkaufsaufträge gesammelt und zu einem einheitlichen Kurs abgerechnet. So treffen sich Käufer und Verkäufer in der Mitte, und der Spread entfällt. Dafür kennt man den genauen Abrechnungskurs nicht vorher.

In fünf Minuten zum ETF-Sparplan

Regelmäßig Geld in einen Sparplan zu stecken zahlt sich aus. Doch wie geht das in der Praxis? Worauf sollte man achten?

Sie haben sich entschlossen, einen ETF-Sparplan für das Pantoffel-Portfolio abzuschließen? Das geht schneller, als Sie denken. Wenn Sie wissen, welchen Sparplan Sie wählen, ist das binnen weniger Minuten erledigt. Erste Voraussetzung: Sie besitzen ein Depot, in dem die Wertpapiere verwahrt werden. Das haben Sie an dieser Stelle vermutlich bereits oder schon einen Onlinebroker oder eine Direktbank im Visier. Die Übersichtstabelle „Die Kosten für ETF-Sparpläne" auf S. 166 im Hilfeteil erleichtert Ihnen die Entscheidung, Sie sehen dort, wie hoch die Kosten pro Auftrag sowie die jährlichen Kosten der einzelnen Anbieter sind. Folgen Sie dem Motto: je günstiger die Konditionen für den ETF-Sparplan, desto besser.

Denn die jährlichen Gebühren für den Sparplan können schnell überproportional zu Buche schlagen und das Modell ad absurdum führen. Für eine monatliche Sparrate von 50 Euro verlangt der teuerste Anbieter 19,27 Euro jährlich, was bei 600 Euro Sparrate (12 x 50 Euro) stolzen 3,2 Prozent entspricht. Eindeutig zu viel! Hier sollten Sie einen anderen Anbieter wählen, der günstige Konditionen bietet, nach Möglichkeit einen kostenfreien ETF-Sparplan.

Ganz unabhängig davon, ob Sie 50, 100 oder 500 Euro regelmäßig sparen wollen: Suchen Sie zuerst einen günstigen Anbieter und prüfen dann im zweiten Schritt, welche ETF mit der Finanztest-Wertung „1. Wahl" zur Verfügung stehen. Wählen Sie unter diesen einen aus – für den Welt-Pantoffel einen ETF auf den MSCI World.

Berücksichtigen Sie die Auswahlkriterien für die zu Ihren Bedürfnissen passenden ETF wie die Wiederanlage von Erträgen, etc. (siehe „So wählen Sie die besten Papiere aus", S. 109), aber beharren Sie nicht zu sehr auf den einzelnen Punkten. Manche Banken bieten eine kostenlose Wiederanlage der Ausschüttungen an, weshalb es nachrangig ist, ob Sie einen thesaurierenden oder ausschüttenden ETF wählen.

Nun geht es an die praktische Umsetzung. Melden Sie sich mit Ihren persönlichen Zugangsdaten bei Ihrer Direktbank oder dem Onlinebroker an, um den Sparplan einzurichten. Um das Auswahlangebot

Checkliste

So richten Sie den Sparplan ein

☐ **Anlagebetrag/Sparrate.** Geben Sie hier die Summe an, die Sie regelmäßig sparen wollen. Achten Sie dabei auf die Mindestsparrate, die Ihr Depotanbieter vorschreibt. 50 Euro sind gängig, bei etlichen Brokern gibt es Sparpläne schon ab 25 Euro und ganz selten ab 10 Euro pro Rate. Möchten Sie ein Pantoffel-Modell mit mehr als einem Aktien-ETF umsetzen, sollten Sie beachten, dass die Mindestsparraten pro Sparplan gelten: Bei zwei zu besparenden ETF müssen Sie dann unter Umständen monatlich 100 Euro in den Renditebaustein stecken können. Hinzu kommt die Rate für den Sicherheitsbaustein. Sind Sie nicht sicher, ob Sie sich das leisten können, ist das kein Problem: Sie können dann in längeren Intervallen als monatlich sparen.

☐ **Frequenz/Sparintervall.** Monatliche Sparpläne sind weit verbreitet, doch nicht jeder kann jeden Monat einen festen Betrag zur Seite legen. Daher sollten Sie den Sparplan ganz nach Ihren Bedürfnissen gestalten. So können Sie auch quartalsweise, halbjährlich oder einmal jährlich in den Sparplan einzahlen, zum Beispiel wenn Sie einen Bonus, Urlaubs- oder Weihnachtsgeld erhalten. Wenn für Ihren Sparplan eine Mindestgebühr für jede Ausführung anfällt und Sie monatlich nur 25 oder 50 Euro sparen, kann es sich unter Gebührenaspekten lohnen, die Sparraten auf dem Verrechnungskonto anzusammeln, um dann weniger oft einen höheren Betrag in den Sparplan einzuzahlen.

☐ **Ausführungszeitpunkt.** In der Regel werden am 1. oder am 15. eines Monats die Sparpläne ausgeführt. Wenn Ihr Arbeitgeber das Gehalt zum Beispiel am Ende eines Monats überweist, wählen Sie den 1. des Folgemonats. Für den Sparplan muss das Geld schon am Tag vorher auf dem Konto liegen, von dem es abgebucht wird. Das ist vor allem wichtig, wenn Sie bei einer anderen Bank einen Dauerauftrag einrichten, um regelmäßig Geld für den Sparplan zu überweisen.

Checkliste

- ☐ **Laufzeit.** Hier tragen Sie ein, ab wann Sie erstmalig die festgelegte Sparrate einzahlen wollen. Das funktioniert natürlich nicht rückwirkend, sondern nur für die Zukunft. Teilweise bieten die Onlinebroker ein Enddatum an. Sollten Sie also schon wissen, dass Sie nur einen begrenzten Zeitraum sparen können, dann können Sie das schon beim Start oder auch später vermerken.
- ☐ **Verrechnungskonto/Bankverbindung.** Hier wählen Sie entweder das bei der Onlinebank geführte Konto oder ein externes bei einer anderen Bank, von dem die Sparrate abgebucht werden soll.

für ETF-Sparpläne zu finden, gibt es keine einheitliche Vorgehensweise, da jeder Onlinebroker seine Internetseite individuell gestaltet. Alle Seiten sind jedoch mehr oder weniger selbsterklärend. Meist sind Sparpläne unter einem der Menüpunkte Produkte, Sparen, Anlegen oder Order Manager zu finden. Wenn das nicht klappt, tippen Sie einfach im Suchfeld „Sparplan“ oder „ETF-Sparplan“ ein. Kommen Sie auch so nicht weiter, kontaktieren Sie die Kunden-Hotline.

In aller Regel können Sie dann auf „Sparplan starten“ oder „Sparplan eröffnen“ klicken, und schon sind Sie mittendrin. Nur noch ein paar Detailinformationen, und Sie haben es geschafft. Die erforderlichen Angaben sind schnell gemacht, die Fragen sind mehr oder weniger selbsterklärend. Tipps und Anregungen, wie Sie idealerweise vorgehen, finden Sie in der Checkliste „So richten Sie den Sparplan ein“, S. 121.

Bei einigen Onlinebanken werden Sparziele abgefragt, wie zum Beispiel, ob Sie das Geld für eine Urlaubsreise oder eine Immobilie ansparen wollen, oder Sie müssen einen Namen für den Sparplan eintragen. Das erleichtert den Überblick, wenn man gleichzeitig mehrere Verträge bespart.

Zum Teil können die Sparraten automatisch jedes Jahr erhöht werden. Diese Option ist aber für einen Pantoffel-Sparplan weniger geeignet, denn wenn sich der Renditeteil erhöht, sollten Sie auch den Sicherheitsbaustein entsprechend anpassen. ETF-Sparpläne sind in der Regel sehr flexibel, die meisten Anbieter ermöglichen eine Änderung der Sparrate oder Frequenz. Falls das Geld mal nicht reicht, können Sie den Sparplan pausieren oder beenden. Vergessen Sie nur nicht, wieder einzusteigen oder neu zu starten, wenn es die finanziellen Mittel wieder erlauben.

Das Pantoffel-Portfolio richtig versteuern

In Deutschland gelten für Kapitalanlagen die Regeln der Abgeltungsteuer. Sie greifen auch, wenn Sie Erträge aus Ihrem Pantoffel-Portfolio erzielen.

Ein Viertel für den Fiskus – auf diese Kurzformel lassen sich die Regeln der Abgeltungsteuer auf Kapitalerträge herunterbrechen. Was simpel klingt, ist in Wirklichkeit natürlich etwas komplizierter. Zum einen gelten nicht für alle Geldanlagen die gleichen Steuerregeln. Zum anderen ist es mit dem Abgeltungssatz von 25 Prozent allein noch nicht getan.

Daher müssen deutsche Kapitalanleger wie folgt kalkulieren: Auf Zinsen, Dividenden und Kursgewinne mit Wertpapieren, zu denen auch Fonds und ETF zählen, werden seit 2009 hierzulande pauschal 25 Prozent Abgeltungsteuer fällig – und nicht der persönliche Steuersatz in Höhe von derzeit bis zu 42 Prozent (beziehungsweise 45 Prozent – sogenannte „Reichensteuer"). Ein Ausnahme können Gold-ETC sein (siehe S 96). Zusätzlich gehen 5,5 Prozent der Steuer als Solidaritätszuschlag ab. Der Abzug beträgt unter dem Strich also 26,38 Prozent.

Für Kirchenmitglieder kommen, je nach Bundesland, noch 8 oder 9 Prozent Kirchensteuer hinzu, macht dann also eine Gesamtbelastung von 27,82 Prozent oder 27,99 Prozent. Die inländischen Banken ziehen die Abgeltungsteuer plus Solidaritätszuschlag und etwaige Kirchensteuer automatisch für ihre Kunden ab und leiten sie an den Fiskus weiter. Anleger können dem Abzug der Kirchensteuer durch ihre Bank beim Bundeszentralamt für Steuern (BZSt) in Bonn widersprechen. Sie stehen dann aber in der Pflicht, die Kirchensteuer über die jährliche Steuererklärung selbst anzugeben – und haben mehr Arbeitsaufwand.

Die Grundregeln der Abgeltungsteuer

Die Abgeltungsteuer ist eine besondere Art der Quellensteuer: Sofern Ihre Depotbank ihren Sitz in Deutschland hat, zieht sie 25 Prozent der Erträge plus Soli und eventuell Kirchensteuer ab und leitet sie ans Finanzamt weiter, bevor sie Ihnen den Rest überweist. Führen Sie Ihr Wertpapierdepot dagegen bei einer Bank oder einem Broker im Ausland, müssen Sie sich selbst um die korrekte Versteuerung Ihrer Kapitalerträge in Deutschland kümmern und sie in Ihrer Steuererklärung angeben. Wer das „vergisst", fliegt schnell auf: Mehr als 100 Staaten rund um den Globus beteiligen sich am automatischen Austausch von Finanzdaten der Organisation für wirtschaftliche Zusammenarbeit und Entwicklung (OECD). Dabei erhalten die Finanzbehörden im Wohnsitzland der Anleger insbesondere Informationen über Zinserträge, Dividenden sowie Kontostände und Erlöse aus dem Verkauf von Vermögenswerten.

Günstigerprüfung bei niedrigem Einkommen

Als Anleger mit deutschem Wohnsitz müssen Sie Ihre Kapitalerträge hierzulande versteuern, auch wenn Sie Erträge im Ausland erzielen. Wichtig: Im Folgenden gehen wir davon aus, dass Sie Ihr Depot im Inland führen und hier unbegrenzt steuerpflichtig sind.

Die Steuerschuld auf Ihre Kapitalerträge ist mit dem 25-Prozent-Abzug durch die Depotbank grundsätzlich abgegolten, wie es der Name Abgeltungsteuer schon sagt. Eine Steuererklärung über die Kapitalerträge sollte seither eigentlich nicht mehr nötig sein. Haben Sie aber sonst einen nicht sonderlich hohen Verdienst, kann es sich für Sie lohnen, Ihre Kapitalerträge freiwillig in der Steuererklärung anzugeben – und die sogenannte Günstigerprüfung zu beantragen.

Sollte Ihr persönlicher Steuersatz unter dem Abgeltungssatz von 25 Prozent liegen, zahlen Sie auch auf Ihre Kapitalanlagen dank Günstigerprüfung nur den niedrigeren persönlichen Steuersatz.

Sparerpauschbetrag in Höhe von 801 Euro

Abgeltungsteuer fällt nicht schon auf den ersten mit Ihren Geldanlagen verdienten Euro an. Steuerfrei bleiben Kapitalerträge bis zur Höhe des Sparerpauschbetrags. Er beläuft sich pro Jahr auf 801 Euro pro Person, bei Ehe- und gesetzlichen Lebenspartnern bleiben Erträge bis 1602 Euro steuerfrei. Dafür sollten Sie Ihrem im Inland ansässigen Geldinstitut einen Freistellungsauftrag erteilen. Liegen die jährlichen Erträge dann unter dem freigestellten Betrag, zwackt die Bank keine Steuern ab. Bei Banken im Ausland ist das nicht möglich.

Wenn Sie das Pantoffel-Konzept zum Vermögensaufbau umsetzen, dann fallen bei Ihnen während der Spardauer vor allem Zins- und Dividendenerträge an – vorausgesetzt, Sie verkaufen zwischenzeitlich keine ETF-Anteile. Bleiben Sie damit und mit Ihren sonstigen Kapitalerträgen unter der Marke von 801 Euro pro Jahr, streichen Sie die Erträge steuerfrei ein. Sollten Sie während der Laufzeit Teile Ihrer Aktien-ETF verkaufen, etwa weil die Zielaufteilung im Pantoffel-Portfolio nicht mehr passt, erzielen Sie unter Umständen Verkaufsgewinne. Die bleiben ebenfalls steuerfrei, sofern der Wert unterhalb des Sparerpauschbetrags von 801 Euro insgesamt bleibt.

Übrigens: Erzielen Sie Erträge bei mehreren Instituten, dürfen Sie auch mehrere Freistellungsaufträge erteilen und den Pauschbetrag aufteilen. Aber Vorsicht: Dabei müssen Sie bei allen Freistellungsaufträgen zusammengenommen unbedingt den erlaubten Höchstbetrag von 801 Euro/1602 Euro (Ledige/Verheiratete) einhalten. Der Fiskus wird sonst sofort hellhörig. Haben Sie vergessen, rechtzeitig einen Freistellungsauftrag zu erteilen und mussten deswegen Erträge versteuern, obwohl noch etwas von Ihrem Sparerpauschbetrag übrig ist? Dann können Sie das über Ihre Steuererklärung korrigieren lassen.

Werbungskosten wie etwa Depotführungsgebühren werden durch den Sparerpauschbetrag abgedeckt und können nicht gesondert geltend gemacht werden. Der Abzug der tatsächlich entstandenen Werbungskosten ist ausgeschlossen. Nicht zu verwechseln damit sind die Aufwendungen für den Kauf oder Verkauf von Wertpapieren. Die Banken berücksichtigen diese Gebühren bei der Ermittlung eines steuerpflichtigen Gewinns oder Verlusts.

Doch was lässt sich steuerlich machen, wenn ein Wertpapierverkauf mit Verlust endet? Verluste aus Wertpapieren, die seit dem Start der Abgeltungsteuer 2009 angeschafft wurden, verrechnet Ihre Depotbank mit Sitz im Inland laufend automatisch mit positiven Erträgen. Verluste aus dem Verkauf von Fonds und ETF beispielsweise können grundsätzlich mit Kursgewinnen, aber auch Dividendenerlösen, Zinserträgen & Co. verrechnet werden; bei Verlusten mit Einzelaktien greifen dagegen bestimmte Beschränkungen bei der Verrechnung.

→ Verlustverrechnung bei mehreren Depots

Sie führen Depots bei mehreren Banken und haben auf einem davon Verluste zu verzeichnen? Kein Problem. Beantragen Sie bei der Bank mit dem Verlustdepot bis zum 15. Dezember des jeweiligen Jahres eine Verluststeuerbescheinigung. Sie können dann über die Anlage KAP zur Steuererklärung die Verluste mit den realisierten Gewinnen auf dem anderen Depot verrechnen lassen. Sollten Sie das in einem Jahr vergessen, ist aber nichts verloren, die jeweilige Bank verrechnet dann die Verluste laufend mit Gewinnen der Folgejahre.

Spezialregelungen für Fonds und ETF

Für Besitzer von Fonds und damit auch von ETF-Anteilen gelten seit 2018 zusätzlich zur Abgeltungsteuer neue Steuerregeln, die Sie kennen sollten. Vor allem Anleger mit thesaurierenden Auslands-ETF im Depot haben es seither deutlich leichter. Doch Aufpassen lohnt sich trotzdem. Das System der Fonds- und ETF-Besteuerung hat sich insgesamt erheblich geändert: Denn vor 2018 waren in Deutschland Erträge auf der Fondsebene selbst komplett steuerfrei. Fondsbesitzer, egal ob von aktiv gemanagten Fonds oder ETF, wurden im Wesentlichen genauso wie Direktanleger behandelt. Es galt das Prinzip:

Nur der Anleger wird besteuert, nicht aber der Fonds.

Jetzt müssen die Fondsgesellschaften für in Deutschland aufgelegte Fonds und ETF schon auf Fondsebene 15 Prozent Körperschaftsteuer abführen. Veräußerungsgewinne von Wertpapieren bleiben auf Fondsebene weiterhin steuerfrei und unterliegen erst beim Anleger grundsätzlich der Steuer. Wegen des Steuerabzugs auf Dividenden und Co. geben die Fonds und ETF weniger Erträge an ihre Anleger weiter – bei Ihnen kommt von den Erträgen eines ETF also weniger an als früher.

Unterschiedlich hohe Teilfreistellungen je nach ETF-Typ

Aber dafür erhalten Sie als Anleger einen Ausgleich. Bei Privatanlegern stellt der Fiskus Ausschüttungen aus den Fonds sowie Verkaufsgewinne teilweise steuerlich frei. Das heißt, Sie zahlen für die Ausschüttungen und Gewinne aus dem Anteilsverkauf teilweise keine Abgeltungsteuer.

Ihre inländische Depotbank berücksichtigt diese Teilfreistellungen, bevor sie Abgeltungsteuer für Sie abführt. Das System der Teilfreistellung ersetzt übrigens auch die in der Vergangenheit komplizierte Anrechnung ausländischer Quellensteuern – als Investmentsparer hat man damit nun nichts mehr zu tun. Die Höhe des steuerfreien Anteils richtet sich nach der Art des ETF.

Für Pantoffel-Anleger sind folglich nur zwei Fondsarten von Bedeutung:

1. **Aktien-ETF.** Hier betragen die Teilfreistellungen für Privatanleger 30 Prozent. Dafür ist es unerheblich, ob ein ETF im In- oder Ausland aufgelegt wurde und ob es sich um einen ETF handelt, der die Aktien aus dem Index kauft (physische Nachbildung) oder zur Nachbildung der Indexperformance zum Teil ein Tauschgeschäft (Swap) abschließt.
2. **Renten-ETF,** sofern Sie Ihren Sicherheitsbaustein damit bestücken wollen. Erzielen Sie nur Zinserträge, sind diese wie bisher voll zu versteuern.

Einen Nachteil haben Anleger, deren Kapitalerträge unterhalb des Sparerpauschbetrags von 801 Euro liegen und die deshalb eigentlich gar keine Abgeltungsteuer zahlen müssen. Bei ihnen laufen die Freistellungen ins Leere – sie erhalten auf Fondsebene steuerlich vorbelastete Erträge ausgeschüttet, profitieren aber nicht von den Teilfreistellungen. Auch wer aufgrund einer Nichtveranlagungsbescheinigung gar keine Steuern abführen muss, hat das Nachsehen.

Vorabpauschale macht es bei thesaurierenden ETF leichter

Deutlich leichter haben es seit der Reform Anleger mit thesaurierenden Auslands-ETF im Depot. Sie erkennen Auslands-ETF in der Regel daran, dass die Isin nicht mit DE beginnt. Diese sind nun grundsätzlich steuerlich genauso zu handhaben wie inländische Fonds. Inländische Depotbanken kümmern sich in beiden Fällen komplett um die Versteuerung der laufenden Erträge. Das ist auch gut für Anleger, die nach der Pantoffel-Methode anlegen möchten. Sie müssen sich keine Gedanken darüber machen, wo der ETF, in den sie investieren möchten, aufgelegt wurde.

Verwalten Sie jedoch Ihr Pantoffel-Portfolio bei einer Bank mit Sitz im Ausland, müssen Sie wie bisher Erträge und Gewinne selbst in der Steuererklärung angeben.

Die sogenannte Vorabpauschale gilt als zentraler Teil der seit 2018 greifenden Regeln zur Fondsbesteuerung. Bei sämtlichen Varianten von thesaurierenden ETF wird seither jährlich die Vorabpauschale als ein fiktiver Ertrag von den Banken automatisch errechnet. Die Vorabpauschale wurde eingeführt, damit der Fiskus auch bei thesaurierenden Fonds und ETF, die ja keine Erträge ausschütten, trotzdem jährlich Steuern kassieren kann. Auf diese Pauschale wird dann die 25-prozentige Abgeltungsteuer einbehalten. Wichtig für Ihr Verständnis: Es fließt also nicht die Vorabpauschale ans Finanzamt, sondern sie ist die Basis für den Abzug der 25-prozentigen Abgeltungsteuer.

Gut zu wissen: Die Vorabpauschale wird nicht versteuert, wenn der Fonds Verlust gemacht hat oder seine Wertsteigerung kleiner ausfällt als die Höhe der Vorabpauschale.

Positiv für Sie als Privatanleger mit Inlandsdepot: Da Sie Abgeltungsteuer auf die Vorabpauschale abgezogen bekommen, müssen Sie seit dem Veranlagungszeitraum 2018 nicht mehr jährlich die Erträge von thesaurierenden ETF in der Steuererklärung aufführen. Auch bei einem späteren Anteilsverkauf übernimmt die Depotbank dann die nötige Verrechnung mit den bereits versteuerten Vorabpauschalen, um eine Doppelbesteuerung zu vermeiden. Anleger dürfen also aufatmen – für sie ist das eine klare Vereinfachung.

Haben Sie einen ausländischen thesaurierenden Fonds oder ETF aber schon länger im Depot und verkaufen ihn? Dann sollten Sie dem Finanzamt nachweisen können, dass Sie für die Zeit bis Ende 2017 brav jährlich Ihre Erträge deklariert haben. Es empfiehlt sich also, Belege dafür bis zum Ende der Haltedauer des ETF und der Prüfung der darauffolgenden Steuererklärung aufzubewahren.

→ Vorsicht bei Bescheinigungen

Da die Vorabpauschale für 2020 Ihnen erst Anfang 2021 zugerechnet und besteuert wird, taucht sie erst in Ihrer Steuerbescheinigung für 2021 auf. In der Steuerbescheinigung für 2020 finden Sie folglich die Vorabpauschale für 2019.

Die Berechnung der Vorabpauschale ist im Detail kompliziert, ihre Höhe bestimmt sich jährlich neu. Da Sie als Anleger die Arbeit abgenommen bekommen, müssen Sie sich damit nicht beschäftigen und können den folgenden Abschnitt auch überspringen.

Details zur Vorabpauschale für Interessierte

Die Höhe der Vorabpauschale bestimmt sich nach dem Wert des Fondsanteils am Jahresanfang multipliziert mit 70 Prozent des amtlich veröffentlichten Basiszinssatzes. Diesen Basiszins ermittelt die Deutsche Bundesbank jährlich neu (0,07 Prozent beträgt er für das Jahr 2020). Die Vorabpauschale gilt nach Ablauf des Kalenderjahres als zugeflossen. Für das Jahr, in dem der Fondsanteil erworben wurde, wird die Vorabpauschale zeitanteilig ermittelt.

Die Höhe der steuerpflichtigen Vorabpauschale wird auf die Wertsteigerung des Fonds im Jahr begrenzt. Tatsächlich geleistete Ausschüttungen eines Fonds oder ETF (das kann zum Beispiel bei ETF vorkommen, die Teile ihrer Erträge ausschütten, andere Teile aber thesaurieren) mindern die Vorabpauschale gegebenenfalls bis auf null Euro, sie kann allerdings nicht negativ werden. Danach gilt folgende Formel für die Ermittlung der steuerpflichtigen Vorabpauschale: Rücknahmepreis des Fondsanteils zum Jahresanfang x 70 Prozent des Basiszinssatzes laut Bundesbank = Basisertrag, abzüglich etwaiger Ausschüttungen = Vorabpauschale.

Fifo-Verfahren gilt auch für Sparplan-Anleger

Sie haben sich mit ETF-Anteilen über die Jahre ein nettes Sümmchen angespart und möchten jetzt schrittweise Kasse machen? Steuerlich wertet das Finanzamt jede einzelne Sparrate als eigenen Anschaffungsvorgang. Beim Verkauf gilt dann das Fifo-Prinzip, das steht für „first in, first out" und bedeutet Folgendes: Die ETF-Anteile gelten als zuerst verkauft, die die Anleger als Erstes angeschafft haben. Lösen Sie also einen Sparplan teilweise auf und verkaufen Anteile, dann gelten die als Erste gekauften Anteile als zuerst verkauft. Sie haben hier keine Wahlmöglichkeit.

Fusion und Auflösung machen Arbeit

Es liegt nicht in Ihrer Hand, aber gelegentlich lösen ETF-Anbieter einen Fonds auf, oder Gesellschaften fusionieren und stellen einen Teil des Angebots ein. Das kommt nicht oft vor, und Sie müssen sich auch keine Sorgen um Ihr Geld machen, denn ein ETF wird dadurch nicht einfach wertlos. Doch Sie sollten schon mal davon gehört haben und wissen, wie Sie damit umgehen.

Zum einen kommt es immer mal wieder vor, dass sich zwei Investmentgesellschaften zusammentun, zum anderen bereinigen Anbieter auch immer wieder mal ihre Produktpalette und lösen unrentable ETF oder welche, die nicht mehr zum Angebot passen, auf. Daher bergen neue ETF und solche, in denen nur wenig Geld angelegt wurde, ein größeres Risiko als ältere und volumenstarke ETF.

Kein absoluter Schutz, aber eine Begrenzung des Risikos ist es, wenn Sie einen ETF aus den Tabellen im Anhang wählen. Darin finden Sie nur die ETF, die ein Mindestvolumen von 50 Millionen Euro aufweisen. Zudem sollten Sie wissen, das passiert alles nicht von einem Tag auf den anderen, und Sie werden nicht plötzlich feststellen, dass ein ETF aus dem Depot verschwunden ist. Wichtige Änderungen müssen die ETF-Anbieter den Anteilsinhabern vorher schriftlich mitteilen. Sie haben dann ausreichend Zeit, sich Gedanken zu machen, wie sie reagieren. Lesen Sie hierzu das Informationsschreiben genau. Meist wird der ETF zurückgezahlt, dann haben Sie etwas Aufwand, um sich einen neuen ETF auszusuchen, und müssen die Kosten für den Kauf des neuen ETF tragen.

Selbstverständlich können Sie den ETF auch vor dem angekündigten Rückzahlungstermin verkaufen, doch dann fallen Gebühren für den Verkauf an. Die Rückzahlung durch den Emittenten erfolgt dagegen in der Regel ohne Abzug von Transaktionsgebühren. In diesem Fall landet das Geld dann automatisch auf Ihrem Bankkonto. Anstelle einer Rückzahlung kann der ETF-Anbieter auch ein Angebot zum Umtausch in einen anderen ETF machen. In diesem Fall gilt es abzuwägen, ob das Angebot zu Ihren Vorstellungen passt oder nicht. Erfüllt es Ihre Kriterien nicht 100-prozentig, sollten Sie besser einen ETF wählen, der Ihren Vorstellungen entspricht, sollten aber auch die steuerlichen Auswirkungen bedenken.

Relativ klar nachvollziehbar ist die Besteuerung, wenn der Fonds aufgelöst und zurückgezahlt wird. Steuerlich wird dies wie ein Verkauf betrachtet. Gewinne und Verluste fallen jedoch zu einem Zeitpunkt an, den Sie nicht beeinflussen können. Wie zuvor beschrieben, kassiert Vater Staat auf die Gewinne Steuern, Verluste lassen sich verrechnen.

Beginnt die Isin mit DE, wurde der ETF in Deutschland aufgelegt.

Werden zwei Fonds zusammengelegt, spricht man von einer Fondsfusion. Hier hängt die Besteuerung davon ab, ob die Fonds im selben Land aufgelegt wurden oder nicht. Ob dies der Fall ist oder nicht, erkennt man an den beiden ersten Buchstaben in der Isin.

Beginnt die Isin zum Beispiel mit DE, wurden die ETF in Deutschland aufgelegt. Steuerneutral sind Verschmelzungen von Fonds, die im selben Land aufgelegt wurden; lediglich grenzüberschreitende Verschmelzungen sind nicht steuerneutral.

Bei steuerneutralen Verschmelzungen ändert sich nichts für Sie. Die Ausbuchung des alten ETF und Einbuchung des neuen werden also steuerlich als Fortführung des alten Bestands gewertet. Sie haben eben nur einen anderen ETF im Depot. Sind Verschmelzungen nicht steuerneutral, gilt das steuerlich als ein Verkauf und eine Neuanschaffung.

Geschickt anpassen – gezielt entnehmen

Auch die bequemste Geldanlage braucht regelmäßige Pflege, damit sie auf Dauer gut funktioniert. Beim Pantoffel-Portfolio fällt dies leicht. Wer auch im Alter seine Finanzen optimieren möchte, kann sich nach dem Pantoffel-Konzept auf einfache Weise eine regelmäßige Rente finanzieren.

Sie haben ein Pantoffel-Portfolio aufgebaut oder einen Sparplan gestartet? Oder Sie möchten ein bestehendes Pantoffel-Portfolio dafür nutzen, um sich daraus über einen Entnahmeplan selbst eine regelmäßige Rentenzahlung zu genehmigen? Ist es eingerichtet, können Sie sich erst einmal bequem zurücklehnen und sich anderen wichtigen Dingen in Ihrem Leben zuwenden. Denn ein Pantoffel-Portfolio ist pflegeleicht. Trotzdem sollten Sie sich von Zeit zu Zeit Ihr Portfolio genauer anschauen – egal, ob Sie es für den Vermögensaufbau, Ihre Vermögensverwaltung oder für eine Do-it-yourself-Rente nutzen.

Es empfiehlt sich, mindestens einmal jährlich etwas Zeit für die Pantoffel-Pflege einzuplanen. Ob Sie diesen Termin gleich beim Start eines Pantoffel-Sparplans oder zum Zeitpunkt Ihres Einmal-Investments in Ihrem Kalender festhalten, bleibt Ihnen überlassen. Viele Leute wählen dafür den

Jahreswechsel, wenn sie ohnehin schon mal dabei sind, Bilanz zu ziehen und Pläne zu schmieden. Aber jeder andere Tag des Jahres ist genauso gut dafür geeignet. Empfehlenswert ist es, zusätzlich auch dann nachzuschauen, wenn die Börsennachrichten gerade besonders positiv oder negativ sind.

Häufig reicht bei solch einem Pantoffel-Check der Kontrollblick aus. Tatsächlich handeln müssen Sie längst nicht jedes Mal, sondern nur, wenn Ihre Pantoffel-Bausteine wegen der Börsenentwicklung aus dem Gleichgewicht geraten sind. Oder vielleicht ändert sich von einem Tag auf den anderen Ihre Lebenssituation? Dann sollten Sie reagieren, die Ausrichtung des Portfolios überprüfen und gegebenenfalls anpassen.

Dies sind die beiden Gründe, die es erforderlich machen können, den Pantoffel anzupassen – Änderungen der Lebensumstände und ein wegen der Börsenentwicklung aus der Balance geratenes Portfolio. Wie man dabei vorgeht, schauen wir uns im Folgenden näher an.

Neues Leben, anderer Pantoffel

Stellen Sie sich vor, Sie erben viel Geld oder können wegen einer Auszeit im Job eine Weile nicht sparen. Solche Wendungen in Ihrem Leben wirken sich auch auf Ihr Pantoffel-Portfolio aus.

Frei nach Beatles-Sänger und Songschreiber John Lennon ist Leben bekanntlich das, was passiert, während man damit beschäftigt ist, andere Pläne zu schmieden. Das Leben kann sich von einem Tag auf den anderen ändern – hin zum Schlechteren, aber auch zum Besseren. Wenn das passiert, dann sollten Sie nicht zögern, sondern bei nächster Gelegenheit auch Ihr Pantoffel-Portfolio unter die Lupe nehmen. Passt die Zusammenstellung noch zu Ihrer neuen Lebenssituation? So lautet die entscheidende Frage.

Gründe, sich zu überlegen, wie es mit Ihrem Sparvorhaben weitergeht, kann es viele geben. Ein paar davon stellen wir Ihnen exemplarisch vor und zeigen, welche Möglichkeiten Sie haben zu reagieren. Zum Glück ist die Pantoffel-Strategie so flexibel, dass Sie Ihre Geldanlage bequem an geänderte Lebensumstände anpassen können. Um die Darstellung im Folgenden einfach zu halten, gehen wir davon aus, dass Sie sich für einen ausgewogenen Welt-Pantoffel entschieden haben und das Geld für den Sicherheitsbaustein in Tagesgeld anlegen.

Sie können die Sparplanrate nicht halten

Sie haben schon länger von einem halbjährigen Sabbatical geträumt – und jetzt auf einmal hat Ihr Arbeitgeber zugestimmt und es ist möglich? Doch während dieser Zeit haben Sie schlicht kein Geld übrig, um die Raten für Ihren Pantoffel-Sparplan weiter zu bedienen?

Stoppen Sie bei Bedarf einfach den Sparplan und setzen die Einzahlungen für eine Weile aus.

Kein Problem für jemanden, der nach der Pantoffel-Strategie spart. Wenn die Struktur Ihres Sparplans ansonsten noch Ihren Anforderungen entspricht, brauchen Sie an der Aufteilung des Portfolios nichts zu ändern. Stoppen Sie bei Bedarf einfach den Sparplan und setzen Sie die Einzahlungen sowohl in das Tagesgeld als auch in die Aktien-ETF eine Weile aus. Das ist problemlos und ohne zusätzliche Kosten möglich. In dieser Zeit pflegen Sie das Pantoffel-Portfolio dann wie eine Einmalanlage. Dazu aber später mehr.

Sie brauchen unverhofft Geld

Sie haben Ihre Traumwohnung gefunden, aber Sie benötigen noch 20 000 Euro als Eigenkapital? Angenommen, Sie haben mithilfe der Pantoffel-Methode ein Vermögen von 100 000 Euro aufgebaut, dann sollten Sie aus dem Pantoffel die 20 000 Euro anteilig so entnehmen, dass nach der Entnahme das Portfolio wieder gemäß der Zielgewichtung ausgerichtet ist.

Gesetzt den Fall, in einem ausgewogenen Portfolio liegen derzeit 45 000 Euro Tagesgeld und 55 000 Euro Aktien-ETF. Dann würden Sie 5 000 Euro vom Tagesgeld entnehmen und Aktien-ETF im Wert von 15 000 Euro verkaufen. Dann ist das ausgewogene Portfolio wieder im Lot – in beiden Portfolio-Bestandteilen sind dann noch 40 000 Euro investiert.

Sie erhalten unverhofft Geld

Manchmal meint es das Leben gut: Sie erhalten von Ihren Eltern unverhofft 50 000 Euro als vorweggenommenes Erbe geschenkt. Dieses Geld benötigen Sie nicht für Ihren Alltag, sondern können es langfristig anlegen. Nehmen wir an, Sie haben bereits ein ausgewogenes Pantoffel-Portfolio aufgebaut. Darin sind wiederum 45 000 Euro Tagesgeld und 55 000 Euro Aktien-ETF enthalten. Wie gehen Sie nun mit dem üppigen Geldgeschenk um?

Der Wert Ihres Portfolios beträgt nach der Schenkung 150 000 Euro. Soll die Zielaufteilung wiederum 50 zu 50 betragen, investieren Sie 30 000 Euro in Tagesgeld und 20 000 Euro in den Aktien-ETF. Nun ist das Portfolio entsprechend der bisherigen Zielgewichtung ausbalanciert. Fühlen Sie sich aufgrund der Schenkung in der Lage, mehr Risiko in der Geldanlage einzugehen, weil Sie ohnehin über ein dauerhaft gesichertes und auskömmliches Einkommen verfügen? Dann könnte für Sie jetzt vielleicht sogar der offensive Pantoffel infrage kommen. Dann investieren Sie die gesamte Schenkung in Aktien-ETF und legen noch 7 500 Euro obendrauf, die sie vom Tagesgeldkonto abziehen und ebenfalls investieren. Dann sind mit 112 500 Euro nun 75 Prozent des Pantoffels in Aktien-ETF investiert, die übrigen 37 500 Euro in Tagesgeld.

Sie brauchen das Geld in naher Zukunft

In ein paar Jahren erreichen Sie das Rentenalter – und fühlen sich nun wohler damit, von einem ausgewogenen auf einen defensiven Pantoffel wechseln, um auf Nummer sicher zu gehen. Vielleicht möchten Sie das Geld für einen defensiv ausgerichteten Entnahmeplan verwenden. Angenommen, in Ihrem 50:50-Portfolio sind wiederum 45 000 Euro Tagesgeld und 55 000 Euro Aktien-ETF enthalten. In diesem Fall verkaufen Sie Aktien-ETF im Gegenwert von 30 000 Euro und legen das Geld auf das Tagesgeldkonto. Die neue Zielaufteilung des defensiven Portfolios beträgt dann 75 000 Euro Tagesgeld und 25 000 Euro in Aktien-ETF.

An dieser Stelle sei angemerkt, dass es keinesfalls zwingend erforderlich ist, beim Eintritt ins Rentenalter sein Portfolio defensiv auszurichten. Ein ausgewogenes Portfolio kann gemäß der eigenen Risikoeinstellung und finanziellen Gesamtsituation weiterhin passend sein. Oft dauert der Ruhestand erfreulicherweise gut und gerne 20 Jahre und länger – ein langer Zeitraum, in dem sich das in breit streuende Aktien-ETF investierte Geld weiter vermehren kann, kurzfristigen Schwankungen an den Börsen zum Trotz. Wie Sie das Pantoffel-Konzept nutzen, um daraus einen Entnahmeplan zu speisen, erfahren Sie im Detail im Abschnitt „Einen Auszahlplan einrichten“ ab S. 145.

→ Vorsicht Falle

Wechseln Sie die Zusammensetzung Ihres Pantoffel-Portfolios auf keinen Fall wegen guter oder schlechter Kursverläufe an den Börsen. Es ist wissenschaftlich bewiesen, dass Anleger leider dazu tendieren, mehr in Aktien zu sparen und ihr Portfolio offensiver auszurichten, wenn es an der Börse besonders gut läuft. Das erhöht allerdings ihr Risiko und widerspricht zudem dem Erfolgsprinzip des Pantoffel-Portfolios: dem antizyklischen Investieren. Ebenso wenig sollten Sie Ihr Portfolio plötzlich defensiver ausrichten, nur weil die Börsenstimmung negativ ist.

Richtig agieren in Crash-Zeiten

An den Börsen gehen die Kurse immer mal wieder auf Talfahrt. Anleger mit Pantoffel-Portfolios sollten dann nicht hektisch werden, sondern auf das langfristig angelegte Konzept vertrauen.

Gelegentlich kracht es an den Börsen. Doch was dann? Jahrelang, bis Mitte Februar 2020, kannten die Aktienkurse vornehmlich eine Richtung – nach oben. Doch dann kam die Corona-Pandemie und sorgte für die größte Börsenkrise seit gut einem Jahrzehnt. Der Weltaktienindex MSCI World verlor in der Spitze bis zu 34 Prozent an Wert.

Solch ein Kurssturz ist ein schwerer Schlag für Anleger. Vor allem, wenn sie erst seit wenigen Monaten oder ein bis zwei Jahren investiert sind, stehen ihre Aktienanteile im Depot dann zwischenzeitlich tief im roten Bereich. Nach einigen turbulenten Wochen ging es jedoch wieder deutlich aufwärts. (Bis zum Redaktionsschluss für dieses Buch im August 2020 hatte der MSCI World die Verluste nahezu wieder wettgemacht.)

Die Nerven behalten

Doch wer im Börsentief in Panik alles verkauft, begeht in der Regel einen Fehler. Dann werden aus sogenannten Buchverlusten, die vorerst nur auf dem Depotauszug existieren, echte Verluste in Euro und Cent. Anleger sollten besser ruhig Blut bewahren: „Wer auf das Geld nicht angewiesen ist, sollte sich an diese Börsenweisheit erinnern: ‚Die Börse ist wie ein Paternoster. Es ist ungefährlich, durch den Keller zu fahren. Man muss nur die Nerven behalten'", sagt Christine Bortenlänger, geschäftsführender Vorstand des Deutschen Aktieninstituts. Langfristig orientierte Anleger mit einem Horizont von zehn, besser 15 Jahren mit einem international breit gestreuten Pantoffel-Portfolio sind daher gut beraten, in CrashPhasen tief durchzuatmen und die Nerven zu behalten. Die Geschichte zeigt, dass fast noch jeder Börsencrash mit einem weltweit breit gestreuten Depot nach einigen Jahren wieder aufgeholt werden konnte und langfristig die Kurse wieder nach oben gingen.

Wenn man einzelne Länder und Regionen für sich betrachtet, gilt das jedoch nicht. Eine Ausnahme ist bis heute der japanische Nikkei-225-Index: Er ist seit dem Platzen der Aktien- und Immobilienblasen in Japan immer noch weit von seinem ehemaligen Rekordstand von vor gut 30 Jahren entfernt. Das Beispiel Japan ist abschreckend, vorangegangen war eine Phase der Übertreibung, die zu absolut überhöhten Aktien- und Immobilienbewertungen geführt hatte und ein Warnsignal für Börsianer ist. Im Vergleich dazu: 25 Jahre brauchte der amerikanische Leitindex Dow Jones nach dem Crash von 1929 und dem Zweiten Weltkrieg, um wieder an seine alten Rekordmarken anzuknüpfen.

Stoisch durchhalten, so lautet das Gebot der Stunde – solange die Portfolio-Zusammensetzung nicht grundsätzlich aus den Fugen geraten ist. Wer erwägt, in einer Korrektur zu verkaufen, um später günstiger wieder einsteigen zu können, sollte bedenken, dass keiner weiß, wann der ideale Zeitpunkt für einen Wiedereinstieg ist. Und auch in der Corona-Krise ging es nicht permanent nach unten – so erzielte der US-Index Dow Jones zum Beispiel am 24. März 2020 den höchsten Tagesgewinn seit 1933.

Wer in Panik aussteigt, läuft Gefahr, nicht wieder rechtzeitig einzusteigen, wenn es wieder aufwärts geht. Die Hamburger Sutor Bank hat 2019 in einer Langfrist-Auswertung analysiert, wie stark es auf die Rendite durchschlägt, wenn man nur wenige Tage mit hohen Kursgewinnen an der Börse verpasst. Das Ergebnis: Bei einem Anleger, der im Dax zwischen 1988 und 2018 die besten 13 Tage versäumt hätte, schrumpfte die Rendite auf die Hälfte. Verpasste er die besten 33 Tage, hätte er sogar Geld verloren. Die länderübergreifende Analyse der Bank ergab, dass es an anderen Börsen der Welt ganz ähnlich aussah. Die Auswertung zeigt, dass sprunghaftes Kaufen und Verkaufen an den Aktienmärkten ein hohes Risiko bedeuten.

Sparplan mit Rendite-Turbo

Und was sollen Sparplan-Anleger in Crash-Phasen tun? Kurz gesagt: einfach weitermachen. Gerade wenn Sie erst seit wenigen Jahren dabei sind und noch viele Jahre des Sparens vor sich haben, kann ein Crash auf einen Sparplan mit Aktien-ETF wie ein Rendite-Turbo wirken. Denn in Krisenzeiten bekommen Sie für Ihre Sparrate mehr ETF-Anteile als sonst. Geht es dann langfristig wieder nach oben, profitieren Sie mit mehr Anteilen davon. Das zeigen die Resultate für die Finanztest-Pantoffel-Portfolios (siehe Tabelle und Chart „Der Welt-Pantoffel als Sparplan“ auf S. 34 und 35).

Haben Sie indes bereits seit Jahren gespart und wollten ausgerechnet in einer Crash-Phase damit aufhören und Geld entnehmen? Dann sollten Sie sich die Frage stellen, ob Sie das angesparte Geld wirklich komplett benötigen oder eventuell zumindest große Teile des Depots noch länger stehen lassen können. Denn auf diese Weise können Sie dem Aktien-Teil in Ihrem Pantoffel-Portfolio die Chance geben, sich wieder zu erholen.

Statt also reflexartig den Börsen den Rücken zuzukehren, lohnt ein nüchterner Check, ob die Balance im Depot noch gegeben ist. Falls nicht, gilt es, das Depot wieder ins Gleichgewicht zu bringen. Wie das geht, erfahren Sie im Folgenden.

Regelmäßige Pflege zahlt sich aus

Mit einem Pantoffel-Portfolio brauchen Sie nicht täglich auf Börsenkurse starren und sich fragen, ob Sie Ihr Geld vielleicht besser umschichten sollten. Aber ab und an ist ein Check nötig.

Sofern sich Ihre Lebensumstände nicht grundlegend geändert haben, gibt es nur einen weiteren Grund, um Ihr Pantoffel-Portfolio umzuschichten: wenn wegen der Börsenentwicklung seine Zusammensetzung aus dem Gleichgewicht geraten ist. Zum Beispiel, weil nach einer längeren Aufwärtsphase an den Weltbörsen der Anteil an Aktien-ETF zu groß geworden ist. Auch der umgekehrte Fall kommt vor: Nach einem Crash ist der Aktienanteil zu gering geworden – und es empfiehlt sich nachzukaufen. Das mag psychologisch herausfordernd sein. Doch das regelbasierte, antizyklische Anpassen an die Börsensituation ist eines der Erfolgsgeheimnisse der Pantoffel-Strategie.

Doch wann ist das der Fall – und wie geht man dabei vor? Um festzustellen, ob das Depot noch im Lot ist, muss man es ab und zu unter die Lupe nehmen. Mindestens einmal im Jahr ist ein genauer Blick Pflicht, außerdem dann, wenn sich die Börsennachrichten gerade überschlagen – sei es mit Jubelmeldungen oder mit schlechten Nachrichten.

Sie haben ein defensiv ausgerichtetes Pantoffel-Portfolio aufgebaut oder ein Modell mit drei Bestandteilen gewählt? Dann sollten Sie zwei- oder dreimal jährlich Ihr Portfolio überprüfen. Wann genau, ist nicht so wichtig, Hauptsache, Sie vergessen es nicht. Zu diesem Termin sollten Sie prüfen, ob die von Ihnen festgelegte Ziel-Depotaufteilung in der Wirklichkeit noch besteht. Oder ob es hier während der letzten Monate zu deutlichen Abweichungen gekommen ist, weil es zum Beispiel an den Finanzmärkten ordentlich gekracht hat und Ihre Aktien-ETF-Anteile an Wert verloren haben.

Streng nach Regel vorgehen

Bei Pantoffel-Portfolios reicht es nach Untersuchungen von Finanztest völlig aus, nur dann aktiv zu werden, wenn die Gewichtung eines der Bausteine um mehr als zehn Prozentpunkte von der gewünschten Aufteilung abweicht. Öfters anzupassen würde nicht nur Arbeit machen, sondern überdies Geld kosten. Die Anpassung nach dem genannten Schwellenwert von zehn Prozentpunkten Abweichung ist nicht nur bequem,

Wann sollte ich umschichten?

Pantoffel-Portfolio mit zwei Komponenten	Sicherheits-baustein	Rendite-baustein
Defensiv: untere Schwelle – Zielgewichtung – obere Schwelle (in Prozentpunkten)	65 – 75 – 85	15 – 25 – 35
Ausgewogen: untere Schwelle – Zielgewichtung – obere Schwelle (in Prozentpunkten)	40 – 50 – 60	40 – 50 – 60
Offensiv: untere Schwelle – Zielgewichtung – obere Schwelle (in Prozentpunkten)	15 – 25 – 35	65 – 75 – 85

Pantoffel-Portfolio mit drei Komponenten	Sicherheits-baustein	Rendite-baustein	Rendite-baustein: Beimischung
Defensiv: untere Schwelle – Zielgewichtung – obere Schwelle (in Prozentpunkten)	65 – 75 – 85	10 – 20 – 30	2,5 – 5 – 7,5
Ausgewogen: untere Schwelle – Zielgewichtung – obere Schwelle (in Prozentpunkten)	40 – 50 – 60	30 – 40 – 50	5 – 10 – 15
Offensiv: untere Schwelle – Zielgewichtung – obere Schwelle (in Prozentpunkten)	15 – 25 – 35	50 – 60 – 70	7,5 – 15 – 22,5

sondern hat sich auch bewährt (siehe die Grafiken „Umschichten bringt bessere Ergebnisse").

Beim ausgewogenen Welt-Pantoffel-Portfolio, das je zur Hälfte aus Aktien-ETF und Zinsanlagen besteht, bedeutet das: Sie müssen Ihr Portfolio nur dann anpassen, wenn eine der zwei Komponenten ein Gewicht von 60 Prozent oder mehr und die andere entsprechend von nur noch 40 Prozent oder weniger hat. Bei der defensiven oder offensiven Ausrichtung muss der Sparer dann handeln, wenn der Anteil des Aktien-ETF unter 15 Prozent (defensive Mischung) oder unter 65 Prozent (offensive Mischung) des Gesamtportfolios rutscht. Nur dann sollten Sie das Portfolio anpassen (siehe Tabelle oben „Wann sollte ich umschichten?").

Dieser Richtwert von zehn Prozentpunkten für die Umschichtung hat sich als besonders vorteilhaft erwiesen – setzt man den Schwellenwert zu niedrig an, sind häufigere Umschichtungen die Folge. Die jedoch verursachen Kosten und drücken so auf die Rendite. Setzt man die Schwelle dagegen zu hoch an, verpasst man womöglich gute Kaufgelegenheiten. Denn der Clou liegt darin, stur gegen den Trend zu handeln: Hat es an der Börse gekracht, sind also die Aktien-ETF stark im Wert gefallen und haben ein geringeres Gewicht im Depot, dann kauft man Aktien-ETF nach und verkauft einen Teil der Zinsanlagen. Läuft es an der Börse besonders gut, geht man umgekehrt vor und verkauft Aktien-ETF zugunsten der Zinsanlagen, um Gewinne zu sichern.

Umschichten bringt bessere Ergebnisse

Es lohnt sich, regelmäßig das Portfolio anzupassen. So vermeidet man, dass das Risiko zu groß wird und ein Crash zu weh tut.

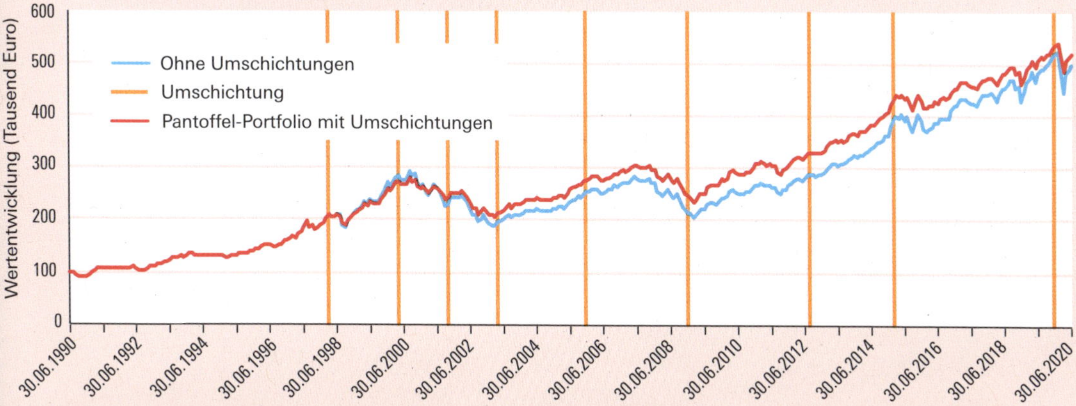

Höheres Endvermögen, kürzere Durststrecken

Entwicklung der Vermögensaufteilung einer Einmalanlage von 100 000 Euro in einem ausgewogenen Welt-Pantoffel-Portfolio über 30 Jahre bei a) ohne Umschichten und b) regelbasiertem Umschichten.

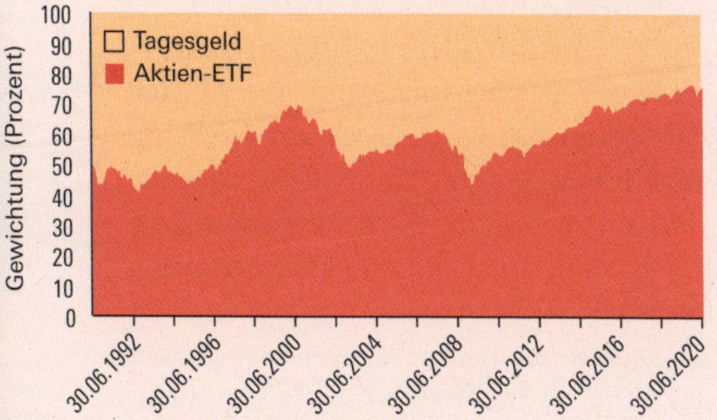

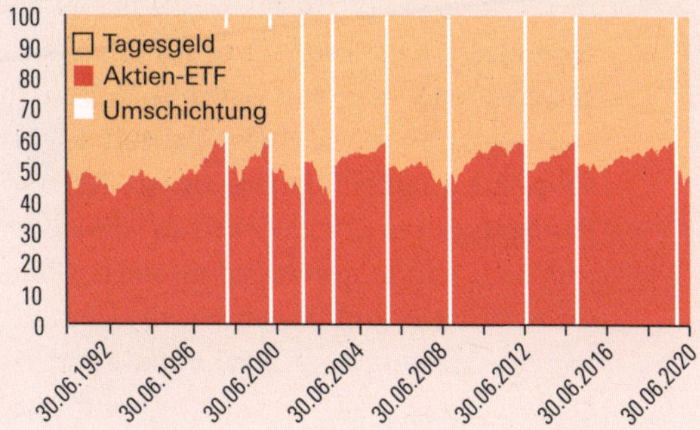

Ausgewogener Welt-Pantoffel	Rendite (% p .a.)	Aktuelles Vermögen (Euro)	Schlechteste Jahresrendite (%)	Längste Verlustdauer (Jahre)	Umschichtungen
Mit Umschichten	5,7	521 734	–19,3	5,3	9
Ohne Umschichten	5,5	498 906	–23,3	12,3	0

Stand: 30. Juni 2020 Quelle: Refinitiv, eigene Simulationen

Historische Anpassungstermine

Neun Mal wäre es in den vergangenen 30 Jahren nötig gewesen, einen ausgewogenen Welt-Pantoffel von 100 000 Euro wieder ins Gleichgewicht zu bringen.

Datum	Gewichtung (Prozent)		Order		Umschichtungsbetrag [1] (Euro)	
	Tagesgeld	Aktien-ETF	Tagesgeld	Aktien-ETF	Tagesgeld	Aktien-ETF
28.02.98	39,6	60,4	Kauf	Verkauf	20 984	–21 042
31.03.00	40,0	60,0	Kauf	Verkauf	27 048	–27 121
30.09.01	60,8	39,2	Verkauf	Kauf	–25 800	25 731
31.03.03	60,4	39,6	Verkauf	Kauf	–21 553	21 494
30.11.05	39,9	60,1	Kauf	Verkauf	27 593	–27 667
30.11.08	61,2	38,8	Verkauf	Kauf	–28 299	28 223
31.07.12	39,9	60,1	Kauf	Verkauf	33 296	–33 384
31.01.15	39,5	60,5	Kauf	Verkauf	44 038	44 153
30.11.19	39,3	60,7	Kauf	Verkauf	57 029	57 177

1) Nach Handelskosten. Siehe „So haben wir getestet", S. 172.

Stand: 30. Juni 2020

Dieses antizyklische Vorgehen mag psychologisch nicht einfach sein, ist aber für das Finanztest-Pantoffel-Portfolio ein Erfolgsrezept. Die festen Regeln helfen, sich nicht von den eigenen Gefühlen leiten zu lassen – und etwa in einer schlechten Börsenphase zu pessimistisch zu werden und gar seine Aktien-ETF komplett zu verkaufen.

Man könnte auch versucht sein, ein Pantoffel-Portfolio aufzubauen – und es einfach laufen zu lassen. Doch das Kaufen und Liegenlassen (Buy-and-hold) empfiehlt sich nicht, das Risiko des Portfolios kann sonst zu groß werden. In einem Crash muss man dann empfindliche Einbußen verkraften und braucht womöglich viele Jahre, um die Verluste mehr als wettzumachen. Und das Endvermögen fiel auf 30-Jahre-Sicht geringer aus. Das zeigen die Grafiken „Umschichten bringt bessere Ergebnisse" auf S. 139.

Zweier-Portfolio: Neun Aktionen in 30 Jahren

Ende der 1990er-Jahre sorgte der Internetboom für Höhenflüge an den Börsen, bis es nach der Jahrtausendwende zum Platzen der Dotcom-Blase kam. Doch wer sich an die Regeln zur Umschichtung hielt, hatte bereits am 28. Februar 1998 und dann erneut am 31. März 2000 einen Teil seiner Börsengewinne sichergestellt und das Depot ins Gleichgewicht gebracht. Ende September 2001 sowie Ende März 2003 wiederum hätte er nach den Kursverlusten an den Börsen den Aktienanteil erhöht. Die nächste Umschichtung von Aktien in Tagesgeld zur Risikoreduzierung erfolgte am 30. November 2005 – und federte die Kursverluste in Folge der späteren Finanzmarktkrise ab. Ende November 2008 schichtete man wiederum zurück von Tagesgeld in Aktien-ETF – und war beim länger anhaltenden Kursanstieg bis 2012 mit von der Partie. Ende Juli 2012 und dann nochmals am 31. Januar 2015 nahm man erneut Börsengewinne mit und schichtete in Tagesgeld um. Die letzte Gewinnsicherung fand dann am 30. November 2019 statt – kurz vor dem Corona-Crash im Februar 2020. Die Details zu den Umschichtungen können Sie der Tabelle „Historische Anpassungstermine" entnehmen.

An den genannten Umschichtungsterminen zeigt sich auch, dass es nicht sinnvoll ist, immer nur an einem fixen Tag im Jahr ins Portfolio zu schauen, sondern immer mal wieder mit einem Auge auf die Marktentwicklung zu achten – vor allem, wenn man weiß, dass die Gewichtungen bald aus dem Ruder zu laufen drohen. Hätte man etwa Ende Dezember 1997 und dann erst wieder Ende 1998 das Depot geprüft, dann wäre das Portfolio schon zehn Monate aus dem Gleichgewicht gewesen. Denn der Schwellenwert von zehn Prozentpunkten Abweichung von der Zielaufteilung war bereits Ende Februar 1998 erreicht.

→ So klappt der Pantoffel-Check am besten

Depotcheck? Einmal im Jahr! So lautet eine Faustregel, die Anleger häufiger hören. Die Finanztest-Redaktion hat bereits 2013 untersucht, ob dieser Rat stimmt – oder ob es bessere Methoden gibt, sein Pantoffel-Portfolio in Schuss zu halten. Tatsächlich schneidet die jährliche Anpassung, bei der Anleger regelmäßig einmal pro Jahr die anfängliche Gewichtung im Portfolio wiederherstellen, in einer Langfristuntersuchung gut ab. Wesentlich weniger Umschichtungen sind aber bei der Anpassung nach einem Schwellenwert von zehn Prozentpunkten erforderlich, überdies war die Rendite der auf diese Weise gepflegten Portfolios geringfügig besser.

Dreier-Portfolio: Elf Aktionen in 30 Jahren

Die Pflege eines Pantoffel-Portfolios mit drei Komponenten ist naturgemäß etwas aufwendiger als die eines Zweier-Portfolios. Denn Sie müssen nicht nur darauf achten, dass das Verhältnis von Sicherheitsbaustein zu den beiden Renditebausteinen zusammengenommen noch im Lot ist. Sie müssen auch aufpassen, dass die Renditebausteine im Verhältnis untereinander noch stimmen. Denn die Kauf- und Verkaufssignale bei den beiden Renditebausteinen können zu unterschiedlichen Zeitpunkten ergehen. Sollten im Fall des ausgewogenen „Großen Tiger-Pantoffels" (siehe S. 74) zum Beispiel die Emerging Markets zu einem großen Kursaufschwung ansetzen, während die Industrienationen schwächeln, könnte es ein Verkaufssignal für den Emerging-Market-ETF geben und ein Kaufsignal für den Aktien-ETF Welt.

Vermögensaufteilung beim Dreier-Portfolio

Bei einem einmal angelegten ausgewogenen „Großen Tiger-Pantoffel" mussten Anleger elf Mal in 30 Jahren eingreifen, um das Portfolio wieder ins Gleichgewicht zu bringen.

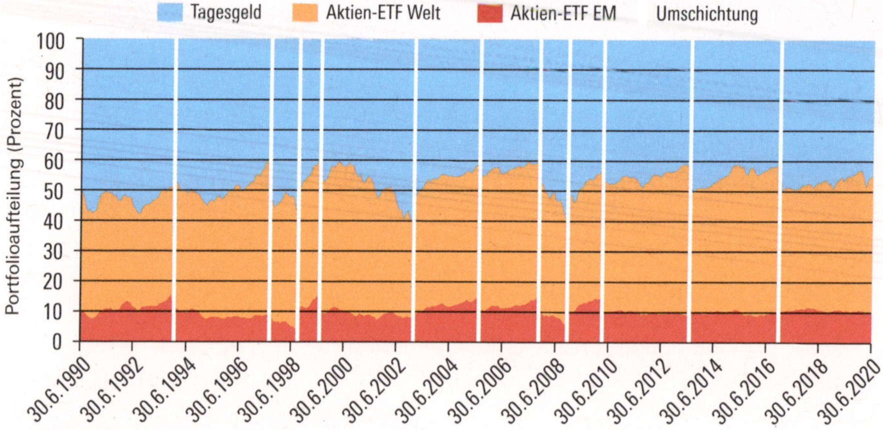

Quellen: Refinitiv, eigene Simulationen **Zeitraum: 30. Juni 1990 bis 30. Juni 2020**

Beim ausgewogenen „Großen Tiger-Pantoffel" hätte ein Anleger in den 30 Jahren seit 30. Juni 1990 insgesamt elf Mal eingreifen müssen, um das Depot wieder ins Gleichgewicht zu bringen, wie die Grafik „Vermögensaufteilung beim Dreier-Portfolio" zeigt. Welche Käufe und Verkäufe ein Anleger hätte tätigen müssen, können Sie der Tabelle „Anpassungstermine im Dreier-Portfolio" entnehmen, die Sie unter test.de/ft-strategie finden. Der Wert des Portfolios hätte sich in dieser Zeit verfünffacht.

Den Sparplan anpassen

Wenn Sie einen Sparplan wieder ins Lot bringen wollen, bieten sich zwei Vorgehensweisen an: Umschichtung auf einen Schlag oder Umlenken der Sparrate. Beides hat Vor- und Nachteile.

Bei laufenden Pantoffel-Sparplänen bietet sich neben der eben dargestellten Möglichkeit, auf einen Schlag mit einem Kauf- und einem Verkaufsauftrag das ersparte Vermögen wieder ins Gleichgewicht zu bringen, noch eine andere Vorgehensweise an: Haben sich die Portfolio-Bestandteile um mehr als zehn Prozentpunkte verschoben, lenken Sie die regelmäßige Sparplanrate für eine Weile komplett in den un-

Vermögensentwicklung Sparplan Welt und Großer-Tiger im Vergleich

Bei einem Sparplan über 200 Euro pro Monat über 30 Jahre hat sich der Wert der Einzahlungen in beiden Sparplan-Varianten in der ausgewogenen Variante deutlich mehr als verdoppelt.

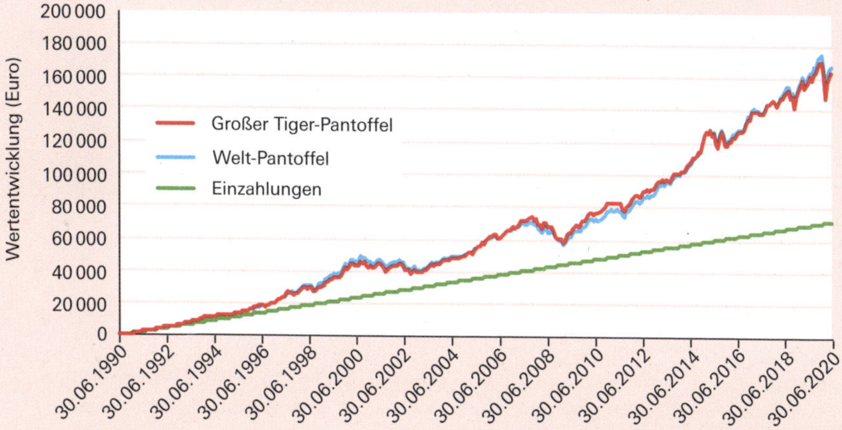

Quellen: Refinitiv, eigene Simulationen **Zeitraum: 30. Juni 1990 bis 30. Juni 2020**

tergewichteten Pantoffel-Anteil um – und zwar so lange, bis Sie die gewünschte Zielaufteilung wieder erreicht haben. Ist etwa der Aktienanteil zu hoch, stoppen Sie für eine Weile die Sparrate für Ihre Aktien-ETF und stecken die gesamte Rate in den Zinsteil. Ist die gewünschte Aufteilung wieder erreicht, ändern Sie die Raten wieder ab. Das ist in aller Regel kostenlos möglich. Allerdings dauert es unter Umständen etliche Monate, bis die Gewichtung im Portfolio wieder stimmt. Die erste Vorgehensweise – der Einmal-Kauf oder -Verkauf von Aktien-ETF, falls diese Komponente einen zu niedrigen oder zu hohen Anteil erreicht – ist ebenfalls möglich, allerdings fallen in der Regel Orderkosten an. Dafür agiert man schneller antizyklisch und bringt das Portfolio rascher ins Lot als beim Umlenken der Sparrate.

Anhand eines Sparplans auf den ausgewogenen Welt-Pantoffel mit zwei Bestandteilen und auf den Großen-Tiger-Pantoffel mit drei Bausteinen finden Sie die Depotanpassungen im Folgenden erläutert. In beiden Fällen hätten Anleger seit 30. Juni 1990 über 30 Jahre lang 200 Euro monatlich gespart – und per Ende Juni 2020 ein Vermögen von rund 158 000 Euro aufgebaut.

Beim Dreier-Sparplan Mindestraten beachten

Beim ausgewogenen Welt-Pantoffel hielt sich der Pflegeaufwand in Grenzen. Über die Laufzeit von 30 Jahren wäre es nur sieben Mal nötig gewesen, die Sparrate umzulenken. Ähnlich wenig Pflege brauchte ein ausgewogener Drei-Topf-Pantoffel, der als Risikobestandteil neben einem Aktien-ETF auf dem MSCI World Index einen Aktien-ETF auf den MSCI Emerging Markets („Großer Tiger", siehe S. 74) enthält. Hier musste die Sparrate fünf Mal über die Laufzeit angepasst werden. Wie bereits geschildert, muss man bei Dreier-Portfolios darauf achten, dass die Banken oft Mindestraten von 25 oder 50 Euro je ETF-Sparplan vorsehen. Das

Aufteilung von Vermögen und Sparraten beim Welt-Pantoffel

Insgesamt sieben Mal hätten Anleger in 30 Jahren ihre monatlichen Sparraten über 200 Euro beim ausgewogenen Welt-Pantoffel anpassen oder umlenken müssen – ein überschaubarer Aufwand.

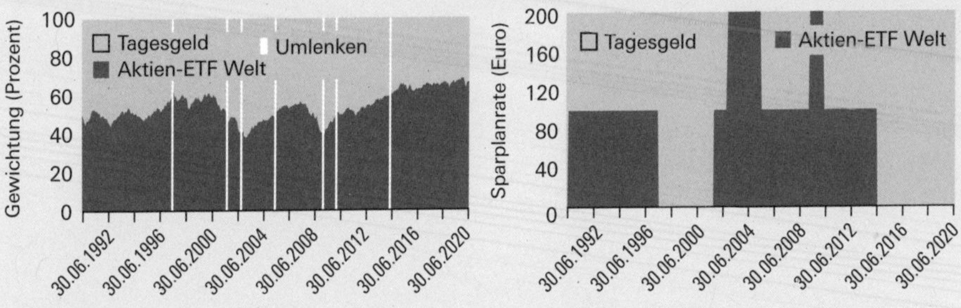

Aufteilung von Vermögen und Sparraten beim Großen Tiger-Pantoffel

Anleger, die auf den Großen Tiger-Pantoffel in ausgewogener Variante gesetzt haben, mussten fünf Mal in 30 Jahren ihre Sparrate über 200 Euro neu zusammenstellen.

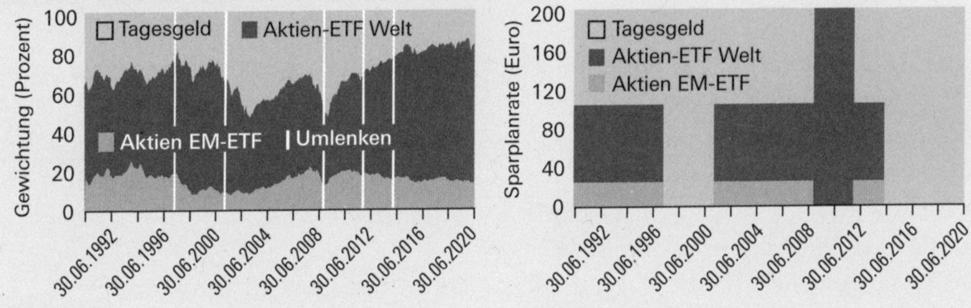

Quellen: Refinitiv, eigene Simulationen

Zeitraum: 30. Juni 1990 bis 30. Juni 2020

haben wir in unseren Berechnungen berücksichtigt: Liegt die Zielgewichtung eines Bausteins unterhalb der Mindestsparplangröße von 25 Euro, wird diese Rate auf diesen Wert hochgesetzt. Zum Ausgleich wird die Sparplanrate in dem am stärksten gewichteten Baustein um den gleichen Betrag gesenkt. Fällt ein Baustein im Zeitverlauf zu stark im Wert, wird die gesamte Sparplanrate in diesen Baustein gelenkt, bis seine Zielgewichtung wieder erreicht ist. Danach wird wieder nach der Ursprungsgewichtung weitergespart.

→ Zweier-Portfolien sind einfacher

Die Berechnungen bei Zweier-Portfolien sind etwas einfacher als bei Dreier-Portfolien. Zwar hält sich auch der Aufwand bei diesen in Grenzen, solange man sie für den Kapitalaufbau nutzen will. Falls Sie jedoch Ihr Erspartes als Kapitalstock für eine Pantoffel-Rente nutzen wollen, würden wir Ihnen ein Zweier-Portfolio empfehlen. Wie die Pantoffel-Rente funktioniert, lesen Sie ab S. 145.

Einen Auszahlplan einrichten – Rente mit Puffer-Strategie

Sie erreichen bald das Rentenalter? Und haben Geld zum Anlegen oder einiges bereits angespart? Mit der Pantoffel-Rente können Sie sich selbst eine regelmäßige Zahlung spendieren.

Vielleicht haben Sie über viele Jahre ein Vermögen mit aktiven Fonds oder ETF über einen Sparplan aufgebaut, um sich selbst in ein paar Jahren eine Zusatzrente im Alter leisten zu können? Oder Sie haben sich nach der bisherigen Lektüre dieses Buches nun vorgenommen, die kommenden 10, 20 Jahre oder länger nach der Finanztest-Strategie zu sparen, um später davon zu zehren? Dann ist es ein Leichtes, in ferner Zukunft sich die angesparten Bestände ganz oder teilweise regelmäßig wieder auszahlen zu lassen. Auch auf anderem Wege erzieltes Vermögen, beispielsweise die Auszahlung aus einer Lebensversicherung, lässt sich problemlos nach der Finanztest-Strategie in Tagesgeld und Aktien-ETF investieren, um daraus eine regelmäßige Auszahlung zu speisen.

Möglich wird solch eine Do-it-yourself-Rente mithilfe eines Auszahlplans, auch Entnahmeplan genannt. Wie schon für Einmalanlage oder Sparplan braucht man dafür mehrerlei: ein Tagesgeldkonto, ein Wertpapierdepot, einen langfristigen Anlagehorizont und die Bereitschaft, sich ein wenig um sein Geld zu kümmern. Solche Auszahlpläne sind de facto umgekehrte Sparpläne – einmal ins Leben gerufen, verkauft man regelmäßig ETF aus seinem Bestand oder hebt Geld vom Tagesgeldkonto ab.

Mit einer Puffer-Rente schöpfen Sie weiterhin die Chancen des Aktienmarkts aus und sichern sich gleichzeitig gegen Kurseinbrüche ab.

Im Folgenden schauen wir uns Auszahlpläne für eine Zusatzrente im Alter näher an. Dafür sollten Sie Wert auf eine dauerhaft auskömmliche Rendite legen. Denn im Durchschnitt dauert der Ruhestand gut und gerne 20 Jahre und länger – ein langer Zeitraum, in dem die Höhe der Erträge Ihrer Geldanlage einen bedeutsamen Unterschied für Ihren Lebensstandard machen kann. Und lang genug, um weiter auf die

Gut zu wissen

Bei großen Anlagebeträgen will der Zeitpunkt für den Kauf der ETF-Anteile gut überlegt sein. Doch wann die Märkte am Top oder am Boden sind, kann niemand vorhersagen. Daher empfiehlt Finanztest, das Geld zu investieren, wenn Sie es zur Verfügung haben. Wer sich damit – vor allem bei großen Summen oder in unsicheren Börsenphasen – nicht ganz wohlfühlt, kann das Geld in zwei oder drei Tranchen aufsplitten und zu verschiedenen Zeitpunkten investieren.

Erteilen Sie den Kaufauftrag für eine größere Anlagesumme, sollten Sie bei der Wahl des Börsenplatzes und des Limits acht geben. Die höchsten Umsätze finden im vollelektronischen Xetra-Handel statt, weshalb professionelle Anleger in der Regel dort handeln und daher in vielen ETF tagtäglich Millionenumsätze getätigt werden. Sie sollten bei Ihrem Auftrag ein striktes Kurslimit setzen, das nahe am aktuellen Preis liegt. Möglich ist auch hier, die Order mit dem Zusatz „Nur Auktion" zu versehen (mehr dazu siehe „Richtig handeln beim ETF-Kauf", S. 115).

Stärken von Aktien-ETF wie im Pantoffel-Portfolio zu setzen. Für Ruheständler gilt deshalb: Nach dem Sparen ist vor dem Sparen. Denn mit einer Pantoffel-Rente schöpfen Sie weiterhin die Chancen des Aktienmarkts aus und können gleichzeitig Kurseinbrüche absichern.

Vorab sollten Sie sich eines aber klar machen: Anders etwa als bei einer privaten Rentenversicherung bekommen Sie bei einem Entnahmeplan aus einem Pantoffel-Portfolio keine Garantie auf lebenslange Zahlungen. Doch gut kalkuliert, kommt man dem sehr nahe.

Die passende Entnahmestrategie finden

Die kritische Frage bei einem Entnahmeplan lautet: Wie hoch darf die Rate sein, die ich monatlich entnehme? Im Idealfall sollte die Rente möglichst hoch ausfallen, möglichst lange reichen und möglichst stabil sein. Doch leider gibt es zwischen diesen drei Zielen Konflikte – alle drei gleichzeitig lassen sich nicht optimieren.

Lebt man im ersten Jahr des Ruhestands auf großem Fuß, ist für die Zeit danach womöglich zu wenig vom Vermögen übrig. Entnimmt man dagegen sehr vorsichtig, freuen sich zwar später die Erben, man selbst verzichtet aber vielleicht auf einiges im Rentenalter. Fährt man im Kapitalstock für den Auszahlplan ein hohes Risiko und hält einen hohen Aktienanteil, ist zwar die Chance groß, dass man länger etwas vom

Vermögen hat oder auch mehr entnehmen kann. Allerdings kann es passieren, dass es im Falle eines Aktien-Crashs andersherum kommt. Dann wiederum lässt sich die Rentenhöhe nicht halten.

Finanztest hat drei Methoden entwickelt, die Entnahmehöhe für den Auszahlplan zu bestimmen:

1. **„Fixe Entnahme"**
2. **„Flexible Entnahme"**
3. **„Flexible Entnahme mit Puffer"**

Jede Methode weist jeweils Vor- und Nachteile auf. Wir stellen sie im Folgenden ausführlich vor.

Um die passende Entnahmestrategie („Fix", „Flexibel", „Mit Puffer") im richtigen Pantoffel-Mantel zu finden, sollten Sie für sich vier Punkte zum Start klären:

1. **Welche Pantoffel-Variante** möchte ich?
2. **Wie chancenreich,** damit aber auch riskant möchte ich anlegen?
3. **Wie lange** soll die Laufzeit sein?
4. **Was ist mir wichtiger** bei der Rente: Stabilität oder die Chance auf Rentensteigerung?

Welche Pantoffel-Variante möchte ich?

Prinzipiell eignen sich mehrere Pantoffel-Varianten als Basis für einen Entnahmeplan. Infrage kommen beispielsweise sowohl der Welt-Pantoffel als auch der Kleine Tiger-Pantoffel oder der Große Europa-Pantoffel, wie in den vorangegangenen Kapiteln ausführlich vorgestellt.

Aus praktischen Erwägungen würden wir Ruheständlern dazu raten, das Portfolio für die Do-it-yourself-Rente möglichst simpel zu halten, um es einfacher zu haben. Daher würden wir ein möglichst breit gestreutes Portfolio mit nur zwei Bestandteilen wählen. Denn Dreier-Portfolios bedeuten einen höheren Pflegeaufwand. Bevorzugen sollte man deshalb den Welt-Pantoffel – entweder in der klassischen (siehe „Einer für alle", S. 31) oder in der nachhaltigen Spielart (siehe „Der nachhaltige Welt-Pantoffel", S. 49). Je nach Risikoeinstellung kann man ihn defensiv, ausgewogen oder offensiv gestalten.

Wie viel Börse darf es sein?

Vielleicht haben Sie schon einmal von der Faustregel gehört, man solle die Aktienquote in seinem Depot nach der Formel 100 minus Lebensalter ausrichten – im Alter seine Aktienquote also immer weiter herunterfahren. Aus unserer Sicht ist dies kein guter Ratschlag. Denn im Alter benötigt man sein Erspartes ja in aller Regel nicht auf einen Schlag mit Mitte 60.

Nur wenn Sie im Ruhestand Wert auf absolute Sicherheit legen, dann ist die Pantoffel-Rente, die teilweise auch in Aktien-ETF investiert, für Sie nicht geeignet. Sie sollten dann vor allem auf Tagesgeld oder Festgeld setzen. Angesichts des Nullzinsniveaus dürfen Sie dann aber mit keiner nennenswerten Rentensteigerung rechnen – und sollten

Checkliste

Auszahlplan – so geht's

Pantoffel für Entnahme aufbauen. Stellen Sie sich ein Pantoffel-Portfolio zusammen oder lassen Sie Ihren bisherigen Sparpantoffel stehen – und machen einen Entnahme-Pantoffel daraus. Die Verteilung der zwei oder drei Bausteine bestimmt sich nach Ihrer Risikoeinstellung und Ihrer Risikotragfähigkeit (siehe „So finden Sie Ihren Pantoffel", S. 26). Wir empfehlen, die anfangs gewählte Variante über die ganze Laufzeit beizubehalten, sofern sich an Ihrer Lebenssituation nichts ändert.

Passende Bank suchen. Für die regelmäßige Entnahme aus Aktien-ETF sind Auszahlpläne interessant. Sie sind bei Banken aber noch rar gesät und nicht immer günstig. Eine einfache Alternative besteht darin, die Auszahlung immer aus dem Tagesgeld zu tätigen und das Portfolio, wenn nötig, durch Umschichtungen auszugleichen. Das geht bei jeder Depotbank. Günstige Depotbanken finden Sie in der Tabelle „Die günstigsten Depotanbieter auf einen Blick", auf S. 165. Daneben brauchen Sie ein Tagesgeldkonto. Bankeinlagen wie Tagesgeld sind in der EU per Gesetz in Höhe von 100 000 Euro pro Einleger und Bank abgesichert. Vorsichtige verteilen ihr Geld auf mehrere Banken, wenn sie mehr als 100 000 Euro anzulegen haben. Gute und vor allem sichere Angebote finden Sie gegen eine geringe Gebühr unter test.de/zinsen.

Entnahmestrategie wählen. Entscheiden Sie sich für eine der drei Entnahmestrategien – fixe Entnahme, flexible Entnahme oder flexibel mit Puffer. Ihre individuelle Entnahmehöhe können Sie mithilfe des Entnahmerechners unter test.de/pufferpantoffel ermitteln. Dann starten Sie mit den Auszahlungen – und genießen Sie Ihre Zusatzrente.

Regelmäßig prüfen. Bitte prüfen Sie mindestens einmal jährlich, ob die gewählte Pantoffel-Mischung noch passt. Beträgt die Abweichung mehr als zehn Prozentpunkte von der Zielgewichtung, sollten Sie umschichten. Zudem sollten Sie, sofern Sie sich für eine der flexiblen Entnahmestrategien entschieden haben, regelmäßig überprüfen, ob Sie die Höhe der Entnahme anpassen müssen beziehungsweise können.

überdies einkalkulieren, dass Sie sich mit der Zeit aufgrund der Teuerung immer weniger leisten können für Ihr Geld. Alternativ kämen für Sie dann zum Beispiel Sofortrenten-Angebote von Versicherungen in Betracht. Teilweise offerieren Versicherungsvertreter ebenfalls eine ETF-Anlage mit Auszahlplan. Aufgrund der unterschiedlichen Bedingungen sind die Angebote allerdings nur schwer miteinander vergleichbar. Doch auch bei diesen Produkten sind die Aussichten auf Rentensteigerungen gering, denn die Versicherer investieren selbst ebenfalls in Zinspapiere, die aktuell kaum etwas einbringen. Überdies wollen Vertrieb und Verwaltung der Versicherungsgesellschaften bezahlt sein, und hier sehen Sie die Kosten des Produkts nicht so klar wie bei einem ETF-Sparplan.

Für Anleger, die nicht gleich nervös werden, wenn es an den Börsen mal kräftig ruckelt, dürfte ein Auszahlplan mit dem Pantoffel-Portfolio dagegen durchaus interessant sein. Zudem kann man ja steuern, wie viel „Ruckeln" man im Portfolio spürt. Sofern es zu Ihrer persönlicher Risikoeinstellung passt, spricht nichts dagegen, wenn Sie Ihr Geld in ein ausgewogenes Pantoffel-Portfolio investieren, es dürfte für viele die am besten geeignete Alternative sein. Vorsichtige wählen die Aufteilung 25:75 (Aktien-ETF versus Tagesgeld). Besonders Mutige und Erfahrene, deren Einkommen im Alter anderweitig gesichert ist und die möglichst viel Rendite erzielen möchten, können sich für die Do-it-yourself-Rente auch an die offensive Variante 75:25 (Aktien-ETF versus Tagesgeld) heranwagen.

Wichtig zu wissen: Was auf den vorangegangenen Seiten zum Thema Umschichtung und Rebalancing des Pantoffel-Portfolios geschildert wurde, gilt natürlich auch für das Portfolio, das als Basis für den Entnahmeplan dient. Sie müssen regelmäßig überprüfen, ob das Verhältnis von Rendite- zu Sicherheitsbaustein noch stimmt. Falls nicht, müssen Sie umschichten.

Die Laufzeit nicht zu kurz wählen

Seine eigene Lebensdauer kennt zum Glück niemand. Beim Renteneintritt dürfen Männer laut Statistik im Schnitt noch von gut 20 Jahren ausgehen, Frauen leben sogar noch etwas länger. Doch gerade agile und fitte Rentner können auch auf Nummer sicher gehen und sollten daher die Laufzeit ihres Entnahmeplans von vorn herein auf 30 Jahre auslegen. Und wer weiß, dass die Vorfahren eher 90 Jahre und älter wurden, sollte ebenfalls besser etwas länger planen. Ändern sich die Wünsche oder die Gesundheitslage, kann man die Laufzeit zwischenzeitlich immer noch anpassen. Wer zum Beispiel bei Renteneintritt zunächst pessimistisch auf seine Lebenserwartung geblickt hat und sich dann mit 75 Jahren immer noch sehr fit fühlt, kann seinen Entnahmeplan auch mit verlängerter Laufzeit neu strukturieren. Mit der Pantoffel-Rente ist das problemlos möglich.

Unser Tipp: Wenn Sie gerne in den ersten fünf oder zehn Jahren Ihres Ruhestands ein paar große Reisen unternehmen möchten, brauchen Sie am Anfang sicherlich mehr Geld zur freien Verfügung. Den dafür erforderlichen Betrag sollte man am besten extra zur Seite legen und sicher auf einem Tagesgeld- oder Festgeldkonto anlegen. Der „Rest" steht hingegen für den Entnahmeplan zur Verfügung.

→ Erbe bedenken

Falls Sie von vornherein wissen, dass Sie etwas vererben möchten, können Sie jede der drei Entnahmestrategien nutzen und entsprechend gestalten. Dafür ziehen Sie den für die Erben gewünschten Betrag von Ihrem Vermögen zumindest gedanklich ab und berücksichtigen ihn nicht weiter bei der Berechnung Ihrer Rente. Alternativ können Sie diesen Betrag auch gesondert in einen ETF oder ein Extra-Pantoffel-Portfolio investieren.

Stabilität oder die Chance auf Rentensteigerung?

Worauf kommt es Ihnen am meisten an bei Ihrer Do-it-yourself-Rente? Dass die monatliche Zahlung stabil bleibt? Dass die Rente steigen kann? Oder ist beides gleich wichtig? Die Grafik „Stabilität oder Rentensteigerung?" zeigt, welche Strategie für Sie besser passt, je nachdem, wie Sie diese Fragen für sich beantworten. Bei der fixen Entnahme wird die Rentenhöhe von vornherein festgelegt, ist daher stabil. Allerdings besteht ein gewisses Risiko, dass das Geld vor Ablauf der geplanten Rentendauer verbraucht ist, sollte es an den Börsen ganz ungünstig laufen. Bei der flexiblen Entnahme schwankt die Ratenhöhe, dafür besteht Steigerungspotenzial. Bei der flexiblen Entnahme mit Verlustpuffer gibt es sowohl ein gewisses Steigerungspotenzial als auch die Aussicht auf stabile Ratenhöhen.

Doch wie unterscheiden sich die drei Strategien im Detail voneinander? Und wie kann man seine Entnahmehöhe festlegen? Das erfahren Sie in den folgenden Abschnitten.

Strategie „Fixe Entnahme"

Die Kalkulation beim Modell der fixen Entnahme ist simpel: Man teilt einfach das Kapital, das am Anfang zur Verfügung steht, durch die geplante Laufzeit und legt auf diese Weise einen monatlichen Auszahlungsbetrag fest. Bei einem Anfangskapital von 100 000 Euro geteilt durch 30 Jahre geplante Laufzeit ergäbe das einen monatlichen Betrag von 278 Euro. Diesen Betrag entnimmt man dann stur über die gesamte Rentendauer. Rentensteigerungen gibt es nicht, aber auch keine Senkungen.

Hinter dieser Variante steckt die sehr konservative Annahme, dass das Portfolio auf Dauer eine Rendite von plus/minus null erwirtschaftet. Setzen Anleger diese Strategie in einem ausgewogenen oder offensiven

Stabilität oder Rentensteigerung?

	Entnahmestrategie		
	Fix	Flexibel	Flexibel mit Puffer
Steigerungspotenzial	❏	■	◧
Stabilität	■ [1]	❏	◧

❏ = Gering. ◧ = Mittel. ■ = Hoch. 1) Aber Risiko, dass das Vermögen vor Ablauf der gewünschten Rentendauer aufgebraucht ist

Pantoffel um, welche eine nennenswerte Aktienquote haben, dann besteht zwar die Gefahr, dass das Geld nicht ganz bis zum Ende reicht. Allerdings müssten dafür die Kapitalmärkte sehr ungünstig laufen – und auch dann reicht es vermutlich zumindest bis fast zum Ende. Umgekehrt kann es sein, und mit Blick auf die Vergangenheit wäre das der wahrscheinlichere Fall, dass bei günstigem Kapitalmarktverlauf am Schluss sehr viel Geld übrig ist. Das ist zwar gut, wenn Sie sehr alt werden. Ansonsten freut es die Erben, aber man selbst hat vielleicht auf manches verzichtet. Finanztest rät daher von einer festen Entnahme ab. Besser ist es, wenn Anleger flexibel bleiben können.

Strategie „Flexible Entnahme"

Möglich wird die flexible Strategie mithilfe eines Auszahlplans, der flexible Auszahlungshöhen vorsieht. Dazu teilen Ruheständler in regelmäßigen Abständen, also monatlich, halbjährlich oder auch nur einmal pro Jahr, wenn sie ohnehin die Vermögensverteilung in ihrem Portfolio überprüfen, das verbleibende Vermögen auf die noch übrige Auszahlzeit auf. Bei einem Anfangsvermögen von 100 000 Euro, um im Beispiel zu bleiben, starten sie mit einer Auszahlung von 273 Euro für 30 Jahre. Die Auszahlung wird dann zwar schwanken, doch ist es sehr wahrscheinlich, dass sie im Zeitverlauf steigt. Im Mittel betrug sie in der Vergangenheit (berechnet auf die 30 Jahre bis 30. Juni 2020) bei einem ausgewogenen Pantoffel sogar 691 Euro pro Monat.

Mindestens einmal jährlich sollte man ohnehin prüfen, ob der Mix des Gesamtvermögens noch mit der gewählten Pantoffel-Strategie übereinstimmt; bei der Gelegenheit nimmt man auch die Berechnung des Restvermögens auf die noch geplante Auszahlzeit vor, um die monatliche Auszahlung neu festzulegen.

Berechnungen von Finanztest zeigen ferner, dass die durchschnittlichen Auszahlungen über verschiedene Laufzeiten höher ausfallen als bei einer fixen Entnahme, Bei flexibler Auszahlung gibt es außerdem die Sicherheit, wirklich Geld bis zum Schluss zu haben., Die Auszahlung wird stets an das aktuelle Vermögen angepasst. So wird das für die Zusatzrente verwendete Vermögen besser genutzt und über die Jahre verbraucht.

Die drei Rentenvarianten im Vergleich

Die flexiblen Modelle bieten die Chance auf steigende Entnahmen, beim Puffermodell ist überdies das Risiko, dass die Rente fällt, geringer. Es ist aber aufwendiger.

	Fixe Entnahme	Flexible Entnahme			Flexible Entnahme mit Puffer			
		Defensiv	Ausgewogen	Offensiv		Defensiv	Ausgewogen	Offensiv
Anfangsrente (für 100 000 Euro, 30 Jahre Laufzeit)	278	278			Situation am Aktienmarkt	abhängig davon, wie weit der Aktienmarkt unter seinem bisherigen Höchststand liegt		
					Bei Höchststand	273	268	264
					Bei 20 Prozent unter Höchststand	289	301	312
					Bei 60 Prozent unter Höchststand	370	463	555
Chance auf steigende Entnahmen	Keine[1)]	Mittel	Hoch	Sehr hoch		Gering	Mittel	Hoch
Risiko, dass die monatliche Entnahme sinkt	Keines[2)]	Mittel	Hoch	Sehr hoch		Sehr gering	Gering	Mittel
Aufwand zur Berechnung der Rentenhöhe	Sehr gering, einmalig	Gering, aber regelmäßig				Nur mit Rententabelle oder kostenlosem Online-Rechner der Stiftung Warentest möglich (test.de/pufferpantoffel)		

1) Allerdings Chance auf hohes Restvermögen am Ende der Laufzeit.
2) Allerdings besteht das Risiko, dass das Vermögen vorzeitig aufgebraucht ist.

gewünschten Pantoffel-Aufteilung, würden Sie auch hier entweder umschichten, also einen Teil des Tagesgelds in den Aktien-ETF investieren, oder Sie setzen die Entnahme aus dem Tagesgeld fort – mit der Zeit verringert sich so der Betrag im Tagesgeld, und das Portfolio kommt wieder ins Gleichgewicht. Ob Sie nun umschichten oder den Entnahmeplan lieber umlenken, beides ist möglich. Beim Umschichten profitieren Sie rascher vom antizyklischen Effekt. Beim Umlenken sind Sie darauf angewiesen, dass Ihre Bank einen kostengünstigen Entnahmeplan auf Ihren Aktien-ETF anbietet.

Noch etwas spricht aber gegen ein Umlenken: Bei den flexiblen Entnahmestrategien passen Sie regelmäßig die Entnahmehöhe an. Das geht problemlos, wenn Sie immer nur aus dem Tagesgeld entnehmen. Schwieriger wird es beim Entnahmeplan auf einen Aktien-ETF, hier können Sie eventuell die Höhe nicht wie gewünscht variieren, gegebenenfalls gilt es je nach Depotbank auch Mindestentnahmeraten zu beachten.

Wenn Sie sich für Anpassen durch Umschichten entscheiden, werden Sie, wie bereits erläutert, gegen Ende der Laufzeit häufiger umschichten müssen. Das liegt daran, dass das Portfolio dann schon abgeschmolzen ist – und die monatlichen Entnahmen relativ hoch sind im Vergleich zur Portfoliogröße und daher stärker ins Gewicht fallen. Das lässt sich umgehen, indem Sie einfach das gesamte verbleibende Vermögen fünf Jahre vor Ablauf aufs Tagesgeld legen (siehe Grafik „Portfolioaufteilung im Zeitverlauf", S. 154). Der Pantoffel hat nach vielen Jahren seinen Zweck erfüllt und kann nun ruhen.

Das Pantoffel-Konzept ist eine einfache Variante, sich im Ruhestand selbst eine monatliche Rente zu finanzieren. Vielleicht haben Sie bereits Vermögensaufbau mit dem Konzept betrieben? Dann können Sie es gleich als Kapitalstock für einen Entnahmeplan stehen lassen. Welches der drei Modelle – fixe Entnahme, flexible Entnahme ohne oder mit Puffer – man wählt, hängt von den eigenen Vorstellungen ab und auch davon, wie stark man sich im Alter noch mit der Berechnung der Rentenhöhe befassen möchte. Der Aufwand zum Pflegen des Pantoffel-Portfolios durch regelmäßiges Rebalancing ist in allen drei Modellen gleich.

Hilfe

Was ist mit den Risiken?

Kein Investment ist absolut perfekt und für jedermann und jederzeit passend, geschweige denn ohne Risiko. ETF, und damit auch das Pantoffel-Konzept, werden daher auch gerne kritisiert. Denn der Siegeszug der ETF hat die Welt der Geldanlage kräftig durcheinandergewirbelt. Vor allem professionelle Investoren, aber auch Privatanleger investieren immer mehr Geld in ETF. Klar, dass das vor allem denjenigen nicht gefällt, deren Geschäfte darunter leiden. Und das sind viele, angefangen von den Anbietern aktiv gemanagter Investmentfonds über Vermögensverwalter und Bankberater bis hin zu Wertpapieranalysten und Finanzmaklern. Sie gehören, neben den Aufsichtsbehörden, zu denen, die besonders intensiv nach Haaren in der Suppe suchen, sprich nach Risiken. Manche Risiken sind tatsächlich vorhanden, andere dagegen aufgebauscht oder gar nicht ETF-spezifisch.

Gefährden ETF das Finanzsystem?

Ausgangspunkt vieler Vorwürfe gegen ETF sind Warnungen, die der Internationale Währungsfonds (IWF), die Bank für Internationalen Zahlungsausgleich (BIZ) und der Finanzstabilitätsrat der G-20-Länder nach der Finanzkrise im Jahr 2011 ausgesprochen haben. Sie kritisierten insbesondere die komplexe Struktur und die mangelhafte Transparenz synthetisch nachgebildeter ETF, sogenannter Swap-ETF (siehe „Wie wichtig ist die Konstruktion des ETF?", S. 110). Die drei Organisationen sahen darin eine potenzielle Gefahr für die Stabilität des globalen Finanzsystems.

Die staatlichen und internationalen Regulierungsbehörden haben darauf schnell reagiert und strengere Vorschriften erlassen. Da die ETF-Anbieter zusätzlich ihre Sicherungsbestimmungen über das gesetzlich notwendige Maß hinaus verschärft haben, ist ein Großteil der 2011 geäußerten Befürchtungen längst entkräftet.

Was bleibt, sind Restrisiken. Besonders im Blickfeld stehen weiterhin synthetisch replizierende ETF, die nicht exakt die in einem Index enthaltenen Wertpapiere erwerben, sondern meistens besser handelbare Papiere, um Transaktionskosten zu sparen. Dieses „Trägerportfolio" unterliegt jedoch den gleichen hohen gesetzlichen Sicherheitsstandards wie die Portfolios von physisch nachbildenden ETF und von aktiv gemanagten Fonds. Weil ETF-Anbieter aber einen Swap-Partner einschalten, in der Regel eine große Bank, der die Wertentwicklung des Index garantiert, sind sie darauf angewiesen, dass der auch zahlen kann. Es entsteht also ein sogenanntes Kontrahenten- oder Ausfallrisiko. Die Sorge: Sollte ein Swap-Partner seiner Verpflichtung nicht mehr nachkommen, könnte das zu Panikverkäufen bei allen synthetisch nachgebildeten ETF führen und Kettenreaktionen auslösen: Die könnten im Extremfall die Stabilität der Finanzmärkte gefährden. Allerdings ist diese Gefahr relativ gering. Denn der Umfang des Swaps ist gesetzlich auf 10 Prozent des Fondsvolumens begrenzt. Obendrein verlangen die ETF-Anbieter üblicherweise vom Swap-Partner zusätzliche Sicherheiten, die sie sofort verwerten dürfen, wenn der Tauschpartner zahlungsunfähig wird.

Welches Risiko birgt die Wertpapierleihe?

Kontrahentenrisiken sind nicht auf Swapbasierte ETF beschränkt: Auch bei direkt replizierenden ETF und bei gewöhnlichen Aktienfonds gibt es ein potenzielles Ausfallrisiko, vor allem in Stressphasen. Denn die Fondsgesellschaften können Wertpapiere aus dem Sondervermögen verleihen und dafür Gebühren einstreichen. In der Regel sind Hedgefonds oder andere spekulative Anleger die Leihpartner. Sie verkaufen die geliehenen Aktien leer (weil sie ihnen nicht wirklich gehören) in der Hoffnung, sie später zu niedrigeren Kursen zurückkaufen und zurückgeben zu können. Geht ihre Wette jedoch nicht auf und können sie im Extremfall die ausgeliehenen Wertpapiere nicht zurückkaufen, weil ihnen das Geld dafür fehlt, drohen Ausfälle. Allerdings ist diese Gefahr normalerweise gering, weil auch die ETF-Anbieter von den Leihe-Partnern Sicherheiten verlangen.

2019 stellte das wissenschaftliche Beratergremium des Europäischen Ausschusses für Systemrisiken (ESRB) beruhigend fest, dass die bisherigen Entwicklungen am ETF-Markt die Bedenken entkräftet hätten, dass Swap-Geschäfte und Wertpapierleihen Panikverkäufe auslösen und zu gefährlichen Konsequenzen für das Finanzsystem insgesamt führen könnten. Das gelte unabhängig davon, ob die ETF einen Index synthetisch oder physisch nachbilden.

Verstärken ETF einen Crash?

Gefahren durch ETF sehen manche Kritiker wegen des sogenannten Herdenverhaltens: Weil Anleger mit ETF innerhalb von Sekunden ganze Märkte und Börsensegmente kaufen und verkaufen können, könne das zu einer Vielzahl an gleich gerichteten Handlungen und zu Kursübertreibungen nach oben und nach unten führen. Herdenverhalten ist aber ein Phänomen, das schon jahrhundertelang bekannt ist. Es braucht also keine ETF, um an der Börse einen Herdentrieb auszulösen. Auch die deutsche Finanzaufsicht Bafin sieht „keine eindeutigen Hinweise darauf, dass es durch ETF zu einer erhöhten Kursreaktion oder Preisverzerrungen“ gekommen sei. Ein Herdenverhalten zu verstärken ist mit aktiv gemanagten Fonds, Hedgefonds oder Termingeschäften ebenfalls möglich.

Ein anderes Argument der Kritiker: Sobald Crash-Angst entstehe, könnten Anleger ihre ETF binnen Sekunden verkaufen und Herdenverhalten verstärken. Den ETF-Managern bleibe dann nichts anderes übrig, als die entsprechende Anzahl der Aktien schlagartig zu veräußern, ohne Rücksicht auf den Preis. Und das würde die Kurse steil nach unten schicken. Der Internationale Währungsfonds (IWF) sieht keine Anhaltspunkte dafür, dass ETF in solchen Situationen gefährlicher seien als aktiv gemanagte Fonds. Manche Experten meinen sogar: ETF-Verwalter verkaufen nur in dem Ausmaß Aktien, in dem Anleger ETF-Anteile verkaufen. Aktive Fondsmanager hingegen können den Crash zusätzlich verstärken, wenn auch sie in Panik verfallen und massiv Aktien verkaufen, also die Aktienquote sehr stark reduzieren.

Eine Entwicklung gibt es, bei der es mit ETF tatsächlich Probleme gab: bei sogenannten Flash-Crashs. Bei diesen „Blitz-Crashs“ sacken die Kurse extrem schnell ab, erholen sich aber auch rasch wieder. Die Bundesbank macht für derartige Turbulenzen aber nicht ETF verantwortlich, sondern „das massive Auslösen von programmierten Orders“, sprich Verkaufssignale von Computerprogrammen. Betroffen sind ETF jedoch sehr wohl.

Der berühmteste „Flash-Crash“ ereignete sich an der New Yorker Börse am 24. August 2015. Die Turbulenzen führten bei zahlreichen ETF zu vorübergehenden Kursproblemen. Die Market Maker konnten bei der Preisstellung teils nicht so schnell reagieren, wie die Kurse untertägig fielen und dann wieder stiegen. Die Deutsche Bundesbank sieht in Handelsunterbrechungen einen „wichtigen Schutzmechanismus gegen die schnelle Ausbreitung von Verwerfungen an den Finanzmärkten".

In Europa gab es diese Probleme mit Flash Crashs nicht – auch, weil schon früher schärfere Regelungen zur Handelsunterbrechung existierten. In den USA wurden die Vorschriften nach diversen Flash-Crashs angepasst. Pantoffel-Anleger sind von solchen kurzfristigen Ereignissen nicht betroffen, weil sie auf bequemen Sohlen unterwegs sind und nicht auf kurzfristige Schwankungen reagieren.

Droht durch den ETF-Boom ein Marktversagen?

Obwohl ETF an den Finanzmärkten keineswegs die dominante Rolle einnehmen, geistert ein Schreckensszenario schon lange durch die Medien: Wenn der Anteil der ETF so dynamisch wächst, dass alle Anleger nur noch passiv investieren und daher aktive Fonds und Depots aus Einzelwerten verdrängen, „würde der Markt versagen". Es gäbe keinerlei Differenzierung zwischen einzelnen Aktien; die Indexwerte würden von allen Anlegern gekauft, egal wie unterschiedlich sich die Geschäfte der Unternehmen entwickeln. Die Preisfindung an den Kapitalmärkten wäre quasi außer Kraft gesetzt, so die These.

Es ist jedoch höchst unwahrscheinlich, dass alle Anleger in ETF, also passiv investieren. Gerade wenn Bewertungen aus dem Ruder laufen, wäre es wieder reizvoll, selbst die besten Aktien zu suchen. Einzelne Marktteilnehmer werden sich das immer zutrauen – nicht zu vergessen diejenigen Unternehmen, die Konkurrenten oder kleinere Firmen übernehmen wollen, um ihre Geschäfte voranzubringen. Sie müssen gezielt Einzelaktien kaufen.

Kann die Liquidität versiegen?

Ein großer Vorteil von ETF liegt darin, dass Anleger damit indirekt auch Wertpapiere kaufen können, die nur schlecht handelbar sind – etwa bestimmte Aktien aus Schwellenländern, Aktien kleiner Unternehmen und Unternehmensanleihen. Die Bundesbank hat festgestellt, dass ETF in normalen Zeiten in der Regel besser und preiswerter handelbar sind als die im Index enthaltenen Einzelwerte. Denn sogenannte Designated Sponsors – jeder am Haupthandelsplatz Xetra notierte ETF hat mindestens einen davon – sorgen für einen liquiden Handel der ETF.

Kritiker warnen jedoch davor, dass ETF mit wenig liquiden Wertpapieren in Börsenturbulenzen erhebliche Probleme bereiten könnten. Wenn Anleger massiv ETF-Anteile verkaufen, müssen alle darin enthaltenen Papiere sofort veräußert werden. Das kann problematisch werden, wenn ein großes Angebot einer geringen Nachfrage gegenübersteht. Die Designated Sponsors können dann bestimmte Aktien oder Anleihen unter Umständen nur zu stark fallenden Kursen verkaufen – oder auch vorübergehend gar nicht. Deshalb dürften sie, so die Annahme, eine Sicherheitsmarge einbauen, also die Kosten für die Anleger erhöhen, um selbst keine Verluste zu erleiden. Das könne, mutmaßt die Bundesbank, „zu einem preislichen Auseinanderdriften zwischen ETF-Preis und Referenzindex führen". In der Vergangenheit, so betont es die Bundesbank jedoch ausdrücklich, „waren derartige Störungen auf wenige Minuten begrenzt". Sie würden also vornehmlich professionelle Anleger und Händler betreffen, kaum aber private Anleger, die in solchen turbulenten Phasen nicht verkaufen müssen.

Sollten sich Indizes besser an der Wirtschaftskraft orientieren?

Eine häufig geäußerte Kritik: Globale Indexfonds wie der MSCI World spiegeln nicht die tatsächliche wirtschaftliche Stärke der Länder wider. Es sei besser, die Länderanteile nach dem Anteil ihrer Wirtschaftsleistung am globalen Bruttoinlandsprodukt (BIP) zu gewichten. Allerdings gilt: An den Aktienmärkten werden keine Länder gehandelt, sondern Anteile an börsennotierten Unternehmen, und nur die können Anleger kaufen. Firmen in Staatsbesitz oder Familienunternehmen, die oftmals Stiftungen gehören, tragen zwar viel zum BIP bei, sind aber nicht börsennotiert. Hinzu kommt: An der Börse wird die Zukunft gehandelt, Anleger investierten in Firmen, bei denen hohe Erträge winken. Diese Erwartungen spiegeln sich im Börsenwert wider, nicht aber im vergangenheitsbezogenen BIP.

Finanztest stellt keinerlei Prognosen darüber an, wie sich die Wirtschafts- oder Börsenentwicklung in der Zukunft darstellen wird. Klar ist aber: Wird ein Land, das derzeit noch nicht zu den im MSCI -Weltindex vertretenen Ländern zählt, sich weiterhin überdurchschnittlich entwickeln und in Zukunft die Aufnahmekriterien erfüllen, dann profitieren Anleger, die mit ETF auf den MSCI World setzen, von dieser Entwicklung automatisch.

Viele Kritiker bemängeln, dass US-Aktien im MSCI World und im MSCI ACWI so dominant sind, obwohl die USA, gemessen an der Wirtschaftskraft, „nur" rund ein Viertel zum globalen BIP beisteuern. Wenn die New Yorker Börse einbricht, so die Warnungen, werde sie den MSCI World mit nach unten reißen. Fakt ist: Das US-Gewicht im MSCI World ist auch deshalb so hoch, weil die USA in Sektoren mit dem höchsten Wachstumstempo die meisten Weltmarktführer stellen – etwa bei neuen Technologien und Dienstleistungen. Pantoffel-Anleger, denen die Dominanz der USA zu groß ist, können dem MSCI World Ergänzungen beimischen (siehe „Ergänzungen für erfahrene Anleger" S. 69).

Übrigens: Auch Rohstoff- und Immobilienfirmen sind im MSCI World Index vertreten. Ihre wirtschaftliche Bedeutung spiegelt sich also angemessen wider.

Die günstigsten Depotanbieter auf einen Blick

Hier sehen Sie, was ein Depot mit nur 1 ETF zu 12 000 Euro mit 1 Order pro Jahr, Ordergröße 2 500 Euro kostet. Die Kosten größerer Depots finden Sie unter test.de/depotkosten.

Anbieter	Depotname	Bundesweit	Preis pro Jahr (Euro)
Top-Ten-Filialdepots			
Santander Consumer Bank	Wertpapierdepot	■	19
Degussa Bank	Beratungsdepot	■	23
Leipziger Volksbank	Onlinedepot mit Beratung	❑	23
Postbank	Depot	■	32
BBBank	Depot	■	36
Hamburger Volksbank	Depot	❑	44
Hamburger Sparkasse	Klassikdepot	❑	45
Kreissparkasse Köln	Depot	❑	50
Deutsche Bank	db Privatdepot Comfort	■	53
BW Bank	Depot WP-komplett	❑	55
Top-Ten-Internetdepots			
Smartbroker	Depot 1)	■	5
Onvista Bank	Festpreis-Depot	■	8
Santander Consumer Bank	Wertpapierdepot	■	9
DKB-Broker	DKB-Broker	■	11
BBBank	Depot	■	11
NIBC Direct	EinfachInvestDepot	■	12
Targobank	Direkt-Depot	■	12
Deutsche Bank	Maxblue Depot	■	12
S Broker	Depot	■	13
Consorsbank	Depot	■	13

1) Ab einer Cashquote von 15 Prozent fällt ein Negativzins von 0.5 Prozent auf Guthaben auf dem Verrechnungskonto an, das den 15 Prozent-Anteil übersteigt.
Die genauen Berechnungen für die Depots können Sie unter test.de/depot nachlesen.

■ = Ja.
❑ = Nein.

Stand: 1. September 2020

Die Kosten für ETF-Sparpläne

Die Tabelle zeigt, was Banken und Broker für Depot und Sparplanausführung berechnen. Bei den Filialbanken nennen wir nur die Banken, die ein bundesweites Angebot machen.

Anbieter / Depotname	Depotpreis (Euro und/ oder Prozent)	Monatliche Mindestrate (Euro)
Onlinedepots		
1822direkt	0 [1]	50
Comdirect	0 [1]	25
Commerzbank/DirektDepot	0 [1]	25
Consorsbank	0	25
Deutsche Bank maxblue	0	50
DKB	0	50
DWS/Depot Classic Online	8,00 €	25
Finvesto/Depot Basis/Depot	15,00 € [2]	10
Flatex	0,119 % [3]	50
ING	0	50
Netbank	0 [1]	25
Onvista Bank/Festpreis-Depot	0	50
Postbank	0	25
S Broker	0 [1]	50
Targobank/Direkt-Depot	0	50
Filialbankdepots		
Commerzbank/KlassikDepot	0,25 %, mind. 79,80 €	25
Hypovereinsbank/Investmentdepot	48,00 € [6]	25
Targobank/Klassik-Depot	30,00 € [8]	50
Depots bei Fondsbanken – in Verbindung mit Fondsvermittlern		
Augsburger Aktienbank/Service-Konto inkl. Wertpapierdepot	44,90 € [9]	25
Ebase/Flex Basic	15,00 € [10]	10
Fil Fondsbank/FFB Fondsdepot [11]	0,25 % (25–50 €) [12]	25
Fondsdepot Bank / Fondsdepot Online	30,00 €	25

1) Bei Depots ohne aktiven Sparplan können Depotentgelte anfallen.
2) Bei mehr als einer Depotposition landet man im Depotmodell „Depot" mit einem einem Jahrespreis von 30 Euro.
3) Auf Guthaben auf dem Verrechnungskonto fallen negative Zinsen von 0,5 Prozent pro Jahr an.
4) Bei unterstellten ATC (Additional Trading Costs) – Zusatzkosten der Abwicklungsstelle – von 0,25 Prozent.
5) Gesamtkosten hängen vom Volumen ab. Angegebene Jahreskosten basieren auf dem Mindestdepotpreis.
6) Für die Positionen aus ETF-Sparplänen fallen keine Extra-Kosten an. Das HVB-Depot kostet allerdings mindestens 48,00 Euro.
7) Bei den Gesamtkosten wurde der jährliche Mindestpreis für das Depot berücksichtigt.
8) Bei Nutzung des Online-Postfachs oder ab 50 000 Euro Gesamtguthaben entfällt der Depotpreis.

Für eine langfristige Sparplan-Anlage bietet sich ein thesaurierender ETF an. Bei ausschüttenden Fonds ist die direkte Wiederanlage der Dividendenzahlungen empfehlenswert.

Reguläre Kosten pro Sparplanausführung (Euro und/oder Prozent)	**Jahreskosten für Sparplanausführung und Depot bei Monatsraten von … in Prozent**		
	50 Euro	**100 Euro**	**200 Euro**
2,95 €	5,9	1,48	0,59
1,50 %	1,5	1,5	1,5
2,50 € + 0,25 %	5,25	1,5	0,75
1,50 %	1,5	1,5	1,5
1,25 %	1,25	1,25	1,25
1,50 €	3	0,75	0,3
ohne Kosten	1,33	0,33	0,13
0,20 %	2,7	0,83	0,45
1,50 € + 0,25 % 4)	3,32	1,07	0,62
1,75 %	1,75	1,75	1,75
0,30 % (0,95 € bis 19,50 €)	1,9	0,48	0,3
1,00 €	2	0,5	0,2
0,90 €	1,8	0,45	0,18
2,50 %	2,5	2,5	2,5
2,50 % (1,50 € bis 3,00 €)	3	1,5	0,6
2,50 € + 1,00 %	19,27 5)	5,57 5)	2,83 5)
2,50 %	10,50 7)	4,50 7)	3,30 7)
2,50 % (1,50 € bis 3,00 €)	8	2,75	1,1
0,20 %	7,68	2,07	0,95
0,20 %	2,7	0,83	0,45
0,45 % 4)	4.67 13)	1,55 14)	0,92 15)
0,25 % 4)	5,25	1,5	0,75

9) In der Basisvariante. Das Augsburger Service-Konto inklusive Wertpapierdepot Komfort kostet 59,90 Euro jährlich.
10) Bei zwei Depotpositionen landet man im Depotmodell „Flex Select" mit einem Jahrespreis von 30 Euro, bei mehr als zwei Depotpositionen im Depotmodell „Flex Standard" mit einem Jahrespreis von 45 Euro.
11) Das FondsdepotPlus wird mit einem Abrechnungskonto angeboten.
12) Das FondsdepotPlus mit Abrechnungskonto kostet pauschal 45 Euro pro Jahr.
13) Bei höherem Depotvolumen kann die gesamte Belastung bis zu 8,84 Prozent betragen.
14) Bei höherem Depotvolumen kann die gesamte Belastung bis zu 2,59 Prozent betragen.
15) Bei höherem Depotvolumen kann die gesamte Belastung bis zu 1,34 Prozent betragen.

Stand: 1. April 2020

Diese ETF sind 1. Wahl

Die Tabelle zeigt die besten ETF der jeweiligen Fondsgruppe. Für nachhaltige ETF und Gold-ETC gibt es gesonderte Tabellen auf S. 171. Weitere Erläuterungen finden Sie am Ende der Tabelle sowie unter „So haben wir getestet"auf S. 172. Die aktuellen Daten aller ETF sind unter test.de/fonds gegen eine geringe Gebühr abrufbar.

Anbieter		Isin	Index
Aktien-ETF Welt			
Amundi	Ⓣ	LU1681043599	MSCI World
HSBC	Ⓐ	IE00B4X9L533	MSCI World
Invesco	Ⓣ	IE00B60SX394	MSCI World
iShares	Ⓣ	IE00B4L5Y983	MSCI World
Lyxor	Ⓐ	FR0010315770	MSCI World
Lyxor Comstage	Ⓐ	LU0392494562	MSCI World
UBS	Ⓐ	LU0340285161	MSCI World
Vanguard	Ⓐ	IE00BKX55T58	FTSE Developed
Xtrackers	Ⓣ	IE00BJ0KDQ92	MSCI World
Renten-ETF Staatsanleihen Euro			
Amundi	Ⓣ	LU1681046261	FTSE MTS Eurozone Government Broad IG
iShares	Ⓐ	IE00B4WXJJ64	BB Barclays Euro Treasury
iShares	Ⓐ	DE000A0H0785	Markit iBoxx EUR Liquid Sovereigns Capped 1,5-10,5
Lyxor Comstage	Ⓐ	LU0444605645	Markit iBoxx EUR Liquid Sovereigns Diversified Overall
SPDR	Ⓐ	IE00B3S5XW04	BB Barclays Euro Treasury
Xtrackers	Ⓣ	LU0290355717	Markit iBoxx EUR Sovereigns Eurozone
Renten-ETF Staats- und. Unternehmensanleihen Euro			
iShares	Ⓐ	IE00B3DKXQ41	BB Barclays Euro Aggregate
SPDR	Ⓐ	IE00B41RYL63	BB Barclays Euro Aggregate
Aktien-ETF Schwellenländer			
Amundi	Ⓣ	LU1681045370	MSCI Emerging Markets (EM)
HSBC	Ⓐ	IE00B5SSQT16	MSCI Emerging Markets (EM)

Anbieter		Isin	Index
Invesco	Ⓣ	IE00B3DWVS88	MSCI Emerging Markets (EM)
iShares	Ⓣ	IE00BKM4GZ66	MSCI EM Investable Market (IMI)
iShares	Ⓣ	IE00B4L5YC18	MSCI Emerging Markets (EM)
Lyxor	Ⓣ	FR0010429068	MSCI Emerging Markets (EM)
Lyxor Comstage	Ⓐ	LU0635178014	MSCI Emerging Markets (EM)
SPDR	Ⓣ	IE00B469F816	MSCI Emerging Markets (EM)
UBS	Ⓐ	LU0480132876	MSCI Emerging Markets (EM)
Vanguard	Ⓐ	IE00B3VVMM84	FTSE Emerging
Xtrackers	Ⓣ	LU0292107645	MSCI Emerging Markets (EM)
Aktien-ETF Welt inklusive Schwellenländer			
iShares	Ⓣ	IE00B6R52259	MSCI All Country World (ACWI)
Lyxor	Ⓣ	LU1829220216	MSCI All Country World (ACWI)
SPDR	Ⓣ	IE00B3YLTY66	MSCI ACWI Investable Market (IMI)
SPDR	Ⓣ	IE00B44Z5B48	MSCI All Country World (ACWI)
Vanguard	Ⓐ	IE00B3RBWM25	FTSE All-World
Xtrackers	Ⓣ	IE00BGHQ0G80	MSCI All Country World (ACWI)
Aktien-ETF Europa			
Amundi	Ⓣ	LU1681042609	MSCI Europe
BNP Easy	Ⓣ	FR0011550193	Stoxx Europe 600
Deka	Ⓐ	DE000ETFL284	MSCI Europe
HSBC	Ⓐ	IE00B5BD5K76	MSCI Europe
Invesco	Ⓣ	IE00B60SWY32	MSCI Europe
Invesco	Ⓣ	IE00B60SWW18	Stoxx Europe 600
iShares	Ⓐ	IE00B1YZSC51	MSCI Europe
iShares	Ⓐ	DE0002635307	Stoxx Europe 600
Lyxor	Ⓐ	FR0010261198	MSCI Europe
Lyxor	Ⓣ	LU0908500753	Stoxx Europe 600

Anbieter		Isin	Index
Lyxor Comstage	Ⓐ	LU0378434582	Stoxx Europe 600
SPDR	Ⓣ	IE00BKWQ0Q14	MSCI Europe
UBS	Ⓐ	LU0446734104	MSCI Europe
Vanguard	Ⓐ	IE00B945VV12	FTSE Developed Europe
Xtrackers	Ⓣ	LU0274209237	MSCI Europe
Xtrackers	Ⓣ	LU0328475792	Stoxx Europe 600
Aktien-ETF Deutschland			
Deka	Ⓣ	DE000ETFL011	Dax
iShares	Ⓣ	DE0005933931	Dax
Lyxor	Ⓣ	LU0252633754	Dax
Lyxor Comstage	Ⓐ	LU0378438732	Dax
Lyxor Comstage	Ⓐ	LU0650624025	FAZ Index
Xtrackers	Ⓣ	LU0274211480	Dax

Ⓐ = Ausschüttend. Ⓣ = Thesaurierend. Stand 31. Juli 2020. Quelle: FWW, eigene Erhebungen und Bewertungen

Wer steckt hinter den Anbietern?

Amundi: Die Amundi-Gruppe ist Frankreichs größte Vermögensverwaltung.

BNP Easy: Dahinter steckt Frankreichs Großbank BNP Paribas.

Deka: Die Deka-Bank ist das Wertpapierhaus der deutschen Sparkassen.

HSBC: Internationale Investmentbank mit Sitz in Großbritannien.

Invesco: Einer der größten Vermögensverwalter in den USA.

iShares: ETF-Sparte des weltweit größten Vermögensverwalters BlackRock aus den USA.

Lyxor/Lyxor Comstage: Frankreichs Großbank Société Générale hat mit Comstage das ETF-Geschäft der Commerzbank übernommen.

SPDR: Die US-Bank State Street Global Advisors (SSGA) zählt zu den Pionieren im ETF-Geschäft.

UBS: Großer Vermögensverwalter aus der Schweiz.

Vanguard: Zweitgrößter Vermögensverwalter in den USA und weltweit.

Xtrackers: ETF-Marke der DWS, der Fondstochter der Deutschen Bank.

Die besten nachhaltigen ETF

Nachhaltige Indizes schließen bestimmte Unternehmen aus, die ETF decken daher den Markt nicht in seiner vollen Breite ab. Die genannten Papiere streuen das Anlagerisiko aber hinreichend breit, weshalb sie als Risikobaustein für ein nachhaltiges Pantoffel-Portfolio geeignet sind. Details zur Nachhaltigkeitsbewertung finden Sie auf S. 61.

Anbieter		Grad der Nachhaltigkeit	Isin	Index
Nachhaltige Aktien-ETF Welt				
Amundi	Ⓣ	Niedrig	LU1861134382	MSCI World SRI 5% Issuer Capped
BNP Easy	Ⓣ	Niedrig	LU1615092217	MSCI World SRI-Series 5% Capped
iShares	Ⓣ	Sehr niedrig	IE00BFNM3J75	MSCI World ESG Screened
iShares	Ⓣ	Mittel	IE00BYX2JD69	MSCI World SRI Select Reduced Fossil Fuels
Lyxor	Ⓣ	Sehr niedrig	LU1792117779	MSCI World Select ESG Rating and Trend Leaders
UBS	Ⓐ	Niedrig	LU0629459743	MSCI World SRI 5% Issuer Capped
Nachhaltige Aktien-ETF Welt inklusive Schwellenländer				
iShares	Ⓣ	Sehr niedrig	IE00B57X3V84	DJ Sustainability World Enlarged ex Alcohol, Tobacco, Gambling, Armaments & Firearms and Adult Entertainment

Ⓐ = Ausschüttend. Ⓣ = Thesaurierend. Stand 31. Juli 2020. Quelle: FWW, eigene Erhebungen und Bewertungen

Geeignete Gold-ETC

Gold-ETC eignen sich nur zur Depotbeimischung. Die in der Tabelle genannten zwei ETC sind mit physischem Gold besichert und verbriefen einen Auslieferungsanspruch. Nach unserem Kenntnisstand führen viele Banken die Abgeltungsteuer bei diesen Produkten nach einem Jahr Haltedauer nicht ab. Näheres zur Besteuerung finden Sie auf S. 96.

Produkt	Isin	Emittent[1]
Euwax Gold II	DE000EWG2LD7	Börse Stuttgart Securities
Xetra-Gold	DE000A0S9GB0	Deutsche Börse Commodities

1) Gesellschaft mit beschränkter Haftung (GbmH); Stand 31. Juli 2020. Quelle: FWW, eigene Erhebungen und Bewertungen

So haben wir getestet

Die Pantoffel-Portfolios sind Anlagestrategien der Stiftung Warentest. Nachfolgend erläutern wir in Kurzform die Berechnung der Performance, im Detail finden Sie diese unter test.de/ft-strategie.

Simulationen der historischen Verläufe

Da es ETF auf Aktien-, Renten- und Rohstoffindizes und ETC auf den Goldpreis noch nicht so lange gibt, leiten wir die Wertentwicklung von den zugrunde liegenden Indizes ab. Berechnet wird auf Basis der Monatsendstände in Euro.

- **Aktienbausteine:** Zur Simulation verwenden wir die Total-Return-Indizes von MSCI, für den Weltaktienmarkt ist dies beispielsweise der MSCI World Total Return Index in Euro.
- **Tagesgeld:** Um die Entwicklung nachzubilden, verwenden wir für den Zeitraum bis 31 .Dezember 1998 den 3-Monats-Geldmarktzins Fibor, danach den 3-Monats-Euribor, mindestens jedoch null Prozent. Ausnahme: Für die Tabelle „So wählen Sie die richtige Mischung", auf S. 27 setzen wir Tagesgeld konstant auf null Prozent.
- **Staatsanleihen in Euro:** Hier dient der Bloomberg Barclays Euro-Aggregate Treasury Index als Basis.
- **Gold:** Preis pro Goldunze in Euro am London Bullion Market.

Kosten der ETF-Anbieter

Um Verwaltungs- und Handelskosten der ETF-Anbieter zu berücksichtigen, orientieren wir uns an 5-Jahres-Tracking-Differenzen der ETF in unserer Datenbank und nehmen davon konservative Kostenabschläge vor.

- Rentenmärkte: 0,2 Prozent Abschlag,
- Aktien Welt und Europa: 0,5 Prozent,
- Aktien Schwellenländer: 0,9 Prozent,
- Aktien Deutschland: 0,4 Prozent,
- Aktien Welt Nebenwerte: 0,6 Prozent,
- Gold: 0,3 Prozent Abschlag.
- Tagesgeld: kein Kostenabschlag.

Handelskosten der Anleger

In den Simulationen berücksichtigen wir auch Kosten der Anleger – entsprechend einem durchschnittlich teuren Onlineangebot. Denn Gebühren beim Kauf und Verkauf schmälern die Rendite.

- **Erstanlage und Umschichtungen:** Pro Order 4,90 Euro plus 0,25 Prozent des Handelsvolumens, mindestens 10 Euro.
- **ETF-Sparpläne:** 1,5 Prozent der Sparplanrate, Mindestsparplangröße 25 Euro.
- **Tagesgeld:** Entnahmen und Einzahlungen erfolgen kostenfrei.

Steuern sind in den Simulationen nicht berücksichtigt.

Stichwortverzeichnis

P

R

S

T

U, V

W, X, Z

Die Stiftung Warentest wurde 1964 auf Beschluss des Deutschen Bundestages gegründet, um dem Verbraucher durch vergleichende Tests von Waren und Dienstleistungen eine unabhängige und objektive Unterstützung zu bieten.

Wir kaufen – anonym im Handel, nehmen Dienstleistungen verdeckt in Anspruch.

Wir testen – mit wissenschaftlichen Methoden in unabhängigen Instituten nach unseren Vorgaben.

Wir bewerten – von sehr gut bis mangelhaft, ausschließlich auf Basis der objektivierten Untersuchungsergebnisse.

Wir veröffentlichen – anzeigenfrei in unseren Büchern, den Zeitschriften test und Finanztest und im Internet unter www.test.de

Brigitte Wallstabe-Watermann, Antonie Klotz, Gisela Baur und Hans G. Linder sind freie Journalisten, die auf Anlegerthemen spezialisiert sind und für zahlreiche namhafte Print-, Online- und TV-Medien tätig sind. Für die Stiftung Warentest haben sie unter anderem die Bücher „Geldanlage für Mutige" sowie „Anlegen mit ETF" geschrieben. **Thomas Krüger und Karin Baur** haben das Konzept der Pantoffel-Portfolios entwickelt und 2013 erstmals in Finanztest vorgestellt. Thomas Krüger ist als Finanzanalyst verantwortlich für das Fondsrating der Stiftung Warentest sowie die Tests von Anlagestrategien, Karin Baur betreut als Fachredakteurin alle für Privatanleger relevanten Fondsthemen.

Stiftung Warentest
Lützowplatz 11–13
10785 Berlin
Telefon 0 30/26 31–0
Fax 0 30/26 31–25 25
www.test.de
email@stiftung-warentest.de

USt-IdNr.: DE136725570

Vorstand: Hubertus Primus
Weitere Mitglieder der Geschäftsleitung:
Dr. Holger Brackemann, Julia Bönisch, Daniel Gläser

Programmleitung: Niclas Dewitz

Projektleitung: Ursula Rieth
Lektorat: Heike Plank
Entwicklung und fachliche Beratung:
Karin Baur, Thomas Krüger
Fachliche Unterstützung: Simeon Gentscheff, Bostjan Krisper, Stephan Kühnlenz, Yann Stoffel

Verifikation: Rainer Zuppe
Korrektorat: Christoph Nettersheim
Titelentwurf: Josephine Rank, Berlin
Layout, Grafik, Satz, Bildredaktion:
Büro Brendel, Berlin
Bildnachweis: shutterstock (8, 30, 48, 68, 98, 130)
Infografiken/Diagramme: Michael Römer, Berlin (15, 18, 33, 35, 43, 44, 55, 56, 64, 65, 71, 73, 80, 86, 88, 92, 95, 139, 143, 144); René Reichelt (25, 47, 111, 114); Florian Brendel, Berlin (13, 32, 38, 39, 51, 76, 78, 79, 82, 84, 87, 90, 96, 142, 154)

Produktion: Vera Göring
Verlagsherstellung: Rita Brosius (Ltg.), Romy Alig, Susanne Beeh
Litho: tiff.any, Berlin
Druck: Rasch Druckerei und Verlag GmbH & Co. KG, Bramsche

ISBN: 978-3-7471-0275-6

Wir haben für dieses Buch 100 % Recyclingpapier und mineralölfreie Druckfarben verwendet. Stiftung Warentest druckt ausschließlich in Deutschland, weil hier hohe Umweltstandards gelten und kurze Transportwege für geringe CO_2-Emissionen sorgen. Auch die Weiterverarbeitung erfolgt ausschließlich in Deutschland.

OSTIA ALTERA

Lateinisches Unterrichtswerk

Band 2.2
Cursus grammaticus
Lesevokabular

Walter Siewert
Hermann Tischleder
Klaus Weddigen

Ernst Klett Schulbuchverlag Leipzig
Leipzig Stuttgart Düsseldorf

OSTIA ALTERA

Neubearbeitung des Lateinischen
Unterrichtswerks OSTIA

Band I, Teilband 2.2:
Cursus grammaticus; Lesevokabular

Das Werk wurde erarbeitet von
OStR Walter Siewert, Neunkirchen/Saar
Dr. Angela Steinmeyer, Filderstadt
OStR Hermann Tischleder, Trier
StD Klaus Weddigen, Herford

Gedruckt auf Papier aus
chlorfrei gebleichtem Zellstoff,
säurefrei.

1. Auflage A 1 5 4 3 2 1 | 2004 2003 2002 2001 2000

Alle Drucke dieser Auflage und der 1. und 2. Auflage von ISBN 3-12-628120-6 können im Unterricht nebeneinander benutzt werden, sie sind untereinander im Inhalt bis auf Fehlerberichtigungen unverändert. Die letzte Zahl bezeichnet das Jahr dieses Druckes.
Ab der 2. Auflage ISBN 3-12-628120-6 wurde das Lesevokabular neu angeordnet, ab Auflage 2[12] wurde eine Stammformenübersicht hinzugefügt.

Internetadresse: http://www.klett-verlag.de

Redaktion: Dr. Helmut Schareika; Regine Becker

Einbandgestaltung: M. Muraro
Satz: Ernst Klett Schulbuchverlag Leipzig GmbH, Leipzig;
Fotosatz Kaufmann, Stuttgart
Druck: Appl, Wemding

ISBN 3-12-628121-4

Abbildungen:
Umschlag vorn: Iuno als Braut, Fresko aus Pompeji (Archäologisches Nationalmuseum Neapel);
Umschlag hinten: Wanddekoration aus der Villa von Oplontis bei Pompeji (nach Foto B. Andreae, Rom);
S. 3: Relief eines römischen Schülers mit Griffel und Schreibtafel (Archiv A. Steinmeyer)
S. 41: Altar für Diana, Köln, 1. Jh. (Albrecht Germann, Neckargemünd)

Inhalt

Salve!

Im Mittelpunkt des Cursus grammaticus des 2. Bandes von OSTIA altera steht wie im 1. Band die Beschreibung der neuen Grammatikpensen der einzelnen Capita; wieder werden die Ausdrucksweisen der lateinischen Sprache so dargestellt, dass du sie mit deiner Muttersprache vergleichen kannst.

So erfährst du, dass jede Sprache über ihre *eigenen* Mittel verfügt, mit denen sich ein Sprecher (oder Schreiber) ausdrücken kann. Manchmal sind diese Mittel deiner Muttersprache ähnlich, manchmal sind sie grundverschieden. Daher ist „wörtliches" Übersetzen nur ganz selten möglich.

Das macht in diesem Band der Gebrauch des Konjunktivs in den beiden Sprachen, der hier ein wichtiges Thema darstellt, wieder besonders deutlich: Du lernst besser verstehen und übersetzen, wenn du von vornherein versuchst, Dir vor allem die Unterschiede der beiden Sprachen einzuprägen, um so zum richtigen deutschen Ausdruck zu kommen.

Dabei sollen dir auch die **Tips zur Texterschließung** helfen, die du im Anhang des Cursus grammaticus findest: Hier sind die wichtigsten Punkte zusammengefasst, die du beim Übersetzen der Texte immer wieder heranziehen solltest. Viele der Übungen im Text- und Übungsband beziehen sich auf diese Tipps.

Wenn du mit OSTIA Grundkenntnisse in der lateinischen Sprache erworben hast, wirst du größere Texte lateinischer Autoren lesen. Auch darauf sollen diese Tipps eine Vorbereitung sein. Als weiteres unentbehrliches Hilfsmittel wirst du dann ein **Lexikon** benutzen: Zur Vorbereitung darauf findest du ebenfalls einführende Hinweise im Anhang, die dir von Nutzen sein können, um Fehler bei der Lexikonbenutzung zu vermeiden.

Caput prīmum et vīcēsimum

21.1 Das Futur – Formen

21.1.1 Die Futurformen der a- und e- Konjugation

Die Formen der a- und e-Konjugation (und von īre) werden im Aktiv und Passiv gebildet aus
- dem Präsensstamm
- dem Tempussignal **-b-**
- Zwischenvokalen wie bei den Präsensformen der konsonantischen Konjugation
- den von den Präsensformen her bekannten Personalendungen.

-b-

+ **Zwischen-vokale**

	Aktiv		Passiv	
	a-Konjugation	*e-Konjugation*	*a-Konjugation*	*e-Konjugation*
1. P. Sg.	laudā-b-ō	terrē-b-ō	laudā-b-or	terrē-b-or
2. P. Sg.	laudā-b-i-s	terrē-b-i-s	laudā-b-e-ris	terrē-b-e-ris
3. P. Sg.	laudā-b-i-t	terrē-b-i-t	laudā-b-i-tur	terrē-b-i-tur
1. P. Pl.	laudā-b-i-mus	terrē-b-i-mus	laudā-b-i-mur	terrē-b-i-mur
2. P. Pl.	laudā-b-i-tis	terrē-b-i-tis	laudā-b-i-minī	terrē-b-i-minī
3. P. Pl.	laudā-b-u-nt	terrē-b-u-nt	laudā-b-u-ntur	terrē-b-u-ntur
	ich werde loben *ich lobe* (KONTEXT: in Zukunft) usw.	*ich werde erschrecken* *ich erschrecke* (KONTEXT: in Zukunft) usw.	*ich werde gelobt werden* *ich werde gelobt* (KONTEXT: in Zukunft) usw.	*ich werde erschreckt werden* *ich werde erschreckt* (KONTEXT: in Zukunft) usw.

21.1.2 Die Futurformen der i-Konjugation und der konsonantischen Konjugation

Die Futurformen der
i-Konjugation,
gemischten Konjugation und der
konsonantischen Konjugation
werden gebildet aus:
- dem Präsenstamm
- demTempussignal **-a-** (1. P. Sg.) bzw.
- dem Tempussignal **-e-** (übrige Personen)
- den Personalendungen
  - ➢ **m** in der 1. P. Sg. Aktiv und
  - ➢ **r** in der 1. P. Sg. Passiv,
  - ➢ sonst jeweils mit den bekannten Personalendungen.

1. P. Sg. **-a-**

übrige Personen **-e-**

-a- 1.P. Sg.

-e- übrige Personen

	Aktiv		
	ī-Konjugation	*gem. Konjugation*	*kons. Konjugation*
1. P. Sg.	audi-a-m	capi-a-m	ag-a-m
2. P. Sg.	audi-ē-s	capi-ē-s	ag-ē-s
3. P. Sg.	audi-e-t	capi-e-t	ag-e-t
1. P. Pl.	audi-ē-mus	capi-ē-mus	ag-ē-mus
2. P. Pl.	audi-ē-tis	capi-ē-tis	ag-ē-tis
3. P. Pl.	audi-e-nt	capi-e-nt	ag-e-nt
	ich werde hören *ich höre* (KONTEXT: in Zukunft) usw.	*ich werde fangen* *ich fange* (KONTEXT: in Zukunft) usw.	*ich werde führen* *ich führe* (KONTEXT: in Zukunft) usw.

	Passiv		
	ī-Konjugation	*gem. Konjugation*	*kons. Konjugation*
1. P. Sg.	audi-a-r	capi-a-r	ag-a-r
2. P. Sg.	audi-ē-ris	capi-ē-ris	ag-ē-ris
3. P. Sg.	audi-ē-tur	capi-ē-tur	ag-ē-tur
1. P. Pl.	audi-ē-mur	capi-ē-mur	ag-ē-mur
2. P. Pl.	audi-ē-minī	capi-ē-minī	ag-ē-minī
3. P. Pl.	audi-e-ntur	capi-e-ntur	ag-e-ntur
	ich werde gehört werden *ich werde gehört* (KONTEXT: in Zukunft) usw.	*ich werde gefangen werden* *ich werde gefangen* (KONTEXT: in Zukunft) usw.	*ich werde geführt werden* *ich werde geführt* (KONTEXT: in Zukunft) usw.

velle/nōlle

Nach der konsonantischen Konjugation werden auch die Futurformen von **velle** und **nōlle** gebildet:

vol-a-m	vol-ē-mus
vol-ē-s	vol-ē-tis
vol-e-t	vol-e-nt

nōl-a-m	nōl-ē-mus
nōl-ē-s	nōl-ē-tis
nōl-e-t	nōl-e-nt

21.1.3 Die Futurformen von esse / posse / prōdesse

esse

esse bildet das Futur ohne Tempussignal; an den Stamm es- treten Zwischenvokal sowie Personalendung, s wird zu r; entsprechend werden die Formen zu posse *(können)* und prōdesse *(nützen)* gebildet:

1. P. Sg.	er-ō	pot-er-ō	prōd-er-ō
2. P. Sg.	er-i-s	pot-er-i-s	prōd-er-i-s
3. P. Sg.	er-i-t	pot-er-i-t	prōd-er-i-t
1. P. Pl.	er-i-mus	pot-er-i-mus	prōd-er-i-mus
2. P. Pl.	er-i-tis	pot-er-i-tis	prōd-er-i-tis
3. P. Pl.	er-u-nt	pot-er-u-nt	prōd-er-u-nt

Achtung:

erō: 1. P. Sg. *Futur*
eram: 1. P. Sg. *Impf.*

ĕrunt: 3. P. Pl. *Futur*
-ērunt (z.B. fuērunt): 3. P. Pl. *Perfekt*

21.1.4 Das Perfektfutur – Formen

Das Perfektfutur (auch Futur II genannt) bildet im **Aktiv** seine Formen, indem an den Perfektstamm (mit Ausnahme der 3. P. Pl.) die Futurformen von esse treten:

1.P. Sg. **-er-ō-**

übrige Personen **-eri-**

1. P. Sg.	laudāv-erō	*ich habe gelobt*	fuerō*
2. P. Sg.	laudāv-eris	*usw.*	fueris
3. P. Sg.	laudāv-erit	**zur Übersetzung:**	fuerit
1. P. Pl.	laudāv-erimus	→ **CG 21.2.2**	fuerimus
2. P. Pl.	laudāv-eritis		fueritis
3. P. Pl.	laudāv-erint		fuerint

*zu fuī usw.

Entsprechend die Formen der übrigen Perfekttypen:

terrēre	mittere	legere	agere	currere	ascendere
terru-ī	mīs-ī	lēg-ī	ēg-ī	cucurr-ī	ascend-ī
terru-erō usw.	mīs-erō usw.	lēg-erō usw.	ēg-erō usw.	cucurr-erō usw.	ascend-erō usw.
u-Perfekt	**s-Perfekt**	**Dehnungs-Perfekt**	**Perfekt mit Ablaut**	**Perfekt mit Reduplikation**	**= Präsens-stamm**

Im **Passiv** wird das Perfektfutur aus dem Partizip der Vorzeitigkeit auf **-tus**, **-a**, **-um/-sus**, **-a**, **-um** und den Futurformen von esse gebildet:

Passiv:
-tus/-sus
+ erō usw.

laudātus, -a, (-um) territus, -a, (-um) missus, -a, (-um) āctus, -a, (-um)	erō eris erit	laudātī, -ae, (-a) territī, -ae, (-a) missī, -ae, (-a) āctī, -ae, (-a)	erimus eritis erunt

Übersetzung: *ich bin gelobt worden* usw.

Partizip der Nachzeitigkeit Aktiv

21.1.5 Das Partizip der Nachzeitigkeit Aktiv (PNA)

Neben dem Partizip der Gleichzeitigkeit (Aktiv) und dem Partizip der Vorzeitigkeit (Passiv) hat das Lateinische auch ein **Partizip der Nachzeitigkeit** mit dem **Genus Verbi Aktiv.**

Gebildet wird dieses Partizip mit dem Stamm des Partizips der Vorzeitigkeit Passiv, zu dem das Zeichen **-ūr-** und die Endungen **-us, -a, -um** treten:

zur Übersetzung ↗ 21.2.3

laudāre	laudāt-	+ ūr-	lauda-**tūr**-us (-a, -um)
terrēre	territ-	+ -us, -a, -um	terri-**tūr**-us (-a, -um)
audīre	audit-		audi-**tūr**-us (-a, -um)
capere	capt-		cap-**tūr**-us (-a, -um)
agere	āct-		āc-**tūr**-us (-a, -um)
currere	curs-		cur-**sūr**-us (-a, -um)
ascendere	ascēns-		ascēn-**sūr**-us (-a, -um)
mittere	miss-		mis-**sūr**-us (-a, -um)

Das **Partizip der Nachzeitigkeit** zu **esse** wird von dem schon bekannten **Perfektstamm -fu-** gebildet: **fu- tūr- us (-a, -um)**.

21.1.6 Der Infinitiv der Nachzeitigkeit (Aktiv)

Einen Infinitiv der Nachzeitigkeit (Aktiv) bildet das Lateinische aus dem Partizip der Nachzeitigkeit + esse:

laudātūrum, -am, -um / laudatūrōs, -ās, -a esse

(hier im Akkusativ, da dieser Infinitiv fast nur im AcI vorkommt).

Entsprechend lautet der Infinitiv der Nachzeitigkeit zu esse:

futūrum, -am, -um / -ōs, -ās, -a esse oder **fore**

✗ Präg dir diesen Infinitiv gut ein, damit du ihn nicht mit fuisse (Infinitiv der Vorzeitigkeit) verwechselst!

21.2 Nachzeitigkeit und sprachliches Tempus „Futur"

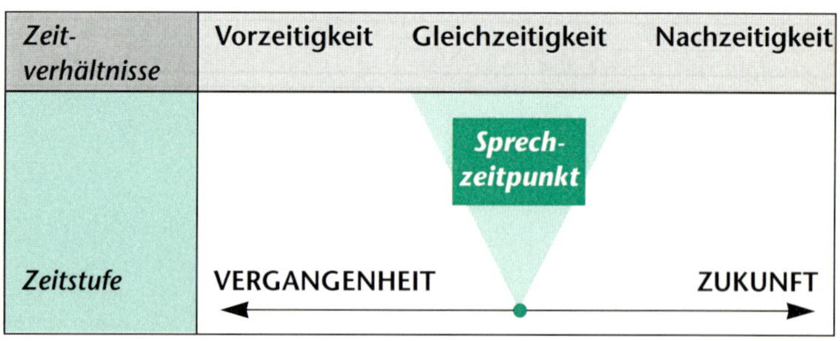

21.2.1 Wiedergabe des lateinischen Futurs im Deutschen

Zur Bezeichnung der **Nachzeitigkeit** verfügt das Lateinische über eine besondere Verb*form,* das **Futur.**

Das Deutsche umschreibt das Futur dagegen mit *werden* oder besonderen *Signalwörtern.* Zeigt der Zusammenhang Nachzeitigkeit an (z. B. durch Signalwörter wie *bald* oder *gleich),* verwenden wir im Deutschen in der Regel das Präsens. D

Das Futur wird im Lateinischen zur Bezeichnung der Nachzeitigkeit einer Aussage in der Regel auch dann gesetzt, wo wir im Deutschen das Präsens benutzen. L

„Aperiam vōbīs sortem futūram."
„Ich werde euch euer künftiges Schicksal eröffnen." **Deutsch: *Futur.***

„Statim aperiam vōbīs sortem futūram."
„Jetzt gleich eröffne ich euch euer künftiges Schicksal." **Deutsch: *Präsens.***

Steht in einem Satzgefüge im *Gliedsatz* Futur, wird es im Deutschen *grundsätzlich nicht* mit Futur, sondern mit *Präsens* wiedergegeben:

Sī dē vōce Pȳthiae tacēbimus, ūnus nostrum rēx erit.
Wenn wir von dem Orakel der Pythia schweigen, wird einer von uns König sein.

21.2.2 Vorzeitigkeit innerhalb der Nachzeitigkeit

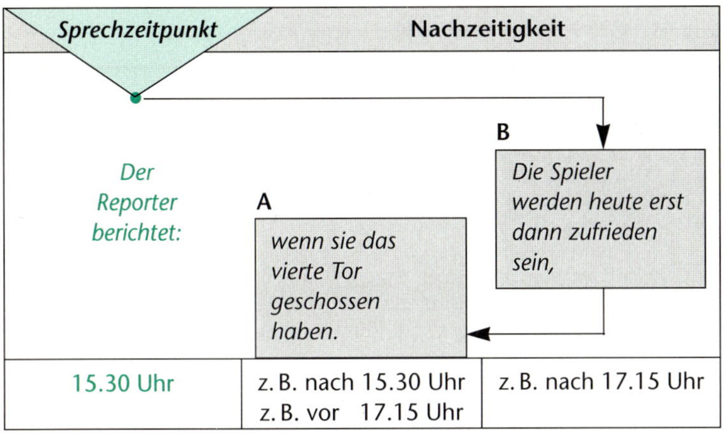

Der Reporter berichtet: „Die Spieler werden dann zufrieden sein, wenn sie das entscheidende vierte Tor geschossen haben."

Das lateinische Tempus, das innerhalb der Nachzeitigkeit eine Vorzeitigkeit beschreibt, ist das Perfektfutur (Futur II). Im Deutschen wird es, je nach Kontext, als Präsens oder Perfekt wiedergegeben. L – D

(Pȳthia ōrāculum dat:) „Is imperium **habēbit**, quī mātrī ōsculum **dederit**."
(Pythia verkündet den Orakelspruch:) „Der bekommt die Herrschaft, der der Mutter einen Kuss gibt."

- **Sprechzeitpunkt:** Pӯthia ōrāculum dat;
- **nachzeitig zum Sprechzeitpunkt:** Is imperium habēbit **(Futur I);**
- **vorzeitig zum Hauptsatzprädikat** (habēbit): quī mātrī ōsculum dederit **(Perfektfutur).**

21.2.3 Verwendung und Bedeutung des Partizips der Nachzeitigkeit (Aktiv)

❶ Das Partizip der Nachzeitigkeit Aktiv (PNA) bildet zusammen mit esse den **Infinitiv der Nachzeitigkeit** (↗ CG 21.1.6):

Frātrēs spērābant sē mox Rōmae rēgnātūrōs esse.
Die Brüder hofften, dass sie bald in Rom herrschen würden / bald in Rom zu herrschen.

final:
Angabe eines **Ziels** bzw. einer **Absicht**

❷ Daneben wird das PNA in **finaler Sinnrichtung** verwendet, d. h., um eine **Absicht** auszudrücken:

Rōmam contendērunt mātrī ōscula **datūrī.**
*Sie eilten nach Rom, **um** ihrer Mutter einen Kuss **zu geben**.*

❸ Im Zusammenhang mit einer **konjugierten** Form von esse (also nicht im Infinitiv) zur Bezeichnung einer als **unmittelbar bevorstehend** gedachten Handlung:

Scrīptūrus / Scrīptūra sum.
Ich fange gerade an / bin im Begriff zu schreiben.

Vgl. engl.: I am going to write.

21.2.4 Zeitverhältnisse im AcI (Zusammenfassung)

a) Zeitverhältnis: *Gleichzeitigkeit*

1. Cōnstat sōlem stēllam esse.
Es steht fest, dass die Sonne ein Stern ist.

2. Putāvī nūntium iam adesse.
Ich glaubte, dass der Kurier schon da war.

3. Vīdērunt nāvēs ā pīrātīs dēlērī.
Sie sahen, dass die Schiffe von den Piraten vernichtet wurden.

b) Zeitverhältnis: *Vorzeitigkeit*

1. Audiō tē in Graeciā fuisse.
Ich höre, dass du in Griechenland warst.

2. Amīca scrīpsit sē ā magistrīs valdē laudātam esse.
Meine Freundin schrieb, dass sie von den Lehrern sehr gelobt wurde.

c) Zeitverhältnis: *Nachzeitigkeit*

1. Spērō tē mox ventūrum (esse).
Ich hoffe, du kommst bald (… dass du …).

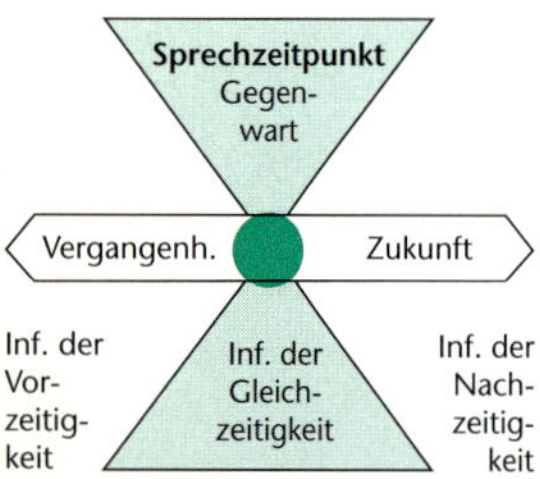

2. Spērāvī tē semper beātum fore (futūrum esse).
Ich hoffte, du würdest immer glücklich sein (... dass du ...).

✗ Häufig wird **esse** im Infinitiv der Nachzeitigkeit fortgelassen.

Caput alterum et vīcēsimum

22.1 Rede und Wirklichkeit

Ein Sprecher entscheidet im Augenblick des Sprechens, welches Tempus er verwenden will, denn jede Verbform enthält eine Tempusbestimmung. Er kann die Zeitstufen Gegenwart, Vergangenheit und Zukunft wählen oder zum Ausdruck bringen, dass seine Aussage zeitlos, immer gültig ist. Durch die Wahl der Tempora bringt der Sprecher zugleich Zeitverhältnisse zum Ausdruck.

Verbformen, die ein Personensignal besitzen („finite Verbformen"), enthalten aber noch eine weitere Angabe:

Sie besitzen auch ein Signal, mit dem der Sprecher seine Sicht*weise* von dem, was er sagt, ausdrückt: Mit Hilfe dieses Signals gibt er zu erkennen, in welcher Weise (in welchem *Modus*) er seine Worte, seine Rede verstanden wissen will. Diese Absicht des Sprechers ist die Redeabsicht (Redeintention).

„Redeabsicht"

✗ Das Modussignal kann auch Ø (Null, z. B. porta-nt) oder ein Indikator sein.

„Modus":
Verbsignal
für eine bestimmte
Redeabsicht

Die Redeabsicht kann auf verschiedene Art zum Ausdruck kommen:

1. durch **Indikatoren** (*vielleicht, angeblich, bitte*)
2. durch **Modalverben** *(sollen, können, mögen)*
3. durch den **Modus** der Verbform (*Modus* = Sicht*weise*).

✗ Auch im **Kontext** kann eine **unausgesprochene Redeabsicht** verborgen sein.

Informative und fiktive Rede

Ein Sprecher kann durch sein Sprechen (seine »Rede«) die Wirklichkeit, die er beschreiben möchte, einem anderen mitteilen. Enthält seine Rede nichts als die reine Mitteilung einer Wirklichkeit, nennt man eine solche Mitteilung **informativ.** Informative Texte sind z. B. Nachrichten, Gegenstandsbeschreibungen, naturwissenschaftliche Texte, grammatische Texte (wie dieser hier).

Kennzeichen dafür, daß ein Text eine bloße Information weitergibt, ist die Tatsache, daß das, was er beschreibt, auch ohne diesen Text vorhanden ist. So existieren z. B. Himmelskörper, die wir nicht kennen, genauso wie die, die wir kennen.

Eine Variante dieses Sachverhalts ist die „erdichtete (fiktive) Wirklichkeit". Der Text *„Die Hexe setzte sich auf den Besen und flog in die Wolken"* ist zwar als „Ereignis" eigentlich nicht vorstellbar, doch ist er aus Elementen zusammengesetzt, die – jedes für sich – vorstellbar sind oder durch den Kontext vorstellbar werden. Weil der Begriff „fliegen" aus der Wirklichkeit stammt, können wir ihn auf den

Kontext übertragen und können uns daher vorstellen, was der Sprecher meint, wenn er sagt *„Die Hexe … flog in die Wolken."*

Auch solche Texte kann man als Wiedergabe der Wirklichkeit bezeichnen, allerdings muss man hinzufügen, dass diese Wirklichkeit nur in der **Phantasie** von Sprecher und Hörer entsteht; eine solche Rede heißt **fiktiv** (lat. fingere: *bilden, erdichten, ersinnen).*

Die **Redeabsicht** des Sprechers ist bei informativer und fiktiver Rede gleich: Der **Sprecher will**, dass der Hörer das Gesagte als **Wirklichkeit** auffasst. Verbformen, die diese Aufgaben erfüllen, besitzen **kein besonderes Signal**; sie beschreiben also reale oder vorgespielte, ja, möglicherweise erlogene „Wirklichkeit".

Beispiel:
Servī in agrīs labōrabant.

Indikativ:
Modus der Wirklichkeit

Die Verbform enthält das Personensignal **-nt**, das zugleich den Numerus **Plural** und das Genus Verbi **Aktiv** anzeigt, und das Tempussignal **-ba**. Ein Signal für **Redeabsicht** ist **nicht** vorhanden, der Leser / Hörer soll die Aussage als real / wirklich auffassen. Man spricht vom **Modus *Indikativ***, wenn diese Redeabsicht vorliegt.

Enthalten Verben ein besonderes **Signal für eine Redeabsicht**, so bedeutet das, dass der Sprecher den **Modus** wechselt, also eine andere Redeabsicht verfolgt als gegebene oder erdachte Wirklichkeit wiederzugeben.

Verben enthalten neben den Signalen für Tempus, Genus Verbi (Aktiv/ Passiv) und Personen auch ein Signal (bzw. Nullsignal) zur Kennzeichnung des **Modus** des Redens. Ist kein besonderes Signal gegeben (Nullsignal), ist die Aussage im **Indikativ** gehalten. Ist ein Signal gegeben, so liegt der Modus **Konjunktiv** vor.[1]

22.2 Die Formen des Konjunktivs I

22.2.1 Der Konjunktiv der Gleichzeitigkeit I (sog. Konjunktiv Präsens)

Konjunktiv **Gz I**

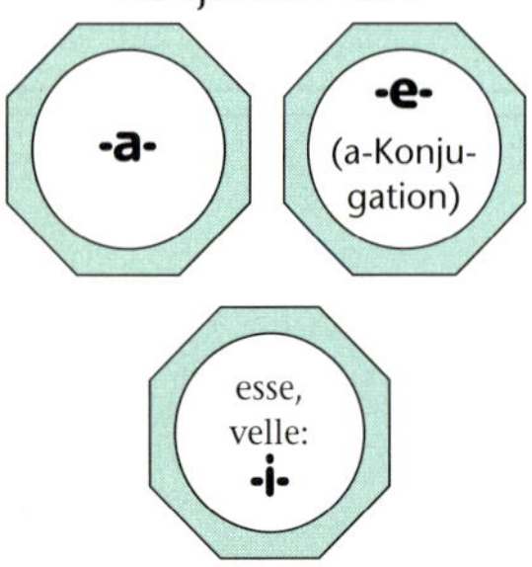

Als Signal für den **Konjunktiv der Gleichzeitigkeit I** (Konjunktiv Präsens) findest du zwischen Präsensstamm und Personalendung eingeschoben

- bei der konsonantischen, der e-, ī- und der gemischten Konjugation (sowie bei īre / ferre) ein **-a-**;
- bei der a-Konjugation ein **-e-** (das auslautende Stamm-a fällt aus);
- bei esse und velle / nōlle ein **-i-**.

(Das -e- bei der a-Konjugation ist aus -i- abgeschwächt.)

Die Personalendung der **1. P. Sg.** ist im Aktiv durchgehend **-m**, im Passiv **-r**.

[1] Vom **Imperativ** abgesehen ↗ CG 22.3.1

	Aktiv				
1. P. Sg.	laud-e-m	terre-a-m	audi-a-m	capi-a-m	ag-a-m
2. P. Sg.	laud-ē-s	terre-ā-s	audi-ā-s	capi-ā-s	ag-ā-s
3. P. Sg.	laud-e-t	terre-a-t	audi-a-t	capi-a-t	ag-a-t
1. P. Pl.	laud-ē-mus	terre-ā-mus	audi-ā-mus	capi-ā-mus	ag-ā-mus
2. P. Pl.	laud-ē-tis	terre-ā-tis	audi-ā-tis	capi-ā-tis	ag-ā-tis
3. P. Pl.	laud-e-nt	terre-a-nt	audi-a-nt	capi-a-nt	ag-a-nt

	Passiv				
1. P. Sg.	laud-e-r	terre-a-r	audi-a-r	capi-a-r	ag-a-r
2. P. Sg.	laud-ē-ris	terre-ā-ris	audi-ā-ris	capi-ā-ris	ag-ā-ris
3. P. Sg.	laud-ē-tur	terre-ā-tur	audi-ā-tur	capi-ā-tur	ag-ā-tur
1. P. Pl.	laud-ē-mur	terre-ā-mur	audi-ā-mur	capi-ā-mur	ag-ā-mur
2. P. Pl.	laud-ē-minī	terre-ā-minī	audi-ā-minī	capi-ā-minī	ag-ā-minī
3. P. Pl.	laud-e-ntur	terre-a-ntur	audi-a-ntur	capi-a-ntur	ag-a-ntur

2. P. Sg. Pass. auch auf -re!

	esse	**velle**	**nōlle**	**īre**	**ferre**
1. P. Sg.	sim	velim	nōlim	eam	feram
2. P. Sg.	sīs	velīs	nōlīs	eās	ferās
3. P. Sg.	sit	velit	nōlit	eat	ferat
1. P. Pl.	sīmus	velīmus	nōlīmus	eāmus	ferāmus
2. P. Pl.	sītis	velītis	nōlītis	eātis	ferātis
3. P. Pl.	sint	velint	nōlint	eant	ferant

Die Formen des Konjunktivs sind auf verschiedene Weise zu übersetzen.
Zur Übersetzung ↗ CG 22.3.1; 22.3.2; 23

22.2.2 Die Formen des Konjunktivs Perfekt

Im **Aktiv** tritt an den Perfektstamm das **Signal -er-i-**, daran treten die präsentischen Personalendungen.

Aktiv: **-er-i-**

✗ Das Signal **-eri-** zeigt in Gliedsätzen immer Vorzeitigkeit an.

Der Konjunktiv Perfekt **Passiv** setzt sich zusammen aus dem **Partizip der Vorzeitigkeit Passiv** + **sim** (usw., Konjunktivformen von esse).

	Aktiv	*Passiv*
1. P. Sg.	laudāv-eri-m	laudātus, -a sim
2. P. Sg.	laudāv-eri-s	laudātus, -a sīs
3. P. Sg.	laudāv-eri-t	laudātus, -a, -um sit
1. P. Pl.	laudāv-eri-mus	laudātī, -ae sīmus
2. P. Pl.	laudāv-eri-tis	laudātī, -ae sītis
3. P. Pl.	laudāv-eri-nt	laudātī, -ae, -a sint

Passiv:
-tus, -a, -um
\+
sim usw.

Entsprechend lauten die Formen der übrigen Perfekttypen:

terrēre	mittere	legere	agere	currere	ascendere
terru-ī	mīs-ī	lēg-ī	ēg-ī	cucurr-ī	ascend-ī
terru-erim usw.	mīs-erim usw.	lēg-erim usw.	eg-erim usw.	cucurr-erim usw.	ascend-erim usw.
territus, -a sim usw.	missus, -a sim usw.	lēctum sit usw.	āctum sit usw.		

22.3 Der Konjunktiv I in Hauptsätzen

22.3.1 Vorbemerkung

Accipe et lege!
Nimm und lies!
Nōlī mē tangere!
Berühr mich nicht!

Neben dem Modus Indikativ ist dir schon der Modus **Imperativ** (von imperāre: befehlen) bekannt. In ihm spiegelt sich eine andere Redeabsicht wider, als oben im Kapitel 22.1 zum Indikativ gesagt wurde. Ein Sprecher will mit dem Imperativ ausdrücken, dass etwas Wirklichkeit wird, was im Augenblick des Sprechens noch nicht wirklich ist, oder dass (in der Negation) etwas nicht Wirklichkeit wird, was Wirklichkeit werden kann. Während also der Indikativ eine vorhandene oder fiktive Wirklichkeit beschreibt, drückt der **Imperativ** ein **subjektives Wollen** aus: *So **soll** es sein / werden.*

Modus Indikativ und Modus Imperativ geben dem Sprecher die Möglichkeit, einem Gegenüber (Gesprächspartner, Leser usw.) Beobachtungen über die Wirklichkeit mitzuteilen (Funktion des Indikativs) oder auszudrücken, dass er etwas von seinem Gegenüber will (Funktion des Imperativs).

Es gibt allerdings die Möglichkeit, gewissermaßen durch ein Minuszeichen jede Aussage über die Wirklichkeit als nicht-wirklich zu kennzeichnen. Setzt man z. B. vor die Aussage „Morgen ist Sonntag" ein solches Minuszeichen (eine Negation), erhält man die Aussage „Morgen ist **nicht** Sonntag". Auch hier enthält die Verb*form* kein besonderes Signal.

Über *informative* Zeichensysteme verfügen auch Tiere; so können z. B. Bienen Informationen über gegebene Wirklichkeit (Blüte bei Obstbäumen) mitteilen. Allerdings verfügen sie nicht über die Fähigkeit Wirklichkeit zu negieren oder gar fiktive Wirklichkeit zu schaffen. Ihr Signaltanz bedeutet: „Blütentracht ist da; sie ist an dieser Stelle unter diesem Sonnenwinkel anzufliegen." Findet der Tanz nicht statt, erfolgt auch keine Mitteilung. Das ist jedoch *indirekt* eine Mitteilung darüber, dass *keine* Tracht da ist.

Im Gespräch zwischen Menschen reichen Ja- / Nein-Mitteilungen nicht aus. Die Wirklichkeit zu beschreiben ist oft kompliziert, die Beziehungen unter den Menschen sind ebenso vielfältig. Die Sprache benötigt daher Mittel, Aussagen abzustufen. Solche Mittel können **Indikatoren** sein:

Bitte, hilf mir doch!	**Aufforderung** (schwach)
Hoffentlich hat er sich nicht verletzt!	**Wunsch**
Vielleicht geht es ihr schon besser?	**Möglichkeit**
Er **soll** sich in Zukunft schonen!	**Aufforderung** (stärker, fast imperativisch)
Wie **soll** ich mich verhalten?	**Zweifel, Überlegung**

Während Aussagen wie die eben in den Beispielen vorgeführten im Deutschen hauptsächlich mit Hilfe von Indikatoren *(bitte, hoffentlich, vielleicht, soll)* **ausgedrückt werden, benutzt das Lateinische dafür sehr oft den Modus** ***Konjunktiv.***

Die genaue Bedeutung ***(Sinnrichtung)*** **eines Konjunktivs im Lateinischen ist stets aus dem** ***Kontext*** **zu erschließen.**

Modus Konjunktiv:

Redeabsicht „unentschiedene Möglichkeit"

22.3.2 Der Konjunktiv der Gleichzeitigkeit I zum Ausdruck des Wünschens und Wollens: Coniunctivus optativus

Der Konjunktiv (**Coniunctivus optativus**) signalisiert einen Wunsch, ein Wollen oder eine Aufforderung (optāre: wünschen).

Coniūnctīvus optātīvus (optāre: wünschen)

Auch der **deutsche Konjunktiv I** wird im Sinne des lat. Coniunctivus optativus verwendet, allerdings meist in formelhaften Wendungen wie

Sie lebe hoch! / Gott segne dieses Haus! / Man nehme dreimal täglich …

Wünsche / Begehren / Aufforderungen werden im **Deutschen** meist durch **Umschreibungen**, z. B. durch Modalverben wie *sollen, müssen,* oder durch Adverbien *(hoffentlich, bitte)* ausgedrückt. In der 1. Person setzt man die Modalverben *wollen* oder *lassen.*

Übersetzungsmuster

audiam	*ich will /möchte hören*
audiās	*du sollst hören! / höre bitte! / hoffentlich hörst du*
audiat	*er/sie/es soll (bitte) hören! / hoffentlich hört er/sie*
audiāmus	*wir wollen hören! / lasst uns hören!*
audiātis	*ihr sollt hören / hört bitte! / hoffentlich hört ihr*
audiant	*sie sollen (bitte) hören! / hoffentlich hören sie*

Indikatoren im Deutschen:

sollen / bitte
bitte / doch /
möge (…) / hoffentlich

Veraltete Form mit dem Indikator *mögen: Möge er / sie doch hören!*

Die **Verneinung** erfolgt durch **nē**:
Nē sērō adveniant! *Hoffentlich kommen sie nicht zu spät!*

Der **verneinte** Wunsch wird im Lateinischen oft mit dem Konjunktiv **Perfekt** umschrieben:

Nē audiās / Ne **audīveris** ista verba! *Höre nicht auf diese Worte!*

✗ Der Konjunktiv Perfekt in Hauptsätzen hat also **keine Vergangenheitsbedeutung.** In der im Beispielsatz vorliegenden Verwendung nennt man ihn auch **Coniunctivus prohibitivus** (prohibēre: *hindern, von etwas abhalten).*

Caput tertium et vīcēsimum

23 Der Coniunctivus potentialis / dubitativus

Im **Fragesatz** kann der Sprecher eine **Ungewissheit über das, was geschehen soll,** mit dem Konjunktiv ausdrücken. Im Deutschen signalisiert das Gleiche das **Indikatorwort** ***sollen:***

Quō fugiāmus? *Wohin sollen wir fliehen?*: **Coniunctivus dubitativus** (dubitāre *zweifeln)*

Schließlich dient der lateinische Konjunktiv auch dazu auszudrücken, dass der Sprecher **ungewiss** lässt, ob das Ausgesagte **möglich** oder **nicht möglich** ist: **Coniunctivus potentialis**

Im Deutschen stehen dafür zumeist **Indikatorwörter** wie ***könnte, vielleicht, vermutlich***:

Dīcat aliquis ... *Jemand könnte sagen / Vielleicht sagt jemand ...*
Id mīrātus sīs. *Vermutlich hast du dich darüber gewundert.*

In diesem Fall findet sich öfter (meist in formelhaften Wendungen) auch der Konjunktiv Perfekt in Präsensbedeutung:

Crēdiderint hominēs ... *Die Leute könnten glauben ...*

Caput quārtum et vīcēsimum

24.1 Die Formen des Konjunktivs II

Konjunktiv der Vorzeitigkeit I (Vz I) ↗ 25.2

Außer dem Konjunktiv der Gleichzeitigkeit I und dem Konjunktiv Perfekt besitzt das Lateinische auch noch einen Konjunktiv der Gleichzeitigkeit II und der Vorzeitigkeit II. Auch der Gebrauch dieser Konjunktive ist mit einer *Redeabsicht* verbunden; diese wird in CG 24.1.3 und 24.2 dargestellt.

24.1.1 Der Konjunktiv der Gleichzeitigkeit II (sog. Konjunktiv Imperfekt)

-rē-
(-e-rē-)

Konjunktiv **Gz II**

Der **Konjunktiv der Gleichzeitigkeit II Aktiv** und **Passiv** wird gebildet, indem an den **Präsensstamm** das **Signal -rē- / -rĕ-** und daran die Personalendung angehängt wird; bei der konsonantischen Konjugation wird als **Zwischenvokal** ein **-e-** davor geschaltet.

Die Personalendung der 1. P. Sg. Aktiv ist **-m**, im Passiv **-r**.

	Aktiv				
1. P. Sg.	laudā-re-m	terrē-re-m	audī-re-m	cape-re-m	ag-e-re-m
2. P. Sg.	laudā-rē-s	terrē-rē-s	audī-rē-s	cape-rē-s	ag-e-rē-s
3. P. Sg.	laudā-re-t	terrē-re-t	audī-re-t	cape-re-t	ag-e-re-t
1. P. Pl.	laudā-rē-mus	terrē-rē-mus	audī-rē-mus	cape-rē-mus	ag-e-rē-mus
2. P. Pl.	laudā-rē-tis	terrē-rē-tis	audī-rē-tis	cape-rē-tis	ag-e-rē-tis
3. P. Pl.	laudā-re-nt	terrē-re-nt	audī-re-nt	cape-re-nt	ag-e-re-nt
	Passiv				
1. P. Sg.	laudā-re-r	terrē-re-r	audī-re-r	cape-re-r	ag-e-re-r
2. P. Sg.*	laudā-rē-ris	terrē-rē-ris	audī-rē-ris	cape-rē-ris	ag-e-rē-ris
3. P. Sg.	laudā-rē-tur	terrē-rē-tur	audī-rē-tur	cape-rē-tur	ag-e-rē-tur
1. P. Pl.	laudā-rē-mur	terrē-rē-mur	audī-rē-mur	cape-rē-mur	ag-e-rē-mur
2. P. Pl.	laudā-rē-minī	terrē-rē-minī	audī-rē-minī	cape-rē-minī	ag-e-rē-minī
3. P. Pl.	laudā-re-ntur	terrē-re-ntur	audī-re-ntur	cape-re-ntur	ag-e-re-ntur

* Endung auch -re, z. B. laudārēre

Die Formen des Konjunktivs der Gleichzeitigkeit II von **esse** / **posse** haben das Signal **-se-**, das bei **velle** / **nōlle** zu **-le-** angeglichen wird:

es-se-m	pos-se-m	vel-le-m	nōl-le-m
es-sē-s	pos-sē-s	vel-lē-s	nōl-lē-s
usw.			

es-se-m
es-sē-s
…
-se-

Die Formen zu **ferre** bzw. **īre** lauten:

ferrem, ferrēs *usw.* bzw. īrem, īrēs *usw.*

24.1.2 Der Konjunktiv der Vorzeitigkeit II (Konjunktiv Plusquamperfekt)

Die Formen des **Konjunktivs der Vorzeitigkeit II Aktiv** werden gebildet, indem an den **Perfektstamm** das **Signal -is-se-** und die Personalendung gehängt werden, z. B.: laudāv-is-se-m.

Konjunktiv **Vz II**

Perfektstamm + **-is-sē-**

✗ Diese Form ist aus dem zweiten Tempussignal **-is-** (vgl. laudāv-**is-se**) und dem Konjunktivsignal **-sē-**zusammengesetzt.

Der **Konjunktiv der Vorzeitigkeit II Passiv** setzt sich aus dem **Partizip der Vorzeitigkeit Passiv** sowie den entsprechenden **Formen von esse** zusammen, also z. B. laudātus / -a essem usw.

	Aktiv	*Passiv*
1. P. Sg.	laudāv-is-se-m	laudātus, -a essem
2. P. Sg.	laudāv-is-sē-s	laudātus, -a essēs
3. P. Sg.	laudāv-is-se-t	laudātus, -a, -um esset
1. P. Pl.	laudāv-is-sē-mus	laudātī, -ae essēmus
2. P. Pl.	laudāv-is-sē-tis	laudātī, -ae essētis
3. P. Pl.	laudāv-is-se-nt	laudātī, -ae, -a essent

Entsprechend die Formen der übrigen Perfekttypen:

terrēre	mittere	legere	agere	currere	ascendere
terru-ī	mīs-ī	lēg-ī	ēg-ī	cucurr-ī	ascend-ī
terru-issem usw.	mīs-issem usw.	lēg-issem usw.	ēg-issem usw.	cucurr-issem usw.	ascend-issem usw.
territus, -a essem usw.	missus, -a essem usw.	lēctum esset usw.	āctum esset usw.		

Die Formen des Konjunktivs der Vorzeitigkeit II von esse lauten:

fuissem fuissēs fuisset fuissēmus fuissētis fuissent

✗ Merke die verkürzten (zusammengezogenen Formen) laudāssem < laudāvissem oder audīssent < audīvissent usw.

24.1.3 Der Konjunktiv der Gleichzeitigkeit II und der Vorzeitigkeit II in Hauptsätzen : Coniunctivus irrealis (oder Coniunctivus hypotheticus)

Konjunktiv
Gleichzeitigkeit II: Gz II
Vorzeitigkeit II: Vz II

Der Konjunktiv II wird im Deutschen und Lateinischen in gleicher Weise von einem Sprecher dazu benutzt, dem Hörer / Leser zu signalisieren: *Das, was ich sage, ist bloße Überlegung, reines Gedankenspiel, hypothetische Vorstellung, die in der Wirklichkeit keine Entsprechung findet, also* ***irreal*** *bzw. rein* ***hypothetisch ist.***

Gedankenspiel heißt entweder

- die Tatsachen widersprechen dem Gesagten (**irreales** Gedankenspiel) oder
- der Sprecher rechnet nicht damit, dass das Gesagte eintreten könnte; in Wirklichkeit könnte es dennoch geschehen (**hypothetisches** Gedankenspiel).

Mit einem solchen Gedankenspiel will der Sprecher etwas anderes ausdrücken, als er direkt sagt; er umschreibt das, was er eigentlich meint. **Der genaue Sinn ergibt sich aus dem Redekontext.**

Anwendungsformen

reines Gedankenspiel

1. Irreales Gedankenspiel

Nōn Archimēdēs tibī persuādēre posset.
Auch Archimedes wäre nicht in der Lage dich zu überzeugen.

Archimedes ist zum Sprechzeitpunkt längst tot. Der Sprecher meint hier: *Du willst nichts begreifen*, und verwendet ein irreales Bild, um zu sagen: *Selbst dieser bedeutende Gelehrte, dessen Autorität sogar du nicht in Frage stellen würdest, könnte dich nicht belehren.*

(scheinbarer) Wunsch

2. Irrealer Wunsch (Scheinwunsch)

Der Konjunktiv II dient auch dazu, irreale Wünsche (Scheinwünsche) auszusprechen:

Utinam nē doctus essēs!
Wärst du doch nicht (so) gebildet!

Diese Form des Wunschsatzes (Indikator: utinam) wählt der Sprecher, um einen Scheinwunsch auszudrücken; die **eigentlich gemeinte Aussage enthält ein Bedauern**: *Schade, dass du so gebildet bist (evtl. ironisch gemeint)*, oder *Ich gestehe, ich bin so dumm, dass ich dich nicht begreifen kann.*

Der Konjunktiv der Gleichzeitigkeit II (sog. Konjunktiv Imperfekt) zeigt an, dass sich das irreale Gedankenspiel auf einen Vorgang bezieht, der gleichzeitig zum Sprechzeitpunkt ist.

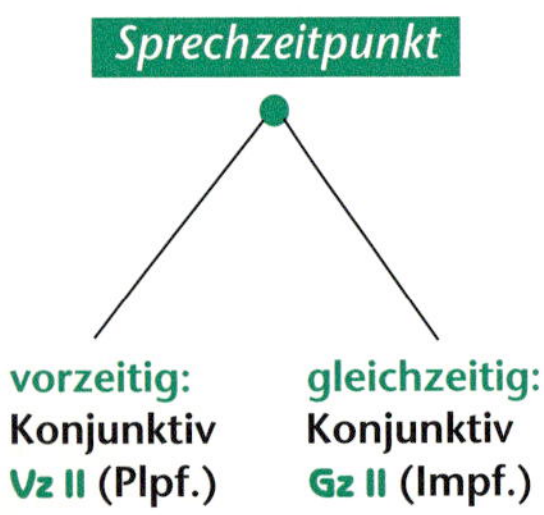

Utinam tacuissēs!
Hättest du doch geschwiegen!

Auch bei diesem (Schein-)Wunsch handelt es sich um eine irreale Vorstellung. Mit ihr drückt der Sprecher sein Bedauern über etwas **Vergangenes** aus. Im Lateinischen wie im Deutschen verwendet man den **Konjunktiv der Vorzeitigkeit II** (Konjunktiv Plusquamperfekt).

Der Konjunktiv der Vorzeitigkeit II (sog. Konjunktiv Plusquamperfekt) zeigt an, dass sich das irreale Gedankenspiel auf einen Vorgang bezieht, der vorzeitig zum Sprechzeitpunkt ist.

24.2 Konditionalsätze (Bedingungssätze)

Im **Deutschen** gibt es zwei Möglichkeiten, Bedingung und bedingte Aussage miteinander zu verknüpfen:

Wir gehen gleich spazieren,
→ bedingter Hauptsatz
wenn der Regen aufhört.
→ bedingender Gliedsatz

❶ **Realer Fall**
Wenn morgen das Wetter gut ist, arbeiten wir endlich im Garten.

Bedeutung: Die Gartenarbeit ist gewiss, falls die genannte Bedingung eintritt.
Redeabsicht: Ankündigung einer Handlung, die unter der genannten Bedingung gewiss eintreten wird

❷ **Irrealer / hypothetischer Fall**
Wenn das Wetter gut wäre, würden wir im Garten arbeiten.

Bedeutung: Der Sprecher drückt eine Vorstellung aus, die wegen der im Gliedsatz genannten Bedingung nicht verwirklicht werden kann.
***Redeabsicht:* Darstellung eines bloßen Gedankenspiels.**

24.2.1 Konditionale Satzgefüge im Lateinischen

Diese beiden Typen konditionaler Gliedsätze gibt es auch im Lateinischen:

❶ Realis

(Melanchthōn dīcit:) Sī terra mediō in mundō est, sōl eam circumit.
(Melanchthon meint:) Wenn die Erde sich mitten in der Welt befindet, dreht sich die Sonne um sie.

Im Falle des realen konditionalen Satzgefüges entspricht die lateinische Ausdrucksweise der deutschen.

✗ Dieses Beispiel zeigt: Was als „real" gilt, kann durchaus eine zeitgebundene (wie hier) und daher auch (wie *wir jetzt* wissen) falsche Auffassung sein!

❷ Irrealis (Hypotheticus)

1. Sī terra mediō in mundō esset, sōl eam circumīret.
Wenn (Falls) die Erde sich mitten in der Welt befände, würde sich die Sonne um sie drehen.

Stellt der Sprecher ein bloßes Gedankenspiel (eine Hypothese) an, verwendet er zum Ausdruck dieser Redeabsicht auch im Konditionalsatz den **irrealen** (hypothetischen) Konjunktiv. Das ist natürlich **auch in Bezug auf die Vergangenheit möglich:**

2. Sī tacuissēs, philosophus mānsissēs!
Wenn du geschwiegen hättest, wärst du ein Philosoph geblieben!

Auch in diesem Fall entsprechen sich lateinische und deutsche Ausdrucksweise.

❸ Potentialis

Im Lateinischen gibt es noch eine **dritte Form des Konditionalsatzes**, die mit dem Konjunktiv der Gleichzeitigkeit I gebildet wird: den **Potentialis**. Im Deutschen sagen wir in diesem Fall:
Angenommen, dass … / Falls es zutrifft, dass …
oder wir setzen **Indikatoren** ein wie: *möglicherweise, vielleicht, wohl, vermutlich*:
Sī terra mediō in mundō sit, sōl eam circumeat.
***Falls / Angenommen, dass** es zutrifft, daß die Erde im Mittelpunkt der der Welt steht, dann **ginge / geht vermutlich** die Sonne um sie herum.*

Für die gleiche Aussage dient im Deutschen aber auch der Konjunktiv II:
Wenn die Erde der Mittelpunkt der Welt wäre, würde sich die Sonne um sie drehen.

Caput quīntum et vīcēsimum

25.1 Der Konjunktiv im Gliedsatz (I)

25.1.1 Wünschen und Wollen: Optativische Gliedsätze

Wie der unabhängige Wunschsatz (Salvus sīs: *Bleib gesund!)* steht im Lateinischen auch der **abhängige Wunschsatz** im Modus **Konjunktiv.**[2]

Die **Negation** ist ebenfalls **nē.**

Im Deutschen ist der **Indikativ,** oft auch der **Infinitiv** einzusetzen.

ut **dass**

❶ bejaht:
Ōrō tē, ut tribuās nōbīs bonōs frūctūs.
Ich bitte dich, dass du uns gute Erträge schenkst.

Oder mit Infinitiv:
Ich bitte dich uns gute Erträge zu schenken.

Da der Konjunktiv an sich schon Wunschcharakter hat, kann die Konjunktion im bejahten Wunschsatz fehlen:

Imperō, statim veniātis.
Ich befehle euch, kommt sofort / sofort zu kommen.

nē **dass nicht**

❷ verneint (hier kann die Konjunktion nicht fehlen):
Oro tē, nē mihi illūdās.
Ich bitte dich mich nicht zu verspotten.

aber:
Vereor / timeō, **nē** mē illūdās.
*Ich fürchte, **daß** du mich verspottest.*

Perīculum erat, **ut** nāvis in portum pervenīret.
*Es bestand die Gefahr, **dass** das Schiff **nicht** den Hafen erreichte.*

---

[2] Man unterscheidet **Begehrs- und Wunschsätze,** die im Deutschen als **Inhaltssätze** mit der Konjunktion *dass*, und die adverbialen **Finalsätze**, die mit *damit* eingeleitet werden.

> Nach **Verben des Fürchtens und Hinderns** (timēre, verēri, metuere, pēriculum est u. Ä.) steht die Konjunktion **nē** im Sinne von ***dass***, weil das Befürchtete tatsächlich ja das ist, was man **nicht** wünscht. Umgekehrt heißt die Verneinung **nē nōn** oder **ut**: ***dass nicht.***

25.1.2 Finalsätze (Zwecksätze)

Finalsätze beantworten die **Frage nach dem Zweck bzw. nach der Absicht** einer Handlung (eines Vorgangs). Auch sie bringen ein Wollen bzw. Sollen zum Ausdruck:

ut | **nē** | **damit** | **damit nicht**

Incende lūmen, ut videam / nē cadam.
Zünde Licht an, damit ich sehen kann / damit ich nicht falle.

Bei **gleichem Subjekt** in Haupt- und Nebensatz kann man mit ***um zu*** übersetzen:

Incendō lūmen, nē cadam.
Ich mache Licht, um nicht zu fallen.

… um zu …

✗ Finalsätze können auch durch **Relativpronomina** eingeleitet werden:

Caesar lēgātōs mīsit, quī mīlitibus nūntium afferrent.
Cäsar schickte Gesandte, die den Soldaten eine Meldung bringen ***sollten*** */ damit sie den Soldaten eine Meldung brächten.*

Finale Sinnrichtung durch das Supinum auf -um

Das sog. **Supinum auf -um** – äußerlich nicht von dem Neutrum Sg. des Partizips der Vorzeitigkeit Passiv zu unterscheiden (z. B. laudā**tum**, moni**tum**, vī**sum**) – ist eine seltener vorkommende Infinitivform, die ihrer Bedeutung nach einem **Infinitiv mit finaler Sinnrichtung** entspricht. Es steht nur nach **Verben der Bewegung** (z. B. *kommen, gehen, laufen, schicken* usw.):

-tum
-sum

Amīcī veniunt mē vī**sum.** *Die Freunde kommen,* ***(um)*** *mich* ***zu*** *besuchen.*
Eō dormītum. *Ich gehe schlafen.*

25.2 Der Konjunktiv im Gliedsatz (II) ohne Sinnrichtung: Subjunktiv

> **In vielen lateinischen Gliedsätzen findet sich der Konjunktiv, *ohne* dass er eine Sinnrichtung bezeichnet. Er zeigt dann nur – zusätzlich zu einer Konjunktion – die Abhängigkeit eines Gliedsatzes vom Inhalt des übergeordneten Satzes an. Zur Unterscheidung vom Konjunktiv mit Sinnrichtung wird er in der Grammatik Subjunktiv genannt. Im Deutschen setzen wir dafür regelmäßig den Indikativ.**[3]

Die Konjunktivform hat zwei Funktionen:

1. Kennzeichnung einer **Redeabsicht**
2. Kennzeichnung der **syntaktischen Unterordnung eines Gedankens** („Subjunktiv")

✗ Im subjunktivischen Gliedsatz hat der **Konjunktiv Perfekt stets die Bedeutung der Vorzeitigkeit (Konjunktiv der Vorzeitigkeit I).**

---

[3] Subjunktivische Gliedsätze unterscheiden sich im Lateinischen **inhaltlich nicht** von **indikativischen** Gliedsätzen gleicher Sinnrichtung: Venīre nōn possum, cum aeger sim / quod aeger sum. *Ich kann nicht kommen, da ich krank bin.*

25.2.1 Abhängiger (indirekter) Fragesatz

Abhängige (indirekte) Fragesätze stehen im Lateinischen im **Subjunktiv.**

Folgende **Signalwörter** zeigen einen abhängigen Fragesatz an:

- Interrogativpronomina:
  quis, quid; quī, quae, quod
- Interrogativadverbien:
  quam, ut, cūr *usw.*
- Wörter mit der Bedeutung ***ob***:
  -ne *(an ein Wort angehängt);* **num, an, nōnne**
- Wörter der ***ob … oder***-Frage:
  utrum … an; -ne … an; … an …

Dīc mihī, quid hīc quaerās.
Sag mir, was du hier suchst.

Dīcō tibī, cūr dīvitēs aestāte rūs petant.
Ich sage dir, weshalb die Reichen im Sommer aufs Land gehen.

Quaerō ex tē, an tē laeserim.
Ich frage dich, ob ich dich verletzt habe.

Nesciō, utrum vēnerit an nōn.
Ich weiß nicht, ob er gekommen ist oder nicht.

Indikativ und Konjunktiv im deutschen indirekten Fragesatz

Auch das Deutsche benutzt im indirekten Fragesatz den Konjunktiv, allerdings zu einem anderen Zweck: Der Sprecher will damit signalisieren, dass er nur die Aussage **eines anderen** wiedergibt; er lässt dabei offen, ob er das Gehörte als wirklich geschehen auffasst oder nicht. ***Redeabsicht:*** **Distanz** von dem Gesagten, **Unentschiedenheit** zwischen Zustimmung und Ablehnung:

Der Minister erklärte, er wisse nicht,
ob das Werk geschlossen wird. (Indikativ)
ob das Werk geschlossen ***werde.*** **(Konjunktiv)**

25.2.2 Der lateinische Konsekutivsatz (Folgesatz)

Der **lateinische Konsekutivsatz** weicht vom deutschen Konsekutivsatz nur dadurch ab, dass er als zusätzliches Signal zur Konjunktion den **Subjunktiv** verwendet, während der **deutsche** Konsekutivsatz im **Indikativ** stehen muss.

ut **so dass**

❶ Signal im Hauptsatz:
Wörter, die ein vorausweisendes *so* enthalten:
sīc, tam, tantum, tot, tantus, tālis usw.

Signal im Gliedsatz:
ut, Konjunktiv

Mārcus **tam** maestus est, **ut** fle**a**t.
Markus ist so traurig, dass er weint.

Mārcus **tam** maestus est, **ut nōn** rīde**a**t.
Markus ist so traurig, dass er nicht lacht.

Zusätzliches Signal im **verneinten** Konsekutivsatz: (ut) nōn. Im Gegensatz zu den anderen konjunktivischen ut-Sätzen wird der Konsekutivsatz mit **nōn** verneint.

ut nōn

❷ **Signal im Hauptsatz:**
nur *der Sinnzusammenhang*

Signal im Gliedsatz:
ut, Konjunktiv

Porta crepat, **ut** omnēs perterreāmur.
Die Tür knarrt, (mit der Folge) ***so dass*** *wir alle erschrecken.*

✗ Wenn man auf den **Sinnzusammenhang** achtet, lässt sich dieser Typ des Konsekutivsatzes (trotz äußerer Ähnlichkeit) nicht so leicht mit einem Finalsatz verwechseln. (Hier: Die Tür kann nicht etwas *wollen.)*

25.2.3 Der Explikativsatz (Erläuterungssatz)

ut **dass**

Ein Explikativsatz ist ein Gliedsatz, durch den der **Inhalt** des übergeordneten Prädikats erläutert wird:

Eō diē **accidit,** (➠ was **?**) **ut** terra movērētur.
An dem Tag ***geschah*** *es,* ***dass*** *die Erde bebte.*

Signal im Hauptsatz:
vorausweisendes Verb wie z. B. accidit – *es geschieht*
contingit – *es gelingt*
relinquitur – *es bleibt (nur noch)*

Signal im Gliedsatz: **ut,** Konjunktiv

Eine weitere Form des Explikativsatzes sind konjunktivische **Relativsätze,** die ebenfalls den Inhalt des übergeordneten Prädikats näher beschreiben:

Sunt, **quibus** nihil satis **sit.** *Es gibt Leute,* ***denen*** *nichts genug* ***ist.***

25.3 Zeitverhältnisse in Gliedsätzen mit Konjunktiv / Subjunktiv

Wie du weißt, wählt jeder Sprecher (oder Textautor) eine „Zeiteinstellung" für seine Äußerung (oder seinen Text): Gegenwart, Vergangenheit oder Zukunft. Dazu benutzt er die Tempora und / oder Zeitadverbien. *Innerhalb* eines Textes kommt es darauf an, für den Hörer / Leser die *zeitlichen Beziehungen* der einzelnen Ereignisse zueinander deutlich zu machen.

✗ Wie das **Partizip (Participium coniunctum, Ablativus absolutus)** und der **Akkusativ mit Infinitiv (AcI)** drücken auch die **Konjunktivformen im Gliedsatz Zeitbeziehungen zum Prädikat des übergeordneten Satzes** aus:

	Zeitverhältnis des Gliedsatzes zum Hauptsatz	
Zeitfeld im Hauptsatz	Gleichzeitigkeit	Vorzeitigkeit
Gegenwart / Zukunft	Konjunktiv der Gleichzeitigkeit I *(sog. Konj. Präsens)*	Konjunktiv der Vorzeitigkeit I *(Konj. Perfekt)*
Vergangenheit	Konjunktiv der Gleichzeitigkeit II *(sog. Konj. Imperfekt)*	Konjunktiv der Vorzeitigkeit II *(Konj. Plusquamperfekt)*
Form gebildet vom:	Präsensstamm	Perfektstamm

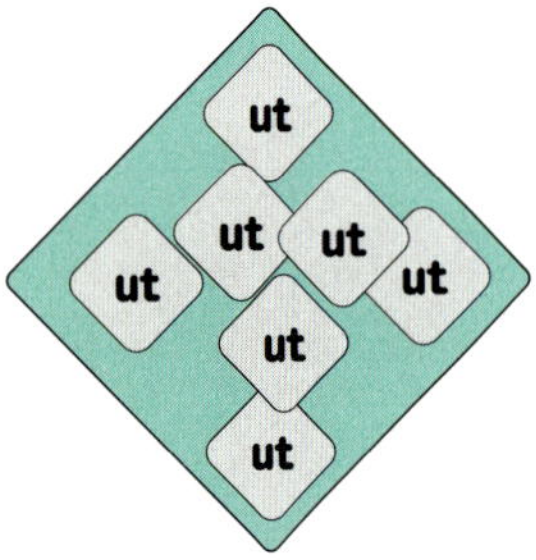

25.4 ut als multifunktionales Wort (Zusammenfassung)

Oft sind es in fremden Sprachen kleine Wörter, die es einem schwer machen, weil sie in unterschiedlichen Funktionen vorkommen. Vgl. im Deutschen das Wort *„wie": „Wie geht es dir?"* (Frage); *„Wie schön ist das!"* (Ausruf); *„Wie ich ihn sehe, ..."* (Konjunktion); *„groß wie Oskar"* (Vergleichsangabe). In jedem Fall aber kann man am **Kontext** die Funktion bzw. Bedeutung jedes *„wie"* erkennen. Solche Wörter mit vielen Funktionen nennt man „multifunktional".

Ein multifunktionales Wort ist auch das lateinische „ut". Seine Grundbedeutung lautet *„wie"*.

✗ Bei der Konjunktion **ut** gibt die Verwendung von Indikativ *oder* Konjunktiv einen Hinweis auf die Bedeutung.

Es folgt eine Übersicht über die Bedeutungen von **ut** in indikativischen und konjunktivischen / subjunktivischen Sätzen.

25.4.1 ut in indikativischen Sätzen

❶ ut leitet einen Vergleich ein

Rem **sīc** agō, **ut** tū ēgistī.
Ich verfahre ***so, wie*** *du verfahren bist.*

Signalwort für diese Bedeutung ist oft ein *so* (**sīc, tam** *u. Ä.*) im übergeordneten Satz.

❷ ut leitet einen Ausruf ein

Ut rīsimus! *Wie haben wir gelacht!*

Signal: Ausrufezeichen

❸ ut in zeitlicher Bedeutung

Perterritus est, ut haec audīvit. *Er war entsetzt, wie / als er das hörte.*

25.4.2 ut in konjunktivischen bzw. subjunktivischen Sätzen

✗ Da konjunktivisches und subjunktivisches ut im Deutschen gleichermaßen mit dem Indikativ wiedergegeben werden können, muss man beide Fälle für die Übersetzung nicht auseinander halten.

❹ ut leitet einen unabhängigen Wunschsatz ein

Ut(inam) sāna sit! *Hoffentlich ist sie gesund!*
Ut eam adiūvissem! *Hätte ich ihr doch geholfen!*

Negation: nē

Signal: Konjunktiv (Optativus) + Ausrufezeichen

❺ ut leitet einen abhängigen Wunschsatz ein

Cōnsul **optat,** ut deī sibī propitiī sint.
*Der Konsul **wünscht**,*
dass die Götter ihm gnädig sind / seien.

Negation: nē

Signal: ein Verb / Ausdruck des Wünschens; der ut-Satz gibt den *Inhalt* des Wunsches an.

Timeō, **ut** (nē nōn) mē adiuvāre possīs.
*Ich **fürchte**, **dass** du mir **nicht** helfen kannst.* **!**

❻ ut leitet einen Finalsatz ein

Veniō, ut lūdōs videam. *Ich komme, um die Spiele zu sehen.*

Signal: nur Kontext, der eine ergänzende Aussage (über den Zweck einer Handlung / eines Vorgangs) nahe legt.

❼ ut leitet einen abhängigen (indirekten) Fragesatz ein

Nesciō, ut hoc fierī potuerit.
Ich weiß nicht, wie das geschehen konnte.

Negation: nōn

Signal: Der **Kontext** macht einen Objektsatz auf die Frage ➠ *was?* erforderlich.

❽ ut leitet einen Konsekutivsatz ein

Tam sērō vēnistī, ut nihil tibī reliquī sit.
Du bist so spät gekommen, dass nichts für dich übrig ist.

Signalwort im übergeordneten Satz: tam, sīc, tantus usw. (das Signalwort kann auch fehlen; Hilfe: ➠ Kontext)

❾ ut leitet einen Explikativsatz ein

Nōn saepe accidit, ut errēs. *Es passiert nicht oft, dass du dich irrst.*

Signal: kein (direktes) Signal, aber der ➠ Kontext verlangt eine Fortsetzung (durch einen Subjektsatz: Frage ***Was** passiert nicht oft?*).

ut

in Sätzen mit **Indikativ**	in Sätzen mit **Konjunktiv/Subjunktiv**
„wie" selten: wie = *als* (zeitlich)	• *„wie":* abh. Fragesatz • *Wunschsignal:* unabh. Wunschsatz • *dass:* abh. Begehrssatz • (dass =) *damit:* Finalsatz • *so/dass:* Konsekutivsatz • *dass:* Explikativsatz

K O N T E X T

wie
dass
damit
so dass
... zu + Inf.
... um zu ...

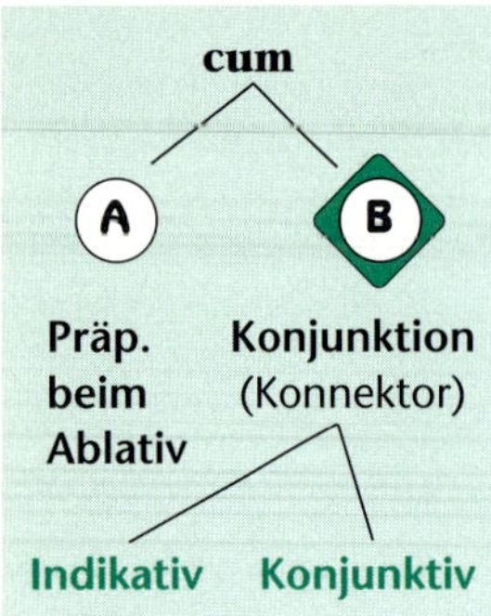

Caput sextum et vīcēsimum

26.1 Der Konjunktiv im Gliedsatz: Subjunktiv II

26.1.1 cum-Sätze

✗ Ebenso wie ut gehört auch cum zu den *multifunktionalen Wörtern* im Lateinischen. Zum Verständnis hilft – neben der grundsätzlichen Beachtung des Kontextes! – zunächst ein Versuch mit dem deutschen „wo", das, jedenfalls in der Umgangssprache, ebenfalls eine große Bedeutungsbandbreite besitzt.

1. Temporalsätze mit der Konjunktion cum

➊ cum mit Indikativ

cum temporale

Aus Band I weißt du schon, dass cum einen Temporalsatz einleitet. Außer dem **rein temporalen** Bezug besteht kein weiterer Sinnzusammenhang zwischen Gliedsatz und Hauptsatz:

Vergangenheit:

Cum amīcī ad templum vēnērunt, cōpia hominum iam aderat.
Als die Freunde zum Tempel kamen, war da schon eine Masse von Leuten.

Gegenwart / Zukunft:

(Semper,) cum Ephesum veniō, amīcum meum visitō.
(Immer) dann, wenn ich nach Ephesus komme, besuche ich meinen Freund.

Zeitlosigkeit:

Cum duo idem faciunt, nōn est idem.
Wenn zwei dasselbe tun, ist es nicht dasselbe.

➋ cum mit Konjunktiv

cum narrativum (historicum)

Stehen in der Erzählung in den Augen des Sprechers zwei Ereignisse in einem *inneren Zusammenhang* zueinander, steht der durch cum eingeleitete **Temporalsatz** im Subjunktiv (sog. cum nārrātīvum oder histŏricum):

Cum hominēs dēfessī essent et dormīrent, homō īnsānus templum incendit.
Als die Leute müde waren und schliefen, zündete ein Wahnsinniger den Tempel an.

2. Kausalsätze mit der Konjunktion cum

cum causale

In dem Beispielsatz zum sog. „cum nārrātīvum" war deutlich schon ein kausaler (begründender) Nebensinn zu spüren. So steht cum auch dann im subjunktivischen Gliedsatz, wenn der Sprecher eine **kausale Sinnrichtung** bezeichnen will:

Homō īnsānus, cum templum incendisset, ipse flammīs trāditus est.
Weil der Wahnsinnige den Tempel angezündet hatte, wurde auch er den Flammen übergeben.

3. Konzessivsätze mit der Konjunktion cum

cum concessivum

cum kann in Verbindung mit dem Subjunktiv auch eine **konzessive Sinnrichtung,** d. h. eine Einschränkung, das Eingeständnis eines Widerspruchs ausdrücken. Diese Bedeutung wird oft durch ein tamen im übergeordneten Satz, sonst durch den Kontext deutlich:

Cum cīvibus placuisset, ut nōmen hominis illīus īnsānī dēlērētur, tamen memoriae trāditum est.
Obwohl die Bürger beschlossen hatten den Namen dieses Wahnsinnigen aus der Erinnerung zu tilgen, ist er doch der Nachwelt überliefert.

4. Adversativsätze mit der Konjunktion cum

cum adversativum

cum leitet auch Gliedsätze ein, die einen **gedanklichen Gegensatz zum Hauptsatz** enthalten:

Hāc in urbe Diāna maximē colitur, **cum** illā in cīvitāte Iovem maximum deōrum habent.
In dieser Stadt wird besonders Diana verehrt, ***wohingegen / während*** *man in jener Gemeinde Jupiter für den größten der Götter hält.*

26.1.2 cum im adverbialen Gliedsatz (Übersicht)

CUM

wenn / als	*Indikativ* grammat. Bezeichnung	Erkennungsmerkmale		*Konjunktiv* grammat. Bezeichnung	Erkennungsmerkmale
(dann,) wenn; (damals) als	cum temporale	HS: oft Indikatoren wie tum; tunc; eō tempore	**als**	cum **(historicum)**	
sobald (als)		GS: oft cum prīmum; Ind. Pf. oder Pf. futur			
			da	cum causale	HS: manchmal Indikatoren wie praesertim, quippe
als (plötzlich)		GS: oft Indikatoren wie subitō, repente HS: oft Indikatoren wie vix; iam; nōndum	**obwohl**	cum **concessivum**	HS: oft Indikatoren wie tamen
sooft; jedesmal, wenn		HS: Präsens oder Imperfekt	**während** (dagegen)	cum adversativum	

26.1.3 Der Subjunktiv in Relativsätzen

↗ CG 25.2.3 „Explikativsätze"
Der Subjunktiv kann auch in Relativsätzen auftreten. Er signalisiert dann oft, dass der Relativsatz einen **kausalen** oder **konzessiven Begleitsinn** hat. In diesen Fällen kann man anstelle des Relativpronomens zur Sinnverdeutlichung auch eine **Konjunktion** setzen.

Kausaler Relativsatz

Hominēs, **quī** valdē dēfessī essent, altō somnō dormiēbant.
Die Leute, ***die ja*** *sehr erschöpft waren, schliefen tief.*
Weil *die Leute sehr erschöpft waren, schliefen sie tief.*

Konzessiver Relativsatz

Hominēs, **quī** valdē dēfessī essent, tamen vigilis vōce excitātī sunt.
Die Leute, ***die doch*** *sehr erschöpft waren, wurden trotzdem durch den Ruf der Wache aufgeweckt.*
Obwohl *die Leute fest schliefen, wurden sie trotzdem durch den Ruf der Wache aufgeweckt.*

✗ Relativsätze haben wie Attribute überhaupt oft eine vom Kontext gelenkte Sinnrichtung, vgl.

➢ Der kleine David besiegte den großen Goliath *(obwohl er klein bzw. obwohl er groß war);*

➢ Der FC Schalke 04, der diesmal alle Stammspieler zur Verfügung hatte, siegte mit 4:0 Toren *(weil er …).*

✗ Vgl. auch 25.1.2: finale konjunktivische Relativsätze

Caput septimum et vīcēsimum

Zusammenfassung

27.1 Der Konjunktiv als multifunktionale Form

27.1.1 Konjunktiv und Indikativ: Redeabsicht

Der Konjunktiv hat im Lateinischen und im Deutschen teils gleiche, teils verschiedene Aufgaben (Funktionen).

✗ **Sprachgleich** ist die Funktion im konditionalen Satzgefüge (Wenn-Satz-Gefüge): ↗ CG 24.2 und 24.2.1.

Redeabsicht im Hauptsatz			
Konjunktiv	Signal	Funktion	deutsch
Gz I	-a-/-e- (-i-)	**Optativus** (Wollen und Wunsch)	bitte sollen hoffentlich o dass doch *usw.*
		Potentialis	vielleicht *u. Ä.*
		Dubitativus	soll …? (Frage)
Gz II	-re-*)	**Irrealis (Hypotheticus)**	Konjunktiv II: • täte, ginge *o. a.* • würde + Infinitiv
Vz II	-isse-		• hätte/wäre + Partizip

*) esse: **-se;** velle/nōlle: **-le-**.

❶ Im **Hauptsatz** signalisiert der Konjunktiv eine vom Indikativ abweichende **Redeabsicht**, die aus dem ➠ Kontext heraus deutlich ist: Vgl. die Übersicht auf S. 28 unten.

Das folgende „**Modus-Rad**" zeigt dir die Aufgaben von Indikativ, Konjunktiv und Imperativ im lateinischen Hauptsatz.

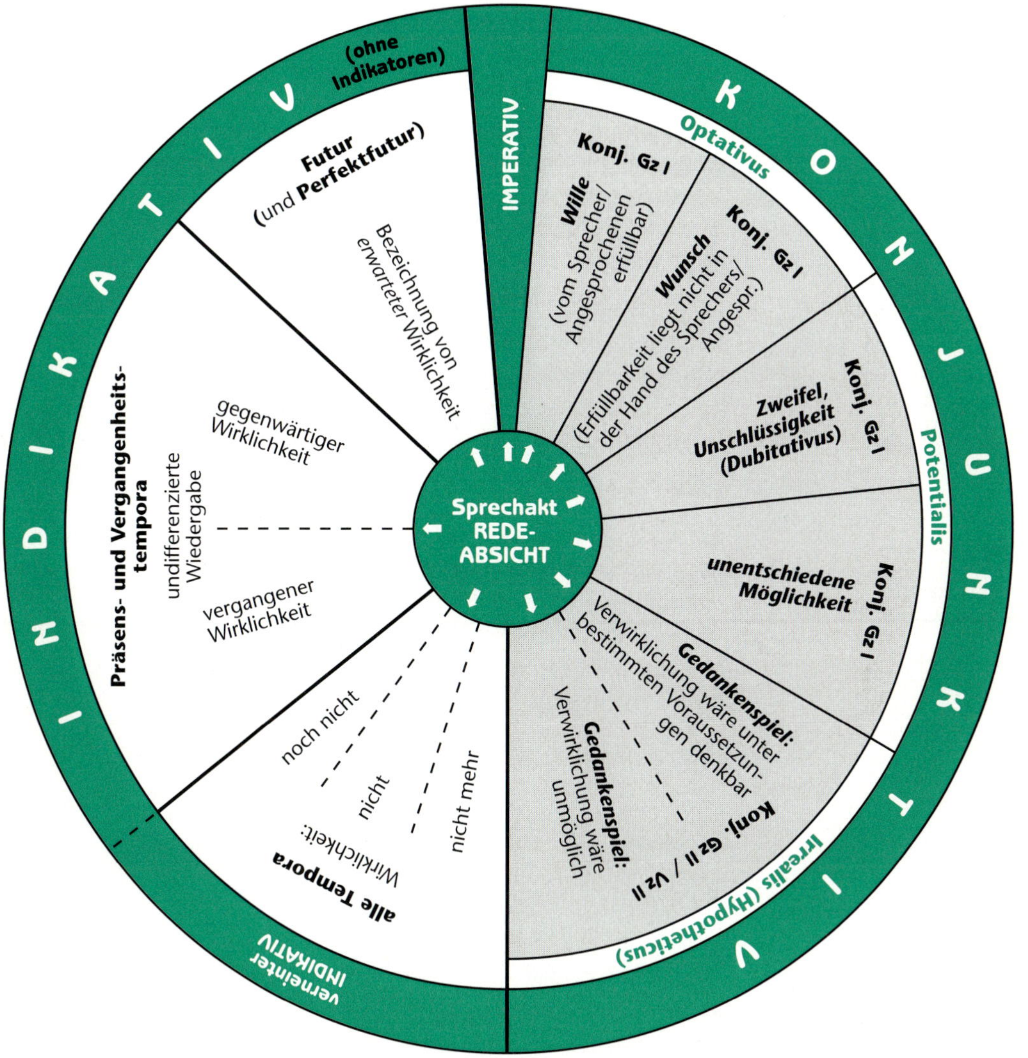

☞ Gliedsatz

❷ Im **Gliedsatz** gilt:

➢ Im Wenn-Satz ist der Gebrauch sprachgleich.
➢ **In allen anderen Fällen steht im Deutschen i.d.R. der Indikativ.**

Der Konjunktiv steht im Lateinischen hier, weil

- entweder eine **Redeabsicht** vorliegt wie in entsprechenden Hauptsätzen, oder weil
- er von der Grammatik „vorgeschrieben" ist, **ohne** dass eine Redeabsicht vorliegt. **In diesen Fällen spricht man vom Subjunktiv** = „grammatischer Konjunktiv".

❸ Konjunktiv und Subjunktiv im Gliedsatz bezeichnen außerdem das **Zeitverhältnis zum Prädikat des übergeordneten Satzes** (↗ CG 25.3).

27.1.2 Konjunktiv und Subjunktiv im Gliedsatz

❶ In **Wunsch- und Finalsätzen** steht der Konjunktiv (Coniunctivus optativus); er signalisiert ein Wünschen / Wollen oder eine Absicht.

Deutsche Übersetzung: *Indikativ oder Infinitiv;* eventuell Umschreibung (z. B. *sollen*).

❷ In **irrealen (hypothetischen) Konditionalsätzen** steht der Konjunktiv der Gleichzeitigkeit / Vorzeitigkeit II.

Deutsche Übersetzung: ebenfalls **Konjunktiv II.**

„Subjunktiv":

syntaktische Abhängigkeit

❸ Der **Subjunktiv** weist keine (erkennbare) Sinnrichtung auf, sondern hat ausschließlich die grammatische Funktion, zusätzlich zur Konjunktion ***Abhängigkeit vom übergeordneten Satz*** zu signalisieren. In einigen Fällen steuert er die Bedeutung der Konjunktion (siehe folgende Übersicht).

Deutsche Übersetzung: *Indikativ*

L

Der Konjunktiv bzw. Subjunktiv steht im Lateinischen in

1. **Begehrs-/Wunschsätzen**
2. **Finalsätzen**
3. **Konsekutivsätzen**
4. **Adversativsätzen**
5. **abhängigen (indirekten) Fragesätzen**

In den übrigen Gliedsätzen stehen je nach Konjunktion

	Indikativ	*Subjunktiv*
Kausalsätze	quod / quia, quoniam	cum
Konzessivsätze	quamquam	cum, quamvīs
Temporalsätze	cum, dum, dōnec, ut (prīmum), ubī (prīmum) postquam	cum
Explikativsätze	quod	ut

D

Übersetzung

1. Man übersetzt den Gliedsatz in den Modus, der der deutschen Sprachnorm entspricht.

2. Diese **deutsche Sprachnorm** setzt fest:
Gliedsätze haben im Deutschen im Allgemeinen den **Indikativ.**

3. Im **Konjunktiv** stehen im Deutschen:
- irreale (hypothetische) Gliedsätze (Konjunktiv II)
  (Wenn er das gewusst ***hätte, wäre*** *er nicht gekommen.)*
- alle Aussagen, bei denen der Sprecher ausdrücken will, dass sie nicht seine Meinung darstellen (in der Regel Konjunktiv I)
  (Der Zeuge erklärte, dass er den Angeklagten wiedererkannt ***habe.)***
- zur Kennzeichnung der indirekten Rede (in der Regel Konjunktiv I)
  (Der Reporter sagt, das Spiel ***sei*** *gleich zu Ende.)*

27.2 Perfekta mit Präsensbedeutung

Einige Verben haben im Präsensstamm die Mit-Bedeutung, dass etwas im **Entstehen oder Werden begriffen** ist. Signal dafür ist **-sc-**: nō**sc**ere: *kennen lernen*
Das Perfekt bedeutet
1. *ich habe kennen gelernt*
2. *ich kenne*

Nōvī mōrēs tuōs. *Deinen Charakter habe ich kennen gelernt*
= kenne ich nun.

Man kann also die Perfektform in diesem Fall als **Präsens** übersetzen. Das **muss** man bei einigen Verben, die **keine Präsensform** besitzen:

meminī: *ich erinnere mich*
ōdī: *ich hasse*

Vom Perfektstamm werden ebenfalls die Formen gebildet, die **Vergangenheit** (lat. Plpf.) und **Zukunft** (lat. Perfektfutur) bedeuten:

memin**era**m: *ich erinnerte mich*
memin**erō**: *ich werde mich erinnern*

meminisse gehört wie **oblīviscī:** *vergessen* zu den Verben, die ihr **Objekt im Genitiv** haben (Genitivobjekt):

Poēta Iuvenālis **perīculōrum** noctis meminit.
Der Dichter Juvenal denkt an die Gefahren der Nacht.

Caput octāvum et vīcēsimum

28.1 Die Komparation (Steigerung) – Formen

28.1.1 Der Positiv

Das Adjektiv/ Adverb in seiner Grundform („Positiv"):

beātus, -a, um: *glücklich* — *Adverb:* beātē
multum (Adv.): *viel*
gravis, -e: *schwer* — *Adverb:* graviter

28.1.2 Der Komparativ

-ior-

-ius Nom./Akk. Ntr. Sg.

	Singular m./f.	n.	*Plural* m./f.	n.
Nom.	beātiŏr	beātius	beātiōrēs	beātiōra
Gen.	beātiōris		beātiōrum	
Dat.	beātiōrī		beātiōribus	
Akk.	beātiōrem	beātius	beātiōrēs	beātiōra
Abl.	beātiōre		beātiōribus	

Bei den **Adjektiven der o-/a-Deklination,** deren Nom. Sg. Mask. **auf** -er auslautet, fällt das -e- aus oder bleibt.

pulcher	pulchra	pulchrum	miser	misera	miserum
	pulchrior usw.	pulchrius		miserior usw.	miserius

Bei den **Adjektiven der i-Deklination** tritt das Komparativsuffix direkt an den auslaufenden Stammkonsonanten.

facilis	facile	ācer	ācris	ācre
facil-ior usw.	facil-ius		ācrior usw.	ācrius

28.1.3 Der Superlativ

-is-si-mus

Deklination nach der o-/a-Deklination:

beātissimus	beātissima	beātissimum
gravissimus	gravissima	gravissimum
usw.		

-ri-mus
-li-mus

Adjektive auf -r:

pulcherrimus	pulcherrima	pulcherrimum
ācerrimus	ācerrima	ācerrimum

Adjektive auf -l:

facillimus	facillima	facillimum

28.1.4 Adverbbildung bei Komparativen und Superlativen

Positiv: beāt**ē** sēdul**ō** ācri**ter** mult**um** facil**ĕ**
(= Abl. Sg.) (Ntr.)

Komparativ: beāt**ius** ācr**ius** (= Akk. Sg. Ntr.)

Superlativ/Elativ: beātissim**ē**/ācerrim**ē** (nur Formen auf -ē)

Adverb Komparativ: **-ius**

28.1.5 Komparation mittels verschiedener Stämme

Bei folgenden Adjektiven werden die Vergleichsstufen von verschiedenen Stämmen gebildet:

	Positiv	Komparativ	Superlativ/Elativ
groß	māgnus	māior, māius	maximus
klein	parvus	minor, minus	minimus
gut	bonus	melior, melius	optimus
schlecht	malus	pēior, pēius	pessimus **-mus**
viele	multī	plūrēs, plūra	plūrimī
viel	multum	plūs	plūrimum

Wörter wie diese werden in vielen Sprachen „unregelmäßig" gesteigert.

28.1.6 Umschreibung der Vergleichsstufen

Auch im Lateinischen gibt es die Möglichkeit Vergleichsstufen mittels Umschreibung zu bilden (vgl. auch engl. *beautiful, more beautiful, most beautiful*):

Komparativ: Hīc mōns **magis** arduus est illō.
Dieser Berg ist steiler als der dort.
Vgl. deutsch: Diese Straße ist mehr befahren als jene.

Superlativ: Hīc mōns **maximē** arduus omnium est.
Dieser Berg ist der steilste von allen.
Vgl. deutsch: Am meisten bekannt (am bekanntesten) war XY.

Elativ: Haec loca **maximē** / **valdē** idōnea oppidō condendō (Dativ) sunt.
Diese Gegend eignet sich vorzüglich zur Gründung einer Stadt.

Adjektive mit Vokal als Stammauslaut
(z. B. ardu-us, idone-us) bilden die Vergleichsstufen auf diese Weise.

28.2 Die Vergleichsstufen im Kontext

Wenn man Dinge / Personen in einem (oder mehreren) Punkten („Merkmalen") miteinander vergleicht, ergibt sich

entweder **Entsprechung** (Gleichheit)
oder **Verschiedenheit** (Ungleichheit).

28.2.1 Der Positiv

Der Positiv bezeichnet die Grundstufe eines Adjektivs (bzw. Adverbs). Benutzt man ihn zum Vergleich zweier Größen, beschreibt er die Gleichheit oder die direkte Verneinung der Gleichheit:

Karthāgō **tam** antīqua est **quam** Rōma.
*Karthago ist **so** alt **wie** Rom.*

Rōma **nōn** est **tam** antīqua **quam** Athēnae.
*Rom ist **nicht so** alt **wie** Athen.*

Vergleiche dieser Art werden durch bestimmte Signalwörter (z. B. *so – wie)* bezeichnet.

Häufige Signalwörter des Vergleichens im Lateinischen:

L
t… – qu…
D
s… – w…

tam – quam	so – wie
tantus – quantus	so groß – wie
tālis – quālis	so (geartet) – wie
tantum – quantum	so viel – wie
tot – quot *(undekliniert)*	so viele – wie

28.2.2 Der Komparativ

Komparativ
+
L D
• **quam** *als*
• **Abl. sep.**

Der Komparativ dient dem Vergleich zwischen zwei Elementen (Personen / Dingen), die sich mindestens in einem Merkmal deutlich voneinander unterscheiden:

Domitilla prūdentior est quam Pūblius.
oder:
Domitilla prūdentior est Pūbliō.
Domitilla ist schlauer als Publius.

„Ablativus comparationis"

Träger des Merkmals	verglichenes Merkmal im höheren Grad	Vergleichspunkt (Bezugspunkt)
Domitilla	prūdentior est	• quam Pūblius • Pūbliō

In dem Ablativ „Pūbliō" kommt zum Ausdruck, dass der Komparativ zwei verglichene Sachen / Personen in einem bestimmten Punkt „voneinander abhebt"; das kann man so verdeutlichen:

weniger	prūdentia	*mehr*
Pūbliō ——→	prūdentior ——→	Domitilla
Von Publius her gesehen	*ist klüger*	*Domitilla*

Es handelt sich bei dem Ablativ also um einen **Ablativus separativus,** der hier einen Vergleich zum Ausdruck bringt.

Komparativ ohne Vergleichspunkt („absoluter Komparativ")

Komparative ohne Vergleichspunkt gibt es im Deutschen wie im Lateinischen:

Das hier ist schon ein besseres Modell (ergänze: *als die anderen)*
= Das ist ein recht gutes / ziemlich gutes Modell.

Hodiē diūtius labōrāvī.
Heute habe ich ziemlich lange gearbeitet.

> Der absolute Komparativ wird im Deutschen, je nach Sinn, mit *ziemlich, (all)zu, recht* wiedergegeben.

28.2.3 Der Superlativ / Elativ

Der Superlativ

Der Superlativ wird verwendet, wenn drei oder mehr Elemente (Personen / Dinge) auf ein Merkmal hin untereinander verglichen werden und einem von ihnen der erste Platz zugeschrieben wird:

Egō inter omnēs puellās fēlīcissima sum. *(Präposition + Kasus)*
Egō fēlīcissima sum omnium puellārum. *(Genitivus partitivus)*
Von / Unter allen Mädchen bin ich das glücklichste.

omnium
felic-issimus
verglichenes Merkmal: glücklich

Der Superlativ kann durch ein vorgestelltes quam eingeleitet werden:
Āthlētae quam celerrimē cucurrērunt.
Die Sportler liefen möglichst schnell / so schnell wie möglich.

quam + -is-simē
„möglichst"

Der Elativ

Auch die Formen des Superlativs können stehen, ohne dass die Bezugsgrößen genannt werden; man spricht dann vom *absoluten Superlativ* oder vom *Elativ* (efferre: *hervorheben*).

Der Elativ hebt einen besonders hohen Grad eines Merkmals hervor:

puella pulcherrima	*ein bildhübsches Mädchen* *ein sehr / außerordentlich hübsches Mädchen*
ōrātor ēloquentissimus	*ein überaus gewandter Redner* *ein sprachgewaltiger Redner*

Eine weitere Möglichkeit einen Elativ zu bilden hat das Lateinische in den Vorsilben per- und prae- vor Adjektiven.

Formen:
1. = Superlativ
2. **per-** **prae-**

ōrātor praeclārus	*ein hochberühmter Redner*
animālia perrāra	*überaus seltene Tiere*

Ebenso kommt eine Umschreibung mit valdē bzw. māximē vor.

28.2.4 **mālle:** lieber wollen

mālō *„ich will lieber“* (und entsprechend die übrigen Formen) ist entstanden aus *magis volō (über altlat. „māvolō“).

	Präsens		*Imperfekt*		*Futur*	*Perfekt*	
	Indikativ	**Konjunktiv**	**Indikativ**	**Konjunktiv**		**Indikativ**	**Konj. Vz I**
1. P. Sg.	mālō	mālim	mālēbam	māl**lem**	mālam	māluī	māluerim
2. P. Sg.	māvīs	mālīs	mālēbās	māl**lēs**	mālēs	māluistī	mālueris
3. P. Sg.	māvult	usw.	usw.	usw.	usw.	usw.	usw.
1. P. Pl.	mālumus						
2. P. Pl.	māvultis					**Plpf.:** mālueram usw.	
3. P. Pl.	mālunt					**Perfektfutur:** māluerō usw.	

Caput nōnum et vīcēsimum

29.1 Das Gerundivum (nd-Formen II) – Formenbildung

Das Gerundivum bildet seine Formen aus folgenden Bestandteilen:

-nd- -Formen

Verbstamm (Präsensstamm)	ggf. Zwischenvokal	Gerundivsignal	KNG-Signal
lauda		**nd**	us, -a, -um; -ī, -ae, -a
ag	e	**nd**	us, -a, -um; -ī, -ae, -a
also: lauda**nd**us, -a, -um; terre**nd**us, -a, -um; audie**nd**us, -a, -um; capie**nd**us, -a, -um; age**nd**us, -a, -um			

	Singular	*Plural*
Nom.	laudandus, -a, -um	laudandī, -ae, -a
Gen.	laudandī, -ae, -ī	laudandōrum, -ārum
Dat.	laudandō, -ae, -ō	laudandīs
Akk.	laudandum, -am, -um	laudandōs, -ās, -a
Abl.	laudandō, -a, -ō	laudandīs

Seine spezielle **Bedeutung** erhält das Gerundivum durch das Signal **-nd-**, das du schon in Band I als Kennzeichen des **Gerundiums (nd-Formen I)** kennengelernt hast.

Gerundivum und Gerundium weisen aber nicht nur die gleichen Formsignale auf; **zum Teil** haben sie auch die gleiche sprachliche Aufgabe.

Aus der Darstellung der **Formenbildung** des Gerundivums geht hervor, dass es

- ein von einem Verbum abgeleitetes **Adjektiv**, also ein **Verbaladjektiv** (wie die Partizipien) ist und wie diese
- der **o- / a-Deklination** zugehört sowie
- der **KNG-Regel** unterliegt.

✗ **Zur Erinnerung:** Das **Gerundium** dient der Deklination des Infinitivs, es ist also ein **Substantiv.**

29.2 Die Bedeutung des Gerundivums

29.2.1 Das Gerundivum in Verbindung mit einem Substantiv

Discipulī vōs dēlectābunt **cōmoediā dandā.**
*Die Schüler werden euch durch eine **Komödienaufführung** erfreuen.*

Librīs legendīs nōn omnēs hominēs sapientiōrēs fiunt.
*Durch **Bücherlesen** / das **Lesen von Büchern** werden nicht alle Menschen klüger.*

Gerundivum ohne Sinnrichtung:

„dominantes" Attribut

Die Beispielsätze zeigen, dass das Gerundivum – formal gesehen – ein adjektivisches **Attribut** ist, das durch die KNG-Kongruenz mit einem **Substantiv** verbunden ist. Seiner **Bedeutung** nach *beherrscht* es jedoch das Substantiv, bei dem es steht: Es ist **dominant.**

Entsprechend wählen wir bei der **Übersetzung**, soweit es die deutsche Sprachnorm zuläßt, zusammengesetzte Wendungen *(„Bücher**lesen**"/ „Komödien**aufführung**")* oder wir verlagern die Betonung ganz auf das Gerundivum, indem wir es durch einen **substantivierten Infinitiv** oder ein **(Verbal-)Substantiv** umschreiben; das Gerundivum behält grundsätzlich seine beherrschende (dominante) Stellung:

in fābulīs **nārrandīs** *beim **Erzählen** von Geschichten*	taurō **immolandō** *durch die **Opferung** eines Stieres*

Manchmal lässt sich das Gerundivum auch durch eine **infinitivische** Wendung oder durch einen **Gliedsatz** wiedergeben:

Occāsiō vīllae vende**nd**ae aderat.
*Die Gelegenheit das Landgut **zu verkaufen** war gekommen.*

In agrīs cole**nd**īs servī vīlicō māgnā vōce maledīcēbant.
***Während** sie die Felder **bestellten,** schimpften die Sklaven lautstark über den Verwalter.*

Ein attributiv gebrauchtes Gerundivum gibt man im Deutschen am besten wieder

- **mit einem *substantivierten (deklinierten) Infinitiv,***
- **einem *Verbalsubstantiv* (oft auf -ung) oder**
- **einem *Infinitivsatz.***

29.2.2 Das Gerundivum mit den Präpositionen ad und causā

Gerundivum final

Die Präpositionen ad und causā geben Gerundiv-Wendungen einen finalen Sinn und lassen sich im Deutschen mit (finalen) Infinitivsätzen (mit oder ohne *um*) wiedergeben:

attributives Gerundivum
- mit **ad**
- mit **causā**

Discipulī **ad** āctum ōrātōrium īnstitue**ndum** parātī sunt.
*Die Schüler sind bereit, **(um)** das Lehrstück auf**zu**führen.*

oder mit einem Verbalsubstantiv (auf -ung):

*Die Schüler sind **zur** Aufführ**ung** des Lehrstücks bereit.*

Iovis violandī causā hominēs creāvī.
Ich schuf die Menschen, um Jupiter zu beleidigen.

29.2.3 Gerundivum + Form von esse

Gerundivum + esse

Das Gerundivum als Prädikatsnomen bei einer Form von esse hat ebenfalls finale Sinnrichtung: Es bezeichnet eine Notwendigkeit.

❶ Ohne Substantiv als Bezugswort:

-ndum ... est
es ist **zu ...**
≈ man muss ...

Nunc canta**ndum est.**
*Jetzt ist **zu** singen.*
*Jetzt **muss man** singen.*

Ohne Angabe des Subjekts (Person oder Sache) entspricht das Gerundivum einem Infinitiv mit *zu* und ist unpersönlich mit *es* oder *man* zu übersetzen.

mihi est/sunt
... -nd- ...
ich habe **zu ...**
≈ ich muss ...

Die handelnde Person (der Urheber) steht im Dativ („Dativus auctoris"):
Nunc nōbīs canta**ndum est.**
*Wir **haben** jetzt **zu** singen. / Wir **müssen** jetzt singen.*

✗ Erinnere dich: Nunc nōbīs ōtium est. *Wir haben jetzt (freie) Zeit.*

❷ Mit Substantiv als Subjekt:

[Nom.]
-nd- ... est/sunt
X ist/sind **zu ...**
X ist/muss ... werden

Pācta **sunt** serva**nda.**
*Verträge **sind** ein**zu**halten. / Verträge **müssen** eingehalten **werden.***

Iter differe**ndum est.**
*Die Reise **ist** auf**zu**schieben. / Die Reise **muss** aufgeschoben **werden.** / **Man muss** die Reise aufschieben.*

❸ Mit Angabe der handelnden Personen (wiederum im Dativ):

Pācta **tibī** serva**nda sunt.**
*Du **hast** die Verträge ein**zu**halten. / Du **musst** die Verträge einhalten.*

Vōbīs iter differe**ndum est.**
*Ihr **müsst** die Reise aufschieben.*

Gerundivum + esse mit Verneinung

Domus (tibī) intra**nda nōn est.**
*Das Haus **ist** (von dir) **nicht zu** betreten./ Du **darfst** das Haus **nicht** betreten.*

Iter differe**ndum nōn est.**
*Die Reise **darf (kann) nicht** nicht aufgeschoben werden.*

29.2.4 Das prädikative Gerundivum nach Verben wie dare, trādere, cūrāre u. Ä.

Gerundivum prädikativ

Verben wie dare, trādere, mittere, facere, cūrāre u. Ä. bezeichnen eine Handlung, die auf ein Ziel (fīnis) gerichtet ist. Steht das Gerundivum im Zusammenhang mit einem solchen Verb, ist es prädikativ zu verstehen und erhält ebenfalls finale Sinnrichtung:

Ziel → **„zu"**

1. Castra mīlitibus dīripienda trādita sunt.
*Das Lager wurde den Soldaten **zur** Plünderung überlassen.*

2. Mittō tibi epistulās dīligenter legendās.
*Ich schicke dir die Briefe **zur** aufmerksamen Lektüre (**zum** aufmerksamen Lesen / **damit** du sie liest).*

In diesen Fällen findest Du das Gerundivum als Akkusativ (im aktivischen Satz) oder als Nominativ (im passivischen Satz).

29.2.5 „Erstarrte Gerundiva"

Einzelne Gerundiva sind im Lateinischen zu reinen attributiven Adjektiven geworden:

puella amanda – *das liebenswerte Mädchen*
*(„ein Mädchen, das **zu** lieben **ist** /..., das **man** einfach lieben **muss**")*

verba horrenda – *schauderhafte Worte*
*(„Worte, vor denen **man** schaudern **muss**")*

rēx nōn tolerandus – *ein unerträglicher Tyrann*
*(„ein Tyrann, der **nicht zu** ertragen **ist**")*

Die gleichen Formen können trotzdem noch weiter in der Bedeutung eines Gerundivums auftreten, ohne Sinnrichtung und mit finaler Sinnrichtung!

Übersicht über die Funktionen der Satzglieder und ihre Füllungsarten

In Band I hast du im Cursus grammaticus ein **allgemeines Satzmodell** kennen gelernt. Im Verlauf des Lehrgangs hast du gesehen, dass Satzglieder *in verschiedenen grammatischen Formen* auftreten können: Z. B. kann ein Subjekt die Form eines Relativsatzes haben, ein Objekt die eines AcI oder eine adverbiale Bestimmung die eines adverbialen Gliedsatzes mit einer Konjunktion.

Die verschiedenen Satzglieder erfüllen also unterschiedliche „Funktionen" und sind auf unterschiedliche Weise „gefüllt", weswegen man von den „**Füllungsarten** der Satzglieder" spricht.

Hier findest du die gleiche Übersicht ergänzt um die grammatischen Möglichkeiten der Satzglied-Füllung, die in diesem Band hinzugekommen sind.

Satztyp II (Subjekt – Prädikat – Objekt(e))

Satztyp I (Subjekt – Prädikat)

SUBJEKT
a) Substantiv/Adjektiv/Pronomen
b) Infinitiv
c) AcI
d) „Relativsatz" (Relativpronomen in allen Kasus!)
e) „verdecktes Subjekt" (in der Personalendung des Verbs)
f) Gliedsatz

PRÄDIKAT
a) Verbform mit Personalendung
b) Form von esse mit Personalendung + **Prädikatsnomen** (Substantiv oder Adjektiv) im
• Nominativ
• Genitiv
• Dativ
(bei nominare o. Ä. im Akkusativ)
c) Form von esse mit Adverb/adv. Bestimmung

OBJEKT(E)
a) Substantiv/Adjektiv/Pronomen (in allen Kasus außer Nominativ)
b) Kasus mit Präposition
c) Infinitiv
d) AcI
e) Relativsatz (Relativpronomen in allen Kasus!)
f) „verdeckt" ↗ Kontext!
g) Gliedsatz

Adverbiale Bestimmung
a) Adverb
b) Substantiv im Akk. oder Abl.
c) Substantiv mit Präposition
d) Prädikativum (Substantiv, Adjektiv, Participium coniunctum; Gerundivum) } **Bezug zum Subjekt oder Objekt: KNG-Kongruenz**
e) Ablativus absolutus
f) adverbialer Gliedsatz
g) Vergleichsangabe mit quam

Attribut(e)
a) Adjektiv **(KNG-Kongruenz)**
b) Substantiv (Genitivattribut; Apposition)
c) Participium coniunctum attributiv **(KNG-Kongruenz)**
d) Relativsatz (bei jedem Satzglied möglich)
e) Adverb (z. B. bei Adjektiv)
f) Gen./Abl. qualitatis
g) Gerundivum

DEANAE
SACRVM
A·TITTIVS·C·F
POM·SEVER
VS·ARRETIO
> LEG·VI·VIC·P·F
IDEMQVE·VIVARI
VM SAEPSIT

Tipps zur Texterschließung

Satz, Kasus, Verb

Ein Sprecher / Schreiber setzt mit der Wahl des Subjekts fest, von welchem Ausgangspunkt aus er die Handlung beschreiben will, die im Satz steht.
Das bedeutet nicht, dass das die Handlungsrichtung ist, die in der Realität, die er beschreibt, tatsächlich abläuft. Die Wahl des Subjekts und damit die Wahl der vom Schreiber angegebenen **Perspektive** (Handlungsrichtung) ist ausschließlich bestimmt durch den Ausgangspunkt, von dem aus der **Erzähler** den Handlungsverlauf beschreiben will.
Dafür gibt es zwei Hauptmöglichkeiten, die man in **zwei Satztypen** wiederfindet:

Satztyp 1

Der Schreiber wählt in diesem Satztyp als Ausgangspunkt ein **Subjekt,** das im Satz **beschrieben** wird:

a) Larcius Macedō, vir praetōrius, servīs saevus dominus fuit.	*Larcius Macedo, ein Mann von Prätorenrang, war seinen Sklaven ein grausamer Herr.*
b) Lavābātur aliquando in vīllā Formiānā.	*Er badete (sich) einmal in seiner Villa in Formiae.*
c) Subitō ā servīs ibi oppressus et occīsus est.	*Plötzlich wurde er dort von Sklaven überfallen und getötet.*

Satztyp 2

In diesem Satztyp macht der Schreiber das Subjekt zum Ausgangspunkt einer **Handlung, die sich auf ein anderes Wesen / Ding bezieht,** das als **Objekt** der Handlung beschrieben wird. Da das Subjekt *agiert* (agere), nennt man es in dieser semantischen Form auch *Agens:*

Servī īrātī ergō dominum suum in balneīs occīdērunt.	*Die erregten Sklaven töteten also ihren eigenen Herrn im Bad.*

Die in den Sätzen erkennbare Perspektive (Handlungsrichtung) wird nicht durch das Subjekt, sondern durch das gewählte Verb und die gewählte grammatische Form des Verbs bestimmt. Daraus ergibt sich, dass **beim Übersetzen immer das Subjekt und das Verb gemeinsam übersetzt** werden müssen. Das Subjekt steht immer im Nominativ, der also der Kasus des Ausgangspunktes dessen ist, was beschrieben werden soll.

➢ Bei satzwertigen Konstruktionen wie dem Ablativus absolutus oder Infinitivkonstruktionen ist das Subjekt im Ablativ oder Akkusativ zu suchen, das dazugehörende „Prädikat" im Partizip oder Infinitiv.

Andere Kasus als der Nominativ

Erweiterungen

Satztyp 2:
Verbergänzungen als Objekt oder objektähnliche Erweiterungen

Die Wesen oder Dinge, auf die sich die Handlung eines „Agens" bezieht, können in jedem Kasus stehen, nur nicht im Nominativ (der ja der Ausgangspunkt der Handlung ist). Das, an dem die Handlung vollzogen wird, bezeichnet man in diesem Satztyp 2 als **Objekte.** Objekte werden *mit und ohne Präposition* verwendet; auch Gliedsätze oder Infinitive können solche Verbergänzungen sein. Verben, nach denen Objekte stehen, zeigen dabei fast immer eine Ergänzungs*bedürftigkeit,* die nur durch diese Verbergänzung erfüllt wird.

Beispiel

a) Inde Alexander Māgnus ad Nȳsam urbem pervēnit.
b) Ibī castra ante ipsa moenia posuit.
c) Hostēs vīdērunt Alexandrum iam adesse et oppidum expūgnāre velle.
d) Ergō nūntiōs mīsērunt rogāvēruntque, *ut oppidō parceret.*

Die Möglichkeiten der Verbergänzungen sind also vielfältig. Beim Übersetzen ist daher immer auf die **durch das Verb ausgelöste Erwartungshaltung** zu achten! Jede Verbergänzung entspricht in der lateinischen Literatur einem Sinn, wie er *in der dir bekannten Realität erwartet* werden kann.

Attribute

Neben Verbergänzungen (zu denen auch Adverbien zählen, z. B.: Ibī manēbō – *dort werde ich warten)* sind auch Attribute, also Ergänzungen zu Substantiven, zur Sinnerschließung oft unerlässlich. Diese Ergänzungen erfolgen

❶ als Adjektiv / Partizip (das in diesem Fall eine Mittelstellung zwischen Verb und Adjektiv einnimmt) und

❷ als Relativsatz:

Beispiel

Famĕ coācta vulpēs altā in vīneā ūvam appetēbat … quam tangere nōn poterat.	*Von Hunger getrieben, schnappte ein Fuchs nach einer Traube an einem hohen Weinstock, die er nicht fassen konnte.*

❸ als Genitiv eines Substantivs (im Lateinischen häufiger als im Deutschen):

Beispiel

Ūvae vīneae altae erant.	*Die Trauben des Weinstocks waren hoch oben.*

❹ im Lateinischen seltener:
a) Präpositionaler Ausdruck:

homō dē plēbe	*ein Mann aus dem Volk*

b) Kompositum:

fāticănus, -a, -um	*schicksalverkündend*	fātum, canere
imbricitor	*Regenerreger*	imber, citāre

Adverbiale Bestimmungen

Als weiterer Satzbaustein sind die adverbialen Bestimmungen anzusehen, die entweder als Adverbien oder als substantivische Ausdrücke stehen können:

Vulpēs ūvam appetēbat summīs saliēns vīribus.	*Der Fuchs versuchte die Traube zu erreichen, indem er mit höchster Anstrengung sprang.*
Sed ab altō pendentem ūvam tangere nōn potuit.	*Aber er konnte die hoch hängende Traube nicht erreichen.*

Alle Erweiterungen (also Attribute genauso wie adverbiale Bestimmungen) können sinn-notwendig oder ausschmückend sein:
In dem Beispiel ist alta vīnea sinn-notwendig, weil es zeigt, dass der Fuchs hoch springen musste.
Ausschmückende Satzteile sind für das Textverständnis weniger wichtig, sie dienen dazu, einen Text anschaulicher zu machen.

für ein ausschmückendes Attribut:

Daedalus macht sich Flügel aus Federn, ut vērās imitētur avēs	*… um richtige Vögel nachzuahmen.*

Sätze als Textbestandteile

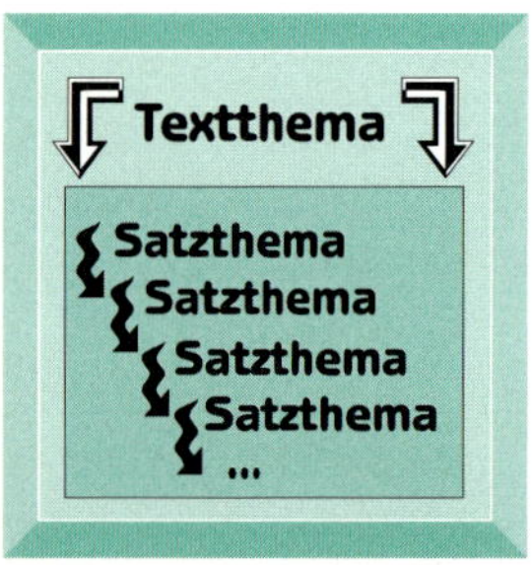

Sätze stehen selten isoliert, sondern **sind im Normalfall Teile eines Textes.** Dadurch entstehen für sie besondere Bedingungen.
Sie unterstehen einem **Thema**, das den Gesamttext bestimmt. Daher müssen sie eine Aussage zu diesem Thema – dem **Textthema** – machen.

Zuweilen ist das Textthema noch weiter eingebunden in ein z. B. mehrere Kapitel überspannendes *Hyperthema* („Überthema"). Das bedeutet, dass jeder Abschnitt doppelt eingebunden ist. Beispiel: Livius' Geschichtswerk Ab urbe conditā librī ist ein Hyperthema, zu dem *die einzelnen Berichte und Erzählungen* aus der römischen Geschichte *Textthemen* darstellen. Das Hyperthema wird hier nicht behandelt.

Das Textthema

Oft ist das Textthema einer Überschrift zu entnehmen; andernfalls helfen Schlüsselwörter (s. u.) zum Auffinden des Textthemas.

Beispiel

Hyperthema: Nātūrālis Historia (Plinius d. Ä., Buch II, 160);
Textthema: die vorhergehenden Textteile über die Erde
Est autem figūra, dē quā cōnsēnsus iūdicat.
Über die Form dagegen herrscht Übereinstimmung.

Das Textthema ist also: die Gestalt der Erde.

Diesem Textthema ist jeder Satz des Textes verpflichtet. Er stellt dazu eine Information bereit, wiederholt eine schon gegebene Information zur Veranschaulichung und Vertiefung, verwendet dazu ein Beispiel usw. Oft sind die wichtigen Gedanken zu Abschnitten zusammengefasst, die also eine thematische Ordnung innerhalb eines Textthemas bilden.

Das Satzthema

Innerhalb einer Abhandlung des Textthemas herrscht als weiteres Ordnungsprinzip die **Abhängigkeit der Sätze untereinander.** Sie wird durch *sprachliche Mittel* (s. u.) verdeutlicht; doch ist sie auch *inhaltlich* nachzuvollziehen:

Jeder Satz muss nämlich nicht nur auf das Textthema direkt oder indirekt Bezug nehmen, sondern auch auf den vorangehenden Satz. Daraus folgt logischerweise, dass beim Übersetzen sehr oft der erste Satz am schwierigsten zu übersetzen ist, weil auf ihn kein vorhergehender Satz hinweist. So **bildet jeder Satz für den folgenden Satz eine Vorbedingung,** er liefert ihm als Vorgabe ein **Satzthema.** Auf dieses Satzthema baut der neue Satz auf und liefert eine **neue Information** dazu, die man auch **Rhema** nennt.

Beispiel

	Figūra *(siehe Beispiel oben)* wird aufgenommen von orbis:
a) Orbem certē dīcimus terrae ...	*Wir sprechen mit Recht von einem Erdkreis ...*
	orbis wird erläutert durch verticibus:
b) ... glŏbumque verticibus inclūdī fatēmur.	*... und erklären, dass die Kugel von zwei Polen eingeschlossen werde.*
	und in der Bedeutung eingeschränkt durch:
c) Neque enim absolūtī orbis est fōrma in tantā montium excelsitāte ...	*Es gibt allerdings keine Form einer idealen Kugel angesichts der enormen Höhe der Berge ...*

(aus Nātūrālis Historia wie oben)

TIPP

Für eine Übersetzung ist es sehr wichtig, sich diese Art der Textstruktur deutlich zu machen. Sie verhilft einem dazu, schwierige Textstellen gewissermaßen thematisch einzukreisen und gegebenenfalls durch Übersetzung des vorhergehenden und des folgenden Satzes die wahrscheinliche Aussage einer fehlenden Textstelle zu ermitteln.

Einige besondere Sprachtechniken (Auswahl)

Die eben beschriebene **Thema-Rhema-Struktur** wird natürlich durch sprachliche Mittel verdeutlicht. Beispiele:

1. Textverweiser – Orientierung im Text

Innerhalb eines Textes werden vorkommende Personen / Dinge nicht stets wiederholt, sondern Pronomina verweisen auf sie. Diese **Pronomina** stehen dann für das genannte Wesen bzw. Ding *mit allem, was darüber ausgesagt worden ist* (also allen „**Konnotationen**").

Sehr häufig sind auch **Variationen,** so dass etwa Augustus ersetzt wird durch ein ihn charakterisierendes Wort wie prīnceps; diese Variation *verweist* auf die Person des Augustus.

Schließlich helfen auch die **Tempora** dem Leser, sich im Text „zu orientieren": Sie geben, meist zusammen mit anderen Textelementen (z. B. Zeitadverbien) Hinweise darauf, ob das Gesagte z. B. als *aktuell* (Präsens), *allgemeingültig-zeitlos* (Präsens), *erwartet* (Futur) oder *vergangen* (Perfekt, Imperfekt, Plusquamperfekt; *auch* Präsens!) gemeint ist. Dabei dienen sie auch einer inneren Textgliederung; so werden thematisch aufeinander folgende Begebenheiten der Vergangenheit durch Perfekta oder Präsensformen wiedergegeben, die sie erklärenden Informationen aber im Imperfekt, das also die thematische Folge unterbrechen kann, indem es eine *Hintergrundinformation* zum Thema liefert.

2. Schlüsselwörter, semantisches Feld

Texte enthalten, wie das Textthema zeigt, eine **Nachricht.** Diese Nachricht wird meist nicht in der knappest möglichen Form übermittelt, sondern literarisch aufgebaut (z. B. durch ausschmückende Attribute, s. o.). Trotzdem lässt sich die dem Text zugrunde liegende Nachricht meist an einigen wesentlichen Wörtern ablesen. Meist sind es Substantive, die eine – zumindest im Textzusammenhang – nicht allzu übliche Bedeutung haben. Man nennt diese Wörter **Schlüsselwörter,** weil sie den **Schlüssel zum Textverständnis** liefern. Auch hier gilt, dass diese Schlüsselwörter oft variiert werden. Sie bilden mit Wörtern, die eine ähnliche Bedeutung haben, und mit Wörtern, die irgendwie in ihr reales Umfeld gehören, ein **semantisches Feld**.

Es folgt ein deutsches Beispiel, an dem man diese Funktion ablesen kann:

Beispiel

Als wir den Bahnhof betraten, bemerkten wir eine ungewöhnliche Aufregung (Schlüsselwort) *unter den Reisenden. Diese Nervosität* (Variation) *teilte sich uns allen mit, denn wir hatten schon viel von Bahnüberfällen* (semantisches Feld: das kann zu der Nervosität geführt haben) *gehört.*

3. Konventionen

Texte wären nicht verständlich, wenn sie nicht an das **Vorwissen des Lesers** anknüpften. Es gibt ein Überlappungsfeld, eine Schnittmenge von Textbestandteilen, die jedem bekannt sind. In dem oben gegebenen Beispiel aus „Nātūrālis Historia" ist vorausgesetzt, dass jeder den Begriff „globus" kennt usw. Solche „konventionellen" Begriffe werden nicht erläutert, weil sie eben bekannt sind. Ihre Erläuterung wäre sogar ein Stilfehler („Redundanz" = überflüssige Angaben).
Allerdings können (vor allem ältere) Texte Informationen enthalten, die für spätere Leser nicht mehr zur Konvention gehören. Diese **Präsuppositionen** werden in Kommentaren erläutert oder sie be- bzw. verhindern, wenn sie nicht erklärbar sind, das Textverständnis (was gerade auch bei lateinischen Texten ein Problem ist, wenn wir beim Lesen nicht die nötigen Informationen zum Verstehen haben).

4. Partnertaktische Methoden

Autoren setzen gewisse Erzähltechniken ein, um die Leser-Aufmerksamkeit zu wecken und zu erhalten. Davon sind zum Textverständnis besonders wichtig die getäuschte Lesererwartung und die Leerstellen.

a) Getäuschte Lesererwartung

Wie eben gezeigt, folgen Texte einem „konventionellen Vorstellungsbild" des Lesers. So erwartet der Leser einen dieser Konvention entsprechenden Handlungsverlauf. Diese Erwartung wird bisweilen – oft am Schluss des Textes – getäuscht, indem der Autor eine nicht erwartete, nicht konventionelle Wendung einbringt. Das erschwert das Thema-Rhema-Verständnis, weil es eigentlich einem Thema-Abbruch (d. h. einer Änderung des Themas) entspricht. Häufig ist eine solche getäuschte Lesererwartung in Komödien (oder Witzen) zu finden:

Beispiel

Ein Mann stößt beim Gehen einen anderen und ruft dazu: Ich gehe doch nicht jedem Schwachkopf aus dem Weg!

➜ *Lesererwartung:* Streit.
➜ *Text*: Der Geschädigte sagt: „Sed ego soleō" (*„Aber ich"*) und geht weiter.

b) Leerstellen

Die Thema-Rhema-Folge wird an einer Stelle ausgesetzt und setzt nach der Unterbrechung so ein, als sei keine Unterbrechung erfolgt: Phaedrus, IV.3:

Beispiel

Der Fuchs, der die Trauben nicht erreichen konnte, geht fort.

➜ Fehlende Information: *Er war enttäuscht darüber, dass er erfolglos gehandelt hatte, schließlich aber tröstete er sich mit der (im Text ausgesprochenen) Überlegung:*

Nōndum mātūra est.	*Sie ist noch nicht reif.*
Nōlō acerbam sūmere.	*Herbe Trauben will ich nicht nehmen.*

c) Perspektive

Was ein Autor (bzw. Sprecher) darstellt, ist nie die Wirklichkeit „an sich", sondern seine Sehweise davon. Er gibt dem Beschriebenen also eine *Perspektive*, die seine *Intention* ausdrückt. Dazu helfen ihm Mittel der Grammatik.

Aus einer (vom Historiker Tacitus gestalteten) Biografie:

Beispiel

Sed ego adulescentulus initiō sīcutī plerīque studiō ad rem pūblicam lātus sum. Ibīque mihī multa advorsa fuēre.	*Doch als recht junger Mann wandte ich mich anfangs wie die meisten mit großem Interesse dem Staatsdienst zu. Und dort hatte ich vieles gegen mich.*

Übersetzt man das Passiv **lātus sum** mit dem Aktiv (bzw. Reflexiv) *„wandte mich"*, erfährt man nichts über die Intention des Schreibers. Das Passiv ermöglicht es ihm hier, sich als Spielball nicht genannter, anonymer Kräfte darzustellen; denn im Unterschied zum Aktiv erlaubt das Passiv die Verschweigung des Urhebers. Erst das Verständnis für diese Seite der Grammatik ermöglicht es überhaupt, eine im Sinn der **Autorintention** angemessene Übersetzung zu finden, hier also müsste man etwa ergänzen: *„wie es von mir erwartet wurde"*. Dieselbe Intention drückt die Form des Neutrums Plural **„multa advorsa"** aus.

Das Lexikon – Hilfsmittel bei der Texterschließung

Wie hilft mir ein Lexikon?

1 Das Lexikon ist nur ein *Hilfsmittel zum Textverständnis;* um es richtig benutzen zu können, muss man die allgemeinen Regeln der Texterschließung beherrschen: Das bedeutet, daß du auch bei der Arbeit mit dem Lexikon annähernd wissen musst, wovon der Text handelt, welche Bezeichnungen vermutlich Schlüsselwörter sein werden usw. (↗ S. 46), um die aufgefundenen Wörter mit dem richtigen Vorverständnis zu beurteilen.

2 Man unterscheidet **Bezeichnung** und **Bedeutung.** Bezeichnung ist das *Wortbild,* sein *Klang,* seine *Schreibweise:*

Seine Bedeutung erhält ein Wort durch den **Kontext.** Oft hat ein und dieselbe *Bezeichnung* unterschiedliche *Bedeutungen;* daher gibt ein Lexikon an, wie Wörter *gebraucht* werden. Vergleiche das deutsche Wort *„Schweiß":*

- *Dem Athleten tropfte der Schweiß von der Stirn.*
- *Der Jäger folgte der Schweißspur (= Blutspur) des Wildes.*

Auch im Lateinischen gibt es sehr viele Beispiele für Bezeichnungen mit unterschiedlichen Bedeutungen:

•**petō,** petere, petīvī *(u.* petiī*),* petītum *(m. Akk.) (auch synk. Perf.-Formen: petīsse(m) = petīvisse(m), petīstī = petīvistī u. ä.)* erstreben:
1. wohin eilen, hingehen, ziehen, fahren, *einen Ort* aufsuchen [**Troiam classibus; continentem** steuern nach; **caelum pennis** emporfliegen zu; **cursu muros** laufen zu; **Ascanium** nahen; **alqm amplexu** umarmen]; ▶ *mons petit astra* ragt empor zu; *amnis campum petit* ergießt sich in, auf;
2. *eine Richtung, einen Weg* einschlagen, nehmen [**iter terrā** den Landweg nehmen; **alium cursum**];
3. *(feindl.)* losgehen auf, angreifen; *übtr.* bedrohen [**Athenienses; alqm armis; alqm fraude, falsis criminibus; urbem bello; alcis collum; vultus alcis unguibus**]; ▶ *morsu petunt (canes)* beißen; *somnus petit nautam* überfällt;
4. nach etw. *od.* jmdm. zielen [**aëra disco; arcu alta** in die Höhe zielen; **hostes telis** beschießen; **alqm lapidibus** m. Steinen werfen nach];
5. *einer Sache* nachgehen, nach etw. streben, etw. zu erreichen suchen [**aliud domicilium; praedam; alcis societatem; victoriam ex hostibus; salutem fugā** sein Heil in der Flucht suchen; **gloriam**]; *(auch m. Inf.);* – petītus, a, um ersehnt, gewünscht; – *Subst.* **petīta,** ōrum *n* das Erwünschte;
6. verlangen, fordern, begehren *(für jmd.: Dat. od. pro)* [**salutem sibi soli; poenas ab alqo** jmd. bestrafen, Rache nehmen; *(für, wegen etw.: Gen.)* **contumeliarum**];
7. (sich) etw. erbitten, jmd. um etw. bitten [**pacem a Romanis** die R. um Frieden bitten; **sui laboris praemia; vitam nocenti; auxilium a Lacedaemoniis; consilium ab amico** sich Rat holen bei; **eius delicti veniam** erbitten; **partem praedae**]; *(m. ut, ne, selten m. bl. Konj.; m. Inf.);*
8. *(vor- u. nachkl.)* jmd. bittend angehen, sich an jmd. wenden; ▶ *vos peto atque obsecro;*
9. sich um etw. bewerben [**praeturam**]; ▶ *(abs.) qui nunc petunt* die jetzigen Bewerber;
10. um jmd. werben [**virginem**]; – petentes Bewerber, Freier; – *petor ab alqo od. alci* ich werde v. jmdm. umworben;
11. *(jur. t. t.) (in Privatsachen)* etw. beanspruchen, etw. einklagen, auf etw. klagen [**pecuniam apud praetorem; hereditatis possessionem**]; ▶ *(abs.) is qui petit* Kläger; *is a quo od. unde petitur* Beklagter;
12. etw. holen [**commeatūs; aquam; pabulum;** *übtr.* **gemitūs alto de corde** tief aufseufzen];
13. entnehmen, entlehnen [**exemplum alcis rei ab alqo** sich an jmdm. ein Beispiel für etw. nehmen].

TIPP

Abgesehen vom Inhalt des Gesamttextes, der sich vielleicht nicht ohne weiteres erschließen lässt, ist bei Verben, die ein Objekt bei sich haben, immer mit Hilfe des Objekts die für den Text aktuelle Bedeutung des Verbs zu erschließen; Beispiel:

silvam ← petere: *in Richtung Wald laufen;*	die Bedeutung ist durch silvam erschließbar;
amīcum ← petere: *den Freund aufsuchen;*	die Bedeutung ist durch amīcum erschließbar.

3 Ist der Gesamtsinn erst verschwommen klar, ist bei Substantiven mit mehreren Bedeutungen *große Vorsicht* geboten!

•**odor** *u. (altl.)* **odōs,** odōris *m (vgl. oleo)*
1. Geruch [**suavis; taeter**]; ▶ *odorem trahere naribus;*
2. Gestank;
3. *(poet.)* Wohlgeruch, Duft;
4. *(meton.) Pl.* wohlriechende Stoffe, Salben, Gewürze, Räucherwerk; ▶ *odores incendere;*
5. Dampf, Dunst, Qualm [**ater; culinarum**];
6. *(übtr.)* Vermutung, Ahnung [**legum** schwache Hoffnung; **urbanitatis** schwache Spur]; ▶ *~ alcis rei est* man munkelt v. etw. [*dictaturae*].

Der Textsinn wird natürlich verdreht, wenn man odor mit der falschen Bedeutung wiedergibt; das geschieht aber, wenn man nur auf eine besonders auffallende oder besonders geläufige Bedeutung achtet.

Um diesem häufigen Fehler zu entgehen, muss man sich die Mühe machen,

TIPP

a) die hervorgehobenen Hauptbedeutungen eines Wortes zu beachten;

b) solange der Kontext keine eindeutige Bedeutung bestimmt, alle möglichen Bedeutungen, eventuell als Notiz, zu speichern.

4 Ein ähnlicher Fehler droht auch bei nur *scheinbar* gleichen Wörtern:

Wird z. B. das Wort labor gesucht, antwortet das Lexikon zweifach:

- lābor von lābī: *gleiten* (usw.)
- lăbor, labōris: *Arbeit, Mühe* (usw.)

Bei falscher Zuweisung von „labor" fehlt für das Verständnis entweder ein Prädikat (von lābī) und evtl. das Subjekt oder (bei lăbor) das Subjekt oder bei einem anderen Kasus von lăbor z. B. ein Objekt. Der Sinn ist natürlich ganz entstellt.

Auf diese Fehlermöglichkeit ist auch dann zu achten, wenn die Wörter unterschiedlich geschrieben werden, z. B.:
ferō (ferre) wird leicht verwechselt mit ferō (von ferus, -a, -um: *wild*), aber auch mit ferrō (von ferrum: *Eisen*).

TIPP

Spätestens beim Übersetzen des Gesamttextes muss man merken, ob das gesuchte Wort einen **Sinn im Kontext** ergibt. Ist das nicht der Fall, muss man neu auf die Suche gehen.
Wichtige **Bedingung, die das Lexikon nicht erfüllt, ist hier grammatisches Grundwissen über die Wortendungen in Konjugation und Deklination.**
Jeder Sinnfehler ist auch ein Fehler in der Bedeutungssuche.

Wie finde ich das gesuchte Wort?

Veränderliche Wörter (Verben, Substantive, Adjektive) können im Lexikon nicht in allen vorkommenden Formen aufgeführt werden.

1. Verben

In älteren Lexika findest du nur die erste Person Singular Präsens, in den neueren Lexika werden bei den Verben mit auffälligen Perfektstamm-Veränderungen („unregelmäßigen Verben") auch die Formen der ersten Person Singular Perfekt und das Partizip der Vorzeitigkeit Passiv (PVP, „PPP") genannt:

Textform: tangam / tetigērunt

Lexikoneinträge: tangō / tetigī

(Manche lateinischen Wörterbücher geben so wie deutsche jetzt auch den Infinitiv als Lexikoneintrag an.)

2. Substantive

werden mit ihrer **Nominativ**form angegeben. Das kann bei der gemischten (3.) Deklination zu Schwierigkeiten führen, wenn der Stamm erst im Genitiv deutlich erkennbar wird, z. B.

Beispiel

generī

Im Lexikon findest du: gener, generī: *Schwiegersohn;* die gesuchte Vokabel heißt aber: genus, generis: *Geschlecht* (und andere Bedeutungen).

TIPP

Nimm nicht das „erste beste" Wort, das dem gesuchten zu entsprechen scheint, sondern sieh dir auch immer die Genitivformen weiterer im Stamm ähnlicher Wörter an! Denk dann an den ***Kontext*** des Satzes!

3. Adjektive und Pronomina

Für sie gelten die eben gezeigten Schwierigkeiten in den allermeisten Fällen nicht, weil sie keine so deutlichen Unterschiede zwischen Nominativform und den anderen Kasusformen haben.

4. Adverbien und Konnektoren

findest du (außer bei Adverbien, die von Adjektiven gebildet sind) in der Form, in der sie im Text vorkommen.

TIPP

Tipp zur Wortsuche, bevor der Text verstanden ist:

Enthält der Text **Eigennamen,** können sie leicht eine Hilfe zum ersten Textverständnis liefern, wenn dir der Name etwas sagt: z. B. *Augustus;* oder **Ortsangaben:** *in Germāniā.* Es ist deshalb zu empfehlen, auf diese Textangaben zu achten und sie eventuell durch Nachschlagen im Lexikon zu erweitern oder zu bestätigen.

Beispiel

Ovid, Metamorphosen, VIII, 183 bis 187

Daedalus* intereā Crētēn* longumque perōsus*
exilium tāctusque* locī nātālis amōre
clausus* erat pelagō*. „Terrās lĭcet", inquit „et undās
obstruat*: at caelum certē pătet. Ībimus illāc*!
Omnia possideat, nōn possidet āëra* Mīnōs*!"

❶ Die Namen geben Auskunft über Handlungsort (Crēta) und Handlungsträger (Daedalus, Mīnōs); unter diesen Stichworten sieht man zuerst nach, weil diese „Appellativa" meist eindeutig sind.

❷ In dem Beispiel wird vorausgesetzt, dass die mit * markierten Wörter unbekannt sind. Aus den verbleibenden bekannten ergibt sich als Situation: Ein Daedalus ist im Exil; er möchte sein Geburtsland (nātālis locus) wiedersehen; dafür steht ihm der Himmel als Weg offen.

Erst jetzt sollte man die Einzelheiten, die durch die Vokabeln erschlossen werden, angehen, also erst, nachdem das **semantische Feld** deutlich ist, in dem die Wörter stehen.

a) perōsus, tāctus, clausus: perōsus ist wohl nur über das Lexikon erschließbar (die Ableitung von ōdisse *hassen* wird dir kaum gelingen); bei tāctus, clausus könntest du zumindest vermuten, dass hier eine PVP-Form vorliegt, und so zur Grundform finden – beides aber findest du im Lexikon.

b) Ohne Probleme sind pĕlăgus und āēr zu finden.

c) Adverbien (illāc) sind [s. o.] leicht nachzuschlagen.

TIPP

Manchmal – wenn ein Text viele Adverbien enthält – ist über sie ein genauerer Einstieg möglich, wenn die Grundstruktur der Aussage klar ist.

d) obstruat: Auch wenn der Kontext und die ungefähre Kenntnis des Wortes (ob-struere) ein Nachschlagen überflüssig erscheinen lassen, sollte man doch unbekannte Verben im Lexikon überprüfen, weil die Form – hier der Konjunktiv – oft erst bei genauer Kenntnis der Konjugationsform erkennbar ist.

TIPP

Auch „halbbekannte" Wörter stets im Lexikon überprüfen!

Stammformen (Perfektbildung) wichtiger Verben

Die hier aufgeführten Verben finden sich in Ostia altera und sind im Klettschen Grundwortschatz nach Sachgruppen (Klettbuch 60433) enthalten.

a-Konjugation

Normaltyp: Perfekt auf -vī

amāre, amō, amāvī, amātum — lieben

Perfekt auf -uī

1. vetāre, vetuī, vetĭtum — verbieten

Perfekt mit Dehnung oder Reduplikation

2. cōnstat, cōnstitit — es steht fest, es ist bekannt
3. dăre, dĕdī, dătum — geben
4. iŭvāre, iūvī, iūtum — unterstützen, helfen
   adiŭvāre, -iūvī, -iūtum — helfen, unterstützen
5. lavāre, lāvī, lautum — waschen, baden
6. stāre, stō, stetī, statum — ‚stehen'
   praestāre, -stō, -stitī — voranstehen, leisten, verschaffen

e-Konjugation

Normal-Typ: Perfekt auf -uī

terrēre, terreō, terruī, territum — *(jd.)* erschrecken

im PVP weichen hiervon ab:

7. cēnsēre, cēnsuī, cēnsum — meinen, glauben
8. tenēre, tenuī, tentum — (fest-)halten
   abstinēre, -tinuī, -tentum — fernhalten, sich enthalten
   continēre, -tinuī, -tentum — festhalten, umfassen, zügeln
   sustinēre, -tinuī, -tentum — aushalten, standhalten

Perfekt auf -vī

9. cavēre, cāvī, cautum — sich hüten, Vorsorge treffen
10. dēlēre, -ēvī, -ētum — zerstören, vernichten
11. complēre, -plēvī, -plētum — füllen, vollenden

Perfekt auf -sī

12. ārdēre, ārsī, ārsum — brennen
13. augēre, auxī, auctum — vermehren, vergrößern
14. haerēre, haesī, haesum — stecken bleiben, hängen
15. iubēre, iussī, iussum — befehlen, (etw. tun) lassen
16. mănēre, mānsī, mānsum — bleiben
17. rīdēre, rīsī, rīsum — lachen
18. suādēre, suāsī, suāsum — raten, empfehlen
    persuādēre, -suāsī, -suāsum — überreden, überzeugen

Perfekt mit Dehnung des Stammvokals

19. favēre, fāvī, fautum — begünstigen
20. mŏvēre, mŏveō, mōvī, mōtum — bewegen
    commŏvēre, -mŏveō, -mōvī, -mōtum — bewegen, veranlassen
21. sĕdēre, sēdī, sessum — ‚sitzen'
    obsidēre, -sēdī, -sessum — belagern
    possidēre, -sēdī, -sessum — besitzen
22. vidēre, vĭdeō, vīdī, vīsum — sehen
    vidērī, videor, vīsus/-a sum — scheinen (den Anschein erwecken)
    prōvidēre, -vīdī, -vīsum — vorhersehen, sorgen für

Andere Perfektbildungen

23. respondēre, -ndī, -spōnsum — antworten

i-Konjugation (langes ī)

Normal-Typ: Perfekt auf -vī

audīre, audiō, audīvī, audītum — hören
scīre, sciō, scīvī, scītum — wissen, können

Im PVP weichen hiervon ab:

24. sepelīre, sepelīvī, sepultum — bestatten

Perfekt auf -uī

25. aperīre, -ruī, -rtum — öffnen
26. salīre, saluī — springen

Perfekt auf -sī

27. sentīre, sēnsī, sēnsum — merken, bemerken, empfinden, meinen
    cōnsentīre, -sēnsī, -sēnsum — zustimmen
28. vincīre, -nxī, -nctum — fesseln

Andere Perfektbildungen

29. venīre, vĕniō, vēnī, ventum — kommen
    convenīre, -vĕniō, -vēnī, -ventum — zusammenkommen, sich einigen

30.	comperīre, comperī, compertum	erfahren, genau erfahren
	reperīre, repperī, repertum	wiedergewinnen, finden

Konsonantische Konjugation

Bei dieser Konjugation existiert ein „Normal-Typ" nicht.

Perfekt auf -vī

31.	arcessere, arcessīvī, arcessītum	herbeirufen, holen
32.	cernere, crēvī, crētum	sehen, wahrnehmen, erkennen
	dēcernere, -crēvī, -crētum	entscheiden, beschließen
33.	petere, petīvī, petītum	sich begeben, gehen; bitten, angreifen
	appetere, -petīvī, -petītum	begehren, angreifen
	repetere, rĕpetō, -petīvī, -petītum	wiederholen
34.	quaerere, quaesīvī, quaesītum	suchen, aufsuchen; fragen
	requīrere, requīsīvī, requīsītum	aufsuchen, nachforschen, verlangen
35.	sinere, sīvī, situm	lassen, zulassen
	desinere, -sīvī, -sītum	ablassen, aufhören
36.	solvere, solvī, solūtum	(ein-)lösen; zahlen

Perfekt auf -uī

37.	alere, alō, aluī, altum	nähren, ernähren, großziehen
38.	colere, cŏlō, cŏluī, cultum	bewirtschaften, pflegen; verehren
	incolere, -cŏlō, -cŏluī, -cultum	siedeln, bewohnen
39.	cōnsulere, cōnsuluī, cōnsultum	sorgen für, befragen
40.	dēserere, dēseruī, dēsertum	im Stich lassen, verlassen
41.	gignere, genuī, genitum	(er-)zeugen, Passiv: entstehen
42.	prōpōnere, -posuī, -positum	(öffentlich) ausstellen

Perfekt auf -sī

43.	discēdere, -cessī, -cessum	weggehen
44.	claudere, clausī, clausum	abschließen, einschließen
45.	contemnere, -tempsī, -temptum	verachten, gering schätzen
46.	dīcere, dīxī, dictum	sagen, sprechen, meinen, bezeichnen
	maledīcere, -dīxī, -dictum	(be-)schimpfen), lästern
47.	dūcere, dūxī, ductum	führen, begleiten
	addūcere, -dūxī, ductum	heranführen, veranlassen
	trādūcere, -dūxī, -ductum	hinüberführen, hinbringen
48.	fīgere, fīxī, fīxum	befestigen, anheften, durchbohren
49.	fingere, fīnxī, fictum	erdichten, (sich) ausdenken
50.	flectere, flexī, flexum	biegen, beugen
51.	fluere, flūxī, flūxum	fließen, strömen
52.	gerere, gessī, gestum	(bei sich) tragen; tun
53.	iungere, iūnxī, iūnctum	verbinden
54.	dīligere, -lēxī, -lēctum	lieben, schätzen
	intellegere, lēxī, -lēctum	einsehen, verstehen
	neglegere, -lēxī, -lēctum	nicht beachten, missachten, übersehen
55.	lūdere, lūsī, lūsum	spielen
56.	mittere, mīsī, missum	schicken, gehen lassen
	dēmittere, -mīsī, -missum	hinabschicken, sinken lassen, herablassen
	dīmittere, -mīsī, -missum	losschicken
	committere, -mīsī, -missum	zustande bringen, veranstalten, anvertrauen
	intermittere, -mīsī, -missum	unterbrechen
	ōmittere, -mīsī, -missum	weglassen, unterlassen
	permittere, -mīsī, -missum	überlassen, erlauben
	remittere, -mīsī, -missum	zurückschicken, nachlassen
57.	pingere, pīnxī, pictum	malen, bemalen
58.	premere, pressī, pressum	drücken, drängen
	opprimere, -pressī, -pressum	niederdrücken
59.	regere, rēxī, rēctum	lenken, leiten
	pergere, perrēxī, perrēctum	(mit einer Tätigkeit) fortfahren
	surgere, surgō, surrēxī, surrēctum	aufstehen, sich erheben
60.	scrībere, scrīpsī, scrīptum	schreiben
61.	spargere, sparsī, sparsum	betreuen, (be-)spritzen
62.	exstinguere, -stīnxī, -stīnctum	löschen
63.	īnstruere, -strūxī, -strūctum	aufstellen, ausrüsten, unterrichten

64. sūmere, sūmpsī, sūmptum — nehmen
cōnsūmere, -sūmpsī, -sūmptum — verwenden, verbrauchen, erschöpfen
65. tegere, tēxī, tēctum — decken, bedecken, schützen
66. trăhere, trāxī, trāctum — ziehen, fortreißen
67. invādere, -vāsī, -vāsum — eindringen, überfallen
68. vehere, vēxī, vectum — (jd./etw.) fahren, bringen, befördern; (Passiv) sich fortbewegen, fahren
69. vīvere, vīxī — leben

Perfekt mit Reduplikation

(bei Komposita z. T. ohne Reduplikation)

70. cădere, cecidī — fallen
accĭdere, accĭdī — passieren, geschehen
concĭdere, concidī — zusammenfallen
71. caedere, cecīdī, caesum — fällen, niederhauen
occīdere, occīdī, occīsum — niederhauen, töten
72. currere, cucurrī, cursum — laufen, eilen
accurrere, -currī, -cursum — herbeilaufen, -eilen
concurrere, -currī, -cursum — zusammenlaufen, zusammenstoßen
occurrere, -currī, -cursum — entgegentreten, begegnen, entgegenlaufen
73. addere, -didī, -ditum — hinzutun
condere, -didī, -ditum — erbauen, gründen, verwahren
crēdere, -didī, -ditum — glauben
perdere, perdidī, perditum — (‚vertun':) verlieren; vernichten
prōdere, prōdidī, prōditum — preisgeben, verraten; überliefern
74. dēdere, dēdidī, dēditum — hingeben, ausliefern, widmen
reddere, reddidī, redditum — zurückgeben; machen (zu etw.)
trādere, trādidī, trāditum — übergeben, weitergeben
vendere, vendidī, venditum — verkaufen
75. fallere, fefellī, [dēceptum] — täuschen
76. pellere, pepulī, pulsum — vertreiben
77. poscere, poposcī — verlangen, fordern
78. cōnsistere, -stitī — stehen bleiben, sich aufstellen
exsistere, -stitī — hervortreten, entstehen, hervorgehen als
resistere, -stitī — sich widersetzen
79. tangere, tetigī, tāctum — berühren, anfassen
contingere, contigī, contāctum — berühren, zuteil werden
80. contendere, -tendī, -tentum — sich anstrengen, eilen, kämpfen, behaupten
intendere, -tendī, -tentum — anspannen, richten auf, beabsichtigen
ostendere, -tendī, -tentum — zeigen

Perfekt mit Dehnung des Stammvokals

81. agere, agō, ēgī, āctum — führen, treiben; tun, handeln
cōgere, cōgō, coēgī, coāctum — zusammentreiben, sammeln, zwingen
exigere, exigō, exēgī, exāctum — einfordern, vertreiben, eintreiben
82. ĕdere, ēdī, ēsum — ‚essen'
83. emere, ēmī, ēmptum — nehmen, kaufen
adimere, -ēmī, -ēmptum — an sich nehmen, wegnehmen, rauben
84. frangere, frēgī, frāctum — ‚brechen', zerbrechen
85. fundere, fūdī, fūsum — gießen, ausschütten
86. legere, lĕgō, lēgī, lēctum — lesen
colligere, collēgī, collēctum — ‚auflesen', sammeln
87. relinquere, -līquī, -lictum — zurücklassen, verlassen
88. rumpere, rūpī, ruptum — zerbrechen, zerreißen
corrumpere, -rūpī, -ruptum — verderben, bestechen
interrumpere, -rūpī, -ruptum — unterbrechen
89. vincere, vīcī, victum — (be-)siegen

Perfekt mit unverändertem Präsensstamm

90. argŭĕre, -uī, -ūtum — beschuldigen
91. bĭbere, bĭbī — trinken
92. dēfendere, dēfendī, dēfēnsum — abwehren, verteidigen
93. incendere, -ndī, -cēnsum — anzünden, in Brand stecken
94. induere, -duī, -dūtum — (Kleider) anziehen
95. metuere, -uī — fürchten
96. minuere, -uī, -ūtum — vermindern
97. reprehendere, -ndī, -hēnsum — tadeln
98. ascendere, -ndī, -ēnsum — hinaufsteigen
dēscendere, -ndī, -ēnsum — herabsteigen

99. cōnstituere, -stituī, -stitūtum	aufstellen, festsetzen, beschließen
īnstituere, stituī, -stitūtum	aufführen, einrichten, beginnen
restituere, -stituī, -stitūtum	wiederherstellen, zurückerstatten
100. tribuere, tribuī, tribūtum	zuteilen, zuweisen
101. vertere, vertī, versum	wenden, drehen
āvertere, -rtī, -rsum	abwenden, abwehren
ēvertere, -rtī, -rsum	umstürzen, zerstören
animadvertere, -rtī, -rsum	bemerken; vorgehen gegen jd., bestrafen

Verben auf -sco (Verba incohativa)

Das Suffix -sc- drückt meistens aus, dass eine Handlung in Gang kommt oder erreicht wird (incohāre = erst anfangen).

102. nōscere, nōscō, nōvī, nōtum	kennen lernen, erkennen
cōgnōscere, -scō, cōgnovī, cōgnĭtum	erkennen, kennen lernen, erfahren
īgnōscere, īgnōscō, īgnōvī, īgnōtum	verzeihen
103. crēscere, crēscō, crēvī, crētum	wachsen, zunehmen
104. discere, didicī	lernen

Gemischte Konjugation (kurzes ĭ)

(Konsonantische Konjugation mit i-Erweiterung)

Perfekt mit Dehnung des Stammvokals

105. capere, capiō, cēpī, captum	nehmen, fassen, fangen
excipere, -iō, -cēpī, -ceptum	aufnehmen, auf sich nehmen, eine Ausnahme machen
incipere, -iō, incēpī / coepī, inceptum	etw. beginnen; anfangen (den Anfang nehmen)
106. facere, faciō, fēcī, factum	machen, tun, handeln
afficere, -iō, -fēcī, -fectum	mit etwas versehen
dēficere, -iō, -fēcī, -fectum	ausgehen, fehlen
efficere, -iō, -fēcī, -fectum	bewirken
interficere, -iō, -fēcī, -fectum	‚niedermachen', töten
perficere, -iō, -fēcī, -fectum	ausführen, vollenden
reficere, -iō, -fēcī, -fectum	wiederherstellen, erneuern
107. fŭgere, -iō, fūgī	fliehen, meiden
effŭgere, -iō, -fūgī	entkommen, fliehen
108. iácere, iaciō, iēcī, iactum	werfen
adicere, -iciō, -iēcī, iectum	hinzufügen

Andere Perfektbildungen

109. cupere, -iō, cupīvī, cupītum	wünschen, wollen
110. rapere, -iō, rapuī, raptum	rauben, entreißen; entführen
dīripere, -iō, -ripuī, -reptum	plündern
ēripere, -iō, -uī, -reptum	entreißen, herausreißen
111. aspicere, -iō, -spēxī, -spectum	erblicken, anschauen
cōnspicere, -iō, -spēxī, -spectum	erblicken
respicere, -iō, -spexī, -spectum	zurückblicken, beachten

Deponentien und Semideponentien

112. adipīscī, adipīscor, adeptus / -a sum	erringen, (durch Anstrengung) erlangen
113. cōnfīdere, cōnfīdō, cōnfīsus / -a sum	(ver-)trauen
114. fatērī, fateor, fassus / -a sum	gestehen, eingestehen, sprechen
115. fruī, fruor, frūctus / -a sum	genießen, sich erfreuen
116. gaudēre, gaudeō, gāvīsus / -a sum	sich freuen
117. aggredī, -dior, -gressus/-a sum	heranrücken, angreifen
ingredī, -dior, -gressus/-a sum	hineingehen
prōgredī, -dior, -gressus / -a sum	weitergehen, Fortschritte machen, vorrücken
118. loquī, loquor, locūtus/-a sum	sprechen, reden
119. mŏrī, morior, mortuus/-a est	sterben
120. nancīscī, nancīscor, na(n)ctus / -a sum	(durch Zufall) bekommen
121. nāscī, nāscor, nātus / -a sum	geboren werden; entstehen
122. oblīvīscī, oblīvīscor, oblītus / -a sum	vergessen
123. orīrī, orior, ortus / -a sum	entstehen, abstammen
124. proficīscī, proficīscor, profectus / -a sum	aufbrechen

125. querī, queror, questus/-a sum	klagen, sich beklagen
126. rērī, reor, rătus/-a sum	glauben, meinen
127. sequī, sequor, secūtus/-a sum	folgen, sich anschließen
128. ūtī, ūtor, ūsus/-a sum	gebrauchen, sich bedienen, umgehen mit
129. revertī, revertor, revertī	zurückkehren

esse, velle

130. esse, sum, fuī	sein
abesse, absum, āfuī	abwesend sein, nicht da sein
adesse, -sum, -fuī	da sein
dĕesse, dēsum, dēfuī	abwesend sein, fehlen
inesse, īnsum, infuī	drinnen sein, in etw. sein
interesse, -sum, -fuī	dabei sein, an etw. teilnehmen
prōdesse, prōsum, prōfuī	nützlich sein, nützen
posse, possum, potuī	können
superesse, -sum, -fuī	übrig sein, überlegen sein, überleben, übertreffen
131. velle, volō, voluī	wollen
mālle, mālō, māluī	lieber wollen, vorziehen
nōlle, nōlō, nōluī	nicht wollen

Verben mit wechselnden Stämmen

132. ferre, ferō, tŭlī, lātum	tragen, bringen; berichten
afferre, afferō, attulī, allātum	herbeibringen
auferre, auferō, abstulī, ablātum	wegtragen
cōnferre, cōnferō, contulī, collātum	zusammentragen, vergleichen
dēferre, -ferō, -tulī, -lātum	hinbringen, melden, berichten
differre, differō, distulī, dīlātum	aufschieben, sich unterscheiden
īnferre, īnferō, intulī, illātum	hineintragen
offerre, offerō, obtulī, oblātum	‚entgegenbringen', anbieten
praeferre, -ferō, -tulī, -lātum	vorziehen
referre, referō, rettulī, relātum	zurückbringen; berichten
133. tollere, sustulī, sublātum	hochheben, tragen, ertragen
134. fĭĕrī, fīō, factus/-a sum	werden; entstehen, gemacht werden
135. īre, eō, iī, ĭtum	gehen
praeterīre, praeteriī, praeterĭtum	vorübergehen, (jemanden) übergehen
subīre, subiī, subĭtum	darunter gehen, nahe herangehen, sich unterziehen, heranrücken

Verben mit unvollständigen Formenreihen

Von diesen „unvollständigen" Verben ist nur ein Teil der sonstigen Formen gebräuchlich.

136. coepisse, coepī, coeptum (→ Nr. 105)	angefangen haben
137. inquam, inquis, inquit, inquiunt *(Präsens)* inquit *(Perfekt)* *(stets eingeschoben in direkter Rede)*	sagen
138. nōvisse, nōvī	kennen, wissen
139. ōdisse, ōdī	hassen
140. salvē, salvēte!	sei(d) gegrüßt!
141. valē, valēte!	leb(t) wohl!

In dem folgenden **Lesevokabular** zu den Lesestücken findest du alle Wörter aufgeführt, die in den Texten und Übungen des zweiten Bandes vorkommen, und zwar in derselben Reihenfolge wie dort.
Die **fett** gedruckten Wörter der Lesestücke stehen auch im Lernvokabular (↗ Band 2.1). Sie werden hier im Lesevokabular normalerweise *nur beim 1. Mal* aufgeführt! Wenn du einmal ein Lernwort nicht mehr weißt, musst du im alphabetischen Wörterverzeichnis nachschlagen (↗ Band 2.1).
Neben den Spalten findest du auch hier die Zahlen **55** bis **67**, die die Lesestücke angeben, außerdem findest du wieder normal gedruckte Ziffern am Rand, die auf die Zeilen in den Texten verweisen: So weißt du besser, an welcher Stelle im Lesevokabular du zu suchen hast.
Beim Lesen bzw. Übersetzen kannst du dieses Lesevokabular neben den Text legen.

Caput vicesimum primum

55 Brutus der „Dummkopf"

1	**ūnā cum** (*beim Abl.*)	zusammen mit
	tertius, -a, -um	der dritte
	perficere, -iō, -fēcī, -fectum → facere	ausführen, vollenden
	mandātum	Auftrag
	cupīdō, -dinis *f.*	Begierde, Leidenschaft
	incēdere, -cessī, -cessum	heranrücken, (*hier:*) befallen
	iuvenis, -is *m.*	junger Mann
	proprius, -a, -um	eigen, eigentümlich
5	**cōnsulere**, -suluī, -sultum	(*mit Akk.:*) um Rat fragen, beratschlagen; (*mit Dat.:*) sorgen für
	uter, utra, utrum (*Gen.:* utrīus; *Dat.:* utrī; *s. CG 8.6*)	wer (von zweien)
	rēgnāre (in)	König sein, herrschen (über)
	an ...? (*Konj. in dir. Frage*)	oder (etwa) ...?
	īnfimus, -a, -um	unterster, geringster, (*hier:*) tiefster
	specus, -ūs *m.*	Höhle
9	**sors**, sortis *f.*	Los, Schicksal
	ōsculum	Kuss
	prīnceps, -cipis	(*hier:*) erster
	ōrāculum	Göttersprüch, Orakel, Orakelstätte
15	**fore** (*Inf. Nachz. zu esse*)	(in Zukunft) sein
	necesse est	es ist notwendig, unausweichlich
	quoniam (*Konj.*)	da ja
	minārī, minor, minātus, -a sum	drohen
20	**celer**, celeris, celere	schnell
	appellere, -pulī, -pulsum	herantreiben, (*Pass. hier:*) anlegen
	certātim (*Adv.*)	im Wettstreit, um die Wette
	uterque, utraque, utrumque	jeder, jede, jedes (von zweien), beide
25	**sīgnificāre**	bezeichnen, bedeuten
	velut (*Adv.*)	so wie, gleich wie, als ob
	contingere, -tigī, -tāctum	berühren, zuteil werden
	commūnis, -e	gemeinsam, allgemein
	exsilium	Verbannung
30	**creāre**	erschaffen, hervorbringen, wählen

Z1 Der Alte und der Esel

1	prīncipātus, -ūs *m.*	Herrschaft
	commūtāre	verändern
	fābella	(kleine) Fabel
	asellus	Esel(chen)
	prātum	Wiese
	pāscere, pāvī, pāstum	weiden, hüten
5	subitus, -a, -um	plötzlich
	suādēre, suāsī, suāsum	raten, empfehlen
	citō (*Adv.*)	schnell
	lentus, -a, -um	langsam, zäh
	bīnī, -ae, -a (*Pl.*)	zwei, beide
10	clītellae, -ārum *f.* (*Pl.*)	(Pack-)Sattel
	impōnere, -posuī, -positum	auf-, darauf legen
	servīre, -īvī	Sklave sein, dienen

Z2 Gegen Alleinherrschaft

1	in grātiam redīre (cum)	sich aussöhnen (mit)
	profitērī, -fiteor, -fessus, -a sum	ein Bekenntnis ablegen
	dēfendere, -fendī, -fēnsum	verteidigen
	adulēscēns, -entis *m.*	junger Mann
	dēserere, -seruī, -sertum	im Stich lassen

	contemnere, -tempsī, -temptum	verachten, gering schätzen
3	pertimēscere, -timuī	in große Furcht geraten
	repraesentāre	sogleich herbeiführen
	cīvitās, -tātis *f.*	Staat, Bürgerschaft
5	etenim (*Adv.*)	und in der Tat
	abhinc (*Adv.*)	vor (von jetzt an gerechnet)
	prope (*Adv.*)	(*hier:*) beinahe
	immātūrus, -a, -um	vorzeitig, zu früh
	cōnsulāris, -is *m.*	(ehemaliger) Konsul
	quantō (*beim Komparativ*)	um wie viel
	verius (*Komp.*)	zutreffender, berechtigter
7	vērō (*Adv.*)	wirklich, tatsächlich
	patrēs cōnscrīptī	(„Väter und Beigeordnete":) Senatoren (offizielle Anrede der im röm. Senat anwesenden Senatoren)
	optandus, -a, -um	wünschenswert
	perfungī, -fungor, -fūnctus, -a sum (*mit Abl.*)	bis zum Ende ausüben
	adipīscī, adipīscor, adeptus, -a sum	erlangen

Caput alterum et vicesimum

56 Die Aufgaben der Gutsverwaltersfrau

3	oboedīre	gehorchen
	nē (*Konj. mit Konjunktiv im HS*)	nicht
	luxuriōsus, -a, -um	verschwenderisch
6	**nēve** (*Konj. mit Konjunktiv im HS*)	und nicht
	extrā (*beim Akk.*)	außerhalb von
	ambulātrīx, -trīcis *f.*	Herumtreiberin
	rēs dīvīna, reī dīvīnae *f.*	Gottesdienst, Opfer
	scītō (*Imperativ zu* scīre)	1. wisse; 2. er/sie soll wissen
10	mundus, -a, -um	rein(lich), sauber
	fŏcus	Herd, Feuerstätte
	pūrgāre	reinigen
12	Kalendae, -ārum *f. (Pl.)* (*griech.*)	die Kalenden (der 1. Tag im Monat)
	Īdūs, -uum *f. (Pl.)*	die Iden (der 13. bzw. 15. Tag im Monat)
	Nōnae, -ārum *f. (Pl.)* (*griech.*)	die Nonen (der 9. Tag vor den Iden = 5. bzw. 7. Tag im Monat)
	fēstus, -a, -um	festlich, feierlich
	corōna	Kranz, Krone
	Lār, Lāris *m.*	Lar (Schutzgottheit, sein Schrein stand in der Nähe des Herdes)
	familiāris, -e	vertraut, bekannt; (*hier:*) zur familia, zum Haus gehörig
	supplicāre	ein Dankgebet bringen
15	gallīna	Huhn
	ōvum	Ei
	vās, vāsis *n.*	Gefäß
	obruere, -ruī, -rŭtum	eingraben
	ūva (passa), -ae *f.*	Weintraube (Rosine)
	pandere, pandī, passum	(*hier: zum Trocknen*) ausbreiten
	nux, nucis *f.*	Nuss
17	**recēns**, -entis	neu, frisch
	farīna	Mehl

57 »Sie nennen euch Herren der Erde« – die Gracchen

1	prōnūntiāre	verkünden, bekannt machen
	quō ūsque? (*Adv.*)	bis wohin?, wie lange (noch)?
	paulum (*Adv.*)	ein wenig
	cōnsīderāre	betrachten, erwägen, überlegen
	quot (*nicht dekliniert*)	wie viele
	optimātēs, -t(i)um *m. (Pl.)*	Adelspartei, Adlige
	salūs, -ūtis *f.*	Wohlergehen, Heil, Rettung
	modo (*Adv.*)	eben, gerade; nur
	animō praesentī	zu allem entschlossen, unerschrocken
5	**remittere**, -mīsī, -missum	zurückschicken; nachlassen
	iūs remittere	auf sein Recht verzichten
	implōrāre	anflehen
	auxiliārī, auxilior, auxiliātus, -a sum	helfen
	omnipotēns, -entis	allmächtig
	dēscendere, -scendī, -scēnsum	herabsteigen
	renovāre	erneuern
10	prōdīre, -eō, -iī, -itum	auftreten, hervortreten
	tumultus, -ūs *m.*	Aufruhr, Unruhe
	populāris, -e	des Volkes, Volks-, volksfreundlich (populārēs: Volkspartei)
	favor, -ōris *m.*	Gunst, Beifall
	īnsānus, -a, -um	wahnsinnig, irrsinnig
	possessiō, -ōnis *f.*	Besitz
	possidēre, -sēdī, -sessum	besitzen
16	**prīvātus**	(jemand) ohne Amt, Privatmann
	dēminūtiō, -ōnis *f.*	Verminderung
	quisque, quidque	jeder, jedes (einzelne)
	permāgnus, -a, -um	sehr groß, riesig

	lapis, -idis *m.*	Stein
	cōnferre, cōnferō, contulī, collātum	zusammentragen, vergleichen
	vulgus, vulgī *n.*	die (breite) Masse, Volk
20	avē!	sei gegrüßt!
	macte!	bravo!, Heil!
	populus	(*Pl. hier:*) Leute
	ēvānēscere, -vānuī	verschwinden
25	īnflātus, -a, -um	aufgeblasen, eitel
	utinam (*mit Konj.*)	wenn doch, hoffentlich
	pretium	Belohnung, Lohn, ‚Preis'
	mendācium	Lüge
	patrōnus	Schutzherr, Patron
	exercitus, -ūs *m.*	Heer
30	fēra	(wildes) Tier
	cubīle, -is *n.*	Schlafstätte, Lager
	reliquus, -a, -um	übrig
	āēr, āëris *m.* (*griech.*)	Luft
	circumspicere, -iō, -spexī, -spectum	umherschauen
	fŏcus	Herd, Feuerstätte
	sepulcrum	Grab(-mal)
	rēvērā (*Adv.*)	in Wahrheit, tatsächlich
34	**luxuria**	Verschwendung, Genusssucht
	avāritia	Habsucht, Geiz
	commovēre, -mōvī, -mōtum	bewegen, veranlassen
37	**vertere**, vertī, versum	wenden, drehen; (*Pass.:*) sich wenden
	rēs in perīculō vertitur	die Sache/Lage wird gefährlich

Caput tertium et vicesimum

58 Rhetorikstudium auf Rhodos

1	**dolor**, -ōris *m.*	Schmerz, Bedauern
	epistula (*griech.*)	Brief
	dēmōnstrāre	zeigen, beweisen, darlegen
	molestē ferre	schwer ertragen, bedauern
	absentia	Abwesenheit
5	identidem (*Adv.*)	immer wieder
	ōrātōrius, -a, -um	rednerisch, rhetorisch
	mīrārī, mīror, mīrātus, -a sum	sich wundern, bewundern
	occupāre	einnehmen, besetzen
	dulcis, -e	süß, lieblich
	amoenus, -a, -um	lieblich, idyllisch
10	**potius** (*Adv.*)	vielmehr, eher, lieber
	libellus	Büchlein
	nōbilis, -e	berühmt, vornehm, edel
	vallis, -is *f.*	Tal
	avis, -is *m./f.*	Vogel
	resonāre	ertönen, widerhallen
	sentīre, sēnsī, sēnsum	(be-)merken, fühlen, meinen
15	**convenīre**, -vēnī, -ventum	zusammenkommen, sich einigen
	condiscipulus	Mitschüler, Kommilitone
	dēsiderāre	ersehnen, wünschen; vermissen
	rēctē (*Adv.*)	richtig, zu Recht
	rīdiculus, -a, -um	lächerlich
	fatuus	Tor, Narr
	ēloquēns, -entis	beredsam
20	imbecillus, -a, -um	schwach, kraftlos
	perfūsus, -a, -um	feucht
	haesitāre	stecken bleiben, stottern
	inventiō, -ōnis *f.*	Phantasie, Erfindungsgabe
	tardus, -a, -um	langsam, träge
	nihilōminus (*Adv.*)	nichtsdestoweniger, trotzdem
	furor, -ōris *m.*	Raserei, Leidenschaft, Wut
22	contrōversia	(*hier:*)Streitrede (*zu einem fiktiven Rechtsfall*)
	malevŏlus, -a, -um	übel wollend, missgünstig
	bucca	Mund
	garrīre	schwatzen
	ēnūntiāre	ausplaudern
	ūllus, -a, -um (*Gen.:* ūllīus; *Dat.:* ūllī; *s. CG 8.6*)	(irgend)ein, (-)eine
	nē ... ūllus = nūllus	keiner
26	**sequī**, sequor, secūtus, -a sum (*mit Akk.*)	folgen, sich anschließen
	prō(h)!	o!, ach!
	festīnāre	eilen
	lēctiō, -ōnis *f.*	Vorlesung, Unterrichtsstunde
	... an ...? (*Konj. in dir. Doppelfrage*)	... oder ...?
	aegrē ferre (*Adv.*)	übel nehmen, (nur) schwer ertragen
30	**dēsinere**, -siī, -situm	ablassen, nachlassen, aufhören
	disputāre	erörtern, untersuchen, (*hier:*) einen Vortrag halten
	valē!	leb wohl!

Z3 Vater sucht Lehrer

1	argūtāre	(daher)schwätzen
	„Nōn es nostrae fasciae."	„Du bist nicht von unserem Schlag"

	dērīdēre, -rīsī, -rīsum	über jd./etw. lachen
	prae (*beim Abl.*)	vor; im Vergleich zu
	fatuus	Tor, Narr
	casula	Hütte
5	pullus	Huhn; Küken
	ōvum	Ei
	bellus, -a, -um	hübsch, nett
	etiamsī (*Konj.*)	auch wenn
	dēprāvāre	verderben
	satur, -ura, -urum	‹satt›
	cicaro, -ōnis *m.*	Sprössling, Bengel
	vīvere	(*hier:*) am Leben bleiben
8	servulus	junger Sklave
	quidquid vacat	„was immer frei bleibt": jede freie Minute
	tabula	(Schreib-)‹Tafel›
	ingeniōsus, -a, -um	begabt
	bonum fīlum	feiner Charakter
10	avis, -is *m./f.*	Vogel
	morbōsus, -a, -um (in)	krankhaft versessen (auf)
	cardēlis, -is *f.*	Distelfink
	mūstēla	Wiesel
	comedere, -ēdī, -ēsum	fressen
	nēniae, -ārum *f. (Pl.) (griech.)*	Dummheiten
	cēterum (*Adv.*)	übrigens, im Übrigen
	appetere	in Angriff nehmen
13	sibī placēns	(„selbstgefällig":) eingebildet
	cūriōsus, -a, -um	sorgfältig, pingelig
	plūs, plūris	mehr
	fēriātus, -a, -um	Feier-
	solēre, soleō, solitus, -a sum	(zu tun) pflegen
17	aliquot (*nicht dekliniert*)	einige
	liber rubrīcātus	Gesetzbuch (die Gesetzestitel waren rot geschrieben)
	domūsiō, -ōnis *f.*	Hausgebrauch
	gūstare	‚kosten', schmecken
	pānis, -is *m.*	Brot
	inquināre	beschmutzen, beklecken
	quodsī (*Konj.*)	wenn aber
	resilīre, -siluī	abspringen
	dēstināre	bestimmen
	artificium	Kunstwerk; (*hier:*) Handwerk
20	tōnstrīnum	Barbierhandwerk
	praecō, -ōnis *m.*	Ausrufer, Auktionator (bei Versteigerungen)
	causidicus	Rechtsanwalt
	ideō (*Konj.*)	deswegen
	prīmigenius	„erstgeborener"
23	collum	Hals
	circumferre, -ferō, -tulī, -lātum	herumtragen
	onus, oneris *n.*	Last
	vēnālis, -e	(ver-)käuflich
	adversus (*beim Akk.*)	gegen
	extendere, -tendī, -tēnsum	ausdehnen, (sich) breit machen
	thēsaurus (*griech.*)	Schatz

Caput quartum et vicesimum

59 »Wenn die Erde eine Scheibe wäre ...«

1	quot (*nicht dekliniert*)	wie viele
	tot (*nicht dekliniert*)	so viele
	sēnsus, -ūs *m.*	Meinung, Wahrnehmung, Empfindung
	tellūs, -ūris *f.*	die Erde
	discus (*griech.*)	Scheibe
3	ōceanus (*griech.*)	Meer
	glŏbus	Kugel
	āēr, āëris *m.* (*griech.*)	Luft
	pendēre, pependī	(herab-)hängen, schweben
	crēdībilis, -e	glaubhaft
7	**persuādēre**, -suāsī, -suāsum (*mit Dat.*)	überreden; überzeugen
11	**interdiū** (*Adv.*)	bei Tage
	oriēns, -entis *m.*	Sonnenaufgang, Osten
	occidēns, -entis *m.*	Sonnenuntergang, Westen
	quadrīgae, -ārum *f.* (*Pl.*)	Viergespann
	noctū (*Adv.*)	nachts
	lautus, -a, -um	sauber (gewaschen), prächtig
14	quandōque (*Adv.*)	irgendeinmal, bisweilen
	dormītāre	schlafen
	praetereā (*Adv.*)	außerdem
	sistere, stitī (stetī)	hintreten
	plānus, -a, -um	flach, eben, deutlich
20	puppis, -is *f.*	(Schiffs-)Heck
	argūmentum	Beweis, Inhalt
	umbra	Schatten
	interdum (*Adv.*)	bisweilen
24	rotundus, -a, -um	rund
	figūra	Gebilde, Körper, Gestalt
	convincere, -vīcī, -victum	widerlegen, überführen
	fatērī, fateor, fassus, -a sum	(ein-)gestehen, bekennen
29	mundus	Welt, Weltall
	colloquī, -loquor, -locūtus, -a sum	reden, sprechen

Z4 Die Entdeckung des spezifischen Gewichts

1 rem gerere	seine Aufgabe verrichten
tyrannus (*griech.*)	Alleinherrscher, Tyrann
corōna (*griech.*)	Kranz, ‹Krone›
aureus, -a, -um	golden, aus Gold
vovēre, vōvī, vōtum	(*zum Dank*) geloben
aurifex, -ficis *m.*	Goldschmied
suspendere, -pendī, -pēnsum	aufhängen
dēferre, -ferō, -tulī, -lātum	melden, berichten
5 perfidus, -a, -um	betrügerisch
dolōsus, -a, -um	(hinter-)listig
avārus, -a, -um	habsüchtig
mandāre	übergeben, beauftragen, anvertrauen
officīna	Werkstatt, Atelier
admiscēre, -miscuī, -mixtum	beimischen
fallere, fefellī	täuschen
invītus, -a, -um	gegen den Willen, unfreiwillig
8 suspicārī, suspicor, suspicātus, -a sum	argwöhnen, vermuten
dēcipere, -iō, -cēpī, -ceptum	täuschen, betrügen
13 reprehendere, -ndī, -ēnsum	(*hier:*) nachweisen
furtum	Diebstahl
cōgitātiō, -ōnis *f.*	Überlegung, Gedanke
cōgitātiōnem in sē sūmere	eine Untersuchung übernehmen
15 tunc (*Adv.*)	damals, dann
cāsū (*Adv.*)	zufällig
balineum (*griech.*)	Bad
labrum	Rand
solium	Badewanne
effluere, -flūxī	herausfließen
18 īnsidēre, -sēdī, -sessum	sitzen auf/in
explicātiō, -ōnis *f.*	Erklärung
ratiō explicātiōnis	Erklärungsweise, Weg zur Lösung des Problems
morārī, moror, morātus, -a sum	sich aufhalten, verweilen
exsilīre, -siluī	herausspringen
20 identidem (*Adv.*)	immer wieder
quaestiō, -ōnis *f.*	Frage, Untersuchung
māssa (*griech.*)	Klumpen, Masse
vās, vāsis *n.*	Gefäß
amplus, -a, -um	weit, geräumig, groß; bedeutend
implēre, -plēvī, -plētum	anfüllen
argenteus, -a, -um	silbern, aus Silber
dēmittere, -mīsī, -missum	hinablassen, sinken lassen
25 māgnitūdō, -tūdinis *f.*	Größe
dēprimere, -pressī, -pressum	hinunterdrücken
tantus, -a, -um	so groß, so viel
sextārius	Messbecher (0,5 l)
dēnuō (*Adv.*)	von neuem
cōnstituere, -stituī, -stitūtum	(*hier:*) feststellen
minus (*Adv.*)	weniger
exprimere, -pressī, -pressum	verdrängen
29 replēre, -plēvī, -plētum	(wieder) anfüllen
plūs, plūris	mehr
plūs aurī	mehr Gold
rēvērā (*Adv.*)	in Wahrheit, tatsächlich
manifestus, -a, -um	offenkundig

Caput quintum et vicesimum

60.1 Auf dem Weg zur Macht

1 **plūrimī**, -ae, -a	sehr viele, die meisten
venia	Gnade, Verzeihung
ōrāre	(er-)bitten, beten
excūsāre	entschuldigen
cōnārī, cōnor, cōnātus, -a sum	versuchen
occurrere, -currī, -cursum	entgegentreten, begegnen
ut (*Konj. mit Konjunktiv*)	dass
4 trecentī, -ae, -a	dreihundert
dēditīcius, -a, -um	(auf Gnade und Ungnade) unterworfen
ēligere, -lēgī, -lēctum	auswählen
ōrdō, -dinis *m.*	Ordnung, Rang, Reihe, Stand
5 **āra**	Altar
dīvus, -a, -um	göttlich
exstruere, -strūxī, -strūctum	errichten
Īdūs, -uum *f.* (*Pl.*)	die Iden (13. bzw. 15. Tag im Monat)
Īdūs Mārtiae	die Iden des März (15. März)
hostia	Opfertier
mactāre	(als Opfer) schlachten
7 ad arma īre	zum Kampf rüsten
ut (*Konj. mit Konjunktiv*)	dass, damit
adversārius	Gegner
voluntās, -tātis *f.*	Wille, Zustimmung
continēre, -tinuī, -tentum	festhalten, zusammenhalten; zügeln
dētegere, -tēxī, -tēctum	aufdecken, entdecken

60.2 Die Niederlage im Jahre 9 n. Chr.

1	īgnōminia	Schmach, Schande
	clādēs, -is *f.*	Niederlage, Verlust, Katastrophe
	nusquam (*Adv.*)	nirgends
	exitiābilis, -e	unheilvoll
	caedere, cecīdī, caesum	niederhauen, fällen, vernichten
	cūstōdia	Wachposten, Wache, Haft, Gefängnis
	indīcere, -dīxī, -dictum	ansagen, ankündigen, (*hier:*) beordern, aufstellen
	nē (*Konj. mit Konjunktiv*)	damit nicht
	exsistere, -stitī	hervortreten, entstehen, hervorgehen als
5	praeses, -sidis *m.*	Statthalter
	prōvincia	Provinz (von Römern unterworfenes und beherrschtes Gebiet)
	prōpāgāre	verlängern
	imperium	(*hier:*) Amtsdauer
	assuētus	(*hier:*) Vertrauter
	cōnsternāre	aufschrecken, bestürzt machen
7	**appellāre**	anreden, nennen; rufen nach
	restituere, -stituī, -stitūtum	wiederherstellen, zurückerstatten
	interdum (*Adv.*)	bisweilen
	forēs, -ium *f. (Pl)*	(*zweiflügelige*) Tür
	illīdere, -līsī, -līsum	stoßen (gegen)
10	quotannīs (*Adv.*)	alljährlich
	lūgubris, -e	traurig, unheilvoll

Z5 Ein Brief des Augustus an seinen Enkel

1	Kalendae, -ārum *f.* (*Pl.*)	die Kalenden (1. Tag im Monat)
	avē!	sei gegrüßt!
	asellus	Esel(chen)
	iūcundissimus, -a, -um	allerliebster
	mēdius Fidius!	bei Gott! (Fidius: Gott der Treue)
3	praecipuē (*Adv.*)	besonders
	tālis … quālis …, -e	derartig … wie …
	hodiernus, -a, -um	heutig
	oculus	Auge
	requīrere, -quīsīvī, -quīsītum	suchen
	ubicumque (*Adv.*)	wo auch immer
5	celebrāre	feiern
	quārtus, -a, -um	der Vierte
	sexāgēsimus, -a, -um	der Sechzigste
	nātālis, -is *m.*	Geburtstag
	clīmactēr, -ēris *m.* (griech.; Akk. clīmactēra)	kritisches Jahr (nach antikem Glauben jedes 7. und vor allem das 63. Lebensjahr)
7	seniōrēs, -um *m./f. (Pl.)*	die Älteren
	ēvādere, -vāsī, -vāsum	entkommen
	quantuscumque, -a, -um	wie viel auch immer
	superesse, -sum, -fuī	übrig sein, überlegen sein, überleben
9	trādūcere, -dūxī, -ductum	hinüberführen, hinbringen; (*hier:*) (Zeit) verleben
	status, -ūs *m.*	Zustand
	fēlīcissimus, -a, -um	äußerst glücklich

61 Nächtliche Vorzeichen

1	**sīdus**, -deris *n.*	Gestirn, Stern(-bild)
	fulgor, -ōris *m.*	Schimmer
	splendēre	glänzen
	solēre, soleō, solitus, -a sum	gewohnt sein, pflegen
	arduus, -a, -um	schwierig, steil
	rēs, rērum *f. (Pl.)*	(*hier:*) Situation, Lage
	dubius, -a, -um	zweifelhaft, bedenklich
	exigere, -ēgī, -actum	(*hier:*) verbringen
3	**prae** (*beim Abl.*)	vor; im Vergleich zu
	quiēs, -ētis *f.*	Ruhe, Erholung; (*hier:*) Schlaf
	ŏculus	Auge
	flectere, flexī, flexum	(*hier:*) schließen
	sollicitus, -a, -um	unruhig
	suspēnsus, -a, -um	ungewiss
	paulum (*Adv.*)	ein wenig
	prōtrahere, -trāxī, -tractum	ausdehnen; (*Pass.:*) sich ausstrecken
5	dēpellere, -pulī, -pulsum	vertreiben, wegtreiben
	columella	Pfosten
	tabernāculum	Zelt
	cōnsūmere, -sūmpsī, -sūmptum	verbrauchen, aufbrauchen, (*hier:*) vertreiben
	cōnspicere, -iō, -spexī, -spectum	erblicken
	vēlāre	verhüllen, verbergen
10	adeō (*Adv.*)	so sehr
	ut (*Konj. mit Konjunktiv*)	(so) dass
	mōmentum	Beweggrund, Bedeutung, Augenblick
	stupor, -ōris *m.*	Erstarrung
	haerēre, haesī, haesum	verharren, stecken bleiben, hängen
	mandāre	übergeben, beauftragen, anvertrauen
	apertum	das Freie
	flagrāre	lodern, brennen
	fax, facis *f.*	Fackel
13	comētēs, -tae *m.* (*griech.*)	Komet, Sternschnuppe

	umquam (*Adv.*)	jemals, irgendeinmal
15	ad lūcem	gegen Morgen
	haruspex, -spicis *m.*	Opferschauer, Wahrsager
	arcessere, arcessīvī, arcessītum	herbeirufen, -holen
	vītāre	meiden, aus dem Weg gehen
18	**necessitās**, -tātis *f.*	Notlage, Notwendigkeit
	cōgere, coēgī, coāctum	zwingen, sammeln, zusammentreiben
	castra, -ōrum *n.* (*Pl.*)	Lager
	prōmovēre, -mōvī, -mōtum	vorschieben, vorrücken
	castra prōmoventur	man rückt vor; man marschiert los
	clam (*Adv.*)	heimlich
	collis, -is *m.*	Hügel
	incurrere, -currī, -cursum	losstürzen
21	revocāre	zurückrufen
	auxiliārī, auxilior, auxiliātus, -a sum	helfen
	prīmum agmen	Vorhut
	inermis, -e	unbewaffnet
	ārdēns, -entis	glühend, leidenschaftlich
	effundere, -fūdī, -fūsum	ausgießen; sē effundere (*hier:*) sich stürzen
	pūgna	Kampf, Schlacht
	hinc et inde (*Adv.*)	hier und dort
	disicere, -iciō, -iēcī, -iectum	zerstreuen
25	respectus, -ūs *m.*	Rücksicht
	equestris, -e	Reiter-, die Reiterei betreffend
	hasta	Lanze
	trānsfīgere, -fīxī, -fīxum	durchbohren
	extrahere, -trāxī, -tractum	herausziehen
	digitus	Finger
	exsanguis, -e	blutlos, blutleer
27	lābī, lābor, lāpsus, -a sum	gleiten, fallen
	spiritus, -ūs *m.*	Hauch, Atem, Leben, Geist; (*hier:*) Kampfgeist
	certāre	kämpfen, streiten
	sanguis, sanguinis *m.*	Blut
30	prōfluere, -flūxī, -flūxum	hervorströmen
	paulātim (*Adv.*)	allmählich
	dēnique (*Adv.*)	zuletzt, endlich
	comperīre, -perī, -pertum	(genau) erfahren
	vātēs, -is *m./f.*	Weissager(-in), Seher(in), Dichter(in)

Caput sextum et vicesimum

62.1 Ankunft im Hafen von Ephesus

1	**cum** (*Konj. im Temporalsatz*)	als, nachdem
	mōlēs, -is *f.*	Masse, (*hier:*) Mole
	appellere, -pulī, -pulsum	herantreiben, (*Pass.:*) anlegen
	īnstitor, -ōris *m.*	Händler, Trödler
	ostentātor, -ōris *m.*	Marktschreier, (*hier:*) Souvenirverkäufer
	tumultuōsus, -a, -um	lärmend
3	circumfundere, -fūdī, -fūsum	umdrängen
5	inclāmāre	anschreien
	imāgō, -ginis *f.*	(*hier:*) Statuette
	cūstōdīre	bewachen
	ubicumque (*Adv.*)	wo auch immer
	parvō (pretiō) vendere	billig verkaufen
	cum (*Konj. im Konzessivsatz*)	obwohl
	aedicula	Tempelchen
	fictilis, -e	tönern, aus Ton
9	grātuītō (*Adv.*)	umsonst, kostenlos
	cum (*Konj. im Kausalsatz*)	da, weil
10	nummus	Münze
	tantum (*Adv.*)	nur
	quīnquāgintā	fünfzig
	nihilī esse	nichts wert sein
	singulāris, -e	einzigartig
	officīna	Werkstatt, Atelier
13	Dēmētrius (*griech.*)	Demetrius (Goldschmied aus Ephesos z. Zt. des Apostels Paulus)
	interpōnere, -pŏsuī, -pŏsitum	dazwischensetzen; (se:) sich einmischen
	ēgregius, -a, -um	(*hier:*) geehrt
15	**statua**	Standbild, Statue, (*hier:*) Statuette
	pūrus, -a, -um	rein, echt
	dōnec (*Konj.*)	solange
	dēnārius	Denar (Silbermünze) ‚zehn'
	decem	
	figūra	Gebilde, Körper, Gestalt; (*hier:*) Figur, Statuette

62.2 Der Brand des Dianatempels

3	nīmīrum (*Adv.*)	allerdings
	columna	Säule
	sustinēre, -tinuī, -tentum	(*hier:*) stützen
	prīstinus, -a, -um	ehemalig, früher

	ruīnae, -ārum *f.* (*Pl.*)	Trümmer
5	quīngentī, -ae, -a	fünfhundert
	supplicātiō, -ōnis *f.*	Bitt- und Dankfest
	plērīque, plēraeque, plēraque	die meisten
	saltāre	tanzen
	īnsānus, -a, -um	wahnsinnig, irrsinnig
	abdere, -didī, -ditum	verbergen, verstecken
	somnō sē dare	sich schlafen legen
9	**difficilis**, -e	schwierig
	vēlum	Segel, Tuch, Vorhang
	cella	die Cella, das Allerheiligste (mit dem Götterbild)
	oleum	Öl
	fax, facis *f.*	Fackel
	īnsānia	Wahnsinn
	tīgnum	Balken
13	**ārdēre**, ārsī, ārsum	brennen
	tormentum	Folter
	committere, -mīsī, -missum	zustande bringen, veranstalten, anvertrauen
15	cōnfitērī, -fiteor, -fessus, -a sum	(ein-)gestehen, bekennen
	glōria	Ruhm, Ehre
	cupiditās, -tātis *f.*	Begierde, Lust, Leidenschaft
	nefārius, -a, -um	ruchlos, verbrecherisch
	damnāre	verurteilen, verdammen, (*hier:*) auslöschen
18	rēvērā (*Adv.*)	in Wahrheit, tatsächlich
	patefacere, -iō, -fēcī, -factum	enthüllen, verraten
	rēctē (*Adv.*)	richtig, zu Recht
	dubitāre	zweifeln, zögern
20	rērum scrīptor, -ōris *m.*	Geschichtsschreiber
	scīlicet (→ scīre licet)	natürlich
	sententia	Meinung, Ansicht, (*hier:*) Beschluss

63 Aufruhr unter den Silberschmieden von Ephesus

1	turbātiō, -ōnis *f.*	Verwirrung
	minimus, -a, -um	(*hier:*) sehr klein, gering
	ēvangelium (*griech.*)	Evangelium
	praedicāre	‚predigen'
	Dēmētrius (*griech.*)	Demetrius (Wortführer der Silberschmiede in Ephesos in ihrem Protest gegen Paulus)
	argentārius	Silberschmied
3	argenteus, -a, -um	silbern, aus Silber
	praestāre, -stitī, -stitum	erweisen, verschaffen, leisten
	artifex, -ficis *m.*	Künstler, Handwerker
	modicus, -a, -um	‚maß'voll, bescheiden
	quaestus, -ūs *m.*	Erwerb, Gewinn
5	convocāre	zusammenrufen
	artificium	Kunstwerk, (*hier:*) Handwerk, Kunstgewerbe
	āvertere, -vertī, -versum	(*hier:*) abspenstig machen
10	**minuere**, -uī, -ūtum	vermindern
	nihilī aestimāre	nicht achten, gering schätzen
	dēstruere, -strūxī, -strūctum	zerstören
	māiestās, -tātis *f.*	Größe, Hoheit, Würde
	replēre, -plēvī, -plētum	anfüllen
	exclāmāre	ausrufen
14	implēre, -plēvī, -plētum	anfüllen
	cīvitās, -tātis *f.*	Staat, Gemeinde, Bürgerschaft, -recht
	cōnfūsiō, -ōnis *f.*	Verwirrung
	intrāre in populum	vor die Volksversammlung treten
	permittere, -mīsī, -missum	überlassen, erlauben
18	discipulus	(*hier:*) Jünger
	aliī aliud …	die einen … dies, die anderen jenes
	ecclēsia (*griech.*)	Volksversammlung; Kirche(ngemeinde)
	cōnfundere, -fūdī, -fūsum	verwirren
20	ratiōnem reddere, reddidī, redditum	Rechenschaft ablegen
	scrība, -ae *m.*	Stadtschreiber
	dēmum (*Adv.*)	endlich
	sēdāre	beruhigen
25	contrādīcere, -dīxī, -dictum	widersprechen
	temere (*Adv.*)	planlos, blindlings
	istōs hominēs	(gemeint sind die beiden Begleiter des Paulus)
	sacrilegus	Tempelschänder
	blasphēmāre (*griech.*)	lästern, schmähen
	quod sī (*Konj.*)	wenn also, wenn aber
28	**adversus** (*beim Akk.*)	gegen
	causa	Grund, Ursache; Streitsache, Klage
	conventus, -ūs *m.*	Versammlung, Zusammenkunft
	forēnsis, -e	gerichtlich
	sēditiō, -ōnis *f.*	Aufruhr, Aufstand
31	**concursus**, -ūs *m.*	Auflauf, Zusammenstoß
	dīmittere, -mīsī, -missum	losschicken; entlassen; aufgeben

Caput septimum et vicesimum

64 Rom im Sommer

1	quot (*nicht dekliniert*)	wie viele
	fenestra	‹Fenster›
	aestus, -ūs *m.*	Hitze, Glut; Flut
	aestīvus, -a, -um	sommerlich
	fervēre	kochen, glühen
	febris, -is *f.*	‹Fieber›
	recreāre	erneuern, erfrischen
5	**plēbs**, plēbis *f.*	das Volk (im Gegensatz zu den patriciī, den Adligen)
	remanēre	zurückbleiben, ausharren
	vīctus, -ūs *m.*	Lebensunterhalt, Nahrung
	thermae, -ārum *f.* *(Pl.)* (*griech.*)	Thermen
	dēlectātiō, -ōnis *f.*	Vergnügung, Unterhaltung
	praeterīre, -eō, -iī, -itum	vorübergehen, übergehen
	operārius	Arbeiter
	morārī, moror, morātus, -a sum	sich aufhalten, verweilen
10	**querī**, queror, questus, -a sum	klagen, sich beklagen
	quotiēns (*Adv.*)	wie oft, so oft
15	obstāre, obstitī	im Weg stehen
	ferīre	schlagen, treffen
	cubitum	Ellenbogen
	tīgnum	Balken
	clāvus	Nagel (die röm. Soldaten trugen genagelte Sohlen)
16	quandō (*Adv.*)	(irgendwann) einmal
	saxum	Fels, Stein
	prōcumbere, -cubuī, -cubitum	umkippen
	fundere, fūdī, fūsum	gießen, ausschütten, zerstreuen
	superesse, -sum, -fuī	übrig sein, überlegen sein, überleben
21	vās, vāsis *n.*	Gefäß, (*hier:*) Nachttopf
	ēicere, -iciō, -iēcī, -iectum	hinauswerfen, verbannen
	tēgula	Dach‚ziegel'
	ēheu!	o weh!
	cēnula	Imbiss, (bescheidene) Mahlzeit
	porcus	Schwein
	coquere, coxī, coctum	kochen, braten
	interpōnere, -pŏsuī, -pŏsitum	dazwischensetzen, (sē:) sich einmischen
	quārtus, -a, -um	der Vierte
25	abundāre	überströmen, -fließen
	longīnquus, -a, -um	entlegen, weit entfernt
	prōficere, -iō, -fēcī, -fectum	vorwärts kommen, (etw.) erreichen
28	**prōmptus**, -a, -um	entschlossen, fix, bereit
	audācia	Kühnheit, Frechheit
	perditus, -a, -um	verkommen, nichtswürdig; (*hier:*) maßlos
	grammaticus (*griech.*)	Sprachlehrer
	rhētor, -ōris *m.* (*griech.*)	Rhetoriklehrer
	geōmetrēs, -is *m.* (*griech.*)	Landvermesser
	pictor, -ōris *m.*	Maler
	alīptēs, -is *m.* (*griech.*)	Masseur
	augur, -guris *m.*	Weissager
	acrobatēs, -is *m.* (*griech.*)	Seiltänzer, Akrobat
	magus (*griech.*)	Gaukler, Zauberer
30	**premere**, pressī, pressum	(be-)drücken, drängen
	Prōtogenēs, -is *m.* (*griech.*)	Protogenes (häufiger griech. Name)
	urbs mihi satis superque	Ich hab' von Rom die Nase gestrichen voll
	īnfēlīx, -īcis	unglücklich, unglückselig
	paupertās, -tātis *f.*	Armut
	rīdiculus, -a, -um	lächerlich
	omnia cum pretiō sunt	alles ist furchtbar teuer
	hospitium	Unterkunft, Quartier
	miserābilis, -e	beklagenswert, elend
35	venter, -tris *m.*	Bauch, Magen
	patrōnus	Schutzherr, Patron
	tribūta praestare	zu Diensten sein
	augēre, auxī, auctum	vermehren, vergrößern
	pecūlium	erspartes Geld (Sklaven erhielten oft ein Taschengeld, das sie für die Freilassung zusammensparen konnten)
37	dissentīre, -sēnsī, -sēnsum	nicht übereinstimmen, widersprechen
	ambulāre	spazieren gehen

Z6 Brotlose Kunst

1	Lupercus	Lupercus (fiktiver Name eines Zeitgenossen, der von Martial verspottet wird)
	quotiēns (*Adv.*)	wie oft, so oft
	vīs (*mit Konjunktiv in der Frage*)	sollen („willst du, dass …")
	puer	(*hier:*) Sklave
	subinde (*Adv.*)	immer wieder
	libellus epigrammatōn (*griech. Gen. Pl.*)	Epigrammbüchlein
	prōtinus (*Adv.*)	unverzüglich
5	est, quod …	es gibt einen Grund dafür, dass …

ad Pirum	beim Birnbaum (Angabe eines markanten Punktes statt „Hausnummer“)
scālae, -ārum *f.* (*Pl.*)	Stiege, Treppe
propius (*Adv.*)	näher
nempe (*Adv.*)	sicherlich
subīre	hinaufgehen
10 contrā (*beim Akk.*)	(*hier:*) gegenüber
postis, -is *f.*	(Tür-)‹Pfosten›
hinc ... inde ... (*Adv.*)	hier und dort, überall
citō (*Adv.*)	schnell
perlegere	durchlesen
illinc (*Adv.*)	dort
rogāre	(*hier:*) um Ausleihe bitten
Atrectus	Atrectus (Name eines Buchhändlers)
15 nīdus	‚Nest‘; (*hier:*) Regal, Fach
rādere, rāsī, rāsum	glatt schaben (die Fasern des Papyrus wurden vor dem Beschreiben mit einem Bimsstein glatt gestrichen)
pūmex, -micis *m./f.*	Bimsstein
purpura	Purpureinband
colere, coluī, cultum	(*hier:*) schmücken
dēnārius	Denar (*Silbermünze*)
tantī esse	so viel wert sein
āis	... sagst du
sapere, sapiō, sapīvī	klug sein

Caput octavum et vicesimum

65 Citius – altius – fortius

5 nīmīrum (*Adv.*)	allerdings
nusquam (*Adv.*)	nirgends
dēversōrium	Herberge, Gasthaus
quamobrem (*Adv.*)	weswegen (*relativisch*); deswegen, daher
quōcumque (*Adv.*)	wohin auch immer
tentōrium	Zelt
umbrāculum	Sonnendach
carrūca dormitōria	Schlafwagen
quantō (*beim Komparativ*)	(um) wieviel
fēlīx, -īcis	glücklich, erfolgreich
sub Iove	unter freiem Himmel („unter Jupiter“)
perpaucī, -ae, -a	sehr wenige
10 **mollis**, -e	weich
fruī, fruor, frūctus, -a sum (*mit Abl.*)	genießen, sich erfreuen
pulvīnus	Kissen, Polster
incommodus, -a, -um	unbequem, unangenehm
cubīle, -is *n.*	Schlafstätte, Lager
multō (*beim Komparativ*)	um vieles, viel
certātim (*Adv.*)	im Wettstreit, um die Wette
stadium (*griech.*)	Stadion, Rennbahn (Rennstrecke von ca. 190 m)
idōneus, -a, -um	passend, geeignet
facultās, -tātis *f.*	Möglichkeit, Fähigkeit
15 **quam** (*beim Superlativ*)	möglichst
prior/prius, -ōris	früher
iūdex, -dicis *m.*	(*hier:*) Kampfrichter
cōnsistere, cōnstitī	stehen bleiben; sich hinstellen, Halt machen
exanimātus, -a, -um	außer Atem
garrīre	schwatzen
loquāx, -ācis	geschwätzig
āthlēta, -ae *m.* (*griech.*)	Wettkämpfer, Athlet
20 adloquī, -loquor, -locūtus, -a sum	ansprechen
cursor, -ōris *m.*	Läufer
cervus	Hirsch
quam (*beim Komparativ*)	als
dubium	Zweifel, Bedenken
pēior/pēius, -ōris	schlechter
facilis, -e	leicht (machbar)
25 curriculum	Lauf
cubitum	Ellenbogen
ēvertere, -vertī, -versum	umstürzen, zerstören; (*hier:*) zu Boden rempeln
macte!	bravo!, Heil!
citius (*Adv.*)	schneller
melior/melius, -ōris	besser
age!	auf! vorwärts!
animum attendere	beachten, Acht geben
30 **propior/propius**, -ōris	näher
fū!	pfui!
āter, ātra, ātrum	schwarz, düster
pessimus, -a, -um	der schlechteste
garrulus, -a, -um	geschwätzig
nihilōminus (*Adv.*)	nichtsdestoweniger, trotzdem

66 Siegerempfang in Syrakus

1 **posterus**, -a, -um	(nach)folgend
pentāthlum (*griech.*)	Fünfkampf
exsistere, -stitī	hervortreten, entstehen, hervorgehen als
mālle, mālo, māluī	lieber wollen, vorziehen
fēstus, -a, -um	festlich, feierlich

5	**superior**, -ius	weiter oben, der obere; überlegen, stärker
	pertinēre, -tinuī (ad)	sich erstrecken; betreffen, angehen
	vīctus, -ūs *m.*	Lebensunterhalt, Nahrung
	cum (*Konj. im Adversativsatz*)	während (dagegen)
10	stolidus, -a, -um	dumm, albern
	colloquī, -loquor, -locūtus, -a sum	reden, sprechen
	populus	(*Pl. hier:*) Leute
	appellere, -pulī, -pulsum	herantreiben, (*Pass.:*) landen
	cōnfluere, -flūxī	zusammenströmen
15	decuriō, -ōnis *m.*	Ratsherr
	prōdīre, -eō, -iī, -itum	auftreten, hervortreten
	amplus, -a, -um	weit, geräumig, groß; bedeutend, (*hier:*) wortreich, weitschweifig
	merērī, mereor, meritus, -a sum (de)	verdienen; sich verdient machen (um)
	atque (*Konj.*)	(*beim Vergleich*) wie
18	āthlēta, -ae *m.* (*griech.*)	Wettkämpfer, Athlet
	aerārium	Schatzkammer, Kasse
	commodus, -a, -um	angemessen, günstig, angenehm
	marmoreus, -a, -um	aus Marmor

Z7 Faszination des Sports

1	minor (nātū)	jünger
	gladiātōrius, -a, -um	Gladiatoren-
	hiātus, -ūs *m.*	Spalt, Kluft; (*hier:*) Gier
	abripere, -ripiō, -ripuī, -reptum	fortreißen
	condiscipulus	Mitschüler, Kommilitone
	familiāris, -e	(*hier:*) freundschaftlich
5	violentia	Gewalt
	amphitheātrum (*griech.*)	Amphitheater
	recūsāre	zurückweisen, protestieren
	absēns, -entis	abwesend
10	nihilōminus (*Adv.*)	nichtsdestoweniger, trotzdem
	explōrāre	erkunden
	fervēre, -buī	kochen, glühen
	voluptās, -tātis *f.*	Lust
	fores, -ium *f.* (*Pl.*)	Tür
	interdīcere, -dīxī, -dictum	untersagen
	malum	(*hier:*) Scheußlichkeit
	obtūrāre	verstopfen
15	gladiātor, -ōris *m.*	Gladiator, Schwertkämpfer
	pulsāre	stoßen, erschüttern
	cūriōsitās, -tātis *f.*	Neugier
	quōquō modō	auf jede Weise
	cōnspectus, -ūs *m.*	Anblick
	anima	Seele
	vulnus, -neris *n.*	Wunde
	percutere, -iō, -cussī, -cussum	erschüttern
	concupīscere, -cupīvī	heftig begehren
20	miserābilis, -e	beklagenswert, elend
	reserāre	entriegeln
	eō ... quō. ... (*beim Komparativ*)	um so ... je ...
	infirmus, -a, -um	schwach
	ferīre	schlagen, treffen
	dēicere, -iciō, -iēcī, -iectum	niederwerfen
	simul (*Adv.*)	zugleich
	crūdēlitās, -tātis *f.*	Grausamkeit
	ēbibere, -bibī	austrinken
25	oculos fīgere, fīxī, fīxum	gebannt starren
	haurīre, hausī, haustum	schöpfen, trinken
	scelestus, -a, -um	frevelhaft
	cruentus, -a, -um	blutig
	inēbriāre	berauschen
30	exārdēscere, -ārsī	entbrennen
	īnsānia	Wahnsinn
	stimulāre	anstacheln
	abstrahere, -trāxī, -tractum	wegschleppen

Caput nonum et vicesimum

67.1 Ein Actus oratorius im 18. Jhdt.

1	āctus ōrātōrius, āctūs ōrātoriī *m.* (*neulat.*)	Vortragsveranstaltung, „Tag der offenen Tür"
	īnstituere, -uī, -ūtum	beginnen, unterrichten, einrichten, (*hier:*) durchführen
	ērudītus, -a, -um	gebildet
	rēctor, -ōris *m.*	Lenker, Leiter
	gymnasium (*griech.*)	Gymnasium
7	disputātiō, -ōnis *f.*	Erörterung, Streitgespräch
	cēterum (*Adv.*)	außerdem, im Übrigen
	tragoedia (*griech.*)	Tragödie
	secundum (*beim Akk.*)	nach, gemäß
	dare, dedī, datum	(*hier:*) (*ein Stück*) aufführen
11	Anno Domini (*Abk.* A.D.)	im Jahre des Herrn
	audītōrium	Hörsaal, Aula

67.2 Prometheus, der Rebell

2	istīc (*Adv.*)	dort
5	sacrificāre	opfern
	dēcipere, -cipiō, -cēpī, -ceptum	täuschen, betrügen
	quamobrem (*Adv.*)	weswegen (*relativisch*); deswegen, daher
	affīgere, -fīxī, -fīxum	anketten, anschmieden
	aquila	Adler
	advolāre	herbeifliegen
	iecur, -oris *n.*	Leber
	paulātim (*Adv.*)	allmählich
	dēvorāre	verschlingen, auffressen
10	pūnīre	bestrafen, strafen
	fallere, fefellī	täuschen
	colloquī, -loquor, -locūtus, -a sum	sprechen, reden
18	incultus, -a, -um	unbebaut, öde
	incolere, -coluī, -cultum	besiedeln, bewohnen
	tolerābilis, -e	erträglich
20	quīcumque, quaecumque, quodcumque	(*hier:*) jeder
	obtemperāre	gehorchen
	quālis, -e	wie beschaffen, was für ein
	necāre	töten
26	omnipotēns, -entis	allmächtig
	sacrificium	Opfer
31	bōs, bovis *m./f.*	Rind
	immolāre	opfern
	os, ossis *n.*	Knochen
	pingue, -is *n.*	Fett
	nervus	Sehne
	inūtilis, -e	unbrauchbar
35	carō, carnis *f.*	Fleisch
	dēlicātus, -a, -um	köstlich, lecker
	etiamnunc (*Adv.*)	auch jetzt noch
	dolus	List, Täuschung
	vēritās, -tātis *f.*	Wahrheit
40	stultitia	Torheit, Dummheit
	in perpetuum	für immer

Z8 Prometheus, der Wohltäter

2	auxiliārī, auxilior, auxiliātus, -a sum	helfen
	potīrī, potior, potītus, -a sum (*mit Abl.*)	sich bemächtigen, erobern
	immortālis, -e	unsterblich
	distribuere, -uī, -ūtum	verteilen
	dispōnere, -posuī, -positum	ordnen
5	egomet	ich persönlich
	plŭvia	Regen
	praeceptor, -ōris *m.*	Lehrer
	minister, -trī *m.*	Diener
9	meritum	Verdienst
	poenās solvere	Strafe zahlen, büßen
	indīgnus, -a, -um	unwürdig
	miserērī, miserior, miseritus, -a sum (*mit Gen.*)	sich erbarmen
	ultrā (*Adv.*)	darüber hinaus
	miserārī, miseror, miserātus, -a sum	beklagen
	mōlīrī, mōlior, mōlītus, -a sum	bewegen, zustande bringen
	īnsipiēns, -entis	ohne Verstand; Narr
	lapis, -idis *m.*	Stein
	līgnum	Holz
	exstruere, -strūxī, -strūctum	errichten
	specus, -ūs *m.*	Höhle
15	formīca	Ameise
	discernere, -crēvī, -crētum	unterscheiden
	priusquam (*Konj.*)	bevor
	occidere, -cidī, -cāsum	untergehen
	iūgum	Joch
	frēnum	Zügel
	nāvigāre	segeln, (zur See) fahren
20	mīrandus, -a, -um	bewundernswert
	inventor, -ōris *m.*	Erfinder
	excōgitāre	ausdenken
	aegrōtus, -a, -um	krank
	medērī, medeor, – (*mit Dat.*)	heilen
	medicāmen, -minis *n.*	Heilmittel
	repellere, reppulī, repulsum	abweisen, zurücktreiben, (*hier:*) vertreiben
	vāticinārī, vāticinor, vāticinātus, -a sum	weissagen
	aes, aeris *n.*	Erz
25	dētegere, -tēxī, -tēctum	aufdecken, entdecken (lassen)
	gremium	Schoß
	abdere, -didī, -ditum	verbergen, verstecken
	inānis, -e	eingebildet
	glōriārī, glōrior, glōriātus, -a sum (*beim Abl.*)	sich rühmen (wegen)

In dem folgenden **Lesevokabular zu den Pensa exercitanda** findest du alle Wörter angegeben, die in den jeweiligen Übungen zu einem Lesestück vorkommen. Die Angaben **PE 55** bis **PE 67** beziehen sich also auf die **Übungsgruppen 55** bis **67** (und **nicht** auf die einzelnen Übungen!).
Auch hier sind die **fett** gedruckten Wörter **Lernwörter**. Sie werden **nur dort** aufgeführt, wo sie das erste Mal vorkommen – danach wird vorausgesetzt, dass du diese Wörter gelernt hast und wiedererkennst. Wenn du einmal ein Lernwort nicht mehr weißt, musst du im *alphabetischen Wörterverzeichnis* (ebenfalls im Band 1.1) nachschlagen.
Anders als beim Lesevokabular zu den Lesestücken sind die Wörter hier – wie in einem Lexikon – zu jeder Lesestück-Nummer **alphabetisch** aufgeführt.

PE 55

addūcere, -dūxī, -ductum heranführen, veranlassen
adorīrī, -orior, -ortus, -a sum angreifen, herangehen
adventus, -ūs *m.* Ankunft
aegrōtus, -a, -um krank
arithmētica (*griech.*) Mathematik, Rechnen
auxiliārī, auxilior, auxiliātus, -a sum helfen
avis, -is *m./f.* Vogel
bene valeō mir geht es gut
bona, -ōrum *n.* (*Pl.*) Hab und Gut, Vermögen
cervus Hirsch
circum (*beim Akk.*) um … herum
clādēs, -is *f.* Niederlage, Verlust, Katastrophe
claudere, clausī, clausum abschließen, einschließen
collēga, -ae *m.* Amtskollege
colloquī,-loquor, -locūtus, -a sum reden, sprechen
colōnia Kolonie, Niederlassung
Colōniēnsis, -e aus Köln; Kölner
computāre berechnen
condere, condidī, conditum erbauen, gründen; verwahren, bergen
conditor, -ōris *m.* Gründer
cōnstituere, -stituī, -stitūtum aufstellen, festsetzen, beschließen
contrōversia Streit, Meinungsverschiedenheit
crās (*Adv.*) morgen
culpa Schuld
cupiditās, -tātis *f.* Begierde, Lust, Leidenschaft
dētegere, -tēxī, -tēctum aufdecken, entdecken
dīvitiae, -ārum *f.* (*Pl.*) Reichtum
ēnumerāre aufzählen
error, -ōris *m.* Irrtum, Irrfahrt
ēventus, -ūs *m.* Ereignis, Ausgang, Erfolg
exercitus, -ūs *m.* Heer
exstruere, -strūxī, -strūctum errichten
fidēlis, -e treu
fidem habēre Glauben schenken
flōrēre blühen
fluere, flūxī, flūxum fließen, strömen
forēs, -ium *f.* (*Pl.*) Tür
futūrum Zukünftiges, Zukunft
geminī, -ōrum *m.* (*Pl.*) Zwillinge
horridus, -a, -um schrecklich, schaurig
hypodidascalus (*griech.*) Hilfslehrer
Īdūs, -uum *f.* (*Pl.*) die Iden (13. bzw. 15. Tag im Monat)
Īdūs Mārtiae die Iden des März (15. März)
īnscrīptiō, -ōnis *f.* Inschrift
īra Zorn, Wutanfall
irrīdēre, -rīsī, -rīsum verlachen, verspotten
lēctiō, -ōnis *f.* Vorlesung, Unterrichtsstunde
lūcēre, lūxī leuchten
lūna Mond
orīrī, orior, ortus, -a sum entstehen, abstammen
os, ossis *n.* Knochen
párere, -iō, peperī, partum gebären, hervorbringen; gewinnen, erwerben
permāgnus, -a, -um sehr groß, riesig
piscis, -is *m./f.* Fisch
prōgeniēs, -ēī *f.* Nachkommenschaft
prōgredī, -gredior, -gressus, -a sum weitergehen, Fortschritte machen
quīdam, quaedam, quoddam ein (gewisser), eine (gewisse); (*Pl.:*) einige
quīlibet, quaelibet, quodlibet jeder, jede, jedes (beliebige)
redigere zurücktreiben, in einen Zustand versetzen
in potestātem redigere unterwerfen
rēs **futūrae**, rērum futūrārum *f.* (*Pl.*) Zukunft
Saracēnus „Sarazene“: Türke, Araber
scientia Wissen, Kenntnis
sēdulus, -a, -um fleißig, eifrig
sepelīre, sepelīvī, sepultum bestatten
sepulcrum Grab(-mal)
stringere, strīnxī, strictum abstreifen, ziehen
stupēre staunen, verblüfft sein
suppliciō afficere, -iō, -fēcī, -fectum mit dem Tode bestrafen
tempestās, -tātis *f.* Unwetter, Sturm; Zeit(-abschnitt)
trāns (*beim Akk.*) über … hinaus, jenseits von
trānsilīre, -uī hinüberspringen, übergehen
ūnicornis, -is *m.* Einhorn
urgēre, ursī (be-)drängen
ursus Bär
ut valēs? Wie geht es dir?
vātēs, -is *m./f.* Weissager(-in), Seher(-in), Dichter(-in)
vindicāre bestrafen, schützen, befreien

PE 56/57

abhorrēre zurückschrecken
abstinēre, -tinuī, -tentum fern halten, sich enthalten

adhinnīre zuwiehern
adulēscēns, -entis *m.* junger Mann
aestās, -tātis *f.* Sommer
alere, aluī, al(i)tum (er-)nähren, großziehen
algēre, alsī frieren
aliēnus, -a, -um fremd
aliquis, aliquid (irgend)jemand, (-)etwas; (*adj.*:) (irgend)ein
animadvertere, -vertī, -versum (in) Acht geben, bemerken; vorgehen (gegen jd.), bestrafen
anthrōpophăgus (*griech.*) Menschenfresser
arāre pflügen
ārēre trocken sein
arma, -ōrum *n.* (*Pl.*) Waffen
assuēfacere, -faciō, -fēcī, -factum gewöhnen
assus, -a, -um gebraten
āthlēta, -ae *m.* (*griech.*) Wettkämpfer, Athlet
aura Wind, Luft, Hauch
bullīre aufkochen
cāsus, -ūs *m.* Fall, Zufall; (*auch:*) Kasus
cēpa Zwiebel
circumstāre, -stetī, -statum ringsum stehen, umherstehen
collēga, ae *m.* Amtskollege
condīre würzen
condītūra Würzmischung
conrēctor, -ōris *m.* stellvertretender Schulleiter
contingit, -tigit es gelingt, glückt
coquere, coxī, coctum kochen, braten
corrigere, -rēxī, -rēctum berichtigen, zurechtweisen
crēdere, -didī, -ditum anvertrauen; (*hier:*) borgen
dēlinquere, -līquī, -lictum einen Fehler begehen
disciplīna Unterricht, (Fach-) Wissenschaft, Disziplin
ecclēsia (*griech.*) Volksversammlung; Kirche(ngemeinde)
error, -ōris *m.* Irrtum, Irrfahrt, (*hier:*) Täuschung
ēsurīre hungern
exigere, -ēgī, -āctum einfordern, eintreiben; vollenden
Familiae male est. Dem Personal geht es schlecht.
fēriae, -ārum *f.* (*Pl.*) (*arbeitsfreie*) Festtage
ferreus, -a, -um eisern, aus Eisen
glaciēs, -eī *f.* (Glatt-)Eis
glōria Ruhm, Ehre
hiems, hiemis *f.* Winter, Kälte
hospitium Unterkunft, Quartier
igitur (*Adv.*) also, folglich
inimīcus (*persönlicher*) Feind
iniussū (*Adv.*) ohne Weisung
innōtēscere, -nōtuī bekannt werden, auffallen
īnsipiēns, -entis *m.* ohne Verstand; Narr
lēctiō, -ōnis *f.* Vorlesung, Unterrichtsstunde
levis, -e leicht, leichtsinnig
liquāmen, -minis *n.* Würzsauce
monitum Mahnung
nāvigāre segeln, (zur See) fahren
noxa Schaden, Schuld
nummus Münze
occāsus, -ūs *m.* (Sonnen-)Untergang, Westen
odor, -ōris *m.* Geruch
oleum Öl
oppositus, -a, -um entgegengesetzt
oriēns, -entis *m.* (Sonnen-)Aufgang, Osten
ōvum Ei
ovōrum media Eigelb
pābulum Futter
perfundere, -fūdī, -fūsum übergießen
persevērāre verharren, beharren
pictor, -ōris *m.* Maler
pīgnus, -noris *n.* Pfand, Bürgschaft, (*gemeint:*) (anvertrautes) Kind
pila Kugel
pingere, pīnxī, pictum malen
piper, -eris *n.* (*griech.*) Pfeffer
plāgōsus, -a, -um schlagfreudig
planēta, -ae *m.* (*griech.*) Planet
plumbeus, -a, -um aus Blei
plūrālis, -e Plural
pōculum Becher
porcellus Ferkel
postrēmus, -a, -um letzter
praeceptor, -ōris *m.* Lehrer
prius (*Adv.*) früher, zuvor
prōdīre, -eō, -iī, -itum auftreten, hervortreten
pūblicum Öffentlichkeit
pūgiō, -ōnis *m.* (*kleiner*) Dolch
quīcumque, quaecumque, quodcumque wer/welcher, welche, welches auch immer
quīndecim fünfzehn
quisquis, quidquid wer/was auch immer; jeder, der/alles, was
quīvīs, quaevīs, quodvīs jeder, jede, jedes (beliebige)
rēctor, -ōris *m.* Lenker, Leiter
rūta Raute (Küchenkraut)
saeculum Zeitalter, Jahrhundert
in saecula in Ewigkeit
saltāre tanzen
saturēia Saturei (Kraut)
sēcūrus, -a, -um sorglos, sicher
semel (*Adv.*) einmal
terere, trīvī, trītum reiben
trīgintā dreißig
turpis, -e schändlich
ubicumque (*Adv.*) wo auch immer
vacuum Leere
verbera, -um *n.* (*Pl.*) Prügel
vērum Wahrheit

PE 58

adōrāre anbeten, anflehen
aēnēus, -a, -um aus Kupfer
ānulus Ring
aureus, -a, -um golden, aus Gold
beneficiō (*beim Gen.*) dank …
cavēre, cāvī, cautum (*mit Akk.*) sich hüten, Vorsorge treffen
Chrīstiānus (*griech.*) Christ
concilium Versammlung, (*hier:*) Schar, Kreis
concurrere, -currī, -cursum zusammenlaufen, zusammenstoßen
contemnere, -tempsī, -temptum verachten, gering schätzen
convertere, -vertī, -versum (um)drehen
crucīfigere, -fīxī, -fīxum kreuzigen
dētrahere, -trāxī, -tractum abziehen, abstreifen, ablegen
digitus Finger
discēdere, -cessī, -cessum (*hier:*) sich spalten
ēditor, -ōris *m.* Veranstalter (z. B. öffentlicher Spiele)
ēheu! o weh!
excellēns, -entis hervorragend, vorzüglich
exorīrī, -orior, -ortus, -a sum auftreten als
forēs, -ium *f.* (*Pl.*) Tür

fūnus, -neris *n.* Begräbnis
gladiātor, -ōris *m.* Gladiator, Schwertkämpfer
heus! he!, hallo!
hiātus, -ūs *m.* Spalt, Kluft
imber, -bris *m.* Regen
incrēdibilis, -e unglaublich
induere, -duī, -dūtum (*hier:*) auf den Finger stecken
interimere, -ēmī, -ēmptum beseitigen
invalidus, -a, -um kraftlos, schwach
invertere, -vertī, -versum drehen
litterae, -ārum *f.* (*Pl.*) (*hier:*) Bildung
mūnus, -neris *n.* Amt, Aufgabe; Geschenk; (*hier:*) Gladiatorenspiel
obstāre, obstō, obstitī im Weg stehen
omnipotēns, -entis allmächtig
opportūnitās, -tātis *f.* Vorteil
palma Hand(-innen-)fläche
pariēs, -ĕtis *m.* Wand
pāstor, -ōris *m.* Hirte
pictūra Gemälde
propitius, -a, -um geneigt, günstig
pullārius Hühnerwärter (hatte die zur Weissagung bestimmten Hühner zu füttern)
pullus Huhn; Küken
Pūnicus, -a, -um punisch (= karthagisch)
quadrāgintā vierzig
quisquam, quicquam (irgend)einer, (-)etwas
quod (*Konj., eröffnet Inhaltssatz*) dass
recipere (sē:) zurückkehren
rēgius, -a, -um königlich
repente (*Adv.*) plötzlich
servīre Sklave sein, dienen
stuprum īnferre (*mit Dat.*) mit jm. Ehebruch begehen
thēsaurus (*griech.*) Schatz
Thraex, -aecis Thraker (Kämpfertyp in der Arena; eigtl. Bewohner Thrakiens)
tollere, tollō, sustulī, sublātum aufheben, emporheben, beseitigen

PE 59

anteā (*Adv.*) vorher, früher
arēna Sand
cantus, -ūs *m.* Gesang
circulus Kreis
cōgitātiō, -ōnis *f.* Überlegung, Gedanke
contumēlia Misshandlung
corvus Rabe
dēcidere, -cidī herabfallen
diūtius (*Adv.*) länger
ēheu! o weh!
expūgnāre erstürmen, erobern
falsus, -a, -um ‹falsch›
fīgere, fīxī, fīxum befestigen, anheften, durchbohren
figūra Gebilde, Körper, Gestalt, (*hier: geometrische*) Figur
garrīre schwatzen
grex, gregis *m.* Schar, Herde
horridus, -a, -um schrecklich, schaurig
immiscēre, -miscuī, -mixtum (*mit Dat.*) mischen unter
ineptus, -a, -um töricht, albern
Mercūrius Merkur (Planet)
minārī, minor, minātus, -a sum drohen
mundus Welt, Weltall
nūbēs, -is *f.* Wolke
pāvō, -ōnis *m.* Pfau
penna Feder
repellere, reppulī, repulsum abweisen, zurücktreiben
rōstrum Schnabel
sapiēns, -entis weise, vernünftig
sphaera (*griech.*) Kreisbahn
stēlla Stern
stringere, strīnxi, strictum abstreifen, ziehen
trīstis, -e traurig, betrüblich
turbāre verwirren, stören
tyrannus (*griech.*) Alleinherrscher, Tyrann
Venus, Veneris *f.* Venus (Planet)
violāre verletzen, beleidigen

PE 60/61

abbās, -ātis *m.* (*hebr.*) Abt (Vorsteher eines Klosters)
an (*Konj. in indir. Frage*) ob
apertus, -a, -um offen, offenkundig; (*hier:*) zugänglich
auricula Öhrchen
Austria Österreich
barbarus (*griech.*) Unzivilisierter, Fremder, Ausländer
braxāre (*mittellat.*) brauen
caelestis, -e himmlisch, im/am Himmel
carmen malum Zauberspruch
casa Haus, Hütte
cēnula Imbiss, (bescheidene) Mahlzeit
cernere, crēvī, crētum sehen, wahrnehmen, erkennen
certāmen, -minis *n.* (Wett-)Streit, Kampf
cervīsia (*keltisch*) Bier
cēterum (*Adv.*) außerdem, im Übrigen
clam (*Adv.*) heimlich
commūnicāre mit jmd. sprechen
cōnservāre bewahren, erhalten
cōnstituere, -uī, -ūtum (*hier:*) feststellen
contrā ... dīligere die Liebe erwidern
coquus ‚Koch'
corrumpere, -rūpī, -ruptum verderben, bestechen
crīmen, -minis *n.* Beschuldigung, Vorwurf, Verbrechen
cumulāre überhäufen
cūstōdīre bewachen
daemōn, -ŏnis *m.* (*griech.*) Teufel
dēcernere, -crēvī, -crētum entscheiden, beschließen
dēcipere, -iō, -cēpī, -ceptum täuschen, betrügen
deinceps (*Adv.*) nacheinander
dēmergere, -mersī, -mersum (*Pass.*) untergehen, ertrinken
dēnūntiāre anzeigen
dētrīmentum Schaden, Einbuße
dīvīnus, -a, -um göttlich
dolōsus, -a, -um (hinter-)listig
dolus List, Täuschung
duplex, -plicis doppelt
ēdiscere, ēdidicī auswendig lernen
ēgregius, -a, -um hervorragend, ausgezeichnet; (*hier:*) geehrt
ēicere, ēiciō, ēiēcī, ēiectum hinauswerfen, verbannen
exārdēscere, -ārsī entbrennen
excipere, -iō, -cēpī, -ceptum aufnehmen, auf sich nehmen
fenestra Fenster
iēiūnium Fasten
imperātrīx, -trīcis *f.* Herrscherin
incurrere, -currī, -cursum losstürzen
indīgnātiō, -ōnis *f.* Entrüstung

indocilis, -e unbelehrbar
inermis, -e unbewaffnet
iniūstus, -a, -um ungerecht
īnsānus, -a, -um wahnsinnig, irrsinnig
īnspicere, -spexī, -spectum nachlesen
integer, -gra, -grum unversehrt, unberührt
īsicium Hackfleisch
iūdex, -dicis *m.* Richter
iūrāre schwören, einen Eid ablegen
iūstus, -a, -um gerecht
leō, -ōnis *m.* Löwe
litterae, -arum *f.* (*Pl.*) (*hier:*) Schriften
malefica Hexe
medicīna Heilkunst
mēnsūra Messen, Maß
metere, metō, –, messum mähen, ernten
mī fīlī! (*Vok. zu* meus fīlius) mein Sohn!
misericors, -cordis barmherzig
monachus (*griech.*) Mönch
nē (*Konj. mit Konjunktiv*) dass nicht, damit nicht
nefās *n. (nur Nom./Akk. Sg.)* Unrecht, Frevel
nocēre schaden
nŏta Buchstabe
ōdisse, ōdī (*Perfekt*) hassen (*Präsens*)
oportet, oportuit es ist nötig, man muss
os, ossis *n.* Knochen
paupertās, -tātis *f.* Armut
pecus, pecudis *f.* Vieh, (Haus-) Tier
perditus, -a, -um verkommen, nichtswürdig
piscis, -is *m.* ‹Fisch›
porcus Schwein
praeparāre vorbereiten
prōvidēre, -vīdī, -vīsum vorhersehen; dafür sorgen (*, dass*)
quā dē causā (*Adv.*) aus diesem Grund, deshalb
quaesitum est in Ursulam Ursula wurde verhört
quamvīs (*Konj. mit Konjunktiv*) obwohl („wie sehr du auch willst")
quodsī (*Konj.*) wenn also, wenn aber
quotiēns (*Adv.*) wie oft, so oft
quotiēnscumque (*Adv.*) sooft, immer wenn

remanēre, -mānsī, -mānsum zurückbleiben, ausharren
reperīre, repperī, repertum finden, wieder finden
revertī, -vertor, -vertī zurückkehren
rumbus (*griech.*) Steinbutt
saevīre (*hier:*) wüten
saltāre tanzen
sānāre heilen
sānus, -a, -um gesund, bei Verstand
sēcrētus, -a, -um geheim
sēmentis, -is *f.* Aussaat
simulāre vortäuschen, nachbilden
suspicārī, suspicor, suspicātus, -a sum argwöhnen, vermuten
tālis, -e solch, derartig, so (beschaffen)
torquēre, torsī, tortum foltern
ūniversum Welt(-all)
ūnusquisque, ūnaquaeque, ūnumquodque jeder, jede, jedes (einzelne)
vās, vāsis *n.* Gefäß
verērī, vereor, veritus, -a sum fürchten
vidua ‹Witwe›

PE 62/63

abbās, -ātis *m.* (*hebr.*) Abt (Vorsteher eines Klosters)
adorīrī, -orior, -ortus, -a sum angreifen, herangehen
aes aliēnum, aeris alieni *n.* Schulden
aggredī, -gredior, -gressus, -a sum angreifen
alveārium Bienenstock, -korb
amīcitia Freundschaft
amphŏra (*griech.*) Amphore, Krug
ancilla Dienerin, Magd
antīquissimus, -a, -um sehr alt
ănus, -ūs *f.* Greisin, Alte
apis, -is *f.* Biene
auxilia, -ōrum *n.* (*Pl.*) Hilfstruppen
avidus, -a, -um (be-)gierig
avis, -is *m./f.* Vogel
bellum gerere, gessī, gestum Krieg führen
bīduum (Entfernung von) zwei Tagesmärsche(n)
Caesarius Caesarius (Mönch aus Heisterbach bei Köln, Verfasser des „Dialogus mīrāculōrum")

capitāneus Offizier
casia (*griech.*) wilder Zimt
cēlāre verbergen
collocāre aufstellen, unterbringen
congiārium Spende, Geschenk
cōnstruere, -strūxī, -strūctum errichten
cōntiō, -ōnis *f.* (Heeres-)Versammlung
convalēscere, -valuī stark werden
coorīrī, -orior, -ortus, -a sum entstehen
cōpiae, -ārum *f.* (*Pl.*) Truppen, Streitkräfte
crambē repetīta „aufgewärmter" Kohl
culcita Matratze
dēferre, -ferō, -tulī, -lātum weg-, hinbringen; melden, berichten
dēnsus, -a, -um dicht
dērīdēre, -rīsī, -rīsum über jd./etw. lachen
ēmorī, -morior, -mortuus, -a sum sterben
episcopus (*griech.*) Bischof
ēpōtus, -a, -um ausgetrunken, geleert
eques, equitis *m.* Reiter; Ritter (Stand der röm. Gesellschaft)
equitātus, -ūs *m.* Reiterei
exclāmāre ausrufen
Falernus, -a, -um Falerner … (aus dem „Falernus ager", Gebiet zw. Latium und Kampanien)
femur, femoris *n.* Oberschenkel
fragor, -ōris *m.* Getöse
fugāre in die Flucht schlagen
furiōsus, -a, -um leidenschaftlich
galea Helm
gemere, -uī, -itum seufzen
Gīsebertus Gisbert
grex, gregis *m.* Herde, Schar
grunnīre grunzen
grunnītus, -ūs *m.* Gegrunze
Henrīcus Heinrich
hiemāre überwintern, im Winterquartier liegen
implēre, -plēvī, -plētum anfüllen
impudēns, -entis unverschämt
īnspicere, -iō, -spexī, -spectum untersuchen, prüfen
intus (*Adv.*) drinnen

iterum iterumque (*Adv.*) immer wieder
iūdicium Gericht
iūsta fūnera reddere gebührend bestatten
lātē (*Adv.*) weithin
lēctor, -ōris *m.* Leser
libellus Büchlein
liquor, -ōris *m.* Flüssigkeit
lōrīca Brustpanzer
Lōtharingia Lothringen
malum Übel, Leid
medicīna Heilmittel, Arznei
medulla Knochenmark
mīlle passuum Meile (*„tausend Doppelschritte“*) (= ca. 1500 m)
monachus (*griech.*) Mönch
mora Aufschub, Verzögerung
nārēs, -rium *f.* (*Pl.*) Nasenlöcher, Nase
nīdus ‚Nest‘
nōvisse, nōvī (*Perfekt*) kennen, wissen (*Präsens*)
nūbēs, -is *f.* Wolke
ō! o, oh
obstāre, -stitī im Weg stehen; (*hier:*) sich widersetzen
odor, -ōris *m.* Geruch
operīre, -ruī, -rtum bedecken, einhüllen
opēs, opum *f.* (*Pl.*) Mittel, Reichtum, Macht
os, ossis *n.* Knochen
peditātus, -ūs *m.* Fußvolk
pertinēre, -tinuī sich erstrecken
quō pertinet? Was bedeutet es?
plūrēs/plūra, -ium (*Pl.*) mehr
poētica (*griech.*) Dichtkunst
porcus Schwein
prīmō (*Adv.*) anfangs, zuerst
prīncipium Anfang
pullus Huhn; Küken
quadrāgintā vierzig
quāle bonum was für eine Köstlichkeit
quamvīs (*Konj. mit Konjunktiv*) obwohl
quiēscere, -quiēvī, -quiētum ruhen, nichts tun
quīndecim fünfzehn
quīngentī, -ae, -a fünfhundert
quisnam?, quidnam? wer denn?, was denn?
recēnsēre, -uī, -cēnsum mustern
relīquiae, -ārum *f.* (*Pl.*) Überreste, Rest
replēre, plēvī, plētum anfüllen
repūgnare sich widersetzen, Widerstand leisten
reus Angeklagter
rīpa Ufer
senēscere, senuī altern
sērius (*Adv.*) später
silēre schweigen
splendēre glänzen
suāvis, -e süß
sucula Ferkel
surculus Zweig
Theutōnicus (*mittellat.*) Deutscher
tunc (*Adv.*) damals, dann
tūs, tūris *n.* Weihrauch
vermiculus Würmchen
vitreus, -a, -um aus Glas
vulgō (*Adv.*) allgemein

PE 64

aetās, -tātis *f.* (Lebens-)Alter; Zeitalter
aliquantum eine ziemlich große Menge, ziemlich viel
aquila Adler
arātrum Pflug
ascendere, -scendī, -scēnsum (*hier:*) losziehen
bis (*Adv.*) zweimal
circā (*beim Akk.*) um … herum
cōgnātus (Bluts-)Verwandter
cōnsilium Rat, Plan, Beratung, Beschluss
cremāre einäschern
crux, crucis *f.* Kreuz; (*hier:*) Kreuzeszeichen
currus, -ūs *m.* Wagen, Gespann
dēdere, -didī, -ditum ausliefern, hingeben, widmen
effigiēs, -ēī *f.* Bild, Erscheinung
ēheu! o weh!
Francia Frankreich
hortārī, hortor, hortātus, -a sum auffordern, ermahnen
hortātus, -ūs *m.* Aufforderung
ideō (*Adv.*) deswegen
illūc (*Adv.*) dorthin
immoderātissimus, -a, -um (ungeheuer) maßlos
incertus, -a, -um unsicher, ungewiss
īnfectus, -a, -um ungetan, unverrichtet
inimīcissimus Erzfeind
innumerābilis, -e unzählbar
inquīrere, -quīsīvī, -quīsītum befragen
invītus, -a, -um gegen den Willen, ungern, unwillig
tē invītō gegen deinen Willen
languēscere, languī erkranken
nequīre, -eō, -īvī, -itum nicht können
nesciō quī, quae, quod irgendeiner, -eine (eig. „ich weiß nicht wer“)
obscūrior dunkler, unverständlicher
omnīnō (*Adv.*) ganz und gar, völlig; überhaupt (nur)
pasc(h)a (*hebr.*) Ostern
pecus, pecoris *n.* ‚Vieh‘
pentēcostē, -is *f.* (*griech.;* Akk. pentecostēn) ‹Pfingsten› (der „50. Tag“ nach dem Passahfest)
praedicāre ‹predigen›; (*hier:*) in einer Predigt (zu einem Kreuzzug) aufrufen
praesertim cum (*Konj.*) zumal da
praetōrius, -a, -um im Rang eines Prätors, Prätorianer-
prōpōnere (*hier:*) vorlegen, darlegen
prosper, -era, -erum günstig, glücklich
quantō … tantō … (*mit Komp.*) je … desto …
quattuordecim vierzehn
remanēre zurückbleiben, ausharren
retrahere zurückhalten
saepius öfter, häufiger
somniāre träumen
somnium Traum
spīritus, -ūs *m.* Geist, Hauch, Atem, Leben
ter (*Adv.*) dreimal
testūdō, -dinis *f.* Schildkröte
Theutōnia (*mittellat.*) Deutschland
utrum … an … (*Konj. in indir. Doppelfrage*) ob … oder (ob) …
versus (*beim Akk.*) gegen, nach
viae sē expōnere sich auf den Marsch machen
virīlis, -e männlich, Mannes-

PE 65/66

abundantia Überfluss
ācer, ācris, ācre scharf, spitz; heftig, eifrig

adultus, -a, -um erwachsen
aequāre gleichmachen, (*hier:*) im Niveau angleichen
aequor, -ōris *n.* Meer
aeternus, -a, -um ewig
āmēn! (*hebr.*) Amen!, So geschehe es!
amphŏra (*griech.*) Amphore, Krug
arcus, -ūs *m.* Bogen
argenteus, -a, -um silbern, aus Silber
argūmentum Beweis, Inhalt
artifex, -ficis *m.* Künstler, Handwerker
āthlēta, -ae *m.* (*griech.*) Wettkämpfer, Athlet
aureus, -a, -um golden, aus Gold
aurifex, -ficis *m.* Goldschmied
avis, -is *m./f.* Vogel
Bacchus Bacchus, (*hier:*) Wein
balineae, -ārum *f.* (*Pl.*) (*griech.*) Badeanstalt
benīgnus, -a, -um gütig, freundlich, mild
bōs, bovis *m./f.* Rind
caecus, -a, -um blind
celsus, -a, -um erhaben, hochherzig
Chrīstiānus Christ
cōgnitiō, -ōnis *f.* (Er-)Kenntnis; (*hier: gerichtl.*) Untersuchung
cōhaerēre zusammenhängen
collocāre (*beim Dativ*) verheiraten (mit jmd.)
cōnfitērī, -fiteor, -fessus, -a sum bekennen, (ein-)gestehen
cōnsistere, -stitī (*hier:*) sich niederlassen
convallis, -is *f.* Tal(-kessel)
corōna Kranz, Krone
crūdēlis, -e grausam
cūnctātiō, -ōnis *f.* Zögern, Zaudern
cutis, -is *f.* (*griech.*) Haut
dēmittere, -mīsī, -missum hinablassen, sinken lassen
differre, differō, distulī, dīlātum aufschieben; sich unterscheiden
dīgnitās, -tātis *f.* Würde, Rang, Amt
discrīmen, -minis *n.* Unterschied, Entscheidung; Gefahr
dūcere, dūxī, ductum (*hier:*) zur Hinrichtung abführen
ē rē publicā (*hier:*) von der Bürgerschaft
effluere, -flūxī herausfließen
estō! es soll (so) sein!
eurīpus (*griech.*) Kanal
exaudīre erhören
exprimere, -pressī, -pressum verdrängen
exstruere, -strūxī, -strūctum errichten
flagitium Schandtat, Niederträchtigkeit, Vergehen
fōrmōsus, -a, -um schön
fraudulentus, -a, -um betrügerisch
Friderīcus Friedrich
frōns, frondis *f.* Laub
gladiātor, -ōris *m.* Gladiator, Schwertkämpfer
glōriārī, glōrior. glōriātus, -a sum (*mit Abl.*) sich rühmen, angeben, prahlen
haesitare zögern, stecken bleiben
hyiós (*griech.*) Sohn
hys (*griech.*) Schwein
īgnōrantia Unkenntnis, Unwissenheit
in diēs von Tag zu Tag
indīgnārī, -dīgnor, -dīgnātus, -a sum sich entrüsten
īnflāre aufblasen
inops, -ŏpis machtlos
īnscrībere, -scrīpsī, -scrīptum draufschreiben, betiteln; (*hier:*) kritzeln
īnstruere, -strūxī, -strūctum aufstellen, ausrüsten; unterrichten; (*hier:*) beheben
intendere, -tendī, -tentum anspannen, richten auf, beabsichtigen
interim (*Adv.*) inzwischen
invehī, -vehor, -vectus, -a sum (hinein-)fahren, auf jmd. losfahren, anfahren
invidia Neid, Missgunst, Unbeliebtheit
Isthmia, -orūm *n.* (*Pl.*) Isthmische Spiele (bei Korinth)
laudēs ferre Lob ernten
longē (*Adv.*) bei weitem
loquāx, -ācis geschwätzig
māgnitūdō, -dinis *f.* Größe
māior/māius, -ōris größer
māssa (*griech.*) Klumpen, ‚Masse'
mediŏcris, -e mittelmäßig, mäßig; (*hier:*) wenig
minārī, minor, minātus, -a sum drohen
minor/minus, -ōris kleiner, geringer
minus (*Adv.*) weniger
mīrābilis, -e wunderbar, bewundernswert
miserābilis, -e beklagenswert, elend
moenia, -ium *n.* (*Pl.*) Stadtmauern, Stadt
monachus (*griech.*) ‹Mönch›
natus/nata Sohn/Tochter
(-ne) ... an ... (*Konj. in indir. Doppelfrage*) ob ... oder (ob) ...
Nemea, -ōrum *n.* (*Pl.*) Nemeïsche Spiele (bei Nemea, in der Argolis auf der Peloponnes)
nīsus, -ūs *m.* Anstrengung
nōbilis, -e edel, berühmt, vornehm, (*hier:*) bekannt, gefeiert
novissimē (*Adv.*) zuletzt
novum Neues, Neuigkeit
nūgātor, -ōris *m.* Angeber, Aufschneider
Olympia, -ōrum *n.* (*Pl.*) Olympische Spiele
paenitentia Reue
palma Siegespalme
patrius, -a, -um väterlich
pellis, -is *f.* ‚Fell', Haut
perfodere, -iō, -fōdī, -fossum durchstechen
perpetuā vītā auf Lebenszeit
perpetuus, -a, -um ununterbrochen
persevērāre verharren, beharren
perstāre, -stitī bestehen bleiben
pestis, -is *f.* Seuche, Unheil, Verderben
piscīna Fischteich, Schwimmbecken
piscis, -is *m.* Fisch
plūs, plūris mehr
potēns, -entis mächtig
praestāns, -antis vorzüglich
praetor, -ōris *m.* Prätor (hoher Beamter, den Konsuln unterstellt)
prātum Wiese
precārī, precor, precātus, -a sum beten, bitten
probātus, -a, -um trefflich
pugil, -ilis *m.* Boxer, Faustkämpfer
pūnīre bestrafen, strafen
Pȳthia, -ōrum *n.* (*Pl.*) Pythische Spiele (in Delphi)

quadrīgae, -ārum *f.* (*Pl.*) Viergespann
quātenus (*Adv.*) wie weit
quodsī (*Konj.*) wenn also, wenn aber
quot (*nicht dekliniert*) wie viele
racēmus (Wein-)Beere
revenīre, -vēnī, -ventum zurückkehren
rūgōsus, -a, -um runzelig
rumpere, rūpī, rūptum etw. zerbrechen, zerreißen, (*Pass. hier:*) platzen
saltūs dare springen
segēs, -etis *f.* Saat(-korn, -feld)
serēnissimus Durchlaucht, Hoheit
sēsē sich
similis, -e (*mit Gen.*) ähnlich
sōlium Badewanne
sollemnis, -e festlich, üblich
speciēs, -ēī *f.* Gestalt, Aussehen, Schein
stēlla Stern
stertere schnarchen
stolidus, -a, -um dumm, albern
stomachus (*griech.*) Magen
suburbānus, -a, -um am Stadtrand gelegen
supplicium Todesstrafe, Hinrichtung
suprēmus, -a, -um höchster, oberster
tegere, tēxī, tēctum (be-)decken, verbergen
tertiō (*Adv.*) zum dritten Mal
testis, -is *m.* Zeuge
thermae, -ārum *f.* (*Pl.*) (*griech.*) Thermen
trecentī, -ae, -a ‚dreihund'ert
Trēveris Trier
triumphāre einen Triumphzug feiern
turpis, -e hässlich, schändlich
valē! leb wohl!
vās, vāsis *n.* Gefäß
vectīgal, -ālis *n.* Einkommen
vel ... vel ... (*Konj.*) (entweder ...) oder ...
venia Gnade, Verzeihung
vērō (*Adv.*) wirklich, tatsächlich
Wilhelmus Wilhelm

PE 67

Achillās, -ae *m.* Achillas (einer der Mörder des Pompeius)
addere, addidī, additum hinzufügen
adflīctāre schwer beschädigen
adimere, -ēmī, -emptum an sich nehmen, wegnehmen, rauben
administrāre verwalten, leiten; (*hier:*) (den Dienst) verrichten
adōrāre anbeten, anflehen
aliud ... aliud ... eine Sache ... eine andere Sache ...
ancŏra (*griech.*) Anker
argūmentum Beweis, Inhalt
āridum das trockene Land
ariēs, -ĕtis *m.* Widder
armāmenta, -ōrum *n.* (*Pl.*) Takelwerk
auxiliārī, auxilior, auxiliātus, -a sum helfen
auxilium ferre helfen, Hilfe bringen
avis, -is *f.* Vogel
bellum cīvīle Bürgerkrieg
biblia (*griech.*) Buch, Bibel
cadere, cecidī, cāsum (*hier:*) enden, ausfallen
canīnus, -a, -um Hunde-
capra Ziege
casa Haus, Hütte
celeritās, -tātis *f.* Schnelligkeit
cervīx, -īcis *f.* Hals
circummūnīre, -īvī, -ītum ringsum einschließen
citāre antreiben
citō (*Adv.*) schnell
clam (*Adv.*) heimlich
comitātus, -ūs *m.* Begleitung, Geleit
commentārius Tagebuch
complūrēs, -plūra mehrere, ziemlich viele
cōnscendere, -scendī, -scēnsum besteigen
cōnstruere, -strūxī, -strūctum errichten
contendere, -tendī, -tentum (*hier:*) verlangen
continenter (*Adv.*) ständig
convocāre zusammenrufen
crūs, crūris *n.* Bein
cūrāre (*hier:*) (etw. tun) lassen
dēcipere, -iō, -cēpī, -ceptum täuschen, betrügen
decumāna porta Haupttor (eines Lagers) (hinter dem die 10. Kohorte ihr Quartier hatte)
dēditiō, -ōnis *f.* Kapitulation
dēligāre anbinden, festmachen
dētrahere, -trāxī, -tractum abziehen, abstreifen, ablegen
diabolus (*griech.*) ‚Teufel'
dīversus, -a, -um gegensätzlich, verschiedenartig
dorsum Rücken
ecclēsia (*griech.*) Volksversammlung; Kirche(ngemeinde)
egestās, -tātis *f.* Mangel, Armut
sē ēicere, -iciō, -iēcī, -iectum hinausstürzen
ēlegāns, -antis gewählt
ēligere, -lēgī, -lēctum auswählen
ēloquī, -loquor, -locūtus, -a sum sprechen
ēvītāre vermeiden
faciēs, -ēī *f.* Aussehen, Gestalt, Gesicht
fidēlis, -is *m.* der Gläubige
flōs, flōris *m.* Blume
fūnis, -is *m.* Tau, Seil
grūs, grūis *f.* Kranich
hiemāre im Winterquartier liegen, überwintern
hirtus, -a, -um struppig, stachelig
idiōta *m.* (*griech.*) (*hier:*) Analphabet
imperātōrius, -a, -um eines Feldherrn
impetrāre durchsetzen, (durch Bitten) erreichen
incōgnitus, -a, -um unbekannt
industria Fleiß, Eifer
īnsānābilis, -e unheilbar
īnsidēre, -sēdī, sessum sitzen auf/in
īnsīgne, -is *n.* militärisches Rangabzeichen
īnstrūctiō, -ōnis *f.* Unterweisung
intermittere, -mīsī, -missum unterbrechen
intrā (*beim Akk.*) innerhalb von
inūtilis, -e unbrauchbar
item (*Adv.*) ebenso
iūdicāre (be-)urteilen, richten
lātrāre bellen
legēns, -entis *m./f.* (*hier:*) Lesekundiger
līberālis, -e freigebig, großzügig
longus, -a, -um ‹lang›, weit, ‹lange›
Lūcius Septīmius Lucius Septimius (einer der Mörder des Pompeius)

lŭtum Kot, Mist
manūfactum von Hand Hergestelltes
medicāmentum Heilmittel
minister, -trī Diener
mīrābilis, -e sonderbar, wunderlich
mīrāculum Wunder(geschichte)
monocōlus (*griech.*) „Einbeiniger"
nāncīscī, nāncīscor, nā(n)ctus, -a sum (durch Zufall) bekommen
nāvicula Boot
nāvigāre segeln, (zur See) fahren
nāvis frūmentaria Proviantschiff
nāvis longa Kriegsschiff
nāvis onerāria Lastschiff
nesciēns, -entis *m.* Unwissender
nocturnus, -a, -um nächtlich
notāre sich merken
nummus Münze
nusquam (*Adv.*) nirgends
opus, operis *n.* (*hier:*) Belagerungswerk
oriēns, -entis *m.* Sonnenaufgang, Osten
ōvum Ei
pāctum Vertrag, Übereinkunft
paenitēre bereuen
palam (*Adv.*) öffentlich, vor aller Augen
penna Feder
perturbātiō, -ōnis *f.* Verwirrung
pestifer, -fera, -ferum Verderben bringend
pictūra Gemälde
plūmōsus, -a, -um gefiedert
Pompēiānus Anhänger des Pompejus
ponderāre gewichten, abwägen
porrēctus, -a, -um gestreckt, gerichtet
potīrī, potior, potītus, -a sum (*mit Abl./Gen.*) sich bemächtigen, erobern
praepositiō, -ōnis *f.* (*gramm.*) Präposition
prōcūrātiō, -ōnis *f.* Verwaltung
propter (*beim Akk.*) wegen
prōrsus (*Adv.*) vorwärts, nach vorn
pullus Huhn; Küken
pulsāre stoßen
putāmen, -minis *n.* Schale
quadrāns, -ntis *m.* Viertelfuß
quiēscere, quiēvī, quiētum ruhen, nichts tun
quippe quī, quae, quod (*mit Konjunktiv*) da er, sie, es ja …
quō (*mit Komparativ*) damit umso
reficere, -iō, -fēcī, -fectum wiederherstellen, erneuern
reperīre, repperī, repertum finden, wiederfinden
reportāre zurückbringen
retrō (*Adv.*) rückwärts, nach hinten
sacculus kleiner Beutel
sagitta Pfeil
saltātim (*Adv.*) springend, hüpfend
sānāre heilen
sānctus, -a, -um heilig, unverletzlich
scrīptor, -ōris *m.* Autor, Schriftsteller
scrīptura Schrift
sēditiō, -ōnis *f.* Aufstand, Aufruhr
sīgnāre unterzeichnen
sinere, sīvī, situm (zu-)lassen, dulden
singulī, -ae, -a je ein
sōlum (*Adv.*) allein, nur
Sosatia Soest (Stadt in Westfalen)
spīritus, -ūs *m.* Hauch, Atem, Leben, Geist, (*hier:*) Duft
subdūcere (*hier:*) (an Land) ziehen
sublevāre aufrichten, (*hier:*) nachhelfen (*im Sinne von* korrigieren)
superior, superius (*hier:*) besser
tabula (Schreib-)‹Tafel›; (*hier:*) Spielbrett
temperātus, -a, -um gemäßigt, schlicht
tessera Würfel
tesserārius, -a, -um Würfel-
testāmentum Testament
testimōnium Zeugnis
Thiemō *m.* Thiemo (männl. Name)
trānsportāre hinüberschaffen
tribuere, -uī, -ūtum zuteilen, zuweisen, (*hier:*) schenken
tribūnus militum Militärtribun (Staatsbeamter)
tribūnus plēbis Volkstribun (Staatsbeamter)
trīgintā ‚dreißig'
ubī terrārum wo auf Erden
ūsque (*Adv.*) bis; ohne Unterbrechung
ut (*Konj. mit Konjunktiv*) selbst wenn, wenn auch
vallum ‹Wall›, Verschanzung
vēlōcitās, -tātis *f.* Schnelligkeit
vēr, vēris *n.* Frühling
vērō (*Konj.*) aber
versārī, versor, versātus, -a sum sich aufhalten, sich bewegen
vescī, vescor (*mit Abl.*) sich ernähren (von)

Adjektiv Eigenschaftswort: *groß, bunt, alt*
Adverb Umstandswort: *gern, niemals, heute, dort*
Adverbiale Bestimmung Umstandsbestimmung, z. B. auf die Frage *Wann? Wo? Warum?*
Agens derjenige, von dem eine Handlung ausgeht, die auf jemand / etwas gerichtet ist; diesen / dieses nennt man Patiens
Akkusativ 4. Fall auf die Frage *Wen? Was?:* Ich sehe *den Regenbogen.*
Aktiv Darstellungsform einer Tätigkeit durch das Verb; die Handlung wird vom Täter aus gesehen: *Ich öffne* die Tür. Dagegen Passiv: Die Tür *wird geöffnet.*
Attribut Beifügung zur näheren Bestimmung eines Substantivs auf die Frage *was für ein?:* der *alte* Freund; die Tasche *des Freundes*
Autorintention Absicht bzw. Ziel des Autors bei der Abfassung eines Textes im Ganzen wie in dessen Einzelheiten
Dativ 3. Fall auf die Frage *Wem? Für wen?:* Ich vertraue *dir.*
Deklination Formabwandlung eines Substantivs, Adjektivs oder Pronomens in Kasus und Numerus: *das Haus, des Hauses* usw.
Demonstrativpronomen Zeige- oder Verweiswort: *Dieser* Mensch hier gefällt mir, *jener* dagegen weniger.
Diathese Aktiv oder Passiv („Zustandsform" des Verbs): *bewundern* oder *bewundert werden; sich waschen*
Femininum grammatisches Geschlecht *weiblich: die Frau, die Blume*
Genitiv 2. Fall auf die Frage *Wessen?:* Das Haus *meiner Eltern;* ich bedarf *deiner Hilfe*
Genus grammatisches Geschlecht: *Maskulinum, Femininum* oder *Neutrum: der* Stein, *die* Blume, *das* Buch
Genus verbi Aktiv- oder Passivform (↗ *Diathese)*
Gliedsatz Satz (Nebensatz), der einem anderen Satz *untergeordnet* ist, meist durch eine Konjunktion verbunden: Wir freuten uns, *weil* endlich die Sonne schien.
Imperativ Befehlsform des Verbs: *Hilf* mir!
Infinitiv Grundform (Nennform) des Verbs: *schreiben*
Interrogativ- Frage-; z. B. Interrogativpronomen *Wer?*
Kasus Fall: Nominativ, Genitiv, Dativ, Akkusativ, im Lat. noch Ablativ (siehe dort)
kausal begründend
Konjugation Abwandlung der Form eines Verbs, z. B. nach *Person, Numerus* und *Tempus: ich schlafe, du schläfst, wir haben geschlafen*
Konjunktion Bindewort, das Sätze *reihend, zeitlich, logisch* miteinander verknüpft, z. B.: *und, dann, obwohl, daher.* Die Konjunktion im Nebensatz nennt man auch *Subjunktion* (weil sie *unter*ordnet)
Konjunktiv Redeabsicht „unentschiedene Möglichkeit" ↗ Modus
Konnektor Verbindungsglied zweier Sätze oder Satzglieder, z. B. *Adverbien*: damals, so; *Pronomina:* dieser, diejenige; *Konjunktionen* (siehe dort)
Konnotation mit einem Wort zusätzlich zur reinen Sachbedeutung verbundene Vorstellung des Sprechers bzw. Hörers, „Färbung" eines Wortes
Kontext Zusammenhang, in dem ein Satz bzw. Textabschnitt steht: a) innerhalb eines Textes, b) im Verhältnis zwischen dem Text und der „Außenwelt" des Textes
Maskulinum grammatisches Geschlecht (Genus) *männlich: der Sieger, der Wald*
Modus Aussageweise des Verbs: Sie *kommt* heute (*Indikativ*); er *käme* heute *(Konjunktiv); komm heute! (Imperativ)*
Neutrum grammatisches Geschlecht (Genus) *sächlich: das Ding, das Kind*
Nomen a) deklinierbare Wortart: *Substantiv* (das Buch), *Adjektiv* (schön), *Pronomen* (sie), *Zahlwort* (zwei), *Eigenname* (Karl); b) sehr oft = Substantiv
Nominativ 1. Fall auf die Frage *Wer? Was?: Der Mensch* ist *ein Säugetier.*
Numerus *Einzahl (Singular)* oder *Mehrzahl (Plural): Tor, Tore*
Objekt Ergänzung eines Verbs durch ein Substantiv, es bestimmt die Bedeutung des Verbs mit; z. B. *Akkusativ:* Ich erkannte *ihn* sofort; *Dativ:* Ich traue *dir; Genitiv:* der Kranke bedarf *der Pflege;* mit Präposition + Kasus („Präpositionalobjekt"): *aus dem Grenzland* stammend.
Passiv Form des Verbs, die nicht den Täter, sondern das *Betroffene* in den Vordergrund rückt: Das Schiff *wurde versenkt* (dt. Vorgangspassiv), oder: Das Schiff *ist versenkt* (dt. Zustandspassiv; ↗ Aktiv).
Personalpronomen bezeichnet Personen / Rollen und Dinge / Sachverhalte oder deren Stellvertreter: *ich / wir* (Sprecher – 1. Person); *du / ihr* (Angesprochener – 2. Person); *er / sie / es,* Pl. *sie* (Besprochener / -es – 3. Person: *Markus* fehlt, *er* ist krank.)
Perspektive z. B. die Richtung, aus der eine Handlung dargestellt wird: a) vom Handlungsträger (Agens) aus (z. B. Aktivsatz), b) vom Betroffenen aus (z. B. Passivsatz)
Plural siehe Numerus: *Mehrzahl,* z. B. *Leute*
Possessivpronomen zeigt den *Besitz* oder *Zugehörigkeit* an: *mein* Bett, *deine* Eltern
Prädikat „Satzaussage": die Form des Verbs, in dem das beschrieben wird, was die Mitspieler eines Satzes z. B. in Form einer Handlung oder eines Ereignisses verbindet (↗ Satztypen S. 42/43)
Präsens Tempus des Verbs: Ich *schlafe.*
Präsupposition unausgesprochenes Wissen, das Sprecher und Hörer bzw. Leser gemeinsam haben, ohne das ein Text nicht oder nur schwer verständlich ist
Präteritum Tempus des Verbs im Deutschen: Ich *schlief.*
Pronomen Stellvertreter oder Begleiter eines Nomens: *sie, unser, wer, sich, diese* usw.
Relativpronomen Pronomen, das sich stellvertretend auf ein Wort im übergeordneten Satz bezieht: Das Zimmer, *das* ich bewohne, ist sehr klein.
Satzgefüge Zusammenfügung von *Haupt-* und *Gliedsatz:* Ich gehe ins Bett, *weil* ich müde bin.
semantisches Feld Wörter aus einem Sinnfeld, z. B. *Aufregung, Nervosität, Bahnüberfall,* in dem das Thema zum Ausdruck kommt

Singular Numerus: Einzahl: *das / ein* Zimmer
Subjekt Der / das, den / was ein Sprecher grammatisch in den Mittelpunkt eines Satzes rückt; Frage: *Wer? Was? Der Spieler* trifft das Tor. *Die Sonne* scheint.
Subjunktiv Formen des Konjunktivs in Gliedsätzen ohne Sinnrichtung
Substantiv auch *Nomen (Hauptwort): Tisch, Mensch, Freiheit*
Tempus Zeitform des Verbs, z. B. *Präsens, Präteritum, Perfekt*
Thema-Rhema-Struktur im einfachsten Fall die inhaltliche Abhängigkeit aufeinanderfolgender Sätze eines Textes. Jeder Satz bildet eine Vorbedingung für den folgenden, er gibt ein *Thema* vor. Darauf aufbauend liefert der folgende Satz eine neue Information, das *Rhema.*
Verb Tätigkeitswort, Zeitwort: *arbeiten, ruhen, haben*

Register